21世纪高等院校经管类核心课规划教材

重庆市高校普通本科重点建设教材

经济法

LAW OF ECONOMY

4th Edition

（第四版）

秦雷 主编

陈东仿 冯潇 副主编

东北财经大学出版社
Dongbei University of Finance & Economics Press
大连

图书在版编目（CIP）数据

经济法 / 秦雷主编．—4版．—大连：东北财经大学出版社，2024.2（2025.7重印）
（21世纪高等院校经管类核心课规划教材）
ISBN 978-7-5654-5114-0

Ⅰ．经…　Ⅱ．秦…　Ⅲ．经济法-中国-高等学校-教材　Ⅳ．D922.29

中国国家版本馆CIP数据核字（2024）第020279号

东北财经大学出版社出版
（大连市黑石礁尖山街217号　邮政编码　116025）
网　　址：http://www.dufep.cn
读者信箱：dufep@dufe.edu.cn
大连雪莲彩印有限公司印刷　东北财经大学出版社发行

幅面尺寸：185mm×260mm　字数：594千字　印张：24.5
2024年2月第4版　2025年7月第2次印刷

责任编辑：蔡　丽　责任校对：刘贤恩
封面设计：原　皓　版式设计：原　皓

定价：56.00元

教学支持　售后服务　联系电话：（0411）84710309

如有印装质量问题，请联系营销部：（0411）84710711

第四版前言

改革开放以来，我国社会经济的发展取得了举世瞩目的成就。这些成就的取得得益于国家总体经济发展战略以及社会主义市场经济体制的建立、市场经济秩序的稳定，而经济法在实施国家总体战略、建立和维护市场经济秩序方面具有其自身的优势。在我国法治社会建设提速的大环境下，具备一定的经济法知识对于增强市场主体的法律意识、维护与遵守市场经济秩序起着重要的作用，同时是市场主体维护自身权益的必然要求。

当前，绝大多数高校经济类、管理类专业都将《经济法》列为一门专业基础课程。为适应我国高等学校非法律专业学生学习和掌握经济法的实际需要，同时为了帮助其他读者了解和自学经济法基础知识，我们不揣浅陋，编写了这本《经济法》教材。本教材的重心是界定经济法与其他部门法的关系，以实用为原则，依据相关理论和我国最新颁布的主要经济法律、法规，并参照有关司法解释的内容编写而成的。考虑到经济类和管理类学生的知识结构以及专业要求，在内容的选择上尽量与学生所学专业相联系，以便于学生在以后的实际工作中更好地对所学知识加以运用。全书共十四章，包括经济法基础理论、企业法、公司法律制度、破产法、合同法、竞争法、产品质量法、消费者权益保护法、税收法律制度、工业产权法律制度、证券法、票据法、劳动与社会保险法律制度、经济仲裁与诉讼法律制度。全书体系较完整，重点突出，结构及内容新颖。为体现本教材的实用性、新颖性，我们在每章前都设有“学习目标”，每章后设有“关键术语”“基础训练”（包括单选题、多选题、简答题、实务题等），以保证学习目标的完成，注重实际应用能力的培养，使教材具有很强的实用性。

一、本教材第一版编写情况简介

本教材第一版出版于2015年，编写人员分工如下：秦雷编写第一、三、五、十一章；陈元刚编写第二章；陈东仿编写第六、七章；陈东仿、陈元刚编写第四章；朱静编写第八章；冯潇编写第九章；张真真编写第十、十二章；王牧编写第十三章；最后由主编统稿。在本教材第一版第二次重印时，编者对第九章的相关内容进行了更新。

二、本教材第二版修订情况简介

本教材第二版出版于2017年，修订工作主要由各位编者共同完成，最后由主编总纂定稿。本教材第二版根据新颁布和修订的法律、法规，对教材内容进行了必要的修改；引入互联网阅读元素，以二维码的形式增加了“拓展阅读”“案例窗”栏目，对教材内容进行扩展，大大增强了本教材的可读性。

三、本教材第三版修订情况简介

本教材第三版出版于2020年，修订工作主要由秦雷完成并定稿，其他编者通力合作。编者在第二章“企业法”中删去了“外商投资企业法”的相关内容；增加了“中小企业促进法”的相关内容；因《中华人民共和国反不正当竞争法》（以下简称《反不正当竞争法》）和《中华人民共和国商标法》（以下简称《商标法》）被修正，以及新增和修订了部分税收法律和法规、司法解释，编者对教材内容进行了相应的修改。同时，我们对全书的字、词、句等进行了修订，使相关内容更完善，更便于准确理解。此外，此次修订了部分二维码的内容，增加了典型的可读性强的案例。

在对本教材第三版进行若干重印时，编者主要对如下方面进行了修改：2020年7月，因《中华人民共和国证券法》（以下简称《证券法》）修订、《中华人民共和国民法典》（以下简称《民法典》）通过，对涉及以上法律的内容进行了修改；2020年12月，因《中华人民共和国专利法》（以下简称《专利法》）修改、《中华人民共和国刑法》（以下简称《刑法》）修正、《中华人民共和国契税法》（以下简称《契税法》）颁布，所以本教材对工业产权法、税法、证券法以及竞争法等内容进行了修改，同时修正了其他章节的个别表述；2021年7月，依据《中华人民共和国印花税法》（以下简称《印花税法》）以及部分《民法典》司法解释对相关内容进行了修改完善，并对其他地方进行了增补及文字改动。

四、本教材第四版修订情况简介

本教材第四版的主要特色是注重思政引领，融入党的二十大精神。党的二十大报告指出："用社会主义核心价值观铸魂育人，完善思想政治工作体系，推进大中小学思想政治教育一体化建设。坚持依法治国和以德治国相结合，把社会主义核心价值观融入法治建设、融入社会发展、融入日常生活。"本教材第四版为了适应《民法典》的实施对经管类学生知识体系的影响，在修订时尽可能对相关内容进行系统梳理以及修改；鉴于学生创业与就业对劳动、社会保险知识的需要，增加了"劳动与社会保险法律制度"一章。第四版还根据《中华人民共和国公司法》（以下简称《公司法》）等的修订重新编写了第三章；根据新收集的各类资料对二维码内容进行了全面更新。第四版在大部分章通过"学思践悟"栏目的形式，结合党的二十大报告内容，引导学生深入社会实践，关注现实问题，使他们加强对专业知识的内化吸收与灵活应用，坚定中国特色社会主义道路自信、理论自信、制度自信、文化自信，努力践行习近平新时代中国特色社会主义思想，达到价值塑造、知识传授、能力培养三位一体的立德树人之效。

本教材第四版的修订工作由如下老师合作完成：秦雷负责第一、三、五、十一、十三章；陈元刚、冯潇负责第二章；陈东仿负责第六、七章；陈东仿、冯潇负责第四章；朱静负责第八章；冯潇负责第九、十四章；张真真负责第十、十二章；最后由主编秦雷统稿。

本教材适合经济类、管理类专业本科学生使用，也可作为专科生教材、企业员工培训教材以及在职人员自学参考用书。

在本教材的编写和修订过程中，编者参考了众多优秀图书作品，但由于不具备广泛且深入地查询馆藏资料的条件，以及电子数据资源的覆盖范围有限，可能在脚注和"主要参考文献"中没有列全资料来源，或者所列的可能不是最早来源的作者的作品，请相关作者谅解，接受编者的歉意。在此，编者向所有的相关作者表示衷心的感谢。

衷心感谢本教材责任编辑的热情帮助及专业化指导，正是她的帮助和指导，本教材才得以顺利出版；同时，感谢给予我们各方面帮助的其他同志。

本教材配有电子课件、教学大纲、教案、教学日历、考评方式与标准、学习指南、重点与难点以及章后习题参考答案，以满足教学需要，任课教师登录东北财经大学出版社官网（http://www.dufep.cn）注册为会员后即可免费下载。

由于编者学术水平有限，书中难免有不当之处，恳请读者不吝赐教。

编　者

2023年12月

目　录

第一章　经济法基础理论

学习目标

◆ 重点掌握学科经济法产生的基础、经济法的含义及特征、经济法律关系及构成要素。

◆ 掌握物权与债权制度、代理与时效制度。

◆ 了解经济法的发展过程、违反经济法的法律责任。

第一节　经济、法律与经济法

现代意义上的经济法是市场经济发展到一定阶段的产物。其具有不同于其他法律部门的特征，有其自身的调整对象。

一、经济与法律

“经济”一词具有丰富的内涵。在不同的时代、不同的学科甚至在东西方文化中，“经济”一词的含义都有所差别。古希腊的色诺芬在其著作《经济论》中最早使用“经济”一词，其原意为“家庭管理”。古希腊奴隶制的经济生产建立在奴隶主对生产资料和奴隶的私人占有基础之上，以家庭为单位进行生产。所以管理家庭经济的学说的实质就是奴隶主如何管理财产，使财富不断增加的学问。[①]而我国古代“经济”主要是指“经邦济世”“经邦济国”。到现代，“经济”主要指节约、经济活动、社会生产关系的总和、一国国民经济的总称等含义。其中，经济活动包括产品的生产、分配、交换和消费等环节。从这些含义来看，现代社会中不管是个人、组织还是国家等都离不开经济，没有经济的发展就没有国家、社会等的发展，个人的福利就不可能提高，生活水平就可能停滞。

经济的发展离不开良好的制度环境，而不管是宏观的还是微观的制度环境都离不开法律，法律是确定制度的基础。只有在法律基础上建立起来的制度，才具有良好的稳定性，才能给人们以稳定的预期。因而法律对于经济发展的重要性不言而喻。法律既可以积极地确认、巩固和发展统治阶级的经济基础，消灭过时的经济基础，竭力扫除或限制、削弱有损于统治阶级赖以生存的经济基础发展的各种因素，又可以对其赖以存在与发展的经济基础起引导、促进和保障的作用。[②]

---

① 姚开建．经济学说史［M］．2版．北京：中国人民大学出版社，2011：9.

② 朱力宇．法理学原理与案例教程［M］．2版．北京：中国人民大学出版社，2010：387-388.

法律是随社会经济的不断发展而产生、发展的。法律的产生经历了由习惯到习惯法，再到成文法的漫长过程。恩格斯对此有非常经典的论述：在社会发展某个很早的阶段，产生了这样一种需要：把每天重复着的产品生产、分配和交换用一个共同规则约束起来，借以使个人服从生产和交换的共同条件。这个规则首先表现为习惯，不久便成了法律。①

从法律的词源来说，在汉语中，最初“法”与“律”是分开使用的。“法”的渊源极其久远。据《说文解字》，“法”的含义主要是公平、正直以及对违法犯规者进行惩罚。而“律”字在法学上的使用较早见于《易经》。《唐律疏义》记载：“律之与法，文虽有殊，其义一也。”所以，在唐代，“法”与“律”是可以通用的。最早将“法”“律”二字合而为“法律”一词以指称一种规范体系的人是春秋时代的管仲。②在我国，具有现代意义的“法律”一词出现在19世纪末20世纪初。总之，现代意义上的法是表现为国家意志、以权利和义务为内容、具有普遍约束力和国家强制性的社会行为规范。现代意义上的法律有广义和狭义之分。广义的法律如同法一样，包括全国人民代表大会及其常务委员会，国务院，各省、自治区、直辖市人民代表大会及其常务委员会等机构制定的规范性文件；狭义的法律仅指全国人民代表大会及其常务委员会制定的规范性文件。

与其他社会规范相比，法律的特征表现为：

（1）法律须体现统治阶级的意志。统治阶级的意志正是通过法律的形式上升为国家意志的。当然，统治阶级的意志是由一定物质生活条件所决定的。

（2）法律是由国家制定或认可的行为规范。“制定”即有权的国家机关根据调整社会关系和规范人的行为的需要，依照一定程序创制新的法律规范。“认可”即由国家权力确认某种社会上已经通行的规则具有法律效力，这些规则可能来源于习惯、教义或礼仪等。

（3）法律是由国家强制力保证实施的行为规范。国家强制力由军队、警察、监狱等国家机构支撑。

（4）法律是调整人的行为和社会关系的行为规范，既包括社会规范，也包括技术规范，如环境保护、食品安全等。

（5）法律是确定社会关系当事人权利和义务的规范。法律所规定的权利和义务不仅指个人、组织（法人和其他组织）及国家（作为普通法律主体）的权利和义务，还包括国家机关及其公职人员在依法执行公务时所行使的职权和职责，这在经济法中表现尤为突出。

二、经济法的产生和发展

经济法是经济与法律的综合体，是与经济最密切相关的部门法之一，但作为部门法，其存在的历史并不长。国内外法学界关于经济法产生问题，主要有两类观点：一是产生于古代社会，在古代社会“诸法合体”的法律体系中就包含了经济法。二是产生于资本主义社会，即经济法是随着市场经济而产生、发展起来的，只有到资本主义阶段，才有经济法独立存在的社会经济基础。上述两种关于经济法产生的认识都有相应的理由，不同学者的不同认识是源于对经济法产生的含义和判断标准有着不同的理解。我们认为就经济法产生

① 恩格斯．论住宅问题［M］//马克思，恩格斯．马克思恩格斯选集（第3卷）．中共中央马克思恩格斯列宁斯大林著作编译局，译．3版．北京：人民出版社，2012：260.

② 王方玉．法理学导论［M］．北京：知识产权出版社，2013：14-15.

的问题可从以下三方面来认识：一是经济立法（经济法规）的产生；二是经济法作为部门法的产生；三是经济法作为一门独立法学学科的产生。当然，三者之间又不可能完全分开，经济立法（经济法规）的产生是经济法成为独立法律部门的基础和前提，也是经济法成为一门法学学科的前提。经济立法（经济法规）自古就有。在古代，无论在东方还是西方基本上都是“诸法合体”，民法、刑法、经济法不分，典型的如古巴比伦的《汉谟拉比法典》以及我国的《周礼》《秦律》等。“《周礼》所涉及的经济制度，实为后世经济立法的滥觞……将西周作为中国经济立法的开始阶段应是较为妥帖的。”[①]因而经济立法（经济法规）的产生无须讨论。这里我们主要介绍经济法作为部门法和独立法学学科的产生和发展。

拓展阅读1-1

（一）经济法产生和发展的基础

关于经济法产生和发展的基础、西方国家经济法的产生和发展、中国经济法的产生和发展请参阅“拓展阅读1-2”，这里不再赘述。

拓展阅读1-2

1997年，党的十五大报告明确提出“依法治国，建设社会主义法治国家”的治国基本方略。1999年，“依法治国”被写入《中华人民共和国宪法》（以下简称《宪法》），获得了《宪法》确认。党的十八大以来，中央将依法治国提升至“全面推进依法治国”的新高度。党的十九大报告提出：“成立中央全面依法治国领导小组，加强对法治中国建设的统一领导。”2018年3月，中共中央印发《深化党和国家机构改革方案》，组建中国共产党中央全面依法治国委员会，负责全面依法治国的顶层设计、总体布局、统筹协调、整体推进、督促落实，作为党中央决策议事协调机构。组织、体制、机制的完善必将更快地推进我国社会经济法治化的进程。党的二十大报告指出：“全面依法治国是国家治理的一场深刻革命，关系党执政兴国，关系人民幸福安康，关系党和国家长治久安。必须更好发挥法治固根本、稳预期、利长远的保障作用，在法治轨道上全面建设社会主义现代化国家。”

（二）学科经济法的产生

经济法的最初出现仅仅是一个概念，其含义并不十分明确，但是经过不断丰富和发展，到今天经济法不仅成了独立的法律部门，也成为一门法学学科。

1755年，法国的空想主义者摩莱里（Morelly）在其出版的《自然法典》一书中最先使用了“经济法”这个概念。在该书中，他设计了一种与资本主义制度不同的新的理想制度，并拟就了一个“合乎自然意图的法制蓝本”，以保证理想制度的实现。有专家认为按现代法律观念来看，这实际上是一个包括根本法、经济法、行政法、婚姻法、教育法和刑法等在内的较为完整的法律体系，而且经济法在其中占有十分重要的地位。但摩莱里在这里提出的经济法的调整范围仅限于分配领域，说明当时分配领域出现了一些其他法律调整不了的社会关系，应由新的法律——“分配法或经济法”来调整。摩莱里所认识的经济法已经包含我们现在所称的经济法的最本质特征，即国家对社会生活进行干预。

1842—1843年，法国著名的空想社会主义者德萨米（Dezamy）分册出版了《公有法典》，他在书中将“分配法和经济法”作为专章进行论述。在《公有法典》中，德萨米在很大程度上继承了摩莱里的经济法律思想，并且在一些方面有所发展。如他主张实行公有

① 郭建．中国经济立法史［M］．北京：新华出版社，2019：4.

制，认为公有制的最好形式是公社，认为最好的分配方式是按比例平等分配，主张建立没有贸易的社会制度，重视对劳动关系的法律调整等。

1865年，法国小资产阶级思想家蒲鲁东（Proudhon）在他的《论工人阶级的政治能力》一书中提出“经济法是政治法和民法的补充和必然产物”的法律思想。在蒲鲁东看来，社会生活中已经出现了一种政治法和民法不能调整的经济关系，而这种经济关系似乎应由经济法来调整。蒲鲁东对经济法的理解更接近现代意义上的经济法。但蒲鲁东作为无政府主义者，极力主张“打倒政权”，但如果没有了“政权”，哪来政府对经济关系进行干预？也就不可能有真正现代意义的经济法了。

从19世纪七八十年代开始，资本主义社会迅速向垄断和社会化方向发展，各主要发达国家被迫或主动干预、参与社会经济生活的程度日益加深，彼时，德国学者适时对新出现的经济法现象进行了概括。1906年，德国学者李特尔（Ritter）在创刊于德国的《世界经济年鉴》中使用了“经济法”一词，有专家认为现代经济法的术语由此提出。从20世纪初至20世纪20年代初，德国学者赫德曼（Hedeman）等发表了一系列关于经济法的论文。1916年，赫德曼在《经济学字典》中给出了经济法的概念，认为经济法是经济规律在法律上的反映，将有关经济法制和保护、监督卡特尔的法律称为经济法，从而在理论上揭示了经济法产生的客观必然性。

20世纪20年代，德国出版了不少以经济法为名的学术专著和教材，如鲁姆夫（Rumpf）的《经济法的概念》、赫德曼的《经济法基础》等。与此同时，经济法的概念也传入到当时世界上建立的第一个社会主义国家——苏联。这个时候的经济法概念才有了比较完整的含义，经济法作为一门法律学科也从此诞生。

三、经济法的概念

“概念是解决法律问题所必需和必不可少的工具。没有限定严格的专门概念，我们便不能清楚地和理性地思考法律问题。”[①]因而概念是研究和学习经济法的基础，要严格定义经济法的概念却很难。哈特（Hart）曾在《法律的概念》一书中概叹：在与人类社会有关的问题中，没有几个像“什么是法律”这个问题一样，如此反反复复地被提出来并且由严肃的思想家们用形形色色的、奇特的甚至反论的方式予以回答。[②]自经济法概念出现以来，各国法学家至今就经济法的概念仍未达成一致。

我国的专家和学者们从不同的角度给出了多种经济法的定义，并根据定义之不同形成了不同的流派。我们无意也不可能给经济法以精准的定义，但为行文的方便，仍需明确经济法的含义。我们认为，经济法是调整国家基于社会整体利益对市场主体及其行为进行干预而形成的经济关系的法律规范的总称。这一概念体现了以下几方面的含义：

（1）经济法是调整经济关系的法律规范。经济法所要调整的经济关系是涉及社会整体利益的经济关系，不是所有经济关系，从而体现了经济法的社会属性，是以“社会本位”为存在基础的法律规范。美国法学家庞德（Pound）认为，利益包括个人利益、公共利益

---

① 博登海默. 法理学：法律哲学与法律方法［M］. 邓正来，译. 北京：中国政法大学出版社，1999：486.

② 哈特. 法律的概念［M］. 张文显，郑成良，杜景义，等译. 北京：中国大百科全书出版社，1996：289-290.

（国家利益）和社会利益三类。个人利益无疑应由民商法调整，公共利益应由行政法调整，社会利益则更多地依赖经济法来调整。[①]

（2）这里的市场主体应作广义的理解，既是指市场活动的主体，也包括市场决策、市场管理的主体。所有市场主体本身及其市场行为都应受经济法的规范和调整。

（3）经济法体现了国家运用法律对市场经济活动的干预，从而使经济法具有了较强的权力属性。这在根本上体现了现代经济法的本质特征，也符合现代市场经济体制对国家干预的需求，同时符合各国现代市场经济发展的实践。

（4）经济法在调整体现社会整体利益的经济关系时，可以是事前调整，也可以是事后调整。事前调整是指国家制定科学的经济法律规范明确并维护社会整体利益，从而使市场主体不去从事有违社会整体利益的行为，并自觉维护社会整体利益。事后调整则体现在当市场主体之间的经济关系损害了社会整体利益时，市场主体必须承担相应的法律后果，受到法律的制裁。

拓展阅读 1-3

四、经济法的调整对象及特征

经济法有自己的调整对象是经济法成为独立法律部门的基础之一，但经济法只调整特定的经济关系。作为重要法律部门的经济法具有不同于其他部门法的特征。

（一）经济法的调整对象

经济法的调整对象是特定的经济关系，具体指国家对市场主体及其行为进行干预所形成的经济关系。这些特定的经济关系还可以进一步细分。

1. 市场主体管理关系

市场主体管理关系主要是指在市场准入、企业形态设定等活动过程中发生的市场主体之间的社会关系。在市场经济条件下，市场主体和其他市场主体之间相互依存、相互发展，它所从事的活动是整个社会经济活动的组成部分。尤其是在当今社会，市场主体已经成为担负社会责任的主体。国家对市场主体的组织及其活动进行必要的干预，主要包括市场准入、企业形态的设定、财务管理、审计、监督检查等。

2. 市场秩序调控关系

市场秩序调控关系是国家在创造平等的市场竞争条件、维护公平竞争秩序过程中对市场主体行为进行干预所发生的社会关系。由于市场机制天然的功能缺陷，市场竞争中出现的不完全竞争或垄断、市场发育不平衡、交易费用过高等问题，依靠市场本身是无法解决的。这就要求国家在积极培育统一大市场体系的同时，加强市场监督管理，为市场主体的平等竞争创造条件。

3. 宏观经济调控关系

宏观经济调控关系是指国家为实现宏观经济及其总量平衡，保障经济持续、稳定、协调增长，运用经济政策和经济杠杆等手段，在对供给与需求总量、货币收支总量、财政收支总量、外汇收支总量等国民经济的总体活动进行调节和控制过程中与其他社会组织所发生的经济关系。加强宏观调控有利于弥补市场调节的缺陷，防止或消除经济中的总量失衡和经济结构失衡，优化资源配置，更好地把人民的当前利益与长远利益、局部利益与整体

---

① 程宝山．经济法学［M］．郑州：郑州大学出版社，2009：19.

利益结合起来，促进社会经济的可持续发展。

4.社会分配关系

社会分配关系是指在国民收入分配过程中所发生的社会经济关系。社会分配是指对劳动者所创造的国民收入进行的分配，是社会再生产的重要环节之一，包括初次分配和再分配。初次分配是在创造国民收入的部门和单位中进行的分配。再分配是指在国民收入初次分配的基础上，在全社会范围内进行的又一次分配。我国坚持以共享发展成果为理念，力推实现人人享有、各得其所的全民共享，保障人民在各方面合法权益的全面共享，推动人人参与、人人尽力、人人都有成就感的共建共享，通过从低级到高级、从不均衡到均衡的渐进共享，最终实现发展成果惠及每一个社会成员的共同富裕。[1]从摩莱里首次提出的“经济法”概念仅限于“分配法”来看，他认识到社会分配关系在经济关系中是极为重要的。由此可见，经济法在调整我国社会分配关系方面也将起到重要作用。

（二）经济法的特征

经济法具有一般法律的基本特征，如国家意志性、特殊规范性和强制性等。经济法还有自己的一些特点，具体表现在以下几个方面：

1.综合性

经济法的综合性主要表现在经济法的调整手段、调整范围以及规范构成等方面都具有综合的因素。例如，经济法在调整同一经济关系时，有可能采用民事的手段、行政的手段甚至刑事的手段来进行综合性的调整。

2.经济性

经济法的经济性主要表现在：一是经济法往往把经济制度、经济活动的内容和要求直接规定为法律。任何经济法律规范都不是立法者主观意志的随意编造，而是取决于客观经济条件是否成熟和客观经济规律是否需要。二是经济法是规范和调整市场主体之法，而市场主体进入市场往往都具有经济目的，且涉及各种经济领域。三是经济法在调整经济关系时，虽然可以采取诸如经济、行政、刑事等手段，但经济法调整的手段主要还是经济手段，通常表现为赔偿损失等。

3.干预性

经济法是因“市场失灵”而制定的国家干预之法，是国家规范经济科学运行的产物，所以经济法在调整经济关系的过程中直接体现了国家的意志，体现了法的强制性、授权性、指导性。经济法常以限制或禁止性规定来规范主体的行为，以此限制或者禁止某种经济活动和某种经济关系的发生或存在，并以奖励与惩罚并用的方法来促进市场主体的行为符合社会经济利益的整体需要，借以达到促进与支持某种经济关系的建立和发展的目的，并为处理经济纠纷提供相应的依据。

4.政策性

经济法制度的形成与经济政策的联系十分密切，有很强的“政策性”，这是以往的传统部门法所没有的。经济法的政策性表现在：一是很多国家政策直接成为经济法的渊源。二是经济法的许多法律、法规是从国家的政策演化而成的。三是很多经济案件的司法决断直接引用国家的相关政策。

---

① 韩喜平．中国理念［M］．沈阳：辽宁人民出版社，2019：178.

五、经济法的渊源

经济法的渊源是指经济法存在或表现的形式。我国经济法的渊源以制定法为主，主要包括以下类型：

1. 宪法

宪法是由全国人民代表大会制定的规范性文件。如《宪法》明确规定“国家实行社会主义市场经济。国家加强经济立法，完善宏观调控”，这是我们制定经济法律、法规的总的指导方针。

2. 法律

法律是由全国人民代表大会及其常务委员会制定的规范性文件，在地位和效力上仅次于宪法。以法律形式表现的经济法律规范构成了经济法的主体和核心部分，如《反不正当竞争法》、《中华人民共和国价格法》（以下简称《价格法》）、《中华人民共和国税收征收管理法》（以下简称《税收征收管理法》）、《中华人民共和国会计法》（以下简称《会计法》）、《中华人民共和国审计法》、《证券法》、《中华人民共和国商业银行法》（以下简称《商业银行法》）、《中华人民共和国预算法》、《中华人民共和国土地管理法》、《公司法》等。

3. 行政法规

行政法规是由国家最高行政机关即国务院制定的规范性文件，其地位和效力仅次于宪法和法律。经济法大量以该种形式存在，如《中华人民共和国外汇管理条例》《首次公开发行股票并上市管理办法》《中华人民共和国市场主体登记管理条例》等。

4. 地方性法规

地方性法规是地方权力机关制定的规范性文件，其不得与宪法、法律和行政法规相抵触。全国人民代表大会及其常务委员会还专门制定了一些授权法，授权有关地方国家机关就经济体制改革和对外开放方面的问题制定法规和规章。

5. 部门规章

部门规章是由国务院的组成部门及其直属机构在其职权范围内制定的规范性文件，如中国人民银行颁发的《人民币银行结算账户管理办法》、《支付结算办法》以及中国证券监督管理委员会（以下简称中国证监会）发布的《证券市场禁入规定》《上市公司信息披露管理办法》等。

6. 司法解释

司法解释是最高人民法院在总结审判经验的基础上，为明确法律的适用、统一全国的审判工作而发布的指导性文件。司法解释也是经济法的重要渊源。

7. 政策、习惯及学理

政策和习惯具有经济法渊源的意义，学理则与政策和习惯有着密切的联系，是间接的渊源。前已述及政策性是经济法的重要特点，我国的重大改革措施一般都先进行试点，出台相应的试验性政策，待成熟后逐渐加以立法。同时，随着社会经济发展和社会关系复杂化，再完善的法律体系都将表现出一定的不适应性。而当法律存在某些漏洞时，就需要政策、习惯及时对这些社会关系进行调整，因而政策、习惯及学理对经济法来说也具有一定的渊源意义。[①]

8. 国际条约或协定

国际条约是指我国与他国缔结的双边、多边协议和其他具有条约性质的文件。国际条约不属于国内法的范畴，但我国签订和加入的国际条约对于国内的国家机关、社会团体、企事业单位和公民也有约束力，因此这些条约就其具有与国内法同样的约束力而言，也是我国经济法的渊源，如我国与有关国家签订的双边投资保护协定等。

第二节　经济法律关系

经济法律关系对市场主体有重要作用。通常，市场主体只有加入具体的经济法律关系，才会产生具体的权利与义务，也才有获利的可能性。

一、经济法律关系概述

在法治社会，法律关系与经济法律关系是社会关系的重要构成部分。

（一）法律关系的概念与特征

法律关系是指法律规范在调整人们行为过程中所形成的权利与义务关系。

法律关系具有以下特征：

（1）它是一种意志关系，属上层建筑范畴。这里的意志包括国家的意志（统治者的意志）和行为人的意志。

（2）它是由法律规范和调整的关系。法律关系的产生、变更和消灭是以得到法律认可为前提的，因而法律规范是法律关系存在的前提条件。

（3）它是以权利与义务为内容的关系。法律规范和调整人们的行为是通过界定行为人的权利与义务得以实现的。

（4）它是受国家强制力保证实施的关系。法律规范是由国家强制力保证实施的行为规范，故由此而形成的关系受国家强制力的保护。

（二）经济法律关系的概念与特征

经济法律关系是法律关系的一种，指在国家干预社会经济生活的过程中，由经济法律规范确认的，在经济法主体之间形成的以权利与义务为内容的关系。[②]

经济法律关系具有如下特征：

（1）经济法律关系主要产生于经济领域，是在国家干预社会经济活动过程中形成的意志的关系。这一关系体现了国家意志和当事人意志两个方面。后者必须以前者为依据，不能违背前者的基本内容；后者又是前者的归宿，即国家意志最终是靠当事人意志来实现调整经济关系的目的，没有当事人意志，经济法律关系既不能形成，也不可能实现。

（2）经济法律关系是具有确定的经济内容的权利与义务关系。经济法律关系是为了完成一定的经济任务和实现一定的经济目的而存在的。经济权利与义务关系的确定是经济法

---

① 赵国运. 经济法［M］. 郑州：河南人民出版社，2008：21.
② 李昌麒. 经济法［M］. 北京：清华大学出版社，2012：20.

律关系形成的标志，其变更是经济法律关系变更的依据，其实现也是当事人参与经济法律关系的根本目的。

（3）经济法律关系是由经济法规范和调整的法律关系。经济法律规范是经济法律关系产生及内容得以实现的前提，经济法律关系是经济法调整经济关系的必然结果。

（4）经济法律关系所确定的权利与义务具有强制性。经济法律关系的权利与义务一旦形成，就受国家强制力保护，当事人不得违背。如果一方当事人不履行经济法律关系确定的义务，将受到法律的追究。任何一方的权利受到侵害，都可请求法律的保护。

二、经济法律关系的构成

经济法律关系由主体、内容和客体三个基本要素构成，且缺一不可，其中任何一项发生变更，都可能引起经济法律关系的变更。

（一）经济法律关系的主体

1.经济法律关系主体的概念

经济法律关系主体是指参加经济法律关系、享受经济权利和承担经济义务的当事人。其中，享受经济权利的当事人被称为权利主体，承担经济义务的当事人被称为义务主体。

2.经济法律关系的主体资格

主体资格是指当事人参加经济法律关系、享受经济权利和承担经济义务的资格或能力。只有具有经济法律关系主体资格的当事人，才能参与经济法律关系。经济法律关系的主体资格既可由经济法进行规定，也可由其他法律部门规定。

经济法律关系的主体资格可依据两种方式取得：一是法定取得，即依法律规定，凡是能够对经济生活实行干预并且接受干预的社会组织和公民，都可以作为经济法律关系的主体；二是授权取得，即依据有授权资格的机关授权而取得的可以对社会经济生活实施某种干预的资格。未取得经济法律关系的主体资格的组织不能参与经济法律关系，不能享受经济权利和承担经济义务，不受法律保护。

3.经济法律关系主体的范围

经济法律关系主体的范围是由经济法调整的对象范围决定的，大致可分为四大类：

（1）法人，是指具有民事权利能力和民事行为能力，依法独立享有民事权利和承担民事义务的组织。其民事权利能力和民事行为能力从其成立时产生，到其终止时消灭。依照《民法典》，取得法人资格须具备以下条件：一是依法成立，依据不同的法律可以设立不同类型的法人；二是要有自己的名称、组织机构、住所；三是要有自己的财产或者经费；四是必须能够独立承担法律责任。法人是经济法律关系最重要的主体，是国民经济最主要的参与者，也是经济活动的主要实施者。依照法律或者法人章程的规定，代表法人从事民事活动的负责人，为法人的法定代表人。法定代表人以法人名义从事的民事活动，其法律后果由法人承受。

拓展阅读1-4

法人可分为三大类：

①特别法人。其包括机关法人、农村集体经济组织法人、城镇农村合作经济组织法人、基层群众性自治组织法人。基层群众性自治组织法人是指居民委员会和村民委员会。

有独立经费的机关和承担行政职能的法定机构从成立之日起，具有机关法人资格。机关法人又称国家机关，是享有法定权力、代表国家行使国家职能的各种组织的总称，包括权力机关、行政机关和司法机关。各级机关法人是具有不同经济干预权限的经济法律关系主体，其中主要是国家行政机关中的经济管理机关，是经济决策和经济管理的重要主体。目前我国的经济管理机关可以分为四种：第一，综合性经济管理机关，如发展主管部门、市场监督管理部门；第二，职能性经济管理机关，如卫生健康、税务主管部门；第三，行业性经济管理部门，如金融、农业主管部门；第四，监督性经济管理机关，如审计部门。

②营利性法人。这是指以取得利润并分配给股东等出资人为目的而成立的法人，包括有限责任公司、股份有限公司和其他企业法人等。营利性法人须依法登记并取得登记机关发给的营利性法人营业执照，方能成立并从事营利性活动。营利性法人是市场经营性主体的主要组成部分，也是社会财富的主要创造者。

③非营利法人。这是指为公益目的或者其他非营利目的成立，不向出资人、设立人或者会员分配所取得利润的法人。非营利法人主要包括事业单位法人、社会团体法人、基金会法人、社会服务机构法人、捐助法人等。部分具有经济管理职能的行业协会经依法登记也可以取得法人资格，具有一定的经济干预权限。

（2）非法人组织。非法人组织是不具有法人资格，但能够依法以自己的名义从事相应活动的组织，包括个人独资企业、合伙企业、不具有法人资格的专业服务机构等。非法人组织需要经过批准才能成立的，必须依法报批。除法律另有规定外，非法人组织的出资人或设立人要对其债务承担无限责任或无限连带责任。

（3）自然人。自然人在某些情况下也可以成为经济法律关系的主体，如取得收入后向税务机关缴纳所得税等。作为经济法律关系主体的自然人一般要求具有完全民事行为能力。18周岁以上的自然人为成年人，是完全民事行为能力人，可以独立实施民事法律行为。不满18周岁的自然人为未成年人。16周岁以上的未成年人，以自己的劳动收入为主要生活来源的，视为完全民事行为能力人。8周岁以上的未成年人为限制民事行为能力人，可以从事与其年龄相当的民事活动；限制民事行为能力人还包括不能完全辨认自己行为的成年人。不满8周岁的未成年人为无民事行为能力人，由其法定代理人代理实施民事法律行为。

拓展阅读1-5

（4）农村承包经营户、个体工商户。农村承包经营户是指农村集体经济组织的成员，在法律允许的范围内，按照承包合同规定成为从事商品生产经营的主体。《民法典》第五十四条规定："自然人从事工商业经营，经依法登记，为个体工商户。个体工商户可以起字号。"个体工商户的债务，个人经营的，以个人财产承担；家庭经营的，以家庭财产承担；无法区分的，以家庭财产承担。农村承包经营户的债务，以从事农村土地承包经营的农户财产承担；事实上由农户部分成员经营的，以该部分成员的财产承担。

此外，国家、法人和非法人的分支机构在某些条件下也可以成为经济法律关系的主体，如国家发行政府债券、对外签订政府贷款和担保合同等。

（二）经济法律关系的内容

1.经济法律关系的内容的含义

经济法律关系的内容是指经济法律关系主体享有的权利和承担的义务。这是经济法律关系的核心。经济法律关系的权利和义务一旦确定之后，就受国家强制力的保护。

2.经济权利

经济权利是指经济法律关系的主体在经济管理及经营活动过程中依法具有的自己为一定行为或不为一定行为和要求他人为一定行为或不为一定行为的资格。主体的行为包括通过作为和不作为来实现自己以及满足他人的权益。同时，主体在权利受到侵害或不能实现时，有权依法请求国家机关通过强制力予以保护。

经济权利是满足经济法律关系主体经济利益的基础。市场主体依法享有的经济权利会随着一个国家社会经济的发展而不断丰富。经济权利的主要内容包括以下几个方面：

（1）经济职权，指国家机关行使经济管理职能时依法享有的权利，包括计划权、协调权、监督权等。

（2）财产所有权，指所有者对自己财产享有的一种独立支配权，是一种物权，包括占有、使用、收益和处分四项权能。

（3）经营管理权，指企业进行生产经营活动时依法享有的权利，包括人、财、物、产、供、销等管理的多项权利。

（4）请求权，指经济法主体的合法权益受到侵犯时依法享有的要求侵权人停止侵权行为和要求国家机关保护其合法权益的权利，如要求赔偿权、请求调解权、申请仲裁权、经济诉讼权以及申请破产权等。

3.经济义务

相对于经济权利而言，经济义务是指经济法律关系主体为了满足经济权利主体的权利，在法律规定的范围内必须实施或不能实施某种经济行为。经济义务包括以下含义：

（1）义务主体必须作出或者不作出一定行为，以满足经济权利主体的利益需要。

（2）义务主体实施的义务行为是在法定的范围内进行的。超越法律规定的限度，义务主体则不受限制和约束。

（3）义务主体不依法履行义务，就应承担相应的法律责任。

经济义务的主要内容包括：①贯彻国家的方针和政策，遵守法律、法规；②履行经济管理的职责；③完成指令性计划；④履行合同和协议；⑤依法纳税；⑥不侵犯其他经济法律关系主体的合法权益及其他经济义务。

（三）经济法律关系的客体

1.经济法律关系的客体的概念

经济法律关系的客体是指经济法律关系主体享有的权利和承担的义务所共同指向的对象。如果没有客体，权利与义务就失去了依附的目标和载体，也不可能产生权利与义务。因此，客体是经济法律关系不可或缺的要素之一。

2.经济法律关系的客体的类型

学者对经济法律关系的客体的类型有不同的看法，但概括起来可分为以下几大类：

（1）物，是指可以为人们所控制或支配，有一定经济价值并以物质形态表现出来的物体。不能为人所控制或支配，或即使能为人所控制或支配，但无一定经济价值的物，不能作为经济法律关系的客体。从法的角度来看，物可划分为很多种，如生产资料与生活资料、流通物与限制（禁止）流通物、特定物与种类物、有形物与无形物、主物与从物等。

（2）行为，是指经济法律关系的主体为达到一定经济目的所进行的活动。它包括经济管理行为、完成一定工作的行为和提供一定服务的行为。广义的经济管理行为既包括经济管理行为，也包括经营管理行为，是指相关主体行使经济与经营决策的行为、经济命令与批准的行为、经济监督检查的行为等。完成一定工作的行为是指经济法律关系主体的一方利用自己的资金、技术和设备为对方完成一定的工作任务，而对方根据完成工作的数量和质量支付一定报酬的行为。提供一定服务的行为是指为对方提供一定服务满足对方的需求，而对方支付一定酬金的行为。这一行为与完成一定工作的行为不同，前者通过一定行为最终表现为一定的经济效果，后者则是通过劳动最终表现为一定的客观物质成果。

（3）智力成果，是指人们创造的能够带来经济价值的创造性脑力劳动成果，如专利权、专有技术等。随着社会进步和科学技术的发展，智力成果在社会财富中将日显重要。智力成果一般不具有直接的物化形态，但可以创造物质财富，带来经济效益。

（4）经济数据。《中华人民共和国数据安全法》（以下简称《数据安全法》）第三条规定："本法所称数据，是指任何以电子或者其他方式对信息的记录。"所以，数据既包括电子数据，也包括其他数据。经济数据是数据的重要组成部分，是当事人的财富之一。随着时代的发展，数据作为新型生产要素，是数字化、网络化、智能化的基础，已快速融入生产、分配、流通、消费和社会服务管理等各个环节，深刻改变着生产方式、生活方式和社会治理方式。因此，建立数据产权制度、建立合规高效的数据要素流通和交易制度、完善数据要素市场化配置机制，都离不开相关法律制度的完善。《数据安全法》、《中华人民共和国个人信息保护法》（以下简称《个人信息保护法》）等为相关制度的构建打下了坚实基础。

此外，在现实经济生活中，权利亦可能成为经济法律关系的客体。权利本是经济法律关系的内容，但当某种权利成为另一种权利的对象时，该权利就成为经济法律关系的客体的组成部分。如土地使用权是一种权利（即内容），其在土地出让和转让法律关系中成为这一法律关系指向的对象，从而构成该法律关系的客体。

三、经济法律关系的发生、变更和终止

经济法律关系的发生是指由于一定客观情况的出现而在经济法律关系主体之间形成一定的经济权利与义务关系。经济法律关系的变更是指已经发生的经济法律关系要素的变化。经济法律关系的终止是指经济法律关系主体之间的经济权利与义务归于消灭。

经济法律事实是指能够引起经济法律关系发生、变更和终止的客观情况。[①]经济法律事实形式多样，概括起来主要有经济行为和事件两大类。

---

① 李昌麒．经济法学［M］．3版．北京：法律出版社，2016：66.

（一）经济行为

经济行为是指经济法律关系的主体为了实现一定的经济目的而自觉实施的能够引起经济法律关系产生、变更或消灭的有意识活动。经济行为按其性质可以划分为经济合法行为和经济违法行为。这两种行为都可以引起经济法律关系的发生、变更和终止。

1.经济合法行为

这是指经济法律关系主体实施的符合法律规定的经济行为。这种行为又可以分为以下几类：

（1）经济管理行为，即具有经济职权的经济法律关系主体干预经济的行为，具体而言是国家在调控经济和规制市场时发生的行为，如国有资产管理行为、征税行为等。

（2）经营管理行为，即企业或其他经济组织和个人为实现一定的经济目的而依法实施的一切行为，如企业发包、承包行为，农户经营承包行为等。

（3）行政执法、经济仲裁、经济审判行为，是指行政机关、仲裁机构、各级人民法院在处理经济纠纷案件或经济违法行为中的查处、裁决等行为。

2.经济违法行为

这是指经济法律关系主体违反经济法律、法规规定所实施的行为，如国家机关的不当罚款行为、市场主体的垄断和不正当竞争行为、侵犯消费者合法权益的行为等。

（二）事件

事件是不以当事人的主观意志为转移但能引起经济法律关系发生、变更和终止的客观情况。事件可以是自然现象，也可以是社会现象。前者如严重的自然灾害，可以引起计划法律关系、税收法律关系发生变化；后者如军事行动或政府禁令，它们都可以引起某项干预行为的变化，如引起外贸管制关系发生变化等。

第三节　物权与债权

物权与债权都是财产权利，是我们学习和理解经济法的基础知识之一，但其本身并不属于经济法的范畴。《民法典》对物权和债权进行了统一规范。

一、物权

物权即人们对于物的权利。物权根据不同标准也可进行多种分类，常用的包括所有权、用益物权、担保物权等。本部分主要介绍所有权和用益物权。

（一）物权法概述

物权法是调整平等主体之间因物的归属和利用而产生的法律规范的总称。

1.物及其分类

物权法中的物是指人们能够支配的物质实体，具有以下法律特征：

（1）有体性，即物权法中的物通常为有体之物，必须是客观存在的物质实体或自然力。

（2）必须存在于人体之外。人体本身虽是物质实体，但人是独立的权利主体，所以是不能被他人支配的，不能作为民事权利的客体。

（3）可支配性，即物能够被权利主体支配。

（4）稀缺性，即物权法中的物不可能任由人们免费和自由取用，而是必须支付相应对价方能取得支配权。

从不同角度、按照不同标准可将物分为不同类型：

（1）动产与不动产。动产是能够移动并且不会损害其价值的物，如洗衣机；不动产是不能移动或虽可移动但移动会损害其价值的物，如房屋。

（2）特定物与种类物。特定物是指具有独立特征或被权利人指定，不能以他物替代的物，包括独一无二的物和种类物中因指定而特定化的物。种类物是指以品种、质量、规格或度量衡确定，不需具体指定的物。

（3）主物与从物。主物是指独立存在，与其他独立物结合使用，并在其中发挥主要效用的物。在两个独立物结合使用中处于附属地位、起辅助和配合作用的是从物。如当事人无其他约定，主物转让的，从物随主物转让。

（4）原物与孳息。原物是指依其自然属性或法律规定产生新物的物，如产生幼畜的母畜、带来利息的存款等。孳息是指因物或者权益而产生的收益，包括天然孳息和法定孳息。天然孳息是原物根据自然规律产生的物，如幼畜。法定孳息是原物根据法律规定带来的物，如存款利息、股利、租金等。天然孳息一般由所有权人取得；既有所有权人又有用益物权人的，由用益物权人取得；当事人另有约定的，按照约定取得。法定孳息，当事人有约定的，按照约定取得；没有约定或者约定不明确的，按照交易习惯取得。

2.物权及其分类

物权一般指合法权利人依法对特定的物享有直接支配和排他的权利，包括所有权、用益物权和担保物权。物权是和债权对应的一种民事权利，它们共同组成法律中最基本的财产权形式。与债权相比，物权具有如下特征：

（1）物权的权利主体是特定的，而义务主体是不特定的。物权是特定主体享有的、排除一切不特定人的侵害的财产权利，是一种绝对权（又称对世权）。

（2）物权的内容是直接支配一定的物，并排斥他人干涉。所谓直接支配，是指权利人无须借助于他人的行为就能够行使自己的权利。所谓排斥他人干涉，是指物权具有排他性。这种排他性一方面是指物权具有不容他人侵犯的性质，另一方面是指同一物之上不得同时成立两个内容不相容的物权。

（3）物权的标的是物。

物权也有多种分类：

（1）所有权与他物权。所有权是指所有人依法可以对物进行占有、使用、收益和处分的权利。它是物权中最完整、最充分的权利。他物权是指所有权以外的物权，亦称限制物权。它是所有权权能与所有权人发生分离，由所有权人以外的人即他物权人对物享有一定程度的直接支配权。

（2）用益物权与担保物权。根据设立物权的目的不同，可将他物权分为用益物权和担保物权。用益物权是指以物的使用收益为目的的物权，包括地上权、地役权、永佃权等。担保物权是指以担保债权为目的，即以确保债务的履行为目的的物权，包括抵押权、质权、留置权等。

(3) 动产物权与不动产物权。这是按物权的客体为动产或不动产而作的分类。

(4) 有期物权与无期物权。这是按物权的存在有无期限来划分的。有期物权指物权的存续有明确期限的物权，如土地承包经营权、建设用地使用权、抵押权、质权等。有期物权的期限由法律规定或由当事人创设该物权时商定。无期物权指物权的存续无时间限制的物权。除了物权客体灭失等原因，物权会持续存在，无时间限制，如所有权。[①]

3.物权变动

物权变动是指物权的设立、变更、转让和消灭。设立是创设原来没有的物权；变更则是在权利人不变的情况下改变物权的相关内容；转让是物权人将物权有偿或无偿地转移给他人；消灭是指已经存在的物权依法定事由而终止。不动产与动产的物权变动是不同的。

(1) 不动产的物权变动。《民法典》第二百零九条规定："不动产物权的设立、变更、转让和消灭，经依法登记，发生效力；未经登记，不发生效力，但是法律另有规定的除外。"因此，我国不动产的物权变动采用登记生效主义，即当事人在完成一定法律行为或其他法律事实后，还需要登记这个法律事实才能完成不动产物权的变动。该条中"法律另有规定的除外"情形主要有三种：

①依法属于国家的自然资源，所有权可以不登记。

②《民法典》第二百二十九至二百三十一条规定了物权变动的三种特殊情况：一是因人民法院、仲裁机构的法律文书或者人民政府的征收决定等，导致物权设立、变更、转让或者消灭的，自法律文书或者征收决定等生效时发生效力。二是因继承取得物权的，自继承开始时发生效力。三是因合法建造、拆除房屋等事实行为设立和消灭物权的，自事实行为成就时发生效力。

上述三种情形的物权变动虽不以登记为要件，但获得权利的主体在处分该物权时，仍应当依法办理登记；未经登记，不发生效力。

③部分物权的变动不以登记为生效要件，但以登记为对抗要件。如土地承包经营权自土地承包经营权合同生效时设立，未经登记，不得对抗善意第三人；地役权自地役权合同生效时设立，未经登记，不得对抗善意第三人；已经登记的宅基地使用权转让或者消灭的，应当及时办理变更登记或者注销登记，即宅基地使用权不以登记为生效要件。

《民法典》规定，我国对不动产实行统一登记制度，并规定了具体的细节。不动产登记由不动产所在地的登记机构（一般为"不动产登记中心"）办理。不动产物权的设立、变更、转让和消灭，依照法律规定应当登记的，自记载于不动产登记簿时发生效力。在办完登记手续以后，登记机关发给不动产权属证书。不动产权属证书记载的事项与不动产登记簿不一致的，除有证据证明不动产登记簿确有错误外，以不动产登记簿为准。权利人、利害关系人认为不动产登记簿记载的事项错误的，可以申请更正登记。不动产登记簿记载的权利人不同意更正的，利害关系人可以申请异议登记。登记机构予以异议登记，但申请人自异议登记之日起15日内不提起诉讼的，异议登记失效。当事人签订买卖房屋的协议或者签订其他不动产物权的协议，为保障将来实现物权，按照约定可

① 吕彦. 物权法学［M］. 成都：四川大学出版社，2011：8.

以向登记机构申请预告登记。预告登记后，未经预告登记的权利人同意，处分该不动产的，不发生物权效力。预告登记后，债权消灭或者自能够进行不动产登记之日起90日内未申请登记的，预告登记失效。当事人之间订立有关设立、变更、转让和消灭不动产物权的合同，除法律另有规定或者当事人另有约定外，自合同成立时生效；未办理物权登记的，不影响合同效力。

（2）动产的物权变动。动产物权的设立和转让，除法律另有规定外，自交付时发生效力。所以当事人虽然达成了动产所有权转移协议，但在尚未交付标的物前，其所有权并不转移。《民法典》第二百二十五条规定："船舶、航空器和机动车等的物权的设立、变更、转让和消灭，未经登记，不得对抗善意第三人。"因此，对于船舶、航空器和机动车等特殊动产，其所有权的转移仍以交付为要件；但如果交付后没有办理登记，不能对抗善意第三人。交付分现实交付与交付替代两种形态，后者又包括简易交付、指示交付、占有改定三种类型。

4.物权的保护

《民法典》规定，物权保护方式主要有：

（1）请求确认物权。因物权的归属、内容发生争议的，利害关系人可以请求确认权利。

（2）请求返还原物。无权占有不动产或者动产的，权利人可以请求返还原物。

（3）请求排除妨害或者消除危险。妨害物权或者可能妨害物权的，权利人可以请求排除妨害或者消除危险。

（4）请求物权复原。造成不动产或者动产毁损的，权利人可以依法请求修理、重作、更换或者恢复原状。

（5）请求物权损害赔偿。侵害物权，造成权利人损害的，权利人可以依法请求损害赔偿，也可以依法请求承担其他民事责任。

以上规定的物权保护方式，可以单独适用，也可以根据权利被侵害的情形合并适用。

（二）所有权

1.所有权的含义及权能

所有权是指所有权人对自己的动产或不动产，依法享有的占有、使用、收益和处分的权利。根据权利主体的性质不同，所有权被分为国家所有权、集体所有权和私人所有权；根据权利客体的性质不同，可分为动产所有权和不动产所有权；根据权利主体的数量不同，可分为单独所有权和共有所有权。

所有权包括以下权能：

（1）占有权，是指权利主体对于财产的实际控制权。

（2）使用权，是指权利主体对于财产的利用权。

（3）收益权，是指权利主体通过财产的占有、使用等途径获取经济利益的权利。

（4）处分权，是指权利主体在法律允许的范围内对财产进行处置的权利。处分分为事实上的处分和法律上的处分。前者指权利主体对物或权利加以变更或消灭，使其形态加以改变，如加工、消费、毁损；后者指通过某种法律行为改变所有物的法律状态，如转让、租借。处分权是财产所有人最基本的权利，是所有权的核心内容。

2.所有权的法律特征

（1）完全性。所有人对于所有物可以进行全面的占有、使用、收益和处分，即进行完全支配的权利，而他物权人对于标的物仅在某一方面享有支配权。因此，所有权又称完全物权，他物权又称限制物权。

（2）整体性，是指所有权不是对标的物占有、使用、收益和处分的权能的总和，而是一项整体性的权利，是对物的统一支配权。所有权的整体性决定了所有权本身不得在内容或时间上加以分割。

（3）弹力性。所有人可以通过设定他物权使所有权的权能与作为整体的所有权相分离，但所有人并不因此丧失其对所有物的支配权。当他物权消灭时，所有权恢复到它原来的状态，即分离出去的权能又复归于所有权人。

（4）永久性。所有权因标的物的存在而永久存在，不能预定其存续期间。

3.所有权的取得

所有权的取得必须符合法律和法规，否则将不受法律和法规保护。所有权的取得方式分为原始取得和继受取得。原始取得主要包括劳动生产、善意取得、没收、孳息、拾得遗失物、发现埋藏物等；继受取得主要有买卖、赠与、继承、互易等。

《民法典》对所有权的取得还作了一些特别规定：

（1）征收与征用。

征收是国家依法定程序将集体所有的土地和城市房屋及其他不动产收归国家所有的制度，是国家所有权的一种特殊取得方式。征收具有强制性、有偿性、公益性的特点。《民法典》第二百四十三条规定："为了公共利益的需要，依照法律规定的权限和程序可以征收集体所有的土地和组织、个人的房屋及其他不动产。征收集体所有的土地，应当依法及时足额支付土地补偿费、安置补助费以及农村村民住宅、其他地上附着物和青苗等的补偿费用，并安排被征地农民的社会保障费用，保障被征地农民的生活，维护被征地农民的合法权益。征收组织、个人的房屋及其他不动产，应当依法给予征收补偿，维护被征收人的合法权益；征收个人住宅的，还应当保障被征收人的居住条件。"

《民法典》物权编还规定了征用制度："因抢险救灾、疫情防控等紧急需要，依照法律规定的权限和程序可以征用组织、个人的不动产或者动产。被征用的不动产或者动产使用后，应当返还被征用人。组织、个人的不动产或者动产被征用或者征用后毁损、灭失的，应当给予补偿。"

（2）善意取得。

这是指无处分权人将不动产或者动产转让给第三人时，受让人因善意而依法取得该不动产或动产的所有权的制度。

《民法典》第三百一十一条规定，善意取得需同时符合下列条件：①受让人受让该不动产或者动产时是善意，即不知出让人是无处分权人；②以合理的价格转让；③转让的不动产或者动产依照法律规定应当登记的已经登记，不需要登记的已经交付给受让人。

善意取得成立后的法律效果是：①受让人取得标的物的所有权。②受让动产上的原有权利消灭。③出让人对原所有人负赔偿责任。由于善意取得发生后，原权利人无权要求受让人返还原物，只能要求无权处分人承担赔偿责任，也可以要求出让人返还不当得利。

（3）拾得遗失物。

这是指发现他人遗失之物而予以占有的法律事实。拾得遗失物成立需具备两个条件：一是标的物为遗失物，遗失物是指占有人非基于自身意思而丧失占有的动产；二是应有拾得行为，拾得是指发现并占有遗失物。

《民法典》物权编对遗失物处理的具体规定包括：

①拾得遗失物，应当返还权利人。拾得人应当及时通知权利人领取，或者送交公安等有关部门。

②有关部门收到遗失物，知道权利人的，应当及时通知其领取；不知道的，应当及时发布招领公告。遗失物自发布招领公告之日起1年内无人认领的，归国家所有。

③拾得人在遗失物送交有关部门前，有关部门在遗失物被领取前，应当妥善保管遗失物。因故意或者重大过失致使遗失物毁损、灭失的，应当承担民事责任。

④权利人领取遗失物时，应当向拾得人或者有关部门支付保管遗失物等支出的必要费用；权利人悬赏寻找遗失物的，领取遗失物时应当按照承诺履行义务；拾得人侵占遗失物的，无权请求保管遗失物等支出的费用，也无权请求权利人按照承诺履行义务。

⑤拾得漂流物、发现埋藏物或者隐藏物的，参照适用拾得遗失物的有关规定。法律另有规定的，依照其规定。

4.业主的建筑物区分所有权

《民法典》第二百七十一条规定："业主对建筑物内的住宅、经营性用房等专有部分享有所有权，对专有部分以外的共有部分享有共有和共同管理的权利。"由此可知，建筑物区分所有权是由专有部分的所有权、共有部分的共有权及共同管理权构成，其中专有权是主要的权利。

（1）专有部分的所有权，是指业主对其建筑物专有部分享有占有、使用、收益和处分的权利。专有部分是指建筑物在构造上和使用上具有独立性、可分割出来单独登记的部分。业主行使权利不得危及建筑物的安全，不得损害其他业主的合法权益。业主将住宅改变为经营性用房的，除遵守法律、法规以及管理规约外，应当经有利害关系的业主同意。业主转让建筑物内的住宅、经营性用房，其对共有部分享有的共有和共同管理的权利一并转让。

（2）共有部分的共有权，是指建筑物区分所有人对建筑物共用部分享有的占有、使用及收益的权利，也称共用部分的持份权。业主对专有部分以外的共有部分既享有权利，又承担义务，且此项义务不得放弃。

《民法典》规定的共有部分包括：①建筑区划内的道路，属于业主共有，但是属于城镇公共道路的除外。②建筑区划内的绿地，属于业主共有，但是属于城镇公共绿地或者明示属于个人的除外。③建筑区划内的其他公共场所、公用设施和物业服务用房，属于业主共有。④建筑区划内，规划用于停放汽车的车位、车库的归属，由当事人通过出售、附赠或者出租等方式约定。占用业主共有的道路或者其他场地用于停放汽车的车位，属于业主共有。⑤建筑物及其附属设施的维修资金，属于业主共有。

（3）共有部分的共同管理权。业主对专有部分以外的共有部分享有共同管理的权利，包括对共同财产和公共事务的参与决策、管理的权利。业主可以设立业主大会，选举业主委员会。

《民法典》第二百七十八条规定，下列事项由业主共同决定：①制定和修改业主大会议事规则；②制定和修改管理规约；③选举业主委员会或者更换业主委员会成员；④选聘和解聘物业服务企业或者其他管理人；⑤使用建筑物及其附属设施的维修资金；⑥筹集建筑物及其附属设施的维修资金；⑦改建、重建建筑物及其附属设施；⑧改变共有部分的用途或者利用共有部分从事经营活动；⑨有关共有和共同管理权利的其他重大事项。

业主共同决定事项，应当由专有部分面积占比2/3以上的业主且人数占比2/3以上的业主参与表决。上述第⑥项至第⑧项规定的事项，应当经参与表决专有部分面积3/4以上的业主且参与表决人数3/4以上的业主同意。决定前款其他事项，应当经参与表决专有部分面积过半数的业主且参与表决人数过半数的业主同意。

业主大会或者业主委员会，对任意弃置垃圾、排放污染物或者噪声、违反规定饲养动物、违章搭建、侵占通道、拒付物业费等损害他人合法权益的行为，有权依照法律、法规以及管理规约，请求行为人停止侵害、排除妨碍、消除危险、恢复原状、赔偿损失。

案例窗 1-1

5. 相邻关系

相邻关系是指相邻不动产的权利人，在行使对不动产的权利时，相互应当给予必要的便利或接受必要的限制所产生的权利与义务关系。相邻关系中相邻一方对相邻另一方的权利，被称为相邻权。《民法典》物权编规定不动产的相邻权利人应当按照有利生产、方便生活、团结互助、公平合理的原则，正确处理相邻关系。法律、法规对处理相邻关系有规定的，依照其规定；法律、法规没有规定的，可以按照当地习惯。主要的相邻关系有：

（1）相邻用水、排水关系。不动产权利人应当为相邻权利人用水、排水提供必要的便利。对自然流水的利用，应当在不动产的相邻权利人之间合理分配。对自然流水的排放，应当尊重自然流向。

（2）相邻通行关系。不动产权利人因通行等必须利用相邻权利人土地的，相邻权利人应当提供必要的便利。

（3）相邻修建、管线安设关系。不动产权利人因建造、修缮建筑物以及铺设电线、电缆、水管、暖气和燃气管线等必须利用相邻土地、建筑物的，该土地、建筑物的权利人应当提供必要的便利。

（4）相邻通风、采光、日照关系。建造建筑物，不得违反国家有关工程建设标准，不得妨碍相邻建筑物的通风、采光和日照。

（5）相邻环保关系。不动产权利人不得违反国家规定弃置固体废物，排放大气污染物、水污染物、土壤污染物、噪声、光辐射、电磁波辐射等有害物质。

（6）相邻安全关系。不动产权利人挖掘土地、建造建筑物、铺设管线以及安装设备等，不得危及相邻不动产的安全。

如果不动产权利人因用水、排水、通行、铺设管线等利用相邻不动产的，应尽量避免对相邻的不动产权利人造成损害。

案例窗 1-2

6. 共有

不动产或者动产可以由两个以上的单位、个人共有。

（1）共有的分类。

①按份共有。《民法典》规定，按份共有人对共有的不动产或者动产按照其份额享有所有权。按份共有人对共有的不动产或者动产享有的份额，没有约定或者约定不明确的，按照出资额确定；不能确定出资额的，视为等额享有。

②共同共有。共同共有人对共有的不动产或者动产共同享有所有权。共有人对共有的不动产或者动产没有约定为按份共有或者共同共有，或者约定不明确的，除共有人具有家庭关系等外，视为按份共有。共同共有具有以下法律特征：第一，共同共有的成立以共同关系的存在为前提。第二，共同共有是不分份额的共有。第三，共同共有人对共有物共同（平等）地享有权利、承担义务，而不是按比例分配。

（2）共有物的管理、处分及分割。

①共有物的管理。共有人按照约定管理共有的不动产或者动产；没有约定或者约定不明确的，各共有人都有管理的权利和义务。

②共有物的处分。处分共有的不动产或者动产以及对共有的不动产或者动产作重大修缮、变更性质或者用途的，应当经占份额2/3以上的按份共有人或者全体共同共有人同意，但共有人之间另有约定的除外。

③共有物的分割。共有人约定不得分割共有的不动产或者动产，以维持共有关系的，应当按照约定，但共有人有重大理由需要分割的，可以请求分割；没有约定或者约定不明确的，按份共有人可以随时请求分割，共同共有人在共有的基础丧失或者有重大理由需要分割时可以请求分割。因分割造成其他共有人损害的，应当给予赔偿。共有人可以协商确定分割方式。达不成协议，共有的不动产或者动产可以分割并且不会因分割减损价值的，应当对实物予以分割；难以分割或者因分割会减损价值的，应当对折价或者拍卖、变卖取得的价款予以分割。共有人分割所得的不动产或者动产有瑕疵的，其他共有人应当分担损失。

（3）共有物的转让。

按份共有人可以转让其享有的共有的不动产或者动产份额，但转让时应当将转让条件及时通知其他共有人；其他共有人享有同等条件下的优先购买权，但其他共有人应当在合理期限内行使优先购买权。“同等条件”应综合共有份额的转让价格、价款履行方式及期限等因素确定。“合理期限”，如按份共有人之间有约定，则按约定；没有约定或约定不明，则按下列情形确定：①转让人向其他按份共有人发出的包含同等条件内容的通知中载明行使期间的，以该期间为准；②通知中未载明行使期间，或者载明的期间短于通知送达之日起15日的，为15日；③转让人未通知的，为其他按份共有人知道或者应当知道最终确定的同等条件之日起15日；④转让人未通知，且无法确定其他按份共有人知道或者应当知道最终确定的同等条件的，为共有份额权属转移之日起6个月。

两个以上其他共有人主张行使优先购买权的，协商确定各自的购买比例；协商不成的，按照转让时各自的共有份额比例行使优先购买权。共有份额的权利主体因继承、遗赠等原因发生变化时，其他按份共有人不能主张优先购买权，除非他们之间另有约定。

（4）因共有财产产生的债权和债务。

因共有的不动产或者动产产生的债权和债务，在对外关系上，共有人享有连带债权、承担连带债务，但法律另有规定或者第三人知道共有人不具有连带债权和债务关系的除外；在共有人内部关系上，除共有人另有约定外，按份共有人按照份额享有债权、承担债务，共同共有人共同享有债权、承担债务。偿还债务超过自己应当承担份额的按份共有人，有权向其他共有人追偿。

(三) 用益物权

除所有权外，物权还包括他物权，他物权包括用益物权和担保物权。这里我们主要讨论用益物权。

用益物权是用益物权人对他人所有的不动产或者动产，依法享有占有、使用和收益的权利。用益物权包括：①土地承包经营权；②建设用地使用权；③宅基地使用权；④居住权；⑤地役权；⑥准物权，包括海域使用权、探矿权、采矿权、取水权和使用水域、滩涂从事养殖、捕捞的权利等。

用益物权的特征是：①用益物权是由所有权派生的物权；②用益物权是受限制的物权；③用益物权是一项独立的物权，而且是主物权（地役权除外），不是从物权；④用益物权一般以不动产为客体。

1.土地承包经营权

所谓土地承包经营权，是指土地承包经营权人依法对其承包经营的耕地、林地、草地等享有占有、使用和收益的权利。

《民法典》规定，土地承包经营权自土地承包权合同生效时设立。土地承包经营权的期限因为内容的不同而有所不同：耕地的承包期为30年；草地的承包期为30至50年；林地的承包期为30至70年。承包期限届满，土地承包经营权人可依照农村土地承包的法律规定继续承包。登记机构应当向土地承包经营权人发放土地承包经营权证、林权证等证书，并登记造册，确认土地承包经营权。

土地承包经营权人有权依法将土地承包经营权互换、转让；但未经依法批准，不得将承包地用于非农建设。土地承包经营权互换、转让的，当事人可以向登记机构申请登记；未经登记，不得对抗善意第三人。承包期内发包人不得调整承包地，也不得收回承包地；法律另有规定的，依照其规定。承包地被征收的，土地承包经营权人有权依法获得相应补偿。

土地承包经营权人可以自主决定依法采取出租、入股或者其他方式向他人流转土地经营权。流转期限为5年以上的土地经营权，自流转合同生效时设立。当事人可以就流转土地向登记机构申请土地经营权登记；未经登记，不得对抗善意第三人。通过招标、拍卖、公开协商等方式承包农村土地，经依法登记取得权属证书的，也可以依法采取出租、入股、抵押或者其他方式流转土地经营权。

2.建设用地使用权

建设用地使用权是指建设用地使用权人以建造建筑物、构筑物及其附属设施为目的，对国有土地进行占有、使用和收益的权利。建设用地使用权可以在土地的地表、地上或者地下分别设立。新设立的建设用地使用权，不得损害已设立的用益物权。

（1）建设用地使用权的取得。设立建设用地使用权可以采取出让、划拨等方式。工业、商业、旅游、娱乐和商品住宅等经营性用地以及同一土地有两个以上意向用地者的，应当采取招标、拍卖等公开竞价的方式出让。严格限制以划拨方式设立建设用地使用权。采取划拨方式的，应当遵守法律、法规关于土地用途的规定。

建设用地使用权的取得必须向登记机构办理登记，登记是建设用地使用权生效的条件。登记机构应当向建设用地使用权人发放建设用地使用权证书。

（2）建设用地使用权的流转。权利人取得建设用地的使用权后，除法律、法规另有规定的以外，有权将建设用地使用权转让、互换、出资、赠与或者抵押；当事人有前述行为的，应当采用书面形式订立相应的合同；土地使用期限由当事人约定，但不得超过建设用地使用权的剩余期限；[①]同时，当事人应当向登记机构申请变更登记。建设用地使用权转让、互换、出资或者赠予的，附着于该土地上的建筑物、构筑物及其附属设施一并处分。建筑物、构筑物及其附属设施转让、互换、出资或者赠与的，其占用范围内的建设用地使用权一并处分。因此，建设用地使用权与附着在上面的建筑物所有权采取“房随地走、地随房走、房地一体”的流转规则。住宅建设用地使用权期间届满的，自动续期；自动续期的费用缴纳或者减免依照相关法律、法规办理。

3.居住权

居住权是居住权人按照合同约定，以满足生活居住需要而对他人的住宅享有占有、使用的用益物权。当事人设立居住权须签订书面形式的居住权合同。除当事人另有约定，居住权的设立是无偿的。当事人设立居住权应当向登记机关申请登记，居住权自登记时设立。居住权不可以转让或者继承；设立居住权的住宅也不能够出租，除非当事人另有约定。

4.地役权

地役权是指地役权人按照合同约定，利用他人的不动产来提高自己的不动产的效益的权利。其中，他人的不动产为供役地，自己的不动产为需役地。地役权自地役权合同生效时设立。当事人可以向登记机构申请地役权登记；未经登记，不得对抗善意第三人。

（1）地役权的特征。

①地役权的从属性，是就地役权与需役地的关系而言的，具体表现为：一是地役权不得与需役地相分离单独转让，不得单独设定抵押；二是地役权不得与需役地的所有权或使用权相分离，作为其他权利的标的。除合同另有约定外，以土地承包经营权、建设用地使用权等转让的，地役权一并转让；以土地承包经营权、建设用地使用权等抵押的，在实现抵押权时，地役权一并转让。

②地役权的不可分性，是指地役权存在于全部需役地和供役地，不能分割为各个部分或仅仅以一部分而单独存在。

（2）地役权的效力。

①地役权人有权依据合同约定的利用目的和方法利用供役地，同时尽量减少对供役地权利人物权的限制。

②地役权的期限由当事人约定，但不得超过土地承包经营权、建设用地使用权等用益物权的剩余期限。

③地役权与其他用益物权的关系。土地所有权人享有地役权或者负担地役权的，设立土地承包经营权、宅基地使用权时，该土地承包经营权人、宅基地使用权人继续享有或者负担已设立的地役权；土地上已设立土地承包经营权、建设用地使用权、宅基地使用权等权利的，未经上述用益物权人同意，土地所有权人不得设立地役权；需役地以及需役地上

---

① 建设用地使用权最高期限分3档：40年的有商业、旅游、娱乐用地；50年的有工业、教育、科技、文化、卫生、体育、综合或者其他用地；70年的有居住用地。

的土地承包经营权、建设用地使用权部分转让时，转让部分涉及地役权的，受让人同时享有地役权；供役地以及供役地上的土地承包经营权、建设用地使用权部分转让时，转让部分涉及地役权的，地役权对受让人具有约束力。

（3）地役权的消灭。

地役权人有下列情形之一的，供役地权利人有权解除地役权合同，地役权消灭：①违反法律规定或者合同约定，滥用地役权；②有偿利用供役地，约定的付款期限届满后在合理期限内经两次催告未支付费用。

二、债权

债权与债务是相对应的概念，这里我们主要介绍债权，其理由在于债权是债的主要体现。我们通常说债的关系既包括债权关系，也包括债务关系。

（一）债与债权

债是指按照合同的约定或者依照法律的规定，在当事人之间产生的特定的权利和义务关系。享有权利的人是债权人，负有义务的人是债务人。

债的构成要素包括债的主体、债的内容和债的客体（又称标的）。债的主体即债权人和债务人。有权要求对方当事人为一定行为或不为一定行为的是债权人，也就是权利主体；负有满足对方当事人权利的为债务人，也就是义务主体。

债的内容包括债权和债务。债权和债务是通过给付联结起来的，债权人有权请求债务人履行给付义务，债务人有义务向债权人作出给付。债权和债务相互依存，无债权就无债务。

债的客体（标的），是指债权和债务所共同指向的对象，即给付。给付是指债务人应为的特定行为。给付可分为作为和不作为，作为是“积极给付”，不作为是“消极给付”。从形式上看，给付包括交付财物、支付金钱、转移权利、提交成果、提供服务、不作为等。债的客体必须是法律、法规所允许的。

债权是债的主要方面，讨论债的特征多以债权为例。债权是指在债的关系中，债权人享有的请求对方当事人为一定行为或不为一定行为的权利。

（二）债权的特征

与物权相比，债权具有以下的特征：[①]

（1）债权是财产权。债权或直接具有一定的财产价值，或可以转化为一定的财产价值。

（2）债权是请求权。债权的作用主要是请求权的行使，而非直接支配债务人的人身、债务人的行为或者债务人应给付之物，此与物权不同。债权是请求权，但并非所有的请求权都是债权，如物权请求权就不是债权。

（3）债权是相对权。相对权是指债权仅对债务人有效，即只能请求债务人履行，不能要求债务人之外的第三人履行（另有约定除外），也不能直接支配债务人的人身或财产。物权则是对世权。

---

① 谭华霖. 民法分论教程［M］. 北京：对外经济贸易大学出版社，2011：93.

（4）债权有期限性。债权主要是作为债权人实现特定目的的一种手段而存在，目的达到，债权即归于消灭。作为物权的典型代表的所有权具有永续性。

（三）债的分类

1.法定之债与意定之债

按照债的设定及内容是否允许当事人自由决定，债可以分为：

（1）法定之债，是指债的发生及内容均由法律加以明确规定的债。不当得利之债、无因管理之债、侵权行为之债、缔约过失之债，都属于法定之债。

（2）意定之债，是指债的发生及内容完全由当事人依其自由意思加以决定的债。单方允诺属于意定之债。

2.特定之债与种类之债

（1）特定之债，是指以特定物为标的的债。特定物可以是依物的性质而特定，如某幅字画，也可以是依当事人的意思指定的物，如某房屋、某牌号的车等，不能用其他的物来代替。特定之债有以下特点：①标的物被商定或指定后，债权人或债务人原则上不得变更；②当标的物灭失时，发生履行不能的情况，债务人可不实际履行。

（2）种类之债，是指以种类物为标的的债。实践中，买卖、消费等合同大多以不特定物为标的物。种类之债的特点是：①以种类物为给付标的。②只有在标的物特定化之后才能履行。③标的物的所有权自交付时转移于债权人。正式交付前标的物意外灭失的责任由债务人承担，交付之后由债权人承担。

3.简单之债与选择之债

（1）简单之债，又称单纯之债，是指债的标的是单一的，当事人只能就该种标的履行的债。简单之债的当事人只能就某一标的履行债务，否则将构成债的不履行。

（2）选择之债，是指债的关系成立时有数个标的，有选择权的当事人有权从数个标的中选择一个标的为给付的债。因此，选择之债并不是有多个债存在，只是用于履行债的标的有多个而已。《民法典》第五百一十五条规定："标的有多项而债务人只需履行其中一项的，债务人享有选择权；但是，法律另有规定、当事人另有约定或者另有交易习惯的除外。享有选择权的当事人在约定期限内或者履行期限届满未作选择，经催告后在合理期限内仍未选择的，选择权转移至对方。"同时，当事人行使选择权负有及时通知对方的义务。

从选择之债的数种给付中确定一种给付，被称为选择之债的特定。经特定后，债务才能得到履行，所以选择之债的特定对于双方当事人极为重要。特定的方法有三种：①因合意而特定，即双方当事人协商一致从数种给付中选择一种给付作为债的标的。②因行使选择权而特定。选择权可以归属于债权人、债务人或第三人，但各国一般都规定除法律另有规定或当事人另有约定外，选择权属于债务人。③因给付不能而特定。当数种给付因给付不能仅存一种给付时，由于选择权已无从行使，该选择之债即特定。

4.按份之债与连带之债

根据债的主体多少，债被分为单一之债和多数之债。如果债权人和债务人均为一人，则叫单一之债；如果债权人或债务人一方或双方为数个人，则叫多数之债。《民法典》规定了两种多数之债，即按份之债与连带之债。

（1）按份之债，是指两个或两个以上的债权人或债务人各自按照一定的份额（等份或不等份）享有债权或承担债务的债。两个或两个以上的债权人各自就自己的债权份额享有请求权、受领权的，为按份债权；两个或两个以上的债务人各自就自己的债务份额承担清偿义务的，为按份债务。多数之债，除法律有特别规定或者当事人有特别约定外，都属于按份之债。按份之债的主体仅在自己的份额内享有权利或承担义务，对其他债的当事人不发生影响。

（2）连带之债，是指两个或两个以上的债权人或债务人，对外享有连带债权或负有连带债务的债。在连带之债中，多数债权人中的任何一个人都有要求债务人清偿全部债务的权利，这种连带关系被称为连带债权；多数债务人中的任何一人都负有清偿全部债务的义务，这种连带关系被称为连带债务。在连带之债中，每一个债务人对债务均负全部的清偿义务，债权人有权要求任何一个债务人履行全部义务，因而所有债务人以其所有的财产作为债权人债权实现的责任财产。当其中一个债务人无力清偿债务时，债权人可以向其他债务人提出请求，这样对债权人非常有利。

连带之债产生的原因是：第一，因法律的规定而产生，主要有个人合伙债务、合伙型联营债务、代理关系中的连带责任、共同侵权行为人的连带责任、连带保证中的连带责任。第二，因当事人约定而产生。例如当事人有明确约定，可产生连带之债。

（四）债产生的根据

债产生的根据又称债产生的原因，即引起债的关系产生的法律事实。各国法律规定，可产生债的法律事实主要有合同、侵权行为、无因管理、不当得利及其他。

1.合同

合同是最常见的、最普遍的债产生的原因。合同是当事人之间设立、变更、终止民事关系的协议。合同依法成立后，即在当事人间产生债权和债务关系，因此合同是债产生的根据。基于合同所产生的债为合同之债。

2.侵权行为

侵权行为是指不法侵害他人的合法权益的行为。当事人一方不法侵害他人的财产权利或人身权利而造成另一方损失时，加害人应依法承担民事责任。受侵害的当事人一方有权请求加害人赔偿损失，加害人则负有赔偿损失的义务。因此，侵权行为也可以在加害人与受害人之间形成债的关系。侵权行为虽是法律所禁止的不法行为，但基于侵权行为所产生的侵权行为之债是合法的，是受法律保护的。

3.无因管理

无因管理与不当得利在《民法典》中被合称为准合同。无因管理是指既未受他人之托，也不负有法律规定的义务而自觉为他人管理事务。[①]管理他人事务的人为管理人；接受管理人管理事务的人为本人或受益人；因事务的管理在管理人和本人或受益人之间产生的权利与义务关系，为无因管理之债。凡是为了他人利益免受损失的管理行为，都可被称为无因管理。

（1）无因管理成立的要件。

①没有法定的或者约定的义务。所谓法定的义务，是指法律直接规定的义务；所谓约定的义务，是指因合同产生的义务。

---

① 彭万林．民法学［M］．7版．北京：中国政法大学出版社，2011：346.

②管理人须对他人事务进行管理或者服务。对他人事务进行管理或者服务，即指管理他人事务。

③管理人须为避免他人利益受损失而进行管理。管理人的管理是否是为他人谋利益，应当从动机和效果两个方面看：从动机看，管理事务的动机是避免他人利益受损失，而不是为了使自己利益不受损失；从效果看，因管理所取得的利益最终要归本人或受益人，而不是归管理人自己。

（2）无因管理之债的内容。

①管理人的义务与责任。管理人自管理行为开始起，即应尽到适当管理、通知、继续管理和报告、计算的义务。其中，适当管理义务为管理人的主要义务，其他义务为管理人的从属义务。管理人应承担因未尽善良管理人的注意，未以有利于本人或受益人的方法进行管理，或者违反管理人所负担的义务等产生的法律责任。

②本人或受益人的义务。本人或受益人对管理人所负担的义务，即管理人所享有的权利。无因管理成立后，本人或受益人负有下列义务：一是偿还必要的费用；二是清偿必要的债务；三是赔偿损害。

4.不当得利

不当得利是指没有合法根据，取得不当利益，造成他人损失。其中，取得不当利益的一方被称为受益人，受到损失的一方被称为受害人或者受损人。

（1）不当得利的构成要件。

①受益人获得财产上的利益，包括消极得利（财产应减少而未减少）和积极得利（财产积极增加）。

②受害人或者受损人遭受财产上的损失。

③受益与受害或受损之间存在因果关系。

④受益人获得利益无合法依据。

（2）不当得利的类型。

①民事法律行为不成立，如无效及被撤销所产生的不当得利。

②履行不存在的债务所产生的不当得利。

③因合同解除产生的不当得利。

④基于受益人、受害人或第三人行为而产生的不当得利。

⑤基于事件而产生的不当得利。

（3）得利人的返还义务。

不当得利中，受益人应当将取得的不当利益返还受害人或者受损人，返还利益的范围应包括原物和原物的孳息。但得利人不知道且不应当知道取得的利益没有法律根据，取得的利益已经不存在的，不承担返还该利益的义务。得利人已经将取得的利益无偿转让给第三人的，受损失的人可以请求第三人在相应范围内承担返还义务。

此外，悬赏广告、缔约过失行为等也可以产生债的关系。

有关债的其他内容，限于篇幅，我们将以合同之债为典型在本教材第五章“合同法”中讨论。

第四节 代理与时效

代理与时效制度是民法的重要制度，但鉴于其对学习和理解经济法知识与案例的重要性，我们在此作简单介绍。

一、代理

代理是重要的民事法律行为，在商务活动与现实生活中都有重要作用，因为人不可能所有的事都亲力亲为，很多时候要委托他人去完成自己应尽的义务、履行自己的权利。

（一）代理的概念与特征

代理是指代理人在代理权限范围内，以被代理人的名义实施民事法律行为，被代理人对代理人的代理行为承担民事责任的一种法律制度。在代理关系中，以被代理人名义实施民事行为的人，被称为代理人；由他人代为实施民事行为的人，被称为被代理人，也称本人；与代理人实施民事行为的人，被称为第三人。

代理具有如下法律特征：

（1）代理人以被代理人的名义实施民事法律行为。非以被代理人的名义而以自己的名义代替他人实施法律行为，不属代理，如行纪等。

（2）代理行为应是具有法律意义的行为。其主要包括三类：一是民事法律行为；二是民事诉讼行为；三是某些行政行为，如代理专利申请、商标注册等。

（3）代理人在被代理人授权范围内独立进行意思表示，即代理人必须在代理权限内进行代理活动，不能超越代理权限的范围；同时，代理人在代理权限内可以独立地进行意思表示。

（4）代理行为产生的法律后果直接由被代理人承担。代理人在代理权限内进行的代理行为，在法律上被视为被代理人自己的法律行为，由此而产生的权利和义务当然直接由被代理人承担。

（二）代理的种类

根据代理权产生的根据，代理可分为委托代理和法定代理。

（1）委托代理是指委托代理人按照被代理人的委托行使代理权的代理。委托合同与委托授权行为皆为产生委托代理权的根据。委托合同是委托人与受托人约定，由受托人处理委托人事务的合同。委托合同的成立和生效，并不当然地产生代理权，只有在委托人作出授予代理权的单方行为后，代理权才发生。委托代理授权的形式可以是书面的，也可以是口头的，但法律、法规规定用书面形式的，应当用书面形式。

（2）法定代理是指法定代理人依照法律的规定行使代理权的代理。在法定代理中，代理权之授予基于法律的直接规定。法定代理主要适用于被代理人为无行为能力人或限制行为能力人的情况。

（三）无权代理

1.无权代理的概念与类型

无权代理是指没有代理权而以他人名义进行代理活动的法律行为。[①]无权代理在法律上并不当然无效，如经本人追认，就成为有权代理。无权代理包括三种情况：

（1）自始就不存在代理权的代理，即当事人实施代理行为，根本未获得被代理人的授权。

（2）超越代理权的代理，即代理人虽然获得了被代理人的授权，但其实施的代理行为不在被代理人的授权范围之内，就其超越代理权限所实施的代理行为，成立无权代理。

（3）代理权终止后的代理，即代理人获得了被代理人的授权，但在代理权期限届满后，代理人继续实施代理行为，就其超过代理权存续期限所实施的代理行为，成立无权代理。

2.无权代理的法律效果

（1）被代理人的追认权。

对于无权代理，《民法典》第一百七十一条规定："未经被代理人追认的，对被代理人不发生效力。"由此看出，通过被代理人行使追认权，无权代理行为可转化为有权代理，产生与有权代理同样的法律效果。

被代理人追认权的行使，有明示和默示两种方式。所谓明示，是指被代理人以明确的意思表示对无权代理行为予以承认。所谓默示，是指被代理人虽没有明确表示承认无权代理行为对自己的效力，但以特定的行为，如以履行义务的行为对无权代理行为予以承认，或是被代理人明知他人以自己名义实施民事法律行为，但不作否认表示，都可以认为是被代理人的追认。

被代理人追认权的行使，可以向交易相对人作出，也可以向无权代理人作出。一经作出追认，无权代理行为即获得与有权代理行为同样的法律效力，因为追认的表示具有溯及力，无权代理行为自始有效，被代理人应受无权代理行为之后果约束。

（2）善意相对人的撤销权。

与无权代理人进行民事行为时，不知也不应知其为无权代理的善意交易相对人享有撤销权。交易相对人行使撤销权后，基于无权代理所为的民事行为不发生效力，但撤销权的行使应于被代理人行使追认权之前行使，且被撤销的无权代理行为，被代理人不得再行追认。

无权代理行为发生后，被代理人享有追认或拒绝追认的选择权，代理行为处于效力未定状态。若被代理人明确表示拒绝追认或在交易相对人确定的催告期内不作出追认的表示，代理行为不生效。

3.表见代理

表见代理指基于相对人对代理权外部特征的理解，虽然从代理内部关系上看代理人没有代理权，但相对人有理由相信其有代理权而与其进行法律行为时，该法律行为直接对被代理人发生法律效果的代理情形。因此，表见代理是无权代理的一种，其代理权不是基于被代理人的明示授权，而是基于被代理人的默示或者表面授权（以一种让相对人相信存在

---

① 刘心稳．中国民法［M］．3版．北京：中国政法大学出版社，2012：68.

授权的形式）产生的代理。[①]如果善意的相对人不愿该无权代理产生与有权代理同样的法律效果，也可通过撤销权的行使，使其归于无效。

表见代理的构成要件为：

（1）存在代理权的外观，即交易相对人根据所知的某些情况可以合理地认为无权代理人拥有代理权。所以，相对人负有相关举证责任。

（2）相对人不知道行为人行为时没有代理权，且无过失，即交易相对人不知道也不可能知道无权代理人行为时并不拥有代理权。此时，被代理人应就相对人不符合该规定的条件承担举证责任。

（3）无权代理人与第三人所为的民事行为，符合法律行为的一般有效要件和代理行为的表面特征。

表见代理的发生原因主要包括：

（1）被代理人以书面或口头形式直接或间接地向第三人表示以他人为自己的代理人，而事实上他并未对该他人进行授权，第三人信赖被代理人的表示而与该他人进行交易。

（2）被代理人与代理人之间的委托合同不成立、无效或被撤销，但尚未收回代理证书，交易相对人基于对代理证书的信赖，与行为人进行交易。

（3）代理关系终止后，被代理人未采取必要措施公示代理关系终止的事实并收回代理人持有的代理证书，使第三人不知代理关系终止而仍与代理人进行交易。

二、时效

时效是指因一定事实状态在法定期间的持续存在而产生的、与该事实状态相适应的法律效果的法律制度。时效是导致民事法律关系发生、变更和消灭的法律事实。时效制度的设立，属于强行性规定，当事人不得约定不受时效限制或变更法定的时效期间。

时效分为取得时效和诉讼时效（消灭时效）。我国法律无取得时效之规定，所以在此仅介绍诉讼时效。

（一）诉讼时效的概念与种类

1.诉讼时效的概念

诉讼时效又称消灭时效，是指使在法定期间内不行使权利的权利人丧失胜诉权的法律制度。诉讼时效具有以下特征：

（1）有当事人不行使权利的事实状态存在，且该状态持续了一段时间。

（2）诉讼时效届满不消灭权利人的实体权利，只是让义务人产生了居于权利人已丧失胜诉权的抗辩权，即在诉讼开启时，义务人提出主张且人民法院确认诉讼时效已经届满的情况下，应驳回权利人的诉讼请求；如果义务人未提出诉讼时效抗辩，人民法院不应对诉讼时效问题进行释明以及主动适用诉讼时效的规定进行裁判。

（3）诉讼时效届满，当事人一方向对方表示同意履行义务或自愿履行义务后又反悔的，人民法院不予支持。

2.诉讼时效的种类

（1）普通诉讼时效，是指普遍适用于法律规定的各种民事法律关系的时效。除法律另

---

① 崔建远，等．民法总论［M］．北京：清华大学出版社，2010：112.

有规定外，所有的民事法律关系皆适用普通诉讼时效。《民法典》第一百八十八条规定，向人民法院请求保护民事权利的诉讼时效期间为3年，法律另有规定的除外，依照其规定。

（2）特别诉讼时效，是指由法律就某些民事法律关系规定的特别适用的区别于普通诉讼时效期间的时效。特别诉讼时效不具有普遍性，只适用于特殊的民事法律关系。

《民法典》第五百九十四条规定，因国际货物买卖合同和技术进出口合同争议提起诉讼或者申请仲裁的时效期间为4年。《中华人民共和国保险法》（以下简称《保险法》）第二十六条规定，人寿保险的被保险人或者受益人向保险人请求给付保险金的诉讼时效期间为5年，自其知道或者应当知道保险事故发生之日起计算。

（3）长期诉讼时效，是指诉讼时效期间为20年的诉讼时效。20年为我国最长的诉讼时效期间，且不适用诉讼时效期间中止、中断的规定，旨在保护那些不知道或者不应当知道自己权利被侵害的当事人。

3.诉讼时效的起算

《民法典》规定，诉讼时效期间自权利人知道或者应当知道权利受到损害以及义务人之日起计算。但是，从权利被侵害之日起超过20年的，人民法院不予保护。其意思为，权利人不知或不应知道权利已被侵害，自权利被侵害之日起超过20年的，其权利也失去法律的强制性保护。如果同一债务因约定分期履行，诉讼时效期间自最后一期履行期限届满之日起计算；无民事行为能力人或者限制民事行为能力人对其法定代理权的诉讼时效期间自该法定代理终止之日起计算；附条件的或附期限的债的请求权，从条件成就或期限届满之日起算；请求他人不作为的债权请求权，应当自权利人知道义务人违反不作为义务时起算。

（二）诉讼时效期间的中止、中断和延长

1.诉讼时效期间中止

在诉讼时效期间进行中，因发生一定的法定事由使权利人不能行使请求权，暂时停止计算诉讼时效期间，待阻碍时效期间进行的法定事由消除后，诉讼时效期间继续进行。

（1）中止的法定事由。《民法典》第一百九十四条规定，在诉讼时效期间的最后6个月内，因不可抗力或者其他障碍不能行使请求权的，诉讼时效中止。不可抗力是指不能预见、不能避免和不能克服的客观情况。

不可抗力的主要情形有：①自然灾害，如台风、洪水、冰雹；②政府行为，如征收、征用；③社会异常事件，如罢工、骚乱。发生不可抗力时，权利人主观上要求行使权利，但客观上无法行使，所以法律规定中止时效予以救济。

其他障碍为概括性规定，主要包括如下情况：①无民事行为能力人或者限制民事行为能力人没有法定代理人，或者法定代理人死亡、丧失民事行为能力、丧失代理权；②继承开始后未确定继承人或者遗产管理人；③权利人被义务人或者其他人控制；④其他导致权利人不能行使请求权的障碍。

（2）诉讼时效期间中止的时间。诉讼时效期间可以中止的时间为诉讼时效期间的最后6个月内。

（3）诉讼时效期间中止的法律效果。诉讼时效期间中止后，中止的期间不计入时效期

间内。待中止事由消除后，时效期间继续进行，但自中止时效的原因消除之日起满6个月，诉讼时效期间届满。

2.诉讼时效期间中断

诉讼时效期间中断是指在诉讼时效进行期间，因发生一定的法定事由，使已经经过的时效期间归于无效，待时效期间中断的事由消除后，诉讼时效期间重新计算。

（1）中断的法定事由。《民法典》第一百九十五条规定，有下列情形之一的，诉讼时效中断：①权利人向义务人提出履行请求；②义务人同意履行义务；③权利人提起诉讼或者申请仲裁；④与提起诉讼或者申请仲裁具有同等效力的其他情形。

（2）诉讼时效中断的法律效果。诉讼时效中断后，诉讼时效停止计算；从中断、有关程序终结时起，重新开始计算诉讼时效，原来经过的时效期间不计算在内。

3.诉讼时效期间延长

有的权利人在诉讼时效期间内未能行使权利确有正当原因，其原因不包括在使诉讼时效期间中止、中断的法定事由之内，严格适用诉讼时效将造成不公平的结果。针对这种情况，依据《民法典》第一百八十八条，有特殊情况的，人民法院可以根据权利人的申请决定延长诉讼时效期间，以便保护特殊情况下权利人由于特殊原因未能及时行使的权利，避免造成不公平的结果。

（三）诉讼时效的客体

依据诉讼时效制度的立法目的，诉讼时效应仅适用于请求权，即请求权为诉讼时效的客体。但并非一切请求权均适用诉讼时效。一般认为债权请求权以及物上请求权中的返还财产请求权、恢复原状请求权适用诉讼时效。物上请求权中的排除妨害请求权、消除危险请求权、所有权确认请求权，基于身份关系的请求权以及基于相邻关系的请求权等，一般不发生诉讼时效制度的适用，即不受时效制度限制。

《最高人民法院关于审理民事案件适用诉讼时效制度若干问题的规定》第一条规定，当事人可以对债权请求权提出诉讼时效抗辩，但对下列债权请求权不能适用诉讼时效抗辩：①支付存款本金及利息请求权；②兑付国债、金融债券以及向不特定对象发行的企业债券本息请求权；③基于投资关系产生的缴付出资请求权；④其他依法不适用诉讼时效规定的债权请求权。

《民法典》第一百九十六条还规定，下列请求权不适用诉讼时效的规定：①请求停止侵害、排除妨碍、消除危险；②不动产物权和登记的动产物权的权利人请求返还财产；③请求支付抚养费、赡养费或者扶养费。④依法不适用诉讼时效的其他请求权。

第五节　违反经济法应承担的法律责任

法律责任是法的基本构成要素，因此，不管何种类型的法律都有违反法律即应承担相应责任的规定。经济法与其他法律部门不同的地方在于其法律责任的种类齐全，包括了民事责任、行政责任、刑事责任三大责任类型。

一、法律责任的概念与种类

《现代汉语词典》认为，“责任”一词一是指分内应做的事；二是没有做好分内应做的事，因而应当承担的过失。[①] 法律责任是责任中的一种。

法律责任是指行为人不履行法定的或约定的义务，依法应当承担的不利后果。简言之，法律责任就是因违法行为而承担的法律后果。违法行为的性质不同，当事人应承担的法律责任的性质也不同。一般认为法律责任可分为民事责任、行政责任和刑事责任三类。民事责任是指法律关系的主体由于侵权行为、违约行为或由于法律的特别规定依法所应承担的不利的民事法律后果。行政责任是指法律关系的主体违反法律、法规的规定所应承受的由国家行政机关或国家授权的组织依行政程序对其给予的行政制裁。刑事责任是指法律关系主体触犯国家刑法所应承受的由国家审判机关给予的刑事制裁。有学者认为法律责任还包括违宪责任，即指由于有关国家机关制定的某种法律和法规、规章，或有关国家机关、社会组织或公民从事了与宪法规定相抵触的活动而产生的法律责任。[②]

二、违反经济法应承担的具体法律责任

经济法在对经济法律关系进行调整时既可以追究违反经济法的当事人的民事责任，也可以追究行政责任，甚至可以追究刑事责任，以保障经济法的实施。

1.违反经济法的民事责任

经济法律关系主体违反了经济法律、法规，损害了其他经济法律关系主体的财产权益和其他民事权益，依法应当承担相应的民事法律后果。民事责任主要表现为具有财产内容的财产责任。由于民事责任发生在有经济法律关系的当事人之间，是违法行为人对受害人承担的责任，因此法律允许违法行为人向受害人自行承担民事责任。在一定的范围内，民事责任的承担方式和范围也可以由当事人自行约定。根据《民法典》，在经济法律关系中，违法行为人承担民事责任的方式主要有：①停止侵害；②排除妨碍；③消除危险；④返还财产；⑤恢复原状；⑥修理、重作、更换；⑦继续履行；⑧赔偿损失；⑨支付违约金；⑩消除影响、恢复名誉；⑪赔礼道歉。上述承担民事责任的方式可以单独适用，也可以合并适用。

2.违反经济法的行政责任

违反经济法的行政责任指经济法律关系主体违反经济法律、法规，破坏了法律所要建立和维护的正常的社会经济秩序，国家行政机关或国家授权的组织依照行政程序对违法行为人给予相应的行政制裁。行政制裁包括行政处分和行政处罚。根据《行政处罚法》的规定，对违反经济法的责任人给予的行政制裁通常是行政处罚，主要包括：

（1）警告、通报批评。警告一般以书面形式作出，必须向经济违法行为人本人宣布并送达本人。

（2）罚款、没收违法所得、没收非法财物。罚款是处罚机关强制违法行为人承担金钱给付义务，缴纳一定数额款项的处罚形式，是一种比较常用的行政制裁措施。没收违法所

① 中国社会科学院语言研究所词典编辑室．现代汉语词典［M］．7版．北京：商务印书馆，2016：1637．

② 季玹彦．党纪国法比较简论［M］．北京：中国方正出版社，2022：160．

得、没收非法财物是指行政处罚实施机关强制收缴违反经济法律、法规的单位或个人违法所得的金钱或财物的一种行政处罚措施。这类处罚一般是针对违法行为人的非法收入。

（3）暂扣或吊销许可证、降低资质等级。该种处罚是行政处罚实施机关依法对持有某种许可证的违反经济法律、法规的单位或个人给予取消或降低资格的处罚。暂扣或吊销许可证、降低资质等级的条件有严格规定，行政处罚机关实施处罚的程序应严格依法进行，程序不合法的行政处罚无效。

（4）限制开展生产经营活动、责令停产停业、责令关闭、限制从业。这是行政处罚实施机关对违法从事生产经营者给予的直接剥夺或限制其生产经营活动的权利的一种处罚形式，是一种比较严厉的行政处罚措施。

此外，经济法法律责任中较少使用行政拘留这一处罚措施。

3.违反经济法的刑事责任

刑事责任是对违反经济法的当事人最严厉的一种法律责任形式。经济法律关系主体违反经济法规定，破坏社会主义市场经济秩序并触犯刑律，国家机关将对有关单位和个人追究刑事责任，给予相应的刑事制裁。《刑法》分则第三章专章规定了破坏社会主义市场经济秩序罪，我国许多经济法律、法规也规定了对严重违反经济法、破坏社会主义市场经济秩序的单位和个人追究刑事责任的法律条文。对单位犯罪所判处的刑罚主要是罚金，对个人犯罪或犯罪单位的直接负责的主管人员或直接责任人员可判处的刑罚包括全部主刑（管制、拘役、有期徒刑、无期徒刑、死刑）和全部附加刑（罚金、剥夺政治权利、没收财产、驱逐出境）。

学思践悟

中国古代经济立法原则

一、国家主义原则

中国古代统治者将自己标榜为“天”的化身，说其统治权来源于天授，君王是“天之子”，故称“天子”。天帝将统治国家臣民的权力授予天子，天子代天“行天命”，因而取得支配臣民的权力。在此思想的指导下，君主和臣民一致认为，君主有权随意左右其臣民，臣民若离开了君主的支配则无法生存，君主是国家的最高统治者，国家的法律由君主制定，“朕即国家”是这一状况的真实写照。重公权，轻私权，成为专制制度下经济法的基本特点。为了维护“国家”利益，君主可以随时剥夺私人的权利。秦始皇统一天下后，更是集大权于一身，“独擅天下之利”。汉代董仲舒推行儒家化政策，以“德治”为旗号，加强中央集权，并把王权推向极端，将皇帝与国家一体化，皇帝代表国家，国家以法律治理臣民，臣民的利益来源于国家，并依靠国家权力得以保障。这就从理论上否定了儒家孟子的“民为贵，社稷次之，君为轻”（《孟子·尽心下》）的观点，也否定了早期法家“立天子以为天下，非立天下以为天子也”（《慎子·威德》）的学说，确立了国家主义原则的经济立法理论。

古代社会是私有制社会，保护私有财产理应是法律的基本内容。但是，在中国古代，当臣民的利益与“国家利益”发生冲突时，最高统治者会毫不犹豫地立法剥夺百姓、商人甚至官僚、贵族的利益，以维护代表皇权的“国家利益”。秦汉曾实行“七科谪”法令，将商人、小贩等发遣戍边。汉武帝因财政困难，发布“算缗令”“告缗令”，将商人财产没收入国库。山海之利一向被看作人民的共同财富，周厉王欲“专其利”，遭到国人的反对。芮良夫说：“天地百物，皆将取焉，胡可专也？”（《国语·周语上》）周厉王不听，引起“国人暴动”。西周时，国家权力对自然资源的控制主要还在于土地。春秋时，管仲在齐国实行“官山海”的政策，其前提是山海等资源属于国家，私人可以参与经营，煮海制盐，冶铁铸器，但必须向国家课税，结果是国家增加了收入，百姓也得以获利。由此可见，国家主义原则只要运用得当，将国家利益与人民利益统一起来，还是可行的。问题是专制君主以国为家，以民为奴，利用国家之名，掠夺国民财富。汉武帝以“用度不足”，实行盐铁专卖，国家垄断本由民间自由经营的制盐、冶铁业。唐初不禁盐铁，唐玄宗滥用国家财富，造成人为的财政危机，开始对制盐业实行专营；安史之乱后，又扩大到冶炼、制酒、制茶业，朝廷一有财政困难，就开一榷征，垄断一行业。宋朝以后国家垄断的行业日增，在很大程度上抑制了民间工商业的发展。明朝嘉靖时期（1522—1566年），世宗认为海上贸易会危害国家安全，下令实行海禁，禁止一切私人从事海上贸易，从而摧残了资本主义萌芽，阻碍了社会经济的发展。

国民党统治时期，国民党政府也是以国家主义作为经济立法的基本原则。国家干预国民经济，通过发行法币、金圆券来剥夺人民的财富。1946年，国民党政府在修订《公司法》时，特意引进西方资本主义国家公司法中的有利于垄断资本主义发展的内容，使四大家族可借此吞并其他民族资产阶级及广大民众的财产。

二、重本抑末原则

重本抑末原则在中国古代经济立法中始终占据主导地位。重本抑末又称重农抑商，秦始皇在琅琊台刻石称为“上农除末”（《史记·秦始皇本纪》）。这一原则起源于战国，魏国李悝变法提出“尽地力之教”“禁技巧”的经济立法主张。商鞅正式提出以农业为本业，以奢侈品的生产和商业流通为末业的重农抑商理论，并将这一理论付诸实行。秦朝法律贱商人，对商人课以重税，徭役先征工商业者。汉代制定了不许商人穿丝绸和乘车骑马、商家子弟不得做官、对商人加倍征收算赋等歧视性法律。从此，重本抑末成为中国古代以法律手段抑制兼并、保护小农利益、维护中央集权的基本经济立法原则。各代的具体规定虽有差异，但作为基本国策，已为历代统治者所认同。如清代雍正二年（1724年）上谕：“朕惟四民，以士为首，农次之，工、商其下也。汉有力田孝弟之科，而市井子孙不得仕宦，重农抑末之意……惟工、贾不逮，亦非不肖士人之所能及。虽宠荣非其所慕。”（《清朝文献通考·职彼考三》）法律对商人有许多不平等的规定。

三、不与民争利原则

早期儒家具有“民本”思想。孔子宣扬“君子喻于义，小人喻于利”（《论语·里仁》，将“义”与“利”对立起来。墨子主张“兼相爱，交相利”，提出立足于“利民”的经济立法原则，认为统治者应当“节用”国家财政开支：“凡足以奉给民用则止，诸加费不加于民利者，圣王弗为。”（《墨子·节用上》）荀子反对统治者聚敛财富，主张实行藏富于民的“裕民”政策。他认为，“裕民则民富”，如“不知节用裕民则民贫”。（《荀子·富国》）先秦诸子的这些思想对后世开明的统治者都有着深远的影响，表现在经济立法上，“不与民争利”成为一条很有说服力的原则。汉武帝实行盐铁官营，汉昭帝继位后，霍光把持朝政，与桑弘羊在财政经济政策上发生分歧。在始元六年（前81年）的盐铁会议上，贤良文学与盐铁官营两派展开激烈争论，贤良文学反对盐铁官营的理由是“与民争利”。此后，人们反对赋税加重或实行专卖制时，总是以“不与民争利”为理由。但是，古代社会的“国家利益”与人民利益往往处于对立状态，故“不与民争利”的原则在实践中大多成为空话，或流为具文。

“不与民争利”原则的另一表现是禁止官吏经商。在重农抑商原则的指导下，法律禁止商人做官，同时传统法律禁止官员、皇族经商。但实际上官僚利用权力或与富商大贾勾结经商，或自己直接出面以经商为业者并不在少数，甚至富商可用钱买官。历代王朝财政危机时往往卖官鬻爵以为出路。晋代有令，“王公以下，不得遣官属到交、广商贾”（《晋书·义阳成王望传》）。隋代禁止官员经商，与民争利。大业三年（607年），宇文化及兄弟随隋炀帝到榆林，违反禁令，私自与突厥“交市”。事发后，隋炀帝大怒，囚禁两人数月，险些处斩。（《隋书·宇文化及传》）。类似规定历代皆有，直到清朝，仍有令禁止王府及旗下官员经商，与民争利。如康熙、雍正年间，都曾立法禁止王公、官员及其家人等利用职权，强占关津要地，强买强卖，欺行霸市，垄断贸易，违者严惩。这些规定虽不能百分之百地得到执行，但多少也对官吏违法经商具有一定的约束力，在中国古代经济立法原则中是值得借鉴的经验。

资料来源 王宏治，郭成伟. 法学志［M］. 上海：上海人民出版社，1998：305-308.

问题思考：

（1）如何评价这些原则中的具体内容？

（2）有哪些原则是当代政府可以借鉴的？

关键术语

经济法（economic law） 市场经济（market economy） 政府干预（government intervene） 经济法律关系（economic legal relationship） 物权（right in rem） 债权（obligatory right） 代理（agency） 诉讼时效（prescription of litigation） 法律责任（legal liability）

基础训练

一、单选题

1.最先提出“经济法”这一概念的是（ ）。

A.摩莱里的《自然法典》 B.德萨米的《公有法典》

C.德萨米的《自然法典》 D.摩莱里的《公有法典》

2.享有经济职权的主体是（ ）。

A.企业 B.国家机关 C.事业单位 D.社会团体

3.能够引起经济法律关系发生、变更和终止的总是一定的（ ）。

A.当事人的要求 B.事件 C.行为 D.法律事实

4.下列各项中，属于法律事实中事件范围的是（ ）。

A.经济管理行为 B.签订合同 C.战争 D.擅自发行股票

5.诉讼时效期间的计算是从（ ）开始的。

A.发生争议时 B.法律行为生效时

C.知道或应当知道时 D.知道或应当知道权利被侵害时

6.万某为了生意周转向韩某借款30万元，于2021年10月11日到期，但由于万某生意失败而无法归还。韩某于2021年12月1日再次向万某索要该笔借款，万某依旧无法归还。根据《民法典》，韩某有权向人民法院提起诉讼请求法院保护其权利的期间为（ ）。

A.2021年12月1日至2024年12月1日 B.2021年12月1日至2023年12月1日

C.2021年10月11日至2024年10月11日 D.2021年10月11日至2023年10月11日

7.下列依据《民法典》关于住宅建设用地使用权期间届满后续期的表述，正确的是（ ）。

A.自动续期 B.建设用地使用权收归国有，不得续期

C.经县级以上人民政府批准，可以续期 D.经不动产登记机构批准，可以续期

8.根据规定，对不动产登记簿记载的权利人有异议的利害关系人可以申请异议登记。法律要求异议登记申请人在异议登记之日起一定期间内起诉；不起诉的，异议登记失效。该期间为（ ）。

A.5日 B.10日 C.15日 D.20日

二、多选题

1.经济法律关系的构成要素包括（ ）。

A.主体 B.客体 C.权利 D.内容

2.经济法的调整对象有（ ）。

A.平等主体间的财产关系 B.宏观经济调控关系

C.市场秩序调控关系 D.市场主体管理关系

3.常见的代理权滥用的情况有（ ）。

A.代理人与自己进行民事行为

B.代理双方当事人进行同一民事行为

C.超越代理权的行为

D.代理人与第三人恶意串通，损害被代理人的利益

4.引起诉讼时效中断的事由包括（ ）。

A.权利人提起诉讼的

B.当事人一方向义务人提出请求履行义务要求的

C.当事人一方同意履行义务的

D.义务人下落不明的

5.根据《民法典》，代理可分为（ ）。

A.协议代理 B.委托代理 C.法定代理 D.指定代理

6.用益物权是指以物的使用收益为目的的物权，下列属于用益物权的有（ ）。

A.不动产抵押权 B.留置权

C.宅基地使用权 D.农村土地承包经营权

7.所有权是最完整的物权，其所包括的权能有（ ）。

A.占有权 B.使用权 C.收益权 D.处分权

三、简答题

1.如何理解经济法的概念？

2.简述经济法的调整对象。

3.简述经济法律关系的主体。

4.试述经济法律关系的内容。

5.简述物权、债权的含义及特征。

6.简述所有权的含义及特征。

7.简述用益物权的含义及特征。

8.试述代理的含义及特征。

9.简述诉讼时效的含义及种类。

四、实务题

王某于某年以83万元的价格买下了某市华光小区的一套三室两厅的商品房，后因房价上涨，王某也因工作调动关系想把该房屋卖掉，搬到离单位较近的区域去居住。后经人介绍，王某的原同事李某与王某签订了房屋买卖合同，约定由李某以138万元的价格购买该房屋，且承担其他相关费用。合同签订后，李某一次性支付了全部房款，王某遂将该房屋交付李某居住，双方还商定要尽快办理过户登记手续。但是，10天后，王某的战友张某说自己想来某市发展，并表示愿意以150万元的价格购买王某的该处住房。王某非常心动，便将该房屋已经卖给李某的情况隐瞒，并与张某又签订了一份房屋买卖合同买卖该房屋，张某很快完成房款支付，并与王某迅速到房地产交易中心办理了房屋过户登记手续。但之后张某发现李某早已搬入该房居住，于是起诉至人民法院，要求李某立即搬出该房屋。

问题：

（1）人民法院应该如何处理张某与李某之间的问题？为什么？

（2）王某应该对李某承担何种法律责任？为什么？

第二章　企业法

学习目标

◆ 重点掌握个人独资企业、合伙企业的特征、成立的条件，上述各类企业的权利和义务。

◆ 掌握个人独资企业、合伙企业的概念，上述各类企业事务的管理。

◆ 了解各类企业法的立法意义、各类企业的解散及清算。

第一节　企业法概述

企业是市场经济活动的主要主体，企业法是规定市场主体的设立、组织与活动的法。不同的企业类型由不同法律进行规范。

一、企业的概念和分类

理解企业的含义和分类是学习企业法的基础，我国不同的企业法对不同企业的含义都有规定。

（一）企业的概念

企业（enterprise）是依法成立并具有法定组织形式及法律地位的以营利为目的的从事生产经营及服务的独立核算的经济组织。企业有如下特征：

（1）企业是社会经济组织。企业作为社会经济组织，必须由多人组成，是一个群体，且有自己的机构及工作程序，主要从事经济活动，是一定人员和一定物的结合体。

（2）企业是以营利为目的从事生产经营活动的社会经济组织。生产经营活动是指创造社会财富的活动，包括生产、交易、服务等经营活动，且以营利为目的。

（3）企业是实行独立核算的社会经济组织。核算含有计量、记录、计算的意思。实行独立核算要单独计算成本费用，以收抵支，计算盈亏，对经济业务作出全面反映和控制。不实行独立核算的社会经济组织不能被称为企业。

（4）企业是依法设立的具有一定法律地位的经济组织。企业一旦成立，就在一定程度上独立于其设立人，而成为一个独立的市场竞争的主体。企业在生产经营活动中以企业的名义而不是以设立人的名义与外界发生各种联系，形成各种法律关系，由此而产生的法律责任也由企业来承担。当然，由于企业组织方式的不同，企业与出资者的关系紧密程度就不同，因而其独立程度不同，承担责任的方式也不相同。

（二）企业的分类

依据不同的标准，企业被分为不同类型。

（1）按企业的经济性质，企业可分为全民所有制企业、集体所有制企业、私营企业、混合所有制企业。采用这种划分方法除了可明确企业财产所有权的归属外，还方便国家对不同经济性质的企业采用不同的经济政策和监管办法。

（2）按企业所属行业，企业可分为工业企业、农业企业、商业企业、矿业企业、各种服务性企业等。这种划分方法一方面有利于经济统计，为国家的经济布局提供参数；另一方面是出于管理的需要。

（3）按出资者的不同，企业可分为独资企业、合资企业、公司企业、内资企业、外商投资企业等。这样划分便于国家统计和宏观决策，以及国家的相关管理。《中华人民共和国外商投资法》第二条规定："本法所称外商投资，是指外国的自然人、企业或者其他组织（以下称外国投资者）直接或者间接在中国境内进行的投资活动。"该法第三十一条规定："外商投资企业的组织形式、组织机构及其活动准则，适用《中华人民共和国公司法》、《中华人民共和国合伙企业法》等法律的规定。"

（4）按企业的法律地位，企业可分为法人企业和非法人企业。这样划分能明确反映出企业的法律地位及责任能力，不仅有利于国家管理，而且有利于企业间的经济交往活动。

各国由于情况不同，对企业的划分标准也可能不同，或者在同一种划分标准下，其具体划分内容也不同。如对合伙企业，有的国家认为其可具有法人资格，有的国家则认为其不具有法人资格。

二、企业法的概念及我国企业法的构成

企业法是规范和调整企业设立、存续和终止的各种法律关系的法律规范的总称。它是企业设立、进行生产经营以及终止的行为规范，同时是国家对企业进行管理的法律依据。

我国主要的企业法律、法规有《公司法》、《中华人民共和国全民所有制工业企业》、《中华人民共和国合伙企业法》（以下简称《合伙企业法》）、《中华人民共和国个人独资企业法》（以下简称《个人独资企业法》）、《中华人民共和国乡镇企业法》、《中华人民共和国乡村集体所有制企业条例》、《中华人民共和国城镇集体所有制企业条例》等。这些法律、法规根据我国企业的复杂情况，对企业的经济性质、事业特点、法律地位、设立条件、组织结构、活动要求等分别作出了细致全面的规定。

本章主要介绍《个人独资企业法》、《合伙企业法》、《中华人民共和国中小企业促进法》（以下简称《中小企业促进法》）等有关内容。鉴于公司在我国经济社会发展中的重要地位，我们将单独成章介绍《公司法》。

（企业登记管理、企业名称管理、企业信息公示管理的内容参见第三章。）

第二节 个人独资企业法

《个人独资企业法》是用来规范个人独资企业的设立、经营活动与终止的法律。

一、个人独资企业概述

个人独资企业只能依据《个人独资企业法》设立，不具有法人资格，其投资人需对所投资的企业债务承担无限责任。个人独资企业一般投资额较小，又被称微型企业。

1.个人独资企业的概念

我国第一次明确规定独资企业这种企业形式的是1988年颁布的《中华人民共和国私营企业暂行条例》[①]，其第七条规定："独资企业是指一人投资经营的企业。独资企业投资者对企业债务负无限责任。"根据2000年1月1日实施的《个人独资企业法》第二条的规定，个人独资企业是指依照《个人独资企业法》在中国境内设立，由一个自然人投资，财产为投资人个人所有，投资人以其个人财产对企业债务承担无限责任的经营实体。

2.个人独资企业的特征

从《个人独资企业法》的规定看，个人独资企业具有以下法律特征：

（1）个人独资企业由一个自然人投资设立，投资者具有唯一性。这里的自然人只限于具有完全民事行为能力的中国公民。个人独资企业以营利为目的，具有从事经营活动的资格，可以在核准登记的范围内从事经营活动。个人独资企业与投资人是相对分离的，在经营活动中，个人独资企业应当以企业的名义开展经营活动。

（2）个人独资企业的全部财产为投资人个人所有，即投资人对个人独资企业的财产依法享有所有权。当投资人直接运用投资财产从事经营时，投资人既是财产的所有者又是经营者，是所有者与经营者的统一。但也正是由于"独资"，投资人对个人独资企业具有完全的控制权，且法律没有强制规定企业所有权与企业经营权分离的机制，投资人可以视企业的情况自主选择经营管理方式。

（3）个人独资企业不具有法人资格。个人独资企业是自然人从事商业经营的一种组织形式，但其本身不是独立的法律主体，没有自己的法律人格，其经营活动产生的责任最终由企业和投资人共同承担。个人独资企业设置的财产目录和业务账簿，用于记载投入企业经营的财产情况和企业业务状况，其主要目的是填写纳税账表和使企业主了解、掌握企业的经营状况。

（4）投资人以其个人财产对企业的债务承担无限责任。个人独资企业债权人债权的实现在很大程度上依赖投资人的信用和偿债能力，所以《个人独资企业法》对个人独资企业的资本并未作任何强制性的规定。

二、个人独资企业法概述

《个人独资企业法》的出台为个人创业提供了更多企业形式的选择，对促进就业也有

---

① 该条例于2018年3月19日废止。

积极作用。

1.含义和立法宗旨

《个人独资企业法》是调整一个自然人设立独资企业、从事生产经营活动的法律规范。该法第一条揭示了《个人独资企业法》的立法宗旨：①规范个人独资企业的行为；②保护个人独资企业投资人和债权人的合法权益；③维护社会经济秩序，促进社会主义市场经济的发展。

因此，《个人独资企业法》的颁布和实施，可以引导、监督和管理个人独资企业，规范个人独资企业的行为。该法的出台也标志着我国现代企业法律制度的建设迈上了一个新的台阶，与《合伙企业法》《公司法》一起初步形成了与社会主义市场经济体制相适应的现代企业法律制度体系。

2.适用范围

《个人独资企业法》只适用于一个自然人投资成立的个人独资企业，不适用于具有独资特点的全民所有制企业，不适用于国有独资公司及其他一人有限责任公司，也不适用于外商投资企业。

三、个人独资企业的权利和义务

1.个人独资企业的权利

作为企业的一种具体类型，个人独资企业与其他企业一样依法享有自主从事经营活动的权利。《个人独资企业法》第五条明确规定，国家依法保护个人独资企业的财产和其他合法权益。此外，该法规定了个人独资企业的发展权：个人独资企业可以依法申请贷款、取得土地使用权，并享有法律、行政法规规定的其他权利。任何单位和个人不得违反法律、行政法规的规定，以任何方式强制个人独资企业提供财力、物力、人力。对于上述违法强制行为，个人独资企业有权拒绝；如有上述违反法律、行政法规规定的强制行为的，应按有关法律、行政法规予以处罚，并追究有关责任人员的责任。

2.个人独资企业的义务

《个人独资企业法》对个人独资企业的义务也进行了详细规定：

（1）个人独资企业从事经营活动必须遵守法律、行政法规，遵守诚信原则，不得损害社会公共利益。在现代社会，法律的任务之一就是保护社会经济秩序和社会公共利益，因此个人独资企业的经营活动不得扰乱社会经济秩序、损害社会公共利益，在经营活动中诚实守信。

（2）个人独资企业应当依法履行纳税义务。《个人独资企业法》并未对个人独资企业纳税的具体内容加以规定，这有待相关税收法律、法规的具体规定，以避免重复纳税。

（3）个人独资企业应当依法设置会计账簿，进行会计核算。在有关会计的专门法律中对企业设置账簿、进行会计核算等事项已经作了具体规定，个人独资企业的财务会计管理应当与之相衔接。

（4）个人独资企业有保障职工权益的义务。《个人独资企业法》第六条规定："个人独资企业应当依法招用职工。职工的合法权益受法律保护。个人独资企业职工依法建立工会，工会依法开展活动。"第二十二条规定："个人独资企业招用职工的，应当依法与职工签订劳动合同，保障职工的劳动安全，按时、足额发放职工工资。"第二十三条规定："个人独资企业应当按照国家规定参加社会保险，为职工缴纳社会保险费。"第三十九条还特别规定："个人独资企业违反本法规定，侵犯职工合法权益，未保障职工劳动安全，不缴纳社会保险费用的，按照有关法律、行政法规予以处罚，并追究有关责任人员的责任。"

四、个人独资企业的设立

设立个人独资企业应向市场监督管理部门申请设立登记，取得营业执照后从事经营活动。

（一）个人独资企业的设立条件

我国对个人独资企业在立法上采取了准则主义，即只要符合设立的条件，企业即可登记成立，无须经过有关部门的批准。当然，个人独资企业不得从事法律、行政法规禁止经营的业务。如果个人独资企业拟从事法律、行政法规规定须报经有关部门审批的业务，应当在申请设立登记时提交有关部门的批准文件。《个人独资企业法》第八条规定了设立个人独资企业应当具备的条件：

（1）投资人只能是一个自然人。个人独资企业中的"人"只能是自然人，因此，个人独资企业属于自然人企业，与合伙企业有相似之处。所以，自然人之外的法人、其他组织不能投资设立个人独资企业。设立个人独资企业，投资人应当有相应的民事权利能力和完全的民事行为能力，法律、行政法规禁止从事营利性活动的人（如政府公务员），不得作为投资人申请设立个人独资企业。

（2）有合法的企业名称。个人独资企业的名称不仅应当与公司企业和合伙企业区别开来，而且应当与其他个人独资企业区别开来。因此，个人独资企业的名称应当与其责任形式及所从事的营业相符合。

（3）有投资人申报的出资。由于个人独资企业的投资人以其个人财产对企业债务承担无限责任，这种责任形式本身就是对交易安全的一种保障，债权人可以通过追究投资人个人的财产责任来保障自己的债权实现。但《个人独资企业法》并没有规定个人独资企业的最低资本数额要求。

（4）有固定的生产经营场所和必要的生产经营条件。这是个人独资企业开展经营活动的物质基础。

（5）有必要的从业人员。从业人员是企业开展经营活动必不可少的要素和条件，关于从业人员的人数，法律并没有作具体规定，由企业视经营情况而定。

（二）个人独资企业的设立程序

个人独资企业的设立程序是指为使个人独资企业成立而依法进行的一系列法律行为及所经法律程序的总称。个人独资企业的设立程序主要包括申请、受理、审查、登记。

五、个人独资企业事务的管理

个人独资企业的投资人享有一定的权利，也应承担相应的责任，其可以亲自对企业进行管理，也可以委托他人对企业进行管理，受托人应尽到管理的职责。

个人独资企业投资人对本企业的财产依法享有所有权，其有关权利可以依法进行转让或继承，所以个人独资企业并不是独立的财产所有权主体，个人独资企业的财产与投资人的个人财产并没有明确的界限。因而《个人独资企业法》第三十一条规定，个人独资企业财产不足以清偿债务的，投资人应当以其个人的其他财产予以清偿。如果个人独资企业投资人在申请企业设立登记时明确以其家庭共有财产作为个人出资，应当依法以家庭共有财产对企业债务承担无限责任。

《个人独资企业法》第十九条规定，个人独资企业投资人可以自行管理企业事务，也可以委托或者聘用其他具有民事行为能力的人负责企业的事务管理。可见，个人独资企业的事务有两种管理方式：一是自行管理；二是委托他人管理。这两种方式均不会改变投资人与个人独资企业在财产权利和责任承担等方面的关系。为了保护投资人、受托人和第三人的正当权益，投资人委托或者聘用他人管理个人独资企业事务，应当与受托人或者被聘用的人签订书面合同，明确委托的具体内容和授予的权利范围。需要特别指出的是，投资人对受托人或者被聘用的人员职权的限制，不得对抗善意第三人。

《个人独资企业法》规定了受托人或者被聘用人员的相关义务和责任。

首先，受托人或者被聘用的人员应当履行诚信及勤勉义务，按照与投资人签订的合同负责个人独资企业的事务管理。如果在管理个人独资企业事务时违反双方订立的合同，给投资人造成损害的，承担相应民事赔偿责任。

其次，投资人委托或者聘用的管理个人独资企业事务的人员不得有下列行为：①利用职务上的便利，索取或者收受贿赂；②利用职务或者工作上的便利侵占企业财产；③挪用企业的资金归个人使用或者借贷给他人；④擅自将企业资金以个人名义或者以他人名义开立账户储存；⑤擅自以企业财产提供担保；⑥未经投资人同意，从事与本企业相竞争的业务；⑦未经投资人同意，同本企业订立合同或者进行交易；⑧未经投资人同意，擅自将企业商标或者其他知识产权转让给他人使用；⑨泄露本企业的商业秘密；⑩法律、行政法规禁止的其他行为。

投资人委托或者聘用的人员违反规定从事上述行为，侵犯个人独资企业财产权益的，责令退还侵占的财产；给企业造成损失的，依法承担赔偿责任；有违法所得的，没收违法所得；构成犯罪的，依法追究刑事责任。

六、个人独资企业的解散与清算

1.个人独资企业的解散条件

个人独资企业的解散，即个人独资企业的终止。《个人独资企业法》第二十六条规定的个人独资企业应当解散的情形包括：①投资人决定解散；②投资人死亡或者被宣告死亡，无继承人或者继承人决定放弃继承；③被依法吊销营业执照；④法律、行政法规规定的其他情形。

2.个人独资企业的清算

企业清算工作的主要内容包括：通知或者向债权人公告，接受债权人的债权申报，对债权进行审查、财产清理、财产分配等。

个人独资企业解散，由投资人自行清算或者由债权人申请人民法院指定清算人进行清算。投资人自行清算的，应当在清算前15日内书面通知债权人；无法通知的，应当予以公告。债权人应当在接到通知之日起30日内，未接到通知的应当在公告之日起60日内，向投资人申报其债权。个人独资企业解散后，原投资人对个人独资企业存续期间的债务仍应承担偿还责任，但债权人在5年内未向债务人提出偿债请求的，该责任消灭。清算期间，个人独资企业不得开展与清算目的无关的经营活动。

3.财产的分配

个人独资企业解散，其财产应当按照下列顺序清偿：①所欠职工工资和社会保险费用；②所欠税款；③其他债务。

在按以上规定的顺序清偿债务前，投资人不得转移、隐匿财产。个人独资企业及其投资人在清算前或清算期间隐匿或转移财产，逃避债务的，依法追回其财产，并按照有关规定予以处罚；构成犯罪的，依法追究刑事责任。

个人独资企业清算结束后，投资人或者人民法院指定的清算人应当编制清算报告，并于15日内向登记机关办理注销登记。

第三节　合伙企业法

合伙企业是我国市场经济发展中较重要的市场主体，合伙企业法是规范合伙企业的法律。

一、合伙企业法概述

合伙是很古老的商业活动。合伙的基本含义是“一起合伙干”，合伙是人之间的合作。合伙人是指与人合作经营一个合伙企业或生意的人。

（一）合伙企业法的含义

合伙企业法有广义和狭义之分。狭义的合伙企业法是指由国家最高立法机关依法制定的、规范合伙企业合伙关系的专门法律，即《合伙企业法》。该法于1997年2月23日被通过，自1997年8月1日起施行，于2006年8月27日修订，主要增加了关于有限合伙的规定。广义的合伙企业法是指国家立法机关或者其他有权机关依法制定的、调整合伙企业合伙关系的各种法律规范的总称。除合伙企业法外，国家有关法律、行政法规和规章中关于合伙企业的法律规范，都属于广义合伙企业法的范畴。《合伙企业法》仅适用于其所规定的合伙企业，不适用于契约性合伙活动。

（二）合伙企业法的基本原则

1.协商原则

在以书面形式订立合伙协议时，依法由全体合伙人协商一致。

2.平等、自愿、公平、诚信原则

订立合伙协议、设立合伙企业，应当遵循平等、自愿、公平、诚信的原则。平等是指全体合伙人具有平等法律地位、享受平等的法律待遇以及享有平等的法律保护。自愿是指全体合伙人根据自己的真实意愿作出签订合伙协议、设立合伙企业的意思表示。公平是指全体合伙人在签订合伙协议、设立合伙企业的过程中，应当本着公平的观念实施自己的行为。诚信是指全体合伙人应诚实、守信，以善意的方式处理有关问题。

3. 守法守德原则

合伙企业及其合伙人必须遵守法律、行政法规，遵守社会公德、商业道德，承担社会责任。

4. 合法权益受法律保护原则

这包含两方面的含义：一是受法律保护的对象是合法的财产和权益，也就是合伙企业及其合伙人财产应属于合法占有的财产，其权益也属于依法所享有的权益。二是严禁任何单位和个人侵犯合伙企业及其合伙人合法占有的财产和依法应享有的权益。

5. 依法纳税原则

合伙企业从事生产经营以及与生产经营有关的活动所取得的各项收入，按照国家有关税收规定，由合伙人分别缴纳个人所得税，合伙企业不缴纳企业所得税。

二、普通合伙企业

普通合伙企业是指依照《合伙企业法》在中国境内设立的由普通合伙人订立合伙协议，共同出资、合伙经营、共享收益、共担风险，并对合伙企业债务承担无限连带责任的营利性组织。

（一）普通合伙企业的特征

普通合伙企业的特征包括以下方面：

（1）合伙企业是由两个以上的普通合伙人共同投资兴办的。合伙企业的投资人可以为自然人，也可以为法人和其他组织，但是必须为两个或者两个以上，这使合伙企业区别于独资企业。但《合伙企业法》规定国有独资公司、国有企业、上市公司以及公益性的事业单位、社会团体不得成为普通合伙人。

（2）合伙人以合伙协议确定各方出资、分享利润和承担债务的份额。在合伙人合意的基础上形成的协议是合伙企业成立的基石，因此，合伙协议是合伙人之间确定权利与义务关系的最重要的依据。

（3）合伙人对合伙企业的债务承担无限连带责任。在合伙企业与第三人的关系中，合伙企业以合伙共有财产清偿第三人的债务，在合伙企业财产不足以清偿合伙企业的债务时，合伙人负有以其在合伙出资以外的个人财产清偿合伙债务的责任。合伙人之间可以依据合伙协议确定各自应当承担的债务份额，某一合伙人承担超过所约定责任的部分，有权向其他合伙人追偿。

（4）合伙企业属人合型企业。合伙企业的设立在一定程度上是基于合伙人之间的相互信赖。在合伙企业中，合伙人共同参与企业的经营管理，合伙人均具有代表合伙企业执行合伙事务的权利，合伙企业吸收新的合伙人必须经全体合伙人一致同意，任何一个合伙人不得在未经其他合伙人同意的情况下转让其在合伙企业中的份额。

（二）普通合伙企业设立的条件

设立合伙企业应当具备下列条件：

（1）有两个以上合伙人，并且都依法承担无限责任。合伙人应当是具有完全民事行为能力的人。法律、行政法规禁止从事营利性活动的人，不得成为合伙企业的合伙人，具体包括国家公务员、法官、检察官及警察等。

（2）有书面合伙协议。合伙协议是各合伙人通过协商达成的确定相互间的权利与义务的具有法律约束力的协议。合伙协议应当载明下列事项：合伙企业的名称和主要经营场所的地点；合伙目的和合伙企业的经营范围；合伙人的姓名及住所；合伙人出资的方式、数额和缴付出资的期限；利润分配和亏损分担办法；合伙企业事务的执行；入伙与退伙；争议解决办法；合伙企业的解散与清算；违约责任。

合伙协议经全体合伙人签名、盖章后生效。经全体合伙人协商一致，可修改或者补充合伙协议。

（3）有各合伙人实际缴付的出资。合伙人可以用货币、实物、土地使用权、知识产权或者其他财产权利出资，也可以用劳务出资。对货币以外的出资需要评估作价的，可以由全体合伙人协商确定，也可以由全体合伙人委托法定评估机构进行评估；以劳务出资的，其评估办法由全体合伙人协商确定。合伙人应当按照合伙协议约定的出资方式、数额和缴付出资的期限，履行出资义务。各合伙人按照合伙协议实际缴付的出资，为对合伙企业的出资。

（4）有合伙企业的名称。普通合伙企业在其名称中应标明“普通合伙”字样，但不得使用“有限”或者“有限责任”字样。

（5）有经营场所和从事合伙经营的必要条件。

（三）合伙企业的财产

合伙人的出资、以合伙企业名义取得的收益和依法取得的其他财产，均为合伙企业的财产。

1.合伙企业分割财产限制

（1）合伙人在合伙企业清算前，不得请求分割合伙企业的财产，但《合伙企业法》另有规定的除外。因此，合伙企业的财产具有独立性和完整性。独立性是指合伙企业的财产独立于合伙人，合伙人出资后就失去了对出资部分财产的所有权、持有权，合伙企业对原始财产和积累财产的财产权主体都是合伙企业，而不是单独的每一个合伙人。完整性是指合伙企业的财产是作为一个完整的统一体而存在的，合伙人对合伙企业财产权益的表现形式只是按照合伙协议所确定的财产收益份额或者比例。

根据退伙的相关规定，有下列情形之一的，合伙企业应当向合伙人的继承人退还被继承合伙人的财产份额：①继承人不愿意成为合伙人；②法律规定或者合伙协议约定合伙人必须具有相关资格，而该继承人未取得该资格；③合伙协议约定不能成为合伙人的其他情形。

合伙人的继承人为无民事行为能力人或者限制民事行为能力人的，经全体合伙人一致同意，可以依法成为有限合伙人，普通合伙企业依法转为有限合伙企业。全体合伙人未能一致同意的，合伙企业应当将被继承合伙人的财产份额退还该继承人。

（2）合伙人在合伙企业清算前私自转移或者处分合伙企业财产的，合伙企业不得以此对抗善意第三人。合伙企业的财产是由合伙人依约定或依规定来管理和使用的，任何合伙人都无权在合伙企业清算前私自处分或转移合伙企业的财产；如果合伙人违背了约定或规定，擅自出让了其无权处分的财产，《合伙企业法》的规定是保护善意第三人。

2.合伙企业财产的转让

合伙企业财产的转让指合伙人向他人转让其在合伙企业中全部或部分财产的行为。合伙人向合伙人以外的人转让其在合伙企业中的全部或者部分财产份额时，除合伙协议另有约定外，须经其他合伙人一致同意。合伙人之间转让在合伙企业中的全部或者部分财产份额时，应当通知其他合伙人。

合伙人向合伙人以外的人转让其在合伙企业中的财产份额的，在同等条件下，其他合伙人有优先购买权；但是，合伙协议另有约定的除外。

合伙人以外的人依法受让合伙人在合伙企业中的财产份额的，经过修改合伙协议成为合伙企业的合伙人，依照《合伙企业法》和修改后的合伙协议享有权利，履行义务。

案例窗2-1

3.合伙企业财产的质押

合伙人以其在合伙企业中的财产份额出质的，须经其他合伙人一致同意；未经其他合伙人一致同意，其行为无效，由此给善意第三人造成损失的，由行为人依法承担赔偿责任。

（四）合伙企业事务的管理

各合伙人对执行合伙企业事务享有同等的权利，合伙企业既可以由全体合伙人共同执行合伙企业事务，也可以由合伙协议约定或者全体合伙人决定，委托一名或者数名合伙人执行合伙企业事务，其他合伙人不再执行合伙企业事务。全体合伙人在委托一名或者数名合伙人执行合伙企业事务时可以规定必要的权限，但对该类权利的限制，不得对抗不知情的善意第三人。执行合伙企业事务的合伙人，对外代表合伙企业。不参加执行事务的合伙人有权监督执行事务的合伙人，检查其执行合伙企业事务的情况。执行合伙企业事务的一名或者数名合伙人，应当依照约定向其他不参加执行事务的合伙人报告事务执行情况以及合伙企业的经营状况和财务状况，其执行合伙企业事务所产生的收益归全体合伙人，所产生的亏损或者民事责任，由全体合伙人承担。

被委托执行合伙企业事务的合伙人不按照合伙协议或者全体合伙人的决定执行事务的，其他合伙人可以决定撤销该委托。全体合伙人均负有不得自营或者同他人合作经营与本合伙企业相竞争的业务；除合伙协议另有约定或者经全体合伙人同意，有不得同本合伙企业进行交易或者从事损害本合伙企业利益的活动的义务。

合伙企业的利润分配、亏损分担，按照合伙协议的约定办理；合伙协议未约定或者约定不明确的，由合伙人协商决定；协商不成的，由合伙人按照实缴出资比例分配、分担；无法确定出资比例的，由合伙人平均分配、分担。但是为维护合伙经营的平等、公平原则，同时为避免出现“假合伙”的现象，合伙协议不得约定将全部利润分配给部分合伙人或者由部分合伙人承担全部亏损。

合伙人依法或者按照合伙协议对合伙企业有关事项作出决议时，除法律另有规定或者合伙协议另有约定外，经全体合伙人决定实行一人一票的表决办法。合伙企业的下列重大事务必须经全体合伙人一致同意：改变合伙企业的名称，改变合伙企业的经营范围、主要经营场所的地点，处分合伙企业的不动产，转让或者处分合伙企业的知识产权和其他财产权利，以合伙企业名义为他人提供担保，聘任合伙人以外的人担任合伙企业的经营管理人员。

（五）入伙与退伙

1.入伙

入伙是指合伙关系存续期间，现有合伙人以外的人加入而成为新的合伙人。新合伙人入伙时，应当经全体合伙人同意，并依法订立书面入伙协议，原合伙人应当向新合伙人告知原合伙企业的经营状况和财务状况。入伙的新合伙人与原合伙人享有同等权利，承担同等责任，但是入伙协议另有约定的，按照协议约定。新入伙人一旦入伙就应当对入伙前合伙企业的债务承担连带责任。

2.退伙

退伙是指在合伙企业继续存在的情况下，部分合伙人退出合伙企业，解除其合伙人身份；如果全体合伙人宣布退出合伙，应当构成合伙的解散，而不应当视作退伙。

退伙分为三种情况：

（1）约定退伙，是指在合伙协议约定合伙期限内合伙人因合伙协议约定的退伙事由出现、经全体合伙人同意、发生合伙人难以继续参加合伙企业的事由或其他合伙人严重违反合伙协议约定的义务而提出的退伙。在合伙协议未规定合伙期限的情况下，约定退伙的合伙人在不给合伙企业事务执行造成不利影响的前提下，可经提前30天通知其他合伙人而宣布退伙。合伙人无正当理由不得擅自退伙，否则应赔偿因其擅自退伙给其他合伙人造成的损失。

（2）当然退伙，是指在合伙人死亡或者被依法宣告死亡、被依法宣告为无民事行为能力人、丧失偿债能力或者被人民法院强制执行在合伙企业中的全部财产份额的情形，上述情形实际发生之日为退伙生效日。合伙人有下列情形之一的，应当然退伙：作为合伙人的自然人死亡或者被依法宣告死亡；个人丧失偿债能力；作为合伙人的法人或者其他组织依法被吊销营业执照、责令关闭、撤销，或者被宣告破产；法律规定或者合伙协议约定合伙人必须具有相关资格而丧失该资格；合伙人在合伙企业中的全部财产份额被人民法院强制执行。

（3）除名退伙，是指经其他合伙人一致同意，因某一或几个合伙人未履行出资义务、故意或者重大过失给合伙企业造成损失、执行合伙企业事务时有不正当行为或者有协议约定的其他事由而将其除名。对合伙人的除名决议应当书面通知被除名人，被除名人自接到除名通知之日起，除名生效，被除名人退伙。被除名人如果对除名决议有异议的，可以在接到除名通知之日起30日内，向人民法院提起诉讼。

但是不管何种原因导致合伙人退伙，其他合伙人应当与该退伙人按照退伙时的合伙企业的财产状况进行结算，退还退伙人的财产份额。退伙时尚有未了结的合伙企业事务的，待了结后进行结算。退伙人在合伙企业中财产份额的退还办法，由合伙协议约定或者由全体合伙人决定，可以退还货币，也可以退还实物。退伙人对其退伙前已发生的合伙企业债务，仍应与其他合伙人承担连带责任。合伙人退伙时，合伙企业财产少于合伙企业债务的，退伙人应当按照合伙协议约定的比例或者在未约定比例的情况下按出资额的比例分担亏损。

（六）特殊的普通合伙企业

从事专业知识和专门技能为客户提供有偿服务的专业服务机构，可以设立为特殊的普通合伙企业。特殊的普通合伙企业名称中应当标明“特殊普通合伙”字样。

在特殊普通合伙企业中，合伙人或者数个合伙人在执业活动中因故意或者重大过失造成合伙企业债务的，应当承担无限责任或者无限连带责任，其他合伙人以其在合伙企业中的财产份额为限承担责任。合伙人在执业活动中非因故意或者重大过失造成的合伙企业债务以及合伙企业的其他债务，由全体合伙人承担无限连带责任。

合伙人执业活动中因故意或者重大过失造成的合伙企业债务，以合伙企业财产对外承担责任后，该合伙人应当按照合伙协议的约定对给合伙企业造成的损失承担赔偿责任。

特殊的普通合伙企业应当建立执业风险基金，办理职业保险。执业风险基金用于偿付合伙人执业活动造成的债务。执业风险基金应当单独立户管理，具体管理办法由国务院规定。

三、有限合伙企业

（一）有限合伙企业概述

有限合伙企业是指由有限合伙人和普通合伙人共同组成的，普通合伙人对合伙企业的债务承担无限连带责任，有限合伙人以他认缴的出资额为限对合伙企业债务承担责任的合伙组织。《合伙企业法》规定，凡《合伙企业法》中对有限合伙企业有特殊规定的，应适用有关有限合伙企业的特殊规定；无特殊规定的，适用有关普通合伙企业及其合伙人的一般规定。

有限合伙企业的重要特征是其合伙人分为两类：一类为承担无限责任的合伙人，即普通合伙人；另一类是承担有限责任的合伙人，即有限合伙人。

有限合伙企业与普通合伙企业及有限公司的区别在于：

(1) 在经营管理方面，有限合伙企业中的有限合伙人一般是不参与合伙人具体经营管理的，而是由普通合伙人从事具体的经营管理；有限公司的股东有权直接或间接参与公司的经营管理，而普通合伙企业中的合伙人一般都可以参与合伙企业的经营管理。

(2) 在风险承担方面，有限合伙企业中不同类型的合伙人所承担的责任是有所不同的，有限合伙人以他的出资额为限承担有限责任，而普通合伙人之间承担无限连带责任；有限公司的股东仅以出资额为限对公司债务承担有限责任，而普通合伙企业的合伙人对合伙债务承担无限连带责任。

（二）有限合伙企业设立的法律规定

1.有限合伙企业对合伙人的要求

有限合伙企业一般由2个以上50个以下合伙人设立，法律另有规定的除外。有限合伙企业必须是由普通合伙人和有限合伙人共同组成的企业，所以其至少应当有一个普通合伙人。如果有限合伙企业仅剩有限合伙人，则应当解散；仅剩普通合伙人的，可转为普通合伙企业。自然人、法人和其他组织都可参与设立有限合伙企业，成为其中的有限合伙人。

2.有限合伙企业的名称

有限合伙企业名称中应当标明“有限合伙”字样，而不能标明“普通合伙”“特殊普通合伙”“有限公司”“有限责任公司”等字样。

3.有限合伙企业的合伙协议

有限合伙企业的合伙协议是有限合伙企业生产经营的重要法律文件，是有限合伙企业设立的基础。有限合伙企业的合伙协议除符合普通合伙企业合伙协议的规定外，还应包括以下事项：①普通合伙人和有限合伙人的姓名或者名称、住所；②执行事务合伙人应具备的条件和选择程序；③执行事务合伙人权限与违约处理办法；④执行事务合伙人的除名条件和更换程序；⑤有限合伙人入伙、退伙的条件、程序以及相关责任；⑥有限合伙人和普通合伙人相互转变程序。

4.有限合伙人的出资

有限合伙人出资采用的是认缴制。与普通合伙人相比，有限合伙人不得以劳务出资。有限合伙人应当按照合伙协议的约定按期足额缴纳出资；有限合伙人未按期足额缴纳的，应当承担补缴义务，并对其他合伙人承担违约责任。有限合伙企业登记事项中应当载明有限合伙人的姓名或者名称及认缴的出资数额。

（三）有限合伙企业的事务执行

1.有限合伙企业事务由普通合伙人执行

有限合伙企业事务执行人有权对外从事经营活动，经营活动的后果由全体合伙人承担。如果合伙协议约定由数个合伙人执行合伙事务，则这些普通合伙人均为合伙事务的执行人；如果合伙协议无约定或推举执行人，则全体普通合伙人是合伙事务的共同执行人。合伙事务的执行人除享有一般的与合伙人相同的权利外，有接受其他合伙人的监督和检查、谨慎执行合伙事务的义务；如果其过失造成合伙企业财产的损失，应向合伙企业或者其他合伙人承担赔偿责任。同时，执行事务合伙人可以要求在合伙协议中确定执行事务的报酬及报酬提取方式。

有限合伙人不执行合伙事务，所以不得对外代表有限合伙企业。有限合伙人的下列行为不被视为执行合伙事务：①参与决定普通合伙人入伙、退伙；②对企业的经营管理提出建议；③参与选择承办有限合伙企业审计业务的会计师事务所；④获取经审计的有限合伙企业财务会计报告；⑤对涉及自身利益的情况，查阅有限合伙企业财务会计账簿等财务资料；⑥在有限合伙企业中的利益受到侵害时，向有责任的合伙人主张权利或者提起诉讼；⑦执行事务合伙人怠于行使权利时，督促其行使权利或者为了本企业的利益以自己的名义提起诉讼；⑧依法为本企业提供担保。

2.有限合伙企业的利润分配

有限合伙企业不得将全部利润分配给部分合伙人，但合伙协议另有约定的除外。

3.有限合伙人的权利

（1）有限合伙人可以同本企业进行交易，除合伙协议另有约定的外。因为有限合伙人并不参与有限合伙企业事务的执行，所以对有限合伙企业的对外交易行为并无直接或者间接的控制权，有限合伙人与本有限合伙企业进行交易时，一般不会损害本有限合伙企业的利益。有限合伙协议可以对有限合伙人与有限合伙企业之间的交易进行限定。

（2）有限合伙人可以经营与本企业相竞争的业务，但合伙协议另有约定的除外。与普通合伙人不同，有限合伙人一般不承担竞业禁止义务。但合伙协议可以约定禁止有限合伙人自营或者同他人合作经营与本有限合伙企业相竞争的业务。

（四）有限合伙人财产份额的出质、对外转让及债务清偿

1.有限合伙人财产份额的出质

除合伙协议另有约定外，有限合伙人可以将其在有限合伙企业中的财产份额出质。有限合伙人在有限合伙企业中的份额是他的财产权益，在有限合伙企业存续期间，可以对这项财产权利进行一定的处分，包括有限合伙人对该财产份额进行质押。

2.有限合伙人财产份额的对外转让

有限合伙人可以按照合伙协议的约定向合伙人以外的人转让其在有限合伙企业中的财产份额，但应当提前30日通知其他合伙人，且有限合伙企业的其他合伙人有优先购买权。

3.有限合伙人的债务清偿

有限合伙人的自有财产不足清偿其与合伙企业无关的债务的，该合伙人可以用其从有限合伙企业中分取的收益来清偿；债权人也可依法请求人民法院强制执行该合伙人在有限合伙企业中的财产份额用于清偿。所以，有限合伙人清偿其债务时，首先应当以自有财产进行清偿，只有自有财产不足清偿时，有限合伙人才可以使用其在有限合伙企业中分取的收益进行清偿；也只有在有限合伙人的自有财产不足清偿其与合伙企业无关的债务时，人民法院才可以应债权人请示强制执行该合伙人在有限合伙企业中的财产份额用于清偿。人民法院强制执行有限合伙人的财产份额时，应当通知全体合伙人；在同等条件下，其他合伙人有优先购买权。

（五）有限合伙企业的入伙与退伙

1.入伙

新入伙的有限合伙人对入伙前有限合伙企业的债务，以其认缴的出资额为限承担责任；在普通合伙企业中，新入伙的合伙人对入伙前合伙企业的债务承担连带责任。

2.退伙

（1）有限合伙人可以当然退伙的情形。有限合伙人出现下列之一情形时应当然退伙：①作为合伙人的自然人死亡或者被依法宣告死亡；②作为合伙人的法人或者其他组织依法被吊销营业执照、责令关闭、撤销，或者被宣告破产；③法律规定或者合伙协议约定合伙人必须具有相关资格而丧失该资格；④合伙人在合伙企业中的全部财产份额被人民法院强制执行。

（2）有限合伙人可以不退伙的情形。作为有限合伙人的自然人在有限合伙企业存续期间丧失民事行为能力的，其他合伙人不得因此要求其退伙，因这并不影响有限合伙企业的正常生产经营活动。

（3）有限合伙人继承人的权利。作为有限合伙人的自然人死亡、被依法宣告死亡或者作为有限合伙人的法人及其他组织终止时，其继承人或者权利承受人可以依法取得该有限合伙人在有限合伙企业中的资格。

（4）有限合伙人退伙后的责任承担。有限合伙人退伙后，对基于其退伙前的原因发生的合伙企业债务，以其退伙时从有限合伙企业中取回的财产承担责任。

（六）合伙人性质的转变

《合伙企业法》规定，除合伙协议另有约定外，普通合伙人转变为有限合伙人，或者有限合伙人转变为普通合伙人，应当经全体合伙人一致同意。有限合伙人转变为普通合伙人的，对其作为有限合伙人期间有限合伙企业发生的债务承担无限连带责任；普通合伙人转变为有限合伙人的，对其作为普通合伙人期间合伙企业发生的债务承担无限连带责任。

案例窗2-2

四、合伙企业的解散与清算

合伙企业有下列情形之一时，应当解散：①合伙协议约定的经营期限届满，合伙人不愿继续经营的；②合伙协议约定的解散事由出现；③全体合伙人决定解散；④合伙人已不具备法定人数满30天；⑤合伙协议约定的合伙目的已经实现或者无法实现；⑥被依法吊销营业执照、责令关闭或者被撤销；⑦法律、行政法规规定的其他原因。

合伙企业的解散，应当进行清算，并通知和公告债权人。合伙企业解散，清算人由全体合伙人担任；未能由全体合伙人担任清算人的，经全体合伙人过半数同意，可以自合伙企业解散后15日内指定一名或者数名合伙人，或者委托第三人，担任清算人。若在宣告解散后15日内不能确定清算人的，合伙人或者其他利害关系人可以申请人民法院指定清算人。

清算人依据法律规定执行下列清算事务：①清理合伙企业财产，分别编制资产负债表和财产清单；②处理与清算有关的合伙企业未了结事务；③清缴所欠税款；④清理债权、债务；⑤处理合伙企业清偿债务后的剩余财产；⑥代表合伙企业参加诉讼或者仲裁活动。

合伙企业财产在支付清算费用后，按下列顺序进行清偿：合伙企业职工工资、社会保险费用和法定补偿金；缴纳所欠税款；清偿债务。其中，法定补偿金主要是指法律、行政法规和规章所规定的应当支付给职工的补偿金，如《中华人民共和国劳动法》（以下简称《劳动法》）规定的解除劳动合同的补偿金。合伙企业财产按上述顺序清偿后仍有剩余的，则依据合伙协议约定的比例或者未约定比例的依据出资比例在合伙人之间分配。当合伙企业清算时，其全部财产不足以清偿其债务，则由合伙人依据合伙协议约定的比例或者未约定比例的依据出资比例进行分担。合伙企业解散后，原合伙人对合伙企业存续期间的债务仍应承担连带责任，但债权人在5年内未向债务人提出偿债请求的，合伙人的债务清偿责任消灭。

清算结束，全体合伙人根据清算组织编制的清算报告，在清算报告上签名、盖章后，在15日内向企业登记机关报送，办理合伙企业注销登记。

五、违反合伙企业法应承担的法律责任

合伙企业、合伙人及其他相关人员违反《合伙企业法》，需要承担相应的法律责任。

（一）违法行为及其法律责任

1.合伙企业及合伙人违法应承担的法律责任

（1）违反《合伙企业法》规定，提交虚假文件或者采取其他欺骗手段，取得合伙企业

登记的，由企业登记机关责令改正，处以5 000元以上5万元以下的罚款；情节严重的，撤销企业登记，并处以5万元以上20万元以下的罚款。

（2）违反《合伙企业法》规定，合伙企业未在其名称中标明“普通合伙”“特殊普通合伙”“有限合伙”字样的，由企业登记机关责令限期改正，处以2 000元以上1万元以下的罚款。

（3）违反《合伙企业法》规定，未领取营业执照，而以合伙企业或者合伙企业分支机构名义从事合伙业务的，由企业登记机关责令停止，处以5 000元以上5万元以下的罚款。

（4）合伙企业登记事项发生变更时，未依照规定办理变更登记的，由企业登记机关责令限期登记；逾期不登记的，处以2 000元以上2万元以下的罚款。合伙企业登记事项发生变更，执行合伙事务的合伙人未按期申请办理变更登记的，应当赔偿由此给合伙企业、其他合伙人或者善意第三人造成的损失。

（5）合伙人执行合伙事务，或者合伙企业从业人员利用职务上的便利，将应当归合伙企业的利益据为已有的，或者采取其他手段侵占合伙企业财产的，应当将该利益和财产退还合伙企业；给合伙企业或者其他合伙人造成损失的，依法承担赔偿责任。

（6）合伙人对《合伙企业法》规定或者合伙协议约定必须经全体合伙人一致同意始得执行的事务擅自处理，给合伙企业或者其他合伙人造成损失的，依法承担赔偿责任。

（7）不具有事务执行权的合伙人擅自执行合伙事务，给合伙企业或者其他合伙人造成损失的，依法承担赔偿责任。

（8）合伙人违反《合伙企业法》或者合伙协议的约定，从事与本合伙企业相竞争的业务或者与本合伙企业进行交易的，该收益归合伙企业所有；给合伙企业或者其他合伙人造成损失的，依法承担赔偿责任。

（9）合伙人违反合伙协议的，应当依法承担违约责任。合伙人履行合伙协议发生争议的，合伙人可以通过协商或者调解解决。不愿通过协商、调解解决或者协商、调解不成的，可以按照合伙协议约定的仲裁条款或者事后达成的书面仲裁协议，向仲裁机构申请仲裁。合伙协议中未订立仲裁条款，事后又没有达成书面仲裁协议的，可以向人民法院起诉。

2.合伙企业清算人违法应承担的法律责任

（1）清算人未依照《合伙企业法》向企业登记机关报送清算报告，或者报送清算报告隐瞒重要事实，或者有重大遗漏的，由企业登记机关责令改正。由此产生的费用和损失，由清算人承担和赔偿。

（2）清算人执行清算事务，牟取非法收入或者侵占合伙企业财产的，应当将该收入和侵占的财产退还合伙企业；给合伙企业或者其他合伙人造成损失的，依法承担赔偿责任。

（3）清算人违反《合伙企业法》规定，隐匿、转移合伙企业财产，对资产负债表或者财产清单作虚假记载，或者在未清偿债务前分配财产，损害债权人利益的，依法承担赔偿责任。

3.行政管理机关及其人员违法应承担的法律责任

有关行政管理机关的工作人员违反规定，滥用职权、徇私舞弊、收受贿赂、侵占合伙企业合法权益的，依法给予行政处分。

（二）其他有关规定

违反《合伙企业法》规定，构成犯罪的，依法追究刑事责任。违反《合伙企业法》规定，应当承担民事赔偿责任和缴纳罚款、罚金，其财产不足以同时支付的，先承担民事赔偿责任。

第四节　中小企业促进法

中小企业是我国社会经济发展的重要力量，大型企业一般也需经历由小到大的发展历程。中小企业不限制企业的组织形式，既可以是个人独资企业、合伙企业，也可以是有限责任公司等。

一、中小企业促进法概述

《中小企业促进法》制定于2002年6月，于2003年开始实施；于2017年9月进行修订，并于2018年1月1日实施。该法不属于企业组织法，而是属于企业促进法，是为了促进中小企业更好发展而制定的法律，是企业组织法的延伸。《中小企业促进法》对于促进中小企业发展乃至国家社会经济发展都具有重要作用。

（一）《中小企业促进法》的立法目的

中小企业特别是小型微型企业（以下简称小微企业）在市场竞争中往往处于不利地位，受到不公平的待遇，还不时受到大企业的排挤。《中小企业促进法》的立法目的主要包括：①改善中小企业经营环境；②保障中小企业公平参与市场竞争；③维护中小企业合法权益；④支持中小企业创业创新；⑤促进中小企业健康发展；⑥扩大城乡就业；⑦发挥中小企业在国民经济和社会发展中的重要作用等。

（二）中小企业的含义与划分标准

1.中小企业的含义

“中小企业”的称谓最早出现在19世纪末。第二次工业革命完成，西方发达国家建立起了资本主义的大工业体系和现代商业体系，大企业、大公司也开始在经济生活中占据主导地位；与大企业相对应，出现了小企业的概念。“中小企业”既是一个相对概念，也是一个动态发展的概念。按《中小企业促进法》，中小企业是指在中华人民共和国境内依法设立的，人员规模、经营规模较小的企业，包括中型企业、小型企业和微型企业。

2.中小企业的划分标准

我国负责对中小企业进行综合管理的部门是工业和信息化部。2011年6月，工业和信息化部、国家统计局、国家发展改革委、财政部联合制定了《中小企业划型标准规定》，该标准新增加了微型企业这一标准，使企业规模的类型更趋完善。该标准在指标上结合行业特点，在“从业人员、营业收入、资产总额”指标中选择一个或两个指标作为划分依据，简单且符合行业实际，具有灵活性和可操作性。该标准将中小企业划分为16个行业，包括农、林、牧、渔业，工业（包括采矿业，制造业，电力、热力、燃气及水生产和供应业），建筑业，批发业，零售业，交通运输业（不含铁路运输企业），仓储业，邮政业，住宿业，餐饮业，信息传输业（包括电信、互联网和相关服务），软件和信息技术服务业，房地产开发经营，物业管理，租赁和商务服务业，其他未列明行业（包括科学研究和技术服务业，水利、环境和公共设施管理业，居民服务、修理和其他服务业，社会工作，文化、体育和娱乐业等）。各个行业的划分标准都有自己的特点，划分以统计部门的数据为依据。国家统计局2017年发布的《统计上大中小微型企业划分办法（2017）》根据不同行业对企业进行了划分，行业不同，划分的标准也不同。

拓展阅读2-1

二、促进中小企业发展的主要措施

《中小企业促进法》的内容十分丰富，对中小企业的扶持、引导主要包括财税支持、融资促进、创业扶持、创新支持、市场开拓、服务措施、权益保障等方面。

（一）财税支持

财税支持政策对于促进中小企业的发展具有直接的示范效应，主要包括财政和税收两方面的内容。

财政方面的主要措施包括：

一是设立中小企业发展专项资金。中央财政应在本级预算中设立中小企业科目，安排中小企业发展专项资金；县级以上地方各级政府应根据实情在本级财政预算中安排中小企业发展专项资金。中小企业发展专项资金通过资助、奖励等方式重点用于支持企业公共服务体系和融资服务体系建设，有效推动了中小企业创新发展和结构调整，缓解了中小企业融资难等问题，取得了较好成效。同时，《中小企业促进法》规定了中小企业专项发展资金向小微企业倾斜的原则。

二是设立中小企业发展基金。国家和县级以上各级政府都应设立中小企业发展基金，并遵循政策导向和市场化运作原则，引导和带动社会资金支持初创期中小企业，促进企业创新。

税收优惠方面，《中小企业促进法》明确规定，国家实行有利于小微企业发展的税收政策，对符合条件的小微企业按照规定实行缓征、减征、免征企业所得税、增值税等措施，简化税收征管程序，减轻小微企业的税收负担。同时，国家对小微企业实行行政事业性收费减免等优惠政策。

（二）融资促进

融资难是制约中小企业发展的重要因素，要改善中小企业发展环境一定要改善融资环境。具体的措施包括：

一是强化金融机构对中小企业特别是小微企业的信贷支持等金融服务。中国人民银行应综合运用货币政策工具，鼓励和引导金融机构加大对小微企业的信贷支持，改善小微企业的融资环境。这里的货币政策工具包括存款准备金、利率政策、再贴现、中央银行贷款和公开市场业务。国务院银行业监督管理机构对开展小微企业金融服务应制定差异化监管政策，提高小微企业的不良贷款容忍度，引导金融机构增加小微企业的融资规模和比重。国家鼓励各类金融机构开发和提供适合中小企业的金融产品和服务；政策性金融机构也应采取多种形式服务中小企业。国家推进和支持普惠金融体系建设，大型银行应当设立普惠金融机构，为小微企业提供金融服务。其他银行业金融机构可以设立小微企业金融服务专营机构，地方中小银行应积极为所在地小微企业提供金融服务。

二是健全多层次资本市场体系，推动股权融资，发展债券市场，促进中小企业直接融资。

三是完善融资担保制度，支持金融机构为中小企业提供多种形式的担保融资。县级以上人民政府应建立中小企业信用担保体系，鼓励担保机构为中小企业融资提供信用担保。

四是推动保险机构开展中小企业贷款保证保险和信用保险业务，开发相应保险产品。

（三）创业扶持

创业是企业的起点，也是千万人心中的梦。提供中小企业更佳的创业环境是《中小企业促进法》的重要目的。创业扶持的主要措施包括：①政府应通过多种方式为中小企业提供各方面的法律政策咨询和公共信息服务。②高校毕业生、退役军人、失业人员、残疾人员等创办小微企业，按规定享受税收优惠和收费减免。③创业投资企业和个人投资者投资初创期科技创新企业，按规定享受税收优惠。④优化审批流程，降低中小企业设立成本，如企业登记过程中实行的“多证合一、一照一码”等。⑤建设和创办小微企业创业基地、孵化基地。⑥为创业者提供低成本生产经营场所或为中小企业获得生产经营场所提供便利。⑦鼓励互联网平台为中小企业提供多方面服务。⑧简化中小企业注销登记程序，方便其退出。

（四）创新支持

创新是企业的生命，是社会进步的灵魂，也是国家发展的动力。我国创新的方式正向依靠持续的知识积累、技术进步和劳动力素质提升转变，必将促进社会经济向形态更高级、分工更精细、结构更合理的阶段演进。《中小企业促进法》创新方面的主要措施有以下几方面：①鼓励中小企业管理、技术等创新，加速固定资产折旧，完善研发费用加计扣除政策。②支持中小企业采用人工智能等现代技术提高生产经营效率。③鼓励中小企业参与关键技术研究、军民融合和相关标准的制定。④鼓励中小企业提高知识产权创造、运用、保护和管理能力。⑤鼓励各类创新服务机构为中小企业提供优质服务。⑥国家和各级政府采取措施鼓励产学研合作，通过资源共享、合作，促进中小企业创新能力的提高。

（五）市场开拓

促进中小企业市场开拓方面的政策主要包括：①国家采取措施完善市场体系，保障中小企业公平参与市场竞争的权利。②促进各类企业融合发展。支持大中小型企业就原材料供应、生产、销售、服务外包、技术改造等方面自愿开展协作，共同发展。③细化政府采购政策，促进中小企业发展。明确要采取多种措施提高中小企业在政府采购中的份额，政府采购不得对中小企业实行差别待遇或歧视待遇。除中小企业不能提供的商品和服务外，为中小企业预留的采购份额应当占本部门年度政府采购项目预算总额的30%以上，其中，预留给小微企业的比例不低于60%。④各级政府要多方面帮助中小企业发展对外经济技术合作与交流，支持中小企业开拓境外市场。⑤为中小企业到境外投资提供便利条件，支持其开拓国际市场。

（六）服务措施

促进中小企业发展的服务措施主要有：①建立健全中小企业公共服务体系。中小企业公共服务体系是指由所有向中小企业提供服务的机构组成的，以营造良好的发展环境并服务中小企业为宗旨，为中小企业的创业创新和发展提供多层次、多渠道、多功能、全方位服务的社会化公共服务网络。②县级以上政府要建立和完善中小企业公共服务机构，为中小企业提供公益性服务。③县级以上政府应建立跨部门政策信息互联网发布平台，为中小企业提供便捷、无偿的信息服务。④鼓励各类服务机构为中小企业提供各方面专业化服务。⑤开展中小企业经营管理人员培训，提升中小企业管理水平。⑥支持和创新中小企业人才培养模式，加强中小企业人才保障。⑦规范中小企业行业组织职能，更好地维护中小企业权益，为中小企业服务。

（七）权益保障

对中小企业权益保障方面的规定主要有：①加强中小企业财产权及其他合法权益的保护。产权制度是社会主义市场经济的基石，有恒资产者有恒心，市场主体财产权的有效保障和实现是经济社会发展的基础。《民法典》也规定，民事主体的财产权利以及其他合法权益受法律保护，任何组织或个人不得侵犯。②县级以上政府主管部门应建立专门渠道听取中小企业对政府部门相关工作的意见和建议，并及时反馈给有关部门，督促改进。相关部门应及时调查、处理中小企业投诉、举报。③地方各级政府应依法管理和服务中小企业，不得强制或变相强制企业参加考核、评比、表彰、培训等活动。④机关、事业单位和大型企业不得违约拖欠中小企业款项；如有拖欠，中小企业有权要求及时支付并赔偿损失。⑤任何单位不得违法向中小企业收取费用、罚款，不得摊派财物；依法收取行政事业性收费目录清单之内的行政事业性费用，严禁各类其他收费、提高收费标准。⑥县级以上地方政府有关部门应依法对中小企业实施监督检查，建立随机抽查机制，减轻企业负担。

此外，《中小企业促进法》就执行该法的相关法律责任进行了详细的规定，防止相关部门侵犯中小企业的合法权益；同时，规定了中小企业的相应义务，以促进中小企业健康发展。

学思践悟

充分激发中小企业发展活力

中小微企业是我国国民经济和社会发展的重要力量，是保市场主体、保就业的主力军，是提升产业链供应链稳定性和竞争力的关键环节，是构建新发展格局的有力支撑。工信部印发《关于健全中小企业公共服务体系的指导意见》（以下简称《意见》），提出到2025年，基本建成横向连通、纵向贯通、便利共享、泛在可及的“一站式”中小企业公共服务平台，为帮助中小企业纾困解难、实现高质量发展再出有力实招。

近年来，党和国家的改革发展始终将中小企业放在重要位置，始终坚持以市场为导向、以企业为主体的原则，通过加强政策引导、优化营商环境、提供金融支持等方式，不断促进中小企业健康发展。党的二十大报告提出，“支持中小微企业发展”，“支持专精特新企业发展”，“营造有利于科技型中小微企业成长的良好环境”。截至2022年年末，我国中小微企业数量已超5 200万户，2022年平均每天新设企业2.38万户。中小企业快速发展壮大，是数量最大、最具活力的企业群体，是中国经济社会发展的生力军。此番工信部强调健全中小企业公共服务体系，从制度、机构、政策、资源、服务和队伍等多维度入手，为中小企业减轻成本压力、改善经济效益提供了惠企暖心的一揽子对策。

健全中小企业公共服务体系，是以精准服务化解中小企业发展困境的有效举措。当前经济形势下，中小企业发展面临着一些挑战，而中小企业公共服务体系作为一个重要的联结点，扮演着为企纾困和提振经济的关键角色。《意见》对融资难、人才短缺、市场竞争激烈等现实情况均作了积极回应，如组织产融对接，帮助中小企业拓宽融资渠道，降低融资成本；再比如组织产学研对接，加强人才引进和培养，推动专利转化，鼓励联合创新。未来，通过搭建全国中小企业服务“一张网”，将能更直接助力企业找订单、降成本、育人才、解难题。近期，各地各级政府也都积极出台相关惠企政策，通过提供贷款担保、税收减免、人才培训等服务，帮助企业渡过难关，保持稳定运营。这些力量汇聚起来，将进一步提振市场信心，推动经济持续向好。

推动中小企业转型升级，离不开健全的中小企业公共服务体系。《意见》不仅聚焦化解眼前之困，更着眼筹谋长远之策。《意见》提到，引导企业建立先进质量管理体系和标准体系，增强品牌管理能力，培育和服务科技型和创新型中小企业、专精特新中小企业、专精特新“小巨人”企业等。充分利用大数据、云计算、人工智能等技术，中小企业公共服务体系可以在市场信息、技术支持、创新培训等方面为中小企业提供支撑，帮助企业提升产品质量和技术水平，进而推动实现产业升级和转型发展；提供创新孵化平台和知识产权服务，帮助中小企业增强创新能力和核心竞争力；促进中小企业之间的合作和共享资源，形成良好的产业链和价值链生态，推动经济的良性循环和可持续发展。这些托举和助力将使中小企业更好适应市场需求和发展趋势，加速实现转型升级，为市场经济稳定发展注入新的活力。

优化营商环境是吸引投资和促进企业发展的基础条件，健全中小企业公共服务体系有助于进一步提升面向经济主体的公共服务效能。近年来，各地加快推动政务服务优化改革，通过探索建立在线服务平台、强化政策供给、简化企业登记手续等方式持续增强政府服务能力，努力实现政务服务从“一件事”到“一类事”、从“一个点”到“整个面”、从“一个环节”到“全链条”提升，更有针对性地将财税优惠、融资支持、技术服务送到企业手中，为中小企业提供了高效便捷的服务。相信随着《意见》中诸多具体措施的落地见效，公共服务效能将获得进一步提升，精准、高效的服务将为企业降本增效提供有力保障。

习近平总书记指出，中小企业联系千家万户，是推动创新、促进就业、改善民生的重要力量。当前我国处于经济恢复和产业升级的关键期，健全中小企业公共服务体系对于扩大内需、提振信心具有重要意义。“一站式”服务平台和全国中小企业服务“一张网”建设的不断推进，将推动中小企业发展实现量质齐升，为推动经济高质量发展注入强劲动能。

资料来源　屈群苹. 充分激发中小企业发展活力 [N]. 光明日报, 2023-11-16 (2).

问题思考：在激活中小微企业活力的过程中如何积极发挥相关法律、法规的作用？

关键术语

个人独资企业（sole-proprietorship enterprise）　投资人（investor）　合伙企业（partnership enterprise）　合伙企业的财产（partnership enterprise's property）　入伙（join a group）　退伙（withdraw from a group）　无限连带责任（unlimited joint and several liability）　中小企业（medium-sized and small enterprises）

基础训练

一、单选题

1. 下列关于个人独资企业特征的说法不正确的是（　　）。

A. 个人独资企业只能由一个自然人投资设立

B. 个人独资企业的财产只能由个人独资企业所有

C. 个人独资企业是没有法人资格的企业

D. 投资人对个人投资企业的债务承担无限责任

2. 下列关于普通合伙企业的出资说法错误的是（　　）。

A. 合伙人可以分期缴付出资

B. 合伙人首次缴付的出资不得低于认缴数额的20%

C. 合伙人以劳务出资的，其评估办法由全体合伙人协商确定

D. 合伙人可以用土地使用权出资

3. 下列关于个人独资企业义务的说法正确的是（　　）。

A. 个人独资企业只需遵守《个人独资企业法》

B. 个人独资企业经营中可以不纳税

C. 个人独资企业可以不设置会计账簿

D. 个人独资企业须保障职工权益

4. 设立普通合伙企业，应当具备的条件是（　　）。

A. 由2个以上50个以下合伙人设立

B. 合伙人为自然人的，应当具有完全民事行为能力

C.合伙人必须实际缴付出资

D.有书面合伙协议或口头合伙协议

5.下列不具有法人资格的企业是（　　）。

A.有限责任公司　　B.个人独资企业

C.股份有限公司　　D.中外合资经营企业

6.下列不能作为有限合伙人的出资方式的是（　　）。

A.货币　　B.著作权　　C.工业产权　　D.劳务

7.政府采购中要采取多种措施提高中小企业在政府采购中的份额，除中小企业不能提供的商品和服务外，向中小企业预留的采购份额应当占本部门年度政府采购项目预算总额的（　　）。

A.20%　　B.30%　　C.40%　　D.50%

8.政府采购中要采取多种措施提高中小企业在政府采购中的份额，除中小企业不能提供的商品和服务外，向中小企业预留的采购份额中，预留给小微企业的比例不低于（　　）

A.40%　　B.50%　　C.60%　　D.70%

二、多选题

1.下列关于有限合伙企业，说法正确的有（　　）。

A.至少应当有1名普通合伙人

B.一般由2个以上50个以下合伙人设立

C.至少应当有1名有限合伙人

D.其他组织不可以成为有限合伙人

2.下列属于《中小企业促进法》规定的促进中小企业发展的措施有（　　）。

A.财税支持　　B.政府注资　　C.融资促进　　D.创业扶持

3.下列关于有限合伙企业名称，不正确的说法有（　　）。

A.应当标明“有限合伙”字样　　B.应当标明“普通合伙”字样

C.应当标明“特殊普通合伙”字样　　D.应当标明“有限公司”字样

4.个人独资企业应当解散的情形包括（　　）。

A.投资人决定解散

B.投资人死亡无继承人或者继承人决定放弃继承

C.被依法吊销营业执照

D.经营不善被市场监督管理局宣布破产

5.根据《合伙企业法》，除合伙协议另有约定外，下列合伙企业事务中，必须经全体合伙人一致同意方可执行的有（　　）。

A.处分合伙企业不动产

B.改变合伙企业名称

C.以合伙企业名义为他人提供担保

D.聘任合伙人以外的人担任合伙企业的经营管理人员

6.根据《合伙企业法》，关于普通合伙企业利润分配、亏损分担说法正确的是（ ）。

A.按照合伙协议的约定办理

B.合伙协议未约定或者约定不明确的，由合伙人协商决定

C.协商不成的，由合伙人按照实缴出资比例分配、分担

D.无法确定出资比例的，由合伙人平均分配、分担

7.下列关于有限合伙人的行为，不视为执行合伙事务的是（ ）。

A.参与决定普通合伙人入伙、退伙

B.对企业的经营管理提出建议

C.获取经审计的有限合伙企业财务会计报告

D.参与选择承办有限合伙企业审计业务的会计师事务所

三、简答题

1.简述企业的概念及特征。

2.个人独资企业有哪些特征？

3.简述普通合伙企业的概念及法律特征。

4.如何处理合伙人的退伙？

5.试述普通合伙与有限合伙的区别。

6.简述《中小企业促进法》的立法目的。

7.简述中小企业的含义及划分标准。

8.试述《中小企业促进法》的创业扶持政策和创新扶持政策。

四、实务题

甲、乙、丙分别出资5万元、8万元、12万元于2022年5月注册成立一家合伙企业A，约定丙为合伙事务执行人，各合伙人按出资比例分享利润、分担损失。2022年年底，甲因急需用钱擅自抽回其在合伙企业中的5万元出资，并声明退伙。经查明，此时合伙企业共亏损23 000元，其中5 000元是由甲的擅自退伙造成的。在妥善处理甲的问题之后，考虑到企业资金短缺，乙、丙两人于2023年2月向银行贷款5万元。为了改善企业经营管理水平，2023年3月邀请熟悉食品业务的丁加入A企业，并许诺让丁担任合伙事务执行人，以丁在2023年期间的劳务作价5万元算作出资。丁了解企业的情况后欣然接受，并签订了书面入伙协议。后来因A企业在经营中被骗，损失严重，且亏损较多，无力支付银行的到期贷款，于是银行向人民法院提起诉讼，要求A企业及各合伙人承担还款责任。

问题：

（1）甲能否申请退伙？应该如何处理甲的退伙问题？

（2）5万元银行贷款应该如何清偿？

第三章 公司法律制度

学习目标

◆ 重点掌握公司设立的条件、股东的权利和义务、有限责任公司和股份有限公司的区别、股权转让的相关规定、股份及债券发行和上市的条件、公司合并和分立的程序等。

◆ 掌握公司、有限责任公司、股份有限公司及公司法的含义及特征，公司的设立登记，公司组织机构的职权，股东会和董事会的召开及表决机制，国有独资公司的特别规定，公司利润的分配，公司董事监事及高管的义务等。

◆ 了解公司的产生、公司的设立登记、公开发行股份的程序、公司的解散和清算、违反公司法的法律责任。

第一节 公司法概述

公司必须依公司法设立，并经依法登记后才能正式开展经营活动。

一、公司的概念、特征与种类

公司具有悠久的历史。从不同的角度可以将公司分为不同的类型，《公司法》确立的公司形式为有限责任公司和股份有限公司。

拓展阅读 3-1

（一）公司的概念

公司虽然是现代社会最为重要的企业组织形式，但各国公司法对于公司的定义不尽相同。在英国，公司是指任何以经营商业或工业企业为目标的由个人组成的团体。《法国民法典》第1832条规定了民事公司，即“公司由二人或数人依据一项契约约定将其财产或技艺用于共同事业，以期分享利润或获取由此可得之经济利益而设立”[①]。在我国，《公司法》第二条规定：“本法所称公司，是指依照本法在中华人民共和国境内设立的有限责任公司和股份有限公司。”从这一规定看，《公司法》并未给出公司的确切定义，但是通过《民法典》《公司法》的相关规定可以认为：公司是指股东依照《公司法》设立的、有独立的法人财产并享有法人财产权，股东以其出资额或所持股份为限对公司承担责任，公司以其全部资产对其债务承担责任的企业法人。

---

① 朱慈蕴. 公司法原论［M］. 北京：清华大学出版社，2011：2.

（二）公司的特征

（1）公司必须依法设立。依法设立是我国法律对各种法人的共同要求。公司作为法人必须依法定条件及程序设立，只有依据这些规定设立才能取得公司资格，享有《公司法》规定的权利。这充分体现了《公司法》的强制性。

（2）公司必须以营利为目的。营利是通过经营获取利润，以较少的经营投入获取较大的经营收益。首先，营利是企业组织存在和活动的基本动机和目的，是经营活动的出发点和归属点。没有营利，就没有企业的发展；不能营利，企业就无法生存，所以营利是企业的生命和根本。其次，股东之所以把资本金投入公司，是希望公司为股东赚更多的钱，但如果公司不以营利为目的，势必与股东的投资目的相悖。因而各国大都规定公司法上的公司为商事公司，是以营利为目的的商业组织。

（3）公司是具有独立法人资格的经济组织。企业可分为法人企业与非法人企业。法人企业是指具有民事权利能力和民事行为能力，依法独立承担民事责任的经济组织。非法人企业则是以自己的名义从事生产、经营和提供服务活动，但不独立承担民事责任的经济组织。根据《公司法》第三条的规定，公司的独立法人资格表现在：首先，公司拥有独立的法人财产，享有法人财产权。公司的财产来自股东的投资，股东一旦将投资的财产移交给公司，在法律上这些财产便属于公司所有，股东就丧失了对这些财产的直接支配权。公司财产与股东个人财产在法律上是分开的，股东只能按出资的比例享受一定权利。其次，公司独立承担财产责任。《公司法》规定公司以其全部财产对公司的债务承担责任；同时，股东责任、公司责任、公司员工的责任是分开的、独立的。最后，公司具有独立的组织机构和名称。这是《公司法》对公司的法定要求，否则公司不能成立。

（4）公司是以股东投资为基础设立的经济组织。公司存在的基础和前提条件是股东的投资行为，没有股东的投资就没有公司。股东投入公司的财产在公司成立后成为股权。《公司法》第四条规定："公司股东对公司依法享有资产收益、参与重大决策和选择管理者等权利。"股东的这些权利都是以股权为基础而存在的。

（三）公司的种类

根据不同标准，公司可被分为不同的类型。

1.根据公司的信用标准划分

（1）人合公司，是指以股东个人信用为基础的公司。无限责任公司是最典型的人合公司。

（2）资合公司，是指以股东的出资额为基础的公司。股份有限公司是典型的资合公司。

（3）人合兼资合公司，是指同时具有人的信用和资本信用两种因素的公司。有限责任公司即属这种公司。

2.根据公司的控制和被控制关系划分

（1）母公司，是指通过持有其他公司的股份而能实际控制其他公司经营活动的公司。

（2）子公司，是指其一定比例的股份被其他公司持有、经营活动受其他公司控制的公司。子公司具有法人资格，能依法独立承担民事责任。

3.根据公司的组织系统划分

（1）总公司，是指依法首先设立或同时设立，具有独立法人资格，并管辖全部企业组织系统的公司。

（2）分公司，是指公司依法设立的以总公司名义进行经营活动，其法律后果由总公司承担的分支机构。分公司不是独立的公司，不具有企业法人资格，其民事责任由设立它的公司承担。

4.根据公司的国籍划分

（1）本国公司，是指具有本国国籍，依本国法律享有权利、履行义务的公司。

（2）外国公司，是指依外国法设立的、不具有本国国籍的公司。

（3）跨国公司，是指以本国为基地，在其他国家或地区设立分公司、子公司或其他参股性投资企业，从事国际性生产经营及服务活动的大型经济组织。

5.根据公司债务清偿责任承担者划分

（1）有限责任公司，是指由1个以上50个以下的股东共同出资设立，股东以其认缴的出资额为限对公司债务承担有限责任，公司以其全部资产为限对其债务承担有限责任的企业法人。有限责任公司有如下特征：

①股东责任的有限性。有限责任公司的股东对公司所负责任，仅以其认缴的出资额为限，除此之外对公司债权人不负直接责任，即股东对公司的债务仅以其认缴的出资额为限承担有限责任。公司对其债务也仅以公司全部财产为限承担有限责任；如果公司的财产不足以清偿全部债务，则股东也没有以自己出资以外的个人财产为公司清偿债务的义务。

②人资两合性。就某一个有限责任公司而言，只有对该公司出资才可能成为其股东，体现了资合性；但不是任何人都可以成为该公司的股东，且有股东人数限制，体现出人合性。

③组织运营的封闭性。封闭性表现为：第一，股东人数有上限。《公司法》第四十二条规定，有限责任公司由1个以上50个以下股东出资设立。第二，从设立方式上来看，有限责任公司只能采用发起设立方式，而不能采用募集设立方式，不能向社会公开发行股票筹集资本。第三，公司资本的不等额性。有限责任公司的资本不划分为等额股份，股东出资后获得的是出资证明书，而不是股票，不能自由转让。第四，管理方式基本封闭。如不必向社会公开披露财务、生产、经营管理等信息。

④组织机构设置的灵活性。依据《公司法》，生产经营规模较小、股东人数较少的有限责任公司的组织机构，可设置为股东会、1名董事和1名监事；生产经营规模较大、股东人数多的有限责任公司的组织机构，可设置为股东会、董事会、监事会；个人独资公司，股东会、董事会、监事会都可不设。

⑤设立程序的简便性。有限责任公司的设立一般不需要审批，有特殊情况才需审批，即投资者只要满足设立有限责任公司的条件，办理登记手续后，公司即可成立。设立过程中所涉及的设立协议的签订、公司章程的制定和出资的履行等主要由投资者自己决定，因而其设立程序比较简单。

（2）股份有限公司，是指全部资本由等额股份或比例股份构成并通过发行股票筹集资本，股东以其所认购股份为限对公司承担有限责任，公司以其全部资产为限对公司债务承担有限责任的企业法人。股份有限公司具有以下特征：

①股东责任的有限性。股份有限公司的股东仅以其认购的股份为限对公司负责，对公司债权人不负任何直接的法律责任。公司的债权人既不能向股东主张权利，也不能要求股东以其个人财产清偿公司的债务。

②公司组织的资合性。股份有限公司是典型的资合公司，其资合性表现为：第一，公司对外信用的基础是公司资本，即公司所募集的股本总额。它既是公司成立的要件，是公司能够得以发展的源泉，也是对公司债权人的总担保。[①]第二，投资者只要出资就可以成为公司股东，并不看投资人有无信用；投资者出资只要是合法的，就不问其来源。第三，股份可在法定场所自由转让。股份自由转让所造成的股东频繁变动并不影响股份有限公司的持续经营能力。

③公司运营的公开性。股份有限公司又称开放式公司，因为其经营状况需要公开。由于股份有限公司可以公开发行股票募集资本以及其股票可以自由转让，所以决定了其有关经营状况信息，只要不涉及商业秘密，不仅要向股东公开，而且要向社会公开，使社会公众及时了解公司的经营状况，以最大限度地保护公司股东、债权人及社会公众的利益。

④公司资本的股份性。《公司法》规定采用面额股的股份有限公司将资本划分为等额股份，即将资本总额划分为若干等额的股份，每股面值金额与股份数的乘积是资本总额。同一公司中，同种类的每股的票面金额必须相等。这种资本的股份化和股份的均等化有利于公司实现股份的公开发行、募集社会资本，也便于股东权的行使和利润分配。

⑤所有权与经营权的分离性。所有权与经营权的分离（两权分离），实际就是所有者可能不再亲自经营自己的企业，自己只保留对企业的最终控制权和剩余索取权（如公司终止后的剩余财产分配权），而将经营权授予董事、经理。从法学角度看，股份有限公司的股东享有股东权，公司则享有法人财产权，这两种权利也是分别独立的。

（3）无限责任公司，是指由负无限责任的股东组成的公司。股东除对公司负有相应的出资义务外，还须对公司债务承担无限连带责任。

（4）两合公司，是指由负无限责任的股东和负有限责任的股东组成的公司。在这类公司中，无限责任股东除负有一定的出资义务外，还须对公司债务承担无限连带责任。而有限责任股东，除有一定的出资义务外，只以其对公司的出资额为限对公司债务承担责任。

在上述公司形式中，无限责任公司和两合公司目前在各国逐渐减少，而有限责任公司和股份有限公司目前是世界各国主要的企业组织形式。

二、公司法的概念和特征

（一）公司法的概念

公司法是调整公司的设立、组织与活动、解散、清算及其他对内与对外法律关系的法律规范的总称。公司法调整的对象和范围包括公司设立过程、存续期间和终止过程中的法律行为和法律关系。公司法有广义和狭义之分。广义的公司法是指国家关于公司的设立、组织与活动的各种法律、法规和规章的总称；狭义的公司法是指关于公司的设立、组织与活动的单个法律。

西方国家的公司立法有三百多年的历史，但我国的公司立法时间不长，也较为薄弱。

① 彭真明．公司法教程［M］．北京：对外经济贸易大学出版社，2007：47.

我国历史上第一部公司法是1904年的《公司律》，1914年北洋政府颁布了《公司条例》，1929年南京国民政府颁布了《中华民国公司法》。中华人民共和国成立后，中央人民政府政务院[①]先后于1950年、1951年颁布了《私营企业暂行条例》《私营企业暂行条例施行办法》，规定了无限公司、有限公司、两合公司、股份有限公司和股份两合公司等公司形式。20世纪90年代，我国加快了公司立法的步伐，1992年以来制定了一批法规和规章。1993年12月29日，第八届全国人民代表大会常务委员会第五次会议通过了《公司法》，该法分11章，共230条，自1994年7月1日起施行；之后于1999年、2004年、2005年、2013年、2018年、2023年进行多次修正、修订。同时，最高人民法院先后发布了关于适用《公司法》若干问题的规定（一）、（二）、（三）、（四）、（五），丰富了公司法的内容以及增强了公司法对社会经济发展的适应性。

（二）公司法的特征

（1）公司法是一种组织法。组织法是指规定某种社会组织的设立、变更、终止、内部组织机构及其运作的法律规范的总称。公司法规定了公司设立条件、设立程序、公司的组织机构以及公司组织的变更、公司终止的条件和程序，着重调整投资人与公司的关系，公司与其内部成员的关系，公司领导成员的权利与义务关系，以及公司在设立、变更和消灭过程中与其他人和有关单位的关系，体现出组织法的特征。

（2）公司法是一种行为法。行为法是指调整由法律主体的行为或活动而产生的社会关系的法律规范的总称。公司法是一部规定公司的行为活动的法律，它规定与公司的组织特点有关的经营活动，如股票的发行、转让等；但与公司的组织特点有关的经营活动（如公司对外签订合同等）不属于公司法的调整对象。

（3）公司法的内容中强制性规范较多。公司是现代企业制度的主要形式，是市场经济主体最重要的组织形式，对社会经济生活的影响重大，所以必须对公司的设立、活动等作出必要的强行规定。

（4）公司法是具有较强国际性的法律。虽然公司法主要调整的是本国公司，但世界各国关于公司的基本分类及模式等大体相同，所以具有国际趋同性。从公司法的适用来看，《公司法》适用于外商投资的公司，外国的法人、自然人在我国法律规定的范围内可以成为股份有限公司的发起人，《公司法》对外国公司的分支机构还作了专门规定。

拓展阅读3-2

三、公司的登记管理

公司的登记管理始于公司设立。公司设立是指发起人为组建公司，使其取得法人资格，必须采取和完成的各种连续的准备行为。与公司设立密切相关的是公司成立。公司成立是指公司经过设立程序，具备了法律规定的条件，依法取得法人资格的一种法律事实。因此，公司只有在法定机关登记后才能正式成立，才具有法人资格，其权利才能受到法律的保护。《市场主体登记管理条例》自2022年3月1日起施行，其他（如企业法人、公司、合伙企业等）的登记管理法规同时作废。本部分将以公司为例，介绍该条例的相关内容。

① 中央人民政府政务院是1949年10月1日中华人民共和国成立至1954年9月15日第一届全国人民代表大会召开前中国国家政务的最高执行机构。

（一）企业登记概述

1.需要登记的市场主体

市场主体是指在中华人民共和国境内以营利为目的的从事经营活动的自然人、法人及非法人组织，具体包括：公司、非公司法人及其分支机构；个人独资企业、合伙企业及其分支机构；农民专业合作社（联合社）及其分支机构；个体工商户；外国公司分支机构；法律、行政法规规定的其他市场主体。除法律、法规另有规定外，市场主体应依法登记，未经登记不得以市场主体名义从事经营活动。

2.登记原则与登记管辖

市场主体登记管理应当遵循依法合规、规范统一、公开透明、便捷高效的原则。

国家市场监督管理总局主管全国市场主体统一登记管理工作，制定市场主体登记管理的制度措施，推进登记全程电子化，规范登记行为，指导地方登记机关依法有序开展登记管理工作。县级以上地方市场监督管理部门主管本辖区市场主体登记管理工作；县级市场监督管理部门的派出机构可以依法承担个体工商户等市场主体的登记管理职责。

外商投资企业登记管理由国家市场监督管理总局或者其授权的地方市场监督管理部门负责。

《中华人民共和国市场主体登记管理条例实施细则》第四条还规定："省级以上人民政府或者其授权的国有资产监督管理机构履行出资人职责的公司，以及该公司投资设立并持有50%以上股权或者股份的公司的登记管理由省级登记机关负责；股份有限公司的登记管理由地市级以上地方登记机关负责。"

（二）登记与备案事项

按《市场主体登记管理条例》的规定，市场主体的一般登记事项包括：名称，主体类型，经营范围，住所或者主要经营场所，注册资本或者出资额，法定代表人、执行事务合伙人或者负责人姓名。除上述一般登记事项外，不同的市场主体还需登记的事项有：①有限责任公司股东、股份有限公司发起人、非公司企业法人出资人的姓名或者名称；②个人独资企业的投资人姓名及居所；③合伙企业的合伙人名称或者姓名、住所、承担责任方式。

具体到公司，登记事项包括：①名称；②住所；③注册资本；④经营范围；⑤法定代表人的姓名；⑥有限责任公司股东、股份有限公司发起人的姓名或者名称。

此外，虽不需要登记，但是应当向登记机关备案的事项有：①章程或者合伙协议；②经营期限或者合伙期限；③有限责任公司股东或者股份有限公司发起人认缴的出资数额，合伙企业合伙人认缴或者实际缴付的出资数额、缴付期限和出资方式；④公司董事、监事、高级管理人员；⑤农民专业合作社（联合社）成员；⑥参加经营的个体工商户家庭成员姓名；⑦市场主体登记联络员、外商投资企业法律文件送达接受人；⑧公司、合伙企业等市场主体受益所有人相关信息；⑨法律、行政法规规定的其他事项。

具体到公司，需要备案的事项包括：①章程；②经营期限；③有限责任公司股东或者股份有限公司发起人认缴的出资数额；④董事、监事、高级管理人员；⑤登记联络员；⑥外商投资公司法律文件送达接受人。

（三）设立登记

1.登记材料及期限

市场主体实行实名登记。申请人应当配合登记机关核验身份信息。申请人应当对提交材料的真实性、合法性和有效性负责。登记机关能够通过政务信息共享平台获取的市场主体登记相关信息，不得要求申请人重复提供。申请人也可以委托他人代办市场主体登记。

申请办理市场主体登记，应当提交下列材料：申请书；申请人资格文件、自然人身份证明；住所或者主要经营场所相关文件；公司、非公司企业法人、农民专业合作社（联合社）章程或者合伙企业合伙协议；法律、行政法规和国务院市场监督管理部门规定提交的其他材料。公司提交的申请书需要由公司法定代表人签署。

登记机关收到申请材料应进行形式审查。材料齐全、符合法定形式的予以确认并当场登记；不能当场登记的，应在3个工作日内予以登记；情形复杂的经登记机关负责人批准，可以再延长3个工作日。申请材料不符合的，登记机关应一次性告知申请人需要补正的材料。

市场主体设立分支机构应向分支机构所在地的登记机关申请登记。

2.营业执照及其管理

申请人申请市场主体设立登记，登记机关依法予以登记的，签发营业执照，营业执照签发日期为市场主体的成立日期。依法必须经批准才能设立的市场主体，应在批准文件有效期内向登记机关申请登记。申请设立公司，符合《公司法》规定的设立条件的，由公司登记机关分别登记为有限责任公司或者股份有限公司。

营业执照分为正本和副本，正本与副本、电子营业执照与纸质的营业执照具有同等的法律效力。企业应当将营业执照置于主要经营场所的醒目位置。从事电子商务经营的公司应当在其首页显著位置持续公示企业营业执照信息或者相关链接标识，否则罚款3万元。企业伪造、涂改、出租、转让营业执照的，由登记机关没收违法所得，处10万元以下的罚款；情节严重的，处10万元以上50万元以下的罚款，吊销营业执照。出借营业执照也是不被允许的。

根据我国市场主体登记改革的需要，我国实行营业执照、组织机构代码证、税务登记证、社会保险登记证、刻章许可证、统计登记证和住房公积金登记证“七证合一，一照一码”制度。

3.登记限制事项

（1）名称与住所。企业的命名须符合相关规定，且只能登记一个名称，经登记的企业名称受法律保护。申请人可依法自主申报企业名称。企业也只能登记一个住所或者主要经营场所。电子商务平台内的自然人经营者可以根据国家有关规定，将电子商务平台提供的网络经营场所作为经营场所。

（2）法定代表人的资格禁止。根据《市场主体登记管理条例》第十二条的规定，有下列情形之一的，不得担任公司、非公司企业法人的法定代表人：①无民事行为能力或者限制民事行为能力；②因贪污、贿赂、侵占财产、挪用财产或者破坏社会主义市场经济秩序被判处刑罚，执行期满未逾5年，或者因犯罪被剥夺政治权利，执行期满未逾5年；③担任破产清算的公司、非公司企业法人的法定代表人、董事或者厂长、经理，对破产负有个人责任的，自破产清算完结之日起未逾3年；④担任因违法被吊销营业执照、责令关闭的公司、非公司企业法人的法定代表人，并负有个人责任的，自被吊销营业执照之日起未逾3年；⑤个人所负数额较大的债务到期未清偿；⑥法律、行政法规规定的其他情形。

（3）出资限制。公司股东、非公司企业法人出资人、农民专业合作社（联合社）成员不得以劳务、信用、自然人姓名、商誉、特许经营权或者设定担保的财产等作价出资。

（四）变更登记

《公司法》规定，登记事项未经登记或者未经变更登记，不得对抗善意相对人，所以登记事项发生变更后需要及时向登记机关申请办理变更登记。《市场主体登记管理条例》的相关内容主要包括：

（1）企业变更登记事项，应当自作出变更决议、决定或者法定变更事项发生之日起30日内向登记机关申请变更登记。企业变更登记事项属于依法须经批准的，申请人应当在批准文件有效期内向登记机关申请变更登记。公司变更登记事项涉及修改公司章程的，应当提交修改后的公司章程；变更法定代表人的，变更登记申请书由变更后的法定代表人签署。

（2）企业法定代表人在任职期间发生禁止担任法定代表人之事由的，应当向登记机关申请变更登记。

（3）企业变更经营范围，属于依法须经批准的项目的，应当自批准之日起30日内申请变更登记。许可证或者批准文件被吊销、撤销或者有效期届满的，应当自许可证或者批准文件被吊销、撤销或者有效期届满之日起30日内向登记机关申请变更登记或者办理注销登记。

（4）企业变更住所或者主要经营场所跨登记机关辖区的，应当在迁入新的住所或者主要经营场所前，向迁入地登记机关申请变更登记。迁出地登记机关无正当理由，不得拒绝移交市场主体档案等相关材料。

（5）企业变更备案事项的，应当自作出变更决议、决定或者法定变更事项发生之日起30日内向登记机关办理备案。

企业没有依法办理变更登记的，由登记机关责令改正；拒不改正的，处1万元以上10万元以下的罚款；情节严重的，吊销营业执照。未依法办理备案的，由登记机关责令改正；拒不改正的，处5万元以下的罚款。

（五）歇业与撤销登记

1.歇业

歇业是指企业因自然灾害、事故灾难、公共卫生事件、社会安全事件等原因造成经营困难，可以自主决定在一定时期内暂停营业的情形。企业因故决定歇业的，应当歇业前向登记机关办理备案登记。登记机关通过国家企业信用信息公示系统向社会公示歇业期限、法律文书送达地址等信息。

企业歇业期限最长不超过3年。企业延长歇业期限，应于期限届满前30日按规定办理。企业歇业期间开展经营活动的，视为恢复营业；企业办理歇业后自主决定开展或者已实际开展经营活动的，应当于30日内在国家企业信用信息公示系统上公示终止歇业。企业歇业期限届满，累计歇业满3年，视为自动恢复经营；决定不再经营的，应及时办理注销登记。

2.虚假登记的撤销

《公司法》《市场主体登记管理条例》关于企业撤销登记的规定主要有：

（1）提交虚假材料或者采取其他欺诈手段隐瞒重要事实取得企业登记的，受虚假登记影响的利害关系人（自然人、法人和其他组织）可以向登记机关提出撤销企业登记的申请。公司还包括虚报注册资本。这种情况登记的企业，登记机关也可责令改正，没收违法所得，并处5万元以上20万元以下的罚款；情节严重的，处20万元以上100万元以下的罚款，吊销营业执照。《公司法》规定，这种情况下公司登记机关应当依法撤销公司登记。

（2）登记机关受理申请后，应当及时开展调查。经调查认定存在虚假登记情形的，登记机关应当撤销登记。相关企业和人员无法联系或者拒不配合的，登记机关可以将相关企业的登记时间、登记事项等通过国家企业信用信息公示系统向社会公示，公示期为45日。相关企业及其利害关系人在公示期内没有提出异议的，登记机关可以撤销登记。

（3）因虚假登记被撤销的企业，其直接责任人自登记被撤销之日起3年内不得再次申请企业登记。登记机关应当通过国家企业信用信息公示系统予以公示。

（4）登记机关或者其上级机关认定撤销企业登记决定错误的，可以撤销该决定，恢复原登记状态，并通过国家企业信用信息公示系统公示。

（六）注销登记

注销登记是指经过法定程序取消相关市场主体法律地位的行为。《市场主体登记管理条例》及其实施细则有关注销登记的规定主要有：

（1）市场主体因解散、被宣告破产或者其他法定事由需要终止的，应当依法向登记机关申请注销登记。经登记机关注销登记，市场主体终止。市场主体注销依法须经批准的，应当经批准后向登记机关申请注销登记。此种情形的公司注销，应由公司登记机关公告公司终止。

（2）市场主体注销登记前依法应当清算的，清算组应当自成立之日起10日内将清算组成员、清算组负责人名单通过国家企业信用信息公示系统公告。清算组可以通过国家企业信用信息公示系统发布债权人公告。清算组应当自清算结束之日起30日内向登记机关申请注销登记。市场主体申请注销登记前，应当依法先办理分支机构注销登记。

（3）市场主体未发生债权、债务或者已将债权、债务清偿完结，未发生或者已结清清偿费用、职工工资、社会保险费用、法定补偿金、应缴纳税款（滞纳金、罚款），并由全体投资人书面承诺对上述情况的真实性承担法律责任的，可以按照简易程序办理注销登记。申请办理简易注销登记，市场主体应当将承诺书及注销登记申请通过国家企业信用信息公示系统公示，公示期为20日。但有下列情形之一的，市场主体不得申请办理简易注销登记：①在经营异常名录或者市场监督管理严重违法失信名单中的；②存在股权（财产份额）被冻结、出质或者动产抵押，或者对其他市场主体存在投资的；③正在被立案调查或者采取行政强制措施，正在诉讼或者仲裁程序中的；④被吊销营业执照、责令关闭、撤销的；⑤受到罚款等行政处罚尚未执行完毕的；⑥不符合本条例第三十三条规定的其他情形。

（4）法院强制清算或宣告破产的，当事人凭相关裁定可直接申请办理注销登记。

企业注销更详细的规定，参见国家市场监督管理总局等发布的《企业注销指引（2023年修订）》的相关规定。

四、企业名称管理

2021年3月1日起我国施行修订的《企业名称登记管理规定》。中华人民共和国境内设立企业的名称登记由县级以上市场监督管理部门负责。

（一）企业名称的申报与使用

申请人自主申报企业名称时，可以通过企业名称申报系统或在企业登记机关服务窗口提交信息和材料，对拟定的企业名称进行查询、比对和筛选，选取符合要求的企业名称。申请人提交的信息和材料必须真实、准确、完整，且应当承诺因侵犯他人企业名称合法权益，依法承担法律责任。

申请人申报的企业名称应当使用规范汉字，由行政区划、字号、行业或者经营特点、组织形式组成。这里的行政区划名称应当是企业所在地的县级以上地方行政区划名称。市辖区名称在企业名称中使用时应当同时冠以其所属的设区的市的行政区划名称。开发区、垦区等区域名称不得在企业名称中单独使用。已经登记的企业法人，在3个以上省级行政区域内投资设立字号与本企业字号相同且经营1年以上的公司，或者符合法律、行政法规、国家市场监督管理总局规定的其他情形，其名称可以不含行政区划名称；已经登记的跨5个以上国民经济行业门类综合经营的企业法人，投资设立3个以上与本企业字号相同且经营1年以上的公司，同时各公司的行业或者经营特点分别属于国民经济行业不同门类，其名称可以不含行业或者经营特点。企业名称中的字号应当由两个以上汉字组成；除另有含义外，县级以上地方行政区划名称、行业或者经营特点不得作为字号。组织形式是指企业组织结构或责任形式，如“普通合伙”“有限合伙”“有限责任”“股份有限责任”等。

企业名称冠以“中国”“中华”“中央”“全国”“国家”等字词，须报国务院批准。

企业分支机构名称应当冠以其所从属企业的名称，并缀以“分公司”“分厂”“分店”等词。境外企业分支机构还应当在名称中标明该企业的国籍及责任形式。企业集团名称应当与控股企业名称的行政区划名称、字号、行业或者经营特点一致。控股3家以上企业法人的企业法人可以在其名称的组织形式之前使用“集团”或者“（集团）”字样。

企业登记机关对通过企业名称申报系统提交完成的企业名称予以保留，保留期为2个月。设立企业依法应当报经批准或者企业经营范围中有在登记前须经批准的项目的，保留期为1年。申请人应当在保留期届满前办理企业登记。保留期内的企业名称不得用于经营活动。

当事人使用企业名称应当遵守法律、法规，诚实守信，不得损害他人合法权益。企业也可以将企业名称转让或授权他人使用，但相关企业应当依法通过国家企业信用信息公示系统向社会公示。

人民法院或者企业登记机关依法认定企业名称应当停止使用的，企业应当自收到人民法院生效法律文书或者企业登记机关的处理决定之日起30日内办理企业名称变更登记。逾期未办理变更登记的，企业登记机关将其列入经营异常名录；完成变更登记后，再将其移出经营异常名录。

（二）企业名称的禁止事项

企业名称不得有下列情形：①损害国家尊严或者利益；②损害社会公共利益或者妨碍社会公共秩序；③使用或者变相使用政党、党政军机关、群团组织名称及其简称、特定称谓和部队番号；④使用外国国家（地区）、国际组织名称及其通用简称、特定称谓；⑤含有淫秽、色情、赌博、迷信、恐怖、暴力的内容；⑥含有民族、种族、宗教、性别歧视的内容；⑦违背公序良俗或者可能有其他不良影响；⑧可能使公众受骗或者产生误解；⑨法律、行政法规以及国家规定禁止的其他情形。

五、企业信息公示管理

企业信息的公示需要遵守《企业信息公示暂行条例》《市场主体登记管理条例》《公司法》等的相关规定。

1.政府公示企业信息

市场监督管理部门应当通过国家企业信用信息公示系统，公示其在履行职责过程中产生的下列企业信息：①注册登记、备案信息；②动产抵押登记信息；③股权出质登记信息；④行政处罚信息；⑤其他依法应当公示的信息。前述企业信息应当自产生之日起20个工作日内予以公示。

市场监督管理部门以外的其他政府部门应当公示其在履行职责过程中产生的下列企业信息：①行政许可准予、变更、延续信息；②行政处罚信息；③其他依法应当公示的信息。

2.企业公示的自身信息

根据《公司法》第四十条、《企业信息公示暂行条例》第十条的相关规定，公司应当自下列信息形成之日起20个工作日内通过国家企业信用信息公示系统向社会公示：①有限责任公司股东认缴和实缴的出资额、出资方式和出资日期，股份有限公司发起人认购的股份数；②有限责任公司股东、股份有限公司发起人的股权、股份变更信息；③行政许可取得、变更、注销等信息；④知识产权出质登记信息；⑤受到行政处罚的信息；⑥其他依法应当公示的信息。市场监督管理部门发现公司未依照前款规定履行公示义务的，应当责令其限期履行。

3.企业年度报告公示

企业应当于每年1月1日至6月30日，通过国家企业信用信息公示系统向公司登记机关报送上一年度年度报告，并向社会公示。当年设立登记的公司，自下一年起报送并公示年度报告。年度报告的内容包括：①企业通信地址、邮政编码、联系电话、电子邮箱等信息；②企业开业、歇业、清算等存续状态信息；③企业投资设立企业、购买股权信息；④企业为有限责任公司或者股份有限公司的，其股东或者发起人认缴和实缴的出资额、出资时间、出资方式等信息；⑤有限责任公司股东股权转让等股权变更信息；⑥企业网站以及从事网络经营的网店的名称、网址等信息；⑦企业从业人数、资产总额、负债总额、对外提供保证担保、所有者权益合计、营业总收入、主营业务收入、利润总额、净利润、纳税总额信息。前述①至⑥项规定的信息应当向社会公示，第⑦项规定的信息由企业选择是否向社会公示。经企业同意，公民、法人或者其他组织可以查询企业选择不公示的信息。

六、公司的权利与义务

公司作为法人，与自然人一样享有广泛的民事权利，并承担相应的义务。

（一）公司的主要权利

1.经营管理权

公司作为市场经营活动的主体，有依法开展自主经营活动的权利。公司经营管理活动的制度基础是以《公司法》为主的法律、法规和公司章程；公司经营管理活动的物质基础是公司股东在设立公司时向公司缴纳的资本或认购公司股份所形成的资本。公司对设立时股东承诺向公司缴纳的财产以及公司经营活动中形成的财产享有法人财产权。

另外，公司在开展经营管理过程中，还可以向其他企业投资。但如果有法律规定公司不得成为对所投资企业的债务承担连带责任的出资人的，公司应遵守该规定。

2.分支机构设置权

根据《公司法》的规定，公司可以设立分支机构。公司可依据投资风险、自身能力等因素，选择设置分公司或者子公司。

（二）公司的义务

公司在享有权利的同时，须承担相应义务，公司的义务既体现在《公司法》对公司权利能力的限制方面，也体现在公司作为现代市场主体应承担的各种社会责任方面。

1.依法投资与担保的义务

《公司法》第十五条规定："公司向其他企业投资或者为他人提供担保，按照公司章程的规定，由董事会或者股东会决议；公司章程对投资或者担保的总额及单项投资或者担保的数额有限额规定的，不得超过规定的限额。公司为公司股东或者实际控制人提供担保的，应当经股东会决议。前款规定的股东或者受前款规定的实际控制人支配的股东，不得参加前款规定事项的表决。该项表决由出席会议的其他股东所持表决权的过半数通过。"所以，公司的法定代表人未经授权擅自签订担保合同为他人提供担保的，构成"越权代表"。如因担保合同效力发生纠纷，须根据《民法典》第五百零四条关于法定代表人越权代表的规定，判断订立合同时债权人是否善意，如果债权人善意，可认定代表行为有效、担保合同有效；反之无效。

根据上述规定，公司的对外担保分为关联担保和非关联担保。两种担保对于债权人善意的判断有各自的标准。关联担保是公司为股东或者实际控制人提供的担保，这种情形下必须经股东会形成决议，未经股东会决议即构成越权担保。如果债权人主张担保合同有效，就应当提供证据证明其在订立担保合同时审查了股东会的决议，决议表决程序符合《公司法》第十五条规定，关联股东不能参与表决的情况下，表决由出席会议的其他股东所持表决权的过半数通过，相关签字人员符合章程的规定。非关联担保是公司为股东或实际控制人之外的人提供的担保，此种情形下不一定需要经股东会形成决议。《民法典》第六十一条第三款规定，"法人章程或者法人权力机构对法定代表人代表权的限制，不得对抗善意相对人"，即只要债权人能够证明其在订立担保合同时对董事会决议或者股东会决议进行了审查，同意决议的人数及签字人员符合公司章程的规定，就应认定其构成善意，但公司能够证明债权人明知公司章程对决议机关有明确规定的除外。当然，如公司有证据证明债权人知道决议系伪造或编造的，也可认定担保无效。

2.遵守法律法规、社会公德与商业道德，接受监督的义务

《公司法》第十九条规定："公司从事经营活动，应当遵守法律法规，遵守社会公德、商业道德，诚实守信，接受政府和社会公众的监督。"

3.维护利益相关者利益，承担社会责任的义务

《公司法》第十六条规定："公司应当保护职工的合法权益，依法与职工签订劳动合同，参加社会保险，加强劳动保护，实现安全生产。公司应当采用多种形式，加强公司职工的职业教育和岗位培训，提高职工素质。"

《公司法》第二十条规定："公司从事经营活动，应当充分考虑公司职工、消费者等利益相关者的利益以及生态环境保护等社会公共利益，承担社会责任。国家鼓励公司参与社会公益活动，公布社会责任报告。"其中，利益相关者是指能够影响公司的愿景和使命，同时受战略产出的影响、对公司业绩拥有可实施的主张权的个人和群体。[①]公司的利益相关者相当广泛。当今社会，如果公司不顾及利益相关者的利益，很难获得大的发展。社会责任的内容较难界定，不同国家、地区、行业对公司的社会责任的要求都不尽相同。有的商品不通过社会责任标准（SA8000）认证，很难进入某些国家和地区进行销售。

4.依法支持党群组织开展活动的义务

《公司法》明确规定了公司应当为党组织和工会的活动提供必要的条件。公司职工也有权依法组织工会并开展活动，维护职工合法权益。公司工会可以代表职工就职工的劳动报酬、工作时间、休息休假、劳动安全卫生和保险福利等事项依法与公司签订集体合同。公司依照《宪法》和有关法律的规定，建立健全以职工代表大会为基本形式的民主管理制度，通过职工代表大会或者其他形式，实行民主管理。公司研究决定改制、解散、申请破产以及经营方面的重大问题、制定重要的规章制度时，应当听取公司工会的意见，并通过职工代表大会或者其他形式听取职工的意见和建议。

第二节　有限责任公司

有限责任公司是公司的重要形式，一般为中小企业和国有独资公司所广泛采用。

一、有限责任公司的设立

（一）有限责任公司设立的条件

1.股东符合法定人数

《公司法》规定，有限责任公司由1个以上50个以下股东出资设立。一个自然人股东或者一个法人股东可以单独依法设立一人有限责任公司。除法律另有规定外，有限责任的有关规定适用于一人有限责任公司。

① 吕巍，周颖，冯德雄．战略管理［M］．武汉：武汉理工大学出版社，2010：110.

2.有符合公司章程规定的全体股东认缴的出资额

（1）有限责任公司的注册资本。其为在公司登记机关登记的全体股东认缴的出资额，该出资额应由股东按照章程规定自公司成立之日起5年内缴足。法律、行政法规以及国务院决定对有限责任公司注册资本实缴及最低限额、股东出资期限另有规定的，从其规定。

（2）股东的出资方式及具体要求。股东可以用货币出资，也可以用实物、知识产权、土地使用权、股权、债权等可以用货币估价并可以依法转让的非货币财产作价出资；但法律、行政法规禁止的除外。股东出资的具体要求如下：①股东应当按期足额缴纳公司章程规定的各自所认缴的出资额。股东未按期足额缴纳出资的，除应当向公司足额缴纳外，还应当对给公司造成的损失承担赔偿责任。②股东以货币出资的，应当将货币出资足额存入有限责任公司在银行开设的账户。股东以非货币财产出资的，应当依法评估作价，核实财产，不得高估或者低估作价，并应当依法办理财产转移手续。③有限责任公司设立时，股东未按照公司章程规定实际缴纳出资，或者实际出资的非货币财产的实际价额显著低于所认缴的出资额的，设立时的其他股东与该股东在出资不足的范围内承担连带责任。④公司成立后，股东不得抽逃出资[①]。股东抽逃出资的，应当返还抽逃的出资；给公司造成损失的，负有责任的董事、监事、高级管理人员应当与该股东承担连带赔偿责任。上述规定也适用于股份有限公司。

（3）股东出资的核查、催缴与提前缴纳。有限责任公司成立后，应当对股东的出资情况进行核查，发现股东未按期足额缴纳公司章程规定的出资的，应当向该股东发出书面催缴书，催缴出资。公司依法发出书面催缴书催缴出资，可以载明缴纳出资的宽限期；宽限期自公司发出出资催缴书之日起，不得少于60日。宽限期届满，股东仍未缴纳出资的，公司可以向该股东发出书面的失权通知书，自通知发出之日起，该股东丧失其未缴纳出资的股权。该部分丧失的股权，公司应当在6个月内依法转让，或者相应减少注册资本并注销该股权；6个月内未转让或者注销的，由公司其他股东按照其出资比例足额缴纳相应出资。股东提前缴纳出资，主要指公司不能清偿到期债务，且明显缺乏清偿能力的情形下，公司或者债权人有权要求已认缴出资但未届缴资期限的股东提前缴纳出资。上述规定对股份有限公司也适用。

案例窗3-1

3.股东共同制定章程

《公司法》第四十五条规定：“设立有限责任公司，应当由股东共同制定公司章程。”第四十六条规定：“股东应当在公司章程上签名或者盖章。”公司章程对公司、股东、董事、监事、高级管理人员具有约束力。公司章程包括两方面的内容：

（1）法定内容，包括：①公司名称和住所；②公司经营范围；③公司注册资本；④股东的姓名或者名称；⑤股东的出资额、出资方式和出资日期；⑥公司的机构及其产生办法、职权、议事规则；⑦公司法定代表人的产生、变更办法；⑧股东会认为需要规定的其他事项。

（2）任意内容，是指股东认为应当订入公司章程而法律没有明确规定的内容。

---

① 股东的下列行为属于抽逃出资：（1）制作虚假财务会计报表，虚增利润进行分配；（2）通过虚构债权和债务关系，将其出资转出；（3）利用关联交易将出资转出；（4）其他未经法定程序将出资抽回的行为。

4.有公司名称，建立符合有限责任公司要求的组织机构

有限责任公司在公司名称中须标明“有限责任”字样。公司的名称一经确定，该公司对这一名称即享有名称权并受法律保护，他人不得擅用这一名称。公司名称作为构成公司形象的主要因素，是公司“商誉”的重要组成部分，属于公司的无形资产（财产）。

公司成立之后没有相应的组织机构就无法运行。符合有限责任公司要求的组织机构是指《公司法》规定应设立的机构，即股东会、董事会和监事会等。

5.有公司住所

公司以其主要办事机构所在地为住所。经公司登记机关登记的公司住所只能有一个，公司住所应当在其公司登记机关辖区内。确定公司住所的主要意义有：①在民事诉讼中，可根据住所地来确认地域管辖；②可以确定送达诉讼文书的处所；③住所是确定债务履行地的依据；④住所是确定公司行政管辖机关的依据；⑤在涉外民事关系中，住所是决定该关系适用何国法律的依据之一。

（二）有限责任公司的设立程序

1.订立设立协议

有限责任公司只能由发起人发起设立。经过可行性分析，发起人应该签订设立协议，对拟设立公司的基本情况作出意向性规定，并明确各方权利与义务。公司设立时的股东为设立公司从事的活动，产生的法律后果由公司承受。如果公司未成立，设立活动的法律后果由公司设立时的股东承受；设立时的股东为二人以上的，享有连带债权，承担连带债务。设立时的股东因履行公司设立职责造成他人损害的，公司或者无过错的股东承担赔偿责任后，可以向有过错的股东追偿。设立时的股东为设立公司以自己的名义从事活动而产生的责任，第三人有权请求公司或者公司设立时的股东承担。

2.订立公司章程

设立公司应当先订章程，将要设立的公司的基本情况都通过章程反映出来，这样才便于有关部门审查、批准和登记。

3.设立审批

所设立公司涉及国家法律、行政法规规定必须经有关部门审批的，应当在公司登记前办理审批手续。

4.确立公司组织机构

股东出资缴纳完毕后，应依法建立公司组织机构，并选出相关负责人。股东只有确立了公司组织机构及公司高级管理人选后，才可申请设立登记。

5.设立登记

股东认足公司章程规定的出资后，即可向公司登记机关申请设立登记。申请设立有限责任公司，应当向公司登记机关提交设立登记申请书、公司章程等文件，所提交的相关材料应当真实、合法、有效。此外，法律、行政法规或者国务院决定设立有限责任公司必须经批准的，还应当提交有关批准文件。

6.签发出资证明书

公司成立后应向股东签发出资证明书。出资证明书是证明股东已缴纳出资额的文件，由公司在登记注册后签发。出资证明书应当载明下列事项：①公司名称；②公司成立日期；③公司注册资本；④股东的姓名或者名称、认缴和实缴的出资额、出资方式和出资日期；⑤出资证明书的编号和核发日期。出资证明书须由法定代表人签名，并由公司盖章。

7. 置备股东名册

记载于股东名册上的股东，方能依照股东名册主张行使股东权利。股东名册应记载的事项：①股东的姓名或者名称及住所；②股东认缴和实缴的出资额、出资方式和出资日期；③出资证明书编号；④取得和丧失股东资格的时间。

二、有限责任公司的组织机构

公司的组织机构是指公司依法设置的，按照法律或公司章程规定行使决策、执行和监督职能的组织体系。有限责任公司的组织机构一般包括股东会、董事会、监事会。

（一）有限责任公司的股东会

1. 股东会的组成

股东会由全体股东组成，是公司的权力机构。股东是指取得公司股份或认缴公司出资，作为公司成员并对公司享有股权的人。[1]股东在公司成立之前可以先予产生。除国家有某些限制的特别规定外，有权代表国家投资的政府部门或机构、企业法人、具有法人资格的事业单位和社会团体、自然人，均可以按照规定成为公司的股东。只有一个股东的有限责任公司不设股东会。

2. 股东的权利和义务

股东作为出资者按投入公司的资本额享有所有者的资产收益、参与重大决策和选择管理者等的权利，具体为：①参加股东会并根据出资份额或持股比例享有表决权。②了解公司经营状况和财务状况。③选举和被选举为董事会、监事会成员。④依法或依约定获取股利、转让出资。⑤有限责任公司股东可以优先购买其他股东转让的出资。⑥优先认购公司新增的注册资本。⑦公司终止后，依法分得公司的剩余财产。⑧有权查阅、复制公司章程、股东名册、股东会会议记录、董事会会议决议、监事会会议决议和财务会计报告；股东可以书面申请要求查阅或者委托会计师事务所、律师事务所等查阅公司会计账簿、会计凭证，但股东有非法目的的除外，公司应自股东提出书面申请之日起15日内书面答复股东并说明理由。公司拒绝提供查阅的，股东可以向人民法院提起诉讼。⑨诉讼权。董事、高级管理人员违反法律、行政法规或者公司章程的规定，损害股东利益的，股东可以向人民法院提起诉讼。⑩公司章程规定的其他权利。

案例窗3-2

股东负有以下义务：①足额缴纳所认缴的出资，并依其所缴的出资额或所持公司股份承担公司债务；②公司成立后，股东不得抽逃出资。③保密义务。股东及其委托的会计师事务所、律师事务所等中介机构查阅、复制有关材料，应当遵守有关保护国家秘密、商业秘密、个人隐私、个人信息等法律、行政法规的规定。该规定适用于股份有限公司。④公司股东滥用股东权利给公司或者其他股东造成损失的，应当依法承担赔偿责任。公司的控股股东、实际控制人利用关联关系损害公司利益给公司造成损失的，也应当承担赔偿责任；⑤公司股东滥用公司法人独立地位和股东有限责任，逃避债务，严重损害公司债权人利益的，应当对公

① 彭真明. 公司法教程［M］. 北京：对外经济贸易大学出版社，2007：212.

司债务承担连带责任。只有一个股东的公司，股东不能证明公司财产独立于股东自己的财产的，应当对公司债务承担连带责任。这在理论上称为“公司法人人格否认”制度。

公司法人人格否认制度又称“刺破公司面纱”制度或“揭开公司面纱”制度，是指为阻止公司独立人格的滥用和保护公司债权人利益及社会公共利益，就具体法律关系中的特定事实，否认公司与其背后的股东各自独立的人格及股东的有限责任，责令公司的股东对公司债权人或公共利益直接承担责任的一种法律制度。该制度具有以下特征：①公司人格的否认以公司取得法人资格为前提；②公司人格否认是在具体法律关系中否认公司的独立人格；③公司人格否认的后果是由滥用权利的股东直接清偿公司的债务。

案例窗 3-3

3.股东会的职权

股东会是公司的最高权力机构。股东会行使下列职权：①选举和更换董事、监事，决定有关董事、监事的报酬事项；②审议批准董事会的报告；③审议批准监事会的报告；④审议批准公司的利润分配方案和弥补亏损方案；⑤对公司增加或者减少注册资本作出决议；⑥对发行公司债券作出决议；⑦对公司合并、分立、解散、清算或者变更公司形式作出决议；⑧修改公司章程；⑨公司章程规定的其他职权。

由于只有一个股东的有限责任公司不设股东会，所以其股东作出上述事项的决定时，应采用书面形式，并由股东签名或盖章后置备于公司。

对《公司法》所列股东会职权，股东以书面形式一致表示同意的，可以不召开股东会会议，直接作出决定，并由全体股东在决定文件上签名或盖章。股东会还可以授权董事会对发行债券作出决议。

4.股东会决议

有限责任公司股东会的议事方式和表决程序，除《公司法》有规定外，由公司章程规定。股东会决议事项应当经代表过半数表决权的股东通过。但股东会会议作出下列决议应当经代表2/3以上表决权的股东通过：修改公司章程，增加或者减少注册资本，公司合并、分立、解散或者变更公司形式的决议。

股东会决议由股东按照出资比例或章程规定行使表决权。

5.股东会的召集及形式

首次股东会会议由出资最多的股东召集和主持，并依法行使职权。以后的股东会由董事会召集，董事长主持；董事长不能履行职务或不履行职务的，由副董事长主持；副董事长不能履行职务或不履行职务的，由过半数的董事共同推举1名董事主持。如上述人员或机构不能尽召集之责时，可由监事会或无监事会之公司监事召集和主持股东会会议。以上人员或机构都不能尽召集之责时，代表1/10以上表决权的股东可以自行召集和主持股东会会议。

除公司章程另有规定或者全体股东另有约定的外，召开股东会会议，应当于会议召开15日前通知全体股东。股东会应对所议事项的决定作成会议记录，出席会议的股东应在会议记录上签名。

有限责任公司股东会会议的形式分为定期会议和临时会议两种。定期会议应当按照公司章程的规定召开。代表1/10以上表决权的股东、1/3以上的董事、监事会或者不设监事会的公司的监事提议召开临时会议的，应当召开临时会议。

拓展阅读 3-3

股东会、董事会召开会议和表决，可以按公司章程的规定采用电子通讯方式。

（二）有限责任公司的董事会及经理和法定代表人

1.有限责任公司的董事会

（1）董事会是公司的执行机构。董事会由3人以上的董事组成，其成员中可以有公司职工代表。职工在300人以上的有限责任公司，除依法设监事会并有公司职工代表外，其董事会中应当有由民主选举产生的职工代表。董事任期由公司章程规定，但每届任期不得超过3年；董事任期届满，连选可以连任。如董事辞职、任期届满未及时改选导致董事会成员低于法定人数的，原董事仍应依法履行董事职务。股东会也可以决议解任董事，决议作出之日解任生效。董事会设董事长1人，可以设副董事长。董事长、副董事长的产生办法由公司章程规定。

规模较小或者股东人数较少的有限责任公司，可以设1名董事，依法行使董事会职权，不设立董事会，且该董事可兼任经理。

（2）董事会的职权。董事会依法行使的职权主要包括：①召集股东会会议，并向股东会报告工作；②执行股东会的决议；③决定公司的经营计划和投资方案；④制订公司的利润分配方案和弥补亏损方案；⑤制订公司增加或者减少注册资本以及发行公司债券的方案；⑥制订公司合并、分立、解散或者变更公司形式的方案；⑦决定公司内部管理机构的设置；⑧决定聘任或者解聘公司经理及其报酬事项，并根据经理的提名决定聘任或者解聘公司副经理、财务负责人及其报酬事项；⑨制定公司的基本管理制度；⑩公司章程规定或者股东会授予的其他职权。

如果公司章程对董事会权力有限制的，该限制不得对抗善意相对人。

（3）董事会的召开。董事会会议由董事长召集和主持；董事长不能履行职务或者不履行职务的，由副董事长召集和主持；副董事长不能履行职务或者不履行职务的，由过半数的董事共同推举1名董事召集和主持。

董事会的议事方式和表决程序，除《公司法》有规定的外，由公司章程规定。董事会会议应有过半数的董事出席方可举行。董事会作出决议，须经全体董事的过半数通过。董事会决议的表决，实行一人一票。董事会应对所决议事项的决定作成会议记录，出席会议的董事应当在会议记录上签名。

2.有限责任公司的经理

经理由董事会聘任和解聘，对董事会负责，根据公司章程规定或者董事会授权行使职权。经理可列席董事会会议。

3.有限责任公司的法定代表人

法定代表人是指依照法律或法人章程的规定，代表法人从事民事活动的负责人。公司的法定代表人按章程规定由代表公司执行公司事务的董事或者经理担任。也就是说，法定代表人须参与公司的实际经营活动。担任法定代表人的董事辞职的，视为同时辞任法定代表人。

法定代表人以公司名义从事的民事活动，其法律后果由公司承受。公司章程或者股东会对法定代表人职权的限制，不得对抗善意相对人。法定代表人因执行职务造成他人损害的，由公司承担民事责任。公司承担责任后，依照法律或者公司章程的规定，可以向有过错的法定代表人追偿。

（三）有限责任公司的监事会

1.监事会的组成

监事会是公司的监督机构。监事会成员为3人以上。监事任期届满，连选可以连任。监事任期届满未及时改选，或者监事在任期内辞任导致监事会成员低于法定人数的，在改选出的监事就任前，原监事仍应当依照法律、行政法规和公司章程的规定，履行监事职务。监事会应当包括股东代表和适当比例的经民主选举产生的公司职工代表，其中职工代表的比例不得低于1/3，具体比例由公司章程规定。监事的任期每届为3年。

监事会设主席1人，由全体监事过半数选举产生。监事会主席负责召集和主持监事会会议；监事会主席不能履行职务或者不履行职务的，由过半数监事共同推举一名监事召集和主持监事会会议。董事、高级管理人员不得兼任监事。

但监事会并不是必设的机构。依《公司法》规定，下列情况可以不设监事会：①有限责任公司可按章程规定在董事会中设置由董事组成的审计委员会，负责对公司财务、会计进行监督，并可行使公司章程规定的其他职权。这种情况下，可以不设监事会或者监事。且职工董事可以成为审计委员会成员。②规模较小或者股东人数较少的有限责任公司，可以设1名监事，不设立监事会。③经全体股东一致同意，也可以不设监事。

2.监事会的职权及监事会会议

监事会或监事的职权包括：①检查公司财务；②对董事、高级管理人员执行公司职务的行为进行监督，对违反法律、行政法规、公司章程或者股东会决议的董事、高级管理人员提出解任的建议；③当董事、高级管理人员的行为损害公司的利益时，要求董事、高级管理人员予以纠正；④提议召开临时股东会会议，在董事会不履行《公司法》规定的召集和主持股东会会议职责时召集和主持股东会会议；⑤向股东会会议提出提案；⑥依照《公司法》第一百八十九条，对董事、高级管理人员提起诉讼；⑦公司章程规定的其他职权。

监事可以列席董事会会议，并对董事会决议事项质询或者提出建议。监事会发现公司经营情况异常，可以进行调查；必要时，可以聘请会计师事务所等协助其工作，费用由公司承担。监事会还可以要求董事、高级管理人员提交执行职务报告，董事、高级管理人员应如实提供有关情况和资料。

监事会每年度至少召开一次会议，监事可以提议召开临时监事会会议。监事会的议事方式和表决程序，除《公司法》有规定的外，由公司章程规定。监事会决议应当经全体监事过半数通过。监事会决议的表决应当一人一票。监事会应当对所议事项的决定作成会议记录，出席会议的监事应当在会议记录上签名。

（四）股东会、董事会决议的效力

1.决议无效及撤销

公司股东会、董事会的决议内容违反法律、行政法规的无效。公司股东会、董事会的会议召集程序、表决方式违反法律、行政法规或者公司章程，或者决议内容违反公司章程的，股东自决议作出之日起60日内，可以请求人民法院撤销；但股东会、董事会的会议召集程序或者表决方式仅有轻微瑕疵，对决议未产生实质影响的除外。未被通知参加股东会会议的股东自知道或者应当知道股东会决议作出之日起60日内，可以请求人民法院撤销；自决议作出之日起1年内没有行使撤销权的，撤销权消灭。

2.决议不成立

有下列情形之一即可导致股东会、董事会决议不成立：①未召开股东会、董事会会议作出决议；②股东会、董事会会议未对决议事项进行表决；③出席会议的人数或者所持表决权数未达到《公司法》或者公司章程规定的人数或者所持表决权数；④同意决议事项的人数或者所持表决权数未达到《公司法》或者公司章程规定的人数或者所持表决权数。

3.决议无效、被撤销、不成立的法律后果

股东会、董事会决议被人民法院宣告无效、撤销或者确认不成立的，公司应当向公司登记机关申请撤销根据该决议已办理的变更登记。股东会、董事会决议被人民法院宣告无效、撤销或者确认不成立的，公司根据该决议与善意相对人形成的民事法律关系不受影响。

案例窗 3-4

上述规定也适用于股份有限公司。

三、有限责任公司的股权转让

（一）有限责任公司股权转让的一般规定

有限责任公司的股东之间可以相互转让其全部或者部分股权。公司章程对股权转让另有规定的，从其规定。股东转让其股权的，应当书面通知公司，请求变更股东名册，并向公司登记机关办理变更登记，公司无正当理由不得拒绝。公司拒绝或者在合理期限内不予答复的，转让人、受让人可以依法向人民法院提起诉讼。

股东转让股权后，公司应当及时注销原股东的出资证明书，向新股东签发出资证明书，并相应修改公司章程和股东名册中有关股东及其出资额的记载。但对公司章程的该项修改不需要再由股东会表决。受让人自记载于股东名册时起可向公司主张行使股东权利。

股东转让已认缴出资但未届缴资期限的股权的，由受让人承担缴纳该出资的义务，转让人对受让人未按期缴纳部分承担补充责任。未按缴纳出资或者作为出资的非货币财产的实际价额显著低于所认缴的出资额的股东转让股权的，转让人与受让人在出资不足的范围内承担连带责任；受让人不知道且不应当知道存在上述情形的，由转让人承担责任。

（二）股东的优先购买权

有限公司股东的优先购买权主要有两种情况：

（1）除章程另有规定外，股东向股东以外的人转让股权的，应当就股权转让的数量、价格、支付方式和期限等事项书面通知其他股东，其他股东在同等条件下有优先购买权。股东自接到书面通知之日起30日内未答复的，视为放弃优先购买权。两个以上股东行使优先购买权的，协商确定各自的购买比例；协商不成的，按照转让时各自的出资比例行使优先购买权。

（2）人民法院依照法律规定的强制执行程序转让股东的股权时，应通知公司及全体股东，其他股东在同等条件下有优先购买权；但是其他股东自人民法院通知之日起满20日不行使优先购买权的，视为放弃优先购买权。

（三）公司的股权收购义务

为了防止公司大股东或公司侵害部分股东的利益，《公司法》第八十九条明确规定有下列情形之一的，对股东会该项决议投反对票的股东可以请求公司按照合理的价格收购其股权：①公司连续5年不向股东分配利润，而公司该5年连续盈利，并且符合本法规定的分配利润条件；②公司合并、分立、转让主要财产；③公司章程规定的营业期限届满或者章程规定的其他解散事由出现，股东会通过决议修改章程使公司存续。此外，公司的控股股东滥用股东权利，严重损害公司或者其他股东利益的，其他股东有权请求公司按照合理的价格收购其股权。

自股东会决议作出之日起60日内，股东与公司不能达成股权收购协议的，股东可以自股东会决议作出之日起90日内向人民法院提起诉讼。公司依照上述①③规定的情形收购的本公司股权，应当在6个月内依法转让或者注销。股份有限公司关于公司的股权收购义务也有基本相同的规定。

此外，《公司法》就股东资格的继承问题作了规定，除公司章程另有规定的外，自然人股东死亡后，其合法继承人可以继承股东资格。

四、公司董事、监事、高级管理人员的资格和义务

《公司法》规定的公司高级管理人员是指公司的经理、副经理、财务负责人，以及上市公司董事会秘书和公司章程规定的其他人员。本部分规定的内容也适用于股份有限公司。

（一）公司董事、监事、高级管理人员的资格

不得担任公司的董事、监事、高级管理人员的限制性情形与前述《市场主体登记管理条例》不得担任企业法人的法定代表人的5种情形基本相同，只是第②种情形增加了“被宣告缓刑的，自缓刑考验期满之日起未逾二年”、第⑤种情形改为“个人因所负数额较大债务到期未清偿被人民法院列为失信被执行人”。

公司违反上述5种情形选举、委派董事、监事或者聘任高级管理人员的，该选举、委派或者聘任无效。公司董事、监事、高级管理人员在任职期间出现上述所列情形的，公司应当解除其职务。

（二）公司董事、监事、高级管理人员的义务

董事、监事、高级管理人员应当遵守法律、法规和公司章程，同时对公司负有忠实义务和勤勉义务。忠实义务要求其采取措施避免自身利益与公司利益相冲突，并不得利用职权谋取不正当利益。勤勉义务要求其执行职务时应为公司的最大利益尽到管理者通常应有的合理注意。公司控股股东、实际控制人不担任公司董事但实际执行公司事务的，同样负有忠实义务与勤勉义务。

《公司法》第一百八十一条禁止董事、监事、高级管理人员有下列行为：①侵占公司财产、挪用公司资金；②将公司资金以其个人名义或者以其他个人名义开立账户存储；③利用职权贿赂或者收受其他非法收入；④接受他人与公司交易的佣金归为己有；⑤擅自披露公司秘密；⑥违反对公司忠实义务的其他行为。

董事、监事、高级管理人员有关联交易报告义务。《公司法》规定，董事、监事、高级管理人员及其他们的近亲属、近亲属直接或间接控制的企业，以及与董事、监事、高级管理人员有其他关联关系的关联人，直接或者间接与本公司订立合同或者进行交易，应当就与订立合同或者进行交易有关的事项向董事会或者股东会报告，并按照公司章程的规定经董事会或者股东会决议通过。

董事、监事、高级管理人员，不得利用职务便利为自己或者他人谋取属于公司的商业机会。但是，有下列情形之一的除外：①向董事会或者股东会报告，并按照公司章程的规定经董事会或者股东会决议通过；②根据法律、行政法规或者公司章程的规定，公司不能利用该商业机会。

董事、监事、高级管理人员应遵守竞业禁止规则，未向董事会或者股东会报告，并经董事会或者股东会决议，不得自营或者为他人经营与本公司存在竞争关系的同类业务。

董事会对上述事项进行决议时，关联董事不得参与表决，其表决权不计入表决权总数。出席董事会会议的无关联关系董事人数不足3人的，应当将该事项提交股东会审议。

董事、监事、高级管理人员违反上述规定所得的收入应当归公司所有。

（三）公司董事、监事、高级管理人员的赔偿责任

董事、监事、高级管理人员执行公司职务时违反法律、行政法规或者公司章程的规定，给公司造成损失的，应当承担赔偿责任。董事、高级管理人员有前述相关情形的，有限责任公司的股东、股份有限公司连续180日以上单独或者合计持有公司1%以上股份的股东，可以书面请求监事会向人民法院提起诉讼；监事有相关情形的，前述股东可以书面请求董事会向人民法院提起诉讼。监事会或者董事会收到上述股东书面请求后拒绝提起诉讼，或者自收到请求之日起30日内未提起诉讼，或者情况紧急，不立即提起诉讼将使公司利益受到难以弥补的损害的，上述规定的股东有权为公司利益以自己的名义直接向人民法院提起诉讼。

他人侵犯公司合法权益，给公司造成损失的，有限责任公司的股东、股份有限公司连续180日以上单独或者合计持有公司1%以上股份的股东可以依照规定向人民法院提起诉讼。

如全资子公司出现上述两种情形，有限责任公司股东、股份有限公司符合上述规定的股东也可以请求全资子公司监事会、董事会向人民法院起诉或者以自己的名义直接向人民法院起诉。

此外，《公司法》就董事、高级管理人员等的连带责任作了规定：董事、高级管理人员执行职务，因故意或者重大过失，给他人造成损害的，应当与公司承担连带责任。公司的控股股东、实际控制人利用其对公司的影响，指使董事、高级管理人员从事损害公司或者股东利益的行为，给公司或者股东造成损失的，与该董事、高级管理人员承担连带责任。

公司可以在董事任职期间为董事因执行公司职务承担的赔偿责任投保责任保险。公司为董事投保责任保险或者续保后，董事会应当向股东会报告责任保险的投保金额、承保范围及保险费率等内容。

五、国家出资公司的特别规定

国家出资公司是指国家出资的国有独资公司、国有资本控股公司，包括国家出资的有限责任公司、股份有限公司。国家出资公司的设立和组织机构适用国家出资公司的特别规定，没有特别规定的适用《公司法》的其他规定。

（一）国家出资公司的相关规定

国家出资公司由国务院或者地方人民政府分别代表国家依法履行出资人职责，享有出资人权益。国务院或者地方人民政府可以授权国有资产监督管理机构或者其他部门、机构代表本级人民政府对国家出资公司履行出资人职责。代表本级人民政府履行出资人职责的机构、部门，以下统称为履行出资人职责的机构。

国家出资公司中中国共产党的组织，按照中国共产党章程的规定发挥领导作用，研究讨论公司重大经营管理事项，支持公司的组织机构依法行使职权。

国家出资公司应当依法建立健全内部监督管理和风险控制制度，加强内部合规管理。

（二）国有独资公司及其组织机构

国有独资公司包括有限责任公司和股份有限公司。其特别规定主要有：

（1）章程制定。国有独资公司章程由履行出资人职责的机构制定。

（2）不设股东会，由履行出资人职责的机构行使股东会职权。履行出资人职责的机构可以授权公司董事会行使股东会的部分职权，决定公司的重大事项，但公司章程的制定和修改，公司的合并、分立、解散、申请破产，增加或者减少注册资本，分配利润，应当由履行出资人职责的机构决定。

（3）设立董事会。董事会依照《公司法》规定行使职权。董事会成员中外部董事应过半数，并应当有经民主选举产生的公司职工代表。除职工董事外，董事会成员由履行出资人职责的机构委派。董事长、副董事长由履行出资人职责的机构从董事会成员中指定。

（4）设经理，经理由董事会聘任或者解聘。经履行出资人职责的机构同意，董事会成员可以兼任经理。国有独资公司的董事、高级管理人员，未经履行出资人职责的机构同意，不得在其他有限责任公司或股份有限公司或者其他经济组织兼职。

（5）不设立监事会。国有独资公司在董事会中设置由董事组成的审计委员会行使《公司法》规定的监事会职权的，不设监事会或者监事。

第三节　股份有限公司

股份有限公司是最重要的公司形式之一，是现代企业制度的典型代表。

一、股份有限公司的设立

因股份有限公司可能发展为公开上市的公众公司，所以其设立有比较严格的条件和程序。

（一）股份有限公司设立的方式

股份有限公司设立的方式分为发起设立和募集设立两种。发起设立是指由发起人认购设立公司时应发行的全部股份而设立公司；募集设立是指由发起人认购设立公司时应发行股份的一部分，其余股份向社会公开募集或者向特定对象募集而设立公司。上市的股份有限公司都需采用募集方式设立；一人股份有限公司只能采用发起方式设立。

（二）股份有限公司设立的条件

1.发起人符合法定人数

股份有限公司的发起人是指依法办理筹建股份有限公司事务的人。《公司法》规定设立股份有限公司的发起人应当在1人以上200人以下，其中应有半数以上的发起人在中华人民共和国境内有住所。发起人应当签订发起人协议，明确各自在公司设立过程中的权利和义务。发起人既可以是自然人，也可以是法人。

作为发起人应承担如下责任：①返回股款。公司设立时应发行的股份未募足，或者发行股份的股款缴足后，发起人在30日内未召开成立大会的，认股人可以按照所缴股款并加算银行同期存款利息，要求发起人返还。②在公司不能成立时，对设立行为所产生的债务和费用负连带责任。③在公司设立过程中，由于发起人的过失致使公司利益受到损害的，应当对公司承担赔偿责任。④发起人、认股人缴纳股款或者交付非货币财产出资后，不得抽回其股本；未按期募足股份、发起人未按期召开成立大会或者成立大会决议不设立公司的情形除外。

2.有符合规定的注册资本

股份有限公司注册资本为在公司登记机关登记的已发行股份的股本总额。如果采用无面额股的，应将发行股份所得股款的1/2以上计入注册资本。在发起人认购的股份缴足前，不得向他人募集股份。其他法律、法规对注册资本有最低限额有规定的，须符合其规定。

以发起方式设立的，发起人应当认足公司章程规定的公司设立时应发行的股份。以募集设立方式设立的，发起人认购的股份不得少于公司章程规定的公司设立时应发行股份总数的35%；但法律、行政法规另有规定的，从其规定。

此外，股份有限公司发起人的出资要求与有限责任公司基本相同。发起人应当在公司成立前按照其认购的股份全额缴纳股款。发起人不按照其认购的股份缴纳股款或者作为出资的非货币财产的实际价额显著低于所认购的股份的，应当按照发起人协议对其他发起人承担违约责任。

3.股份发行、筹办事项符合法律规定

以募集设立方式设立股份有限公司的，其股本除由发起人自己认购一部分外，还须向社会公众募集。《公司法》对公开募集股份作了较严格的规定。

（1）须经有关机构核准并注册。向社会公开募集股份时，应当经证券交易所核准并经国务院证券管理机构注册；否则，发起人不得向社会公开募集股份。

（2）向社会公开有关信息。发起人向社会公开募集股份，应当公告招股说明书，并制作认股书。认股书由认股人填写认购的股份数、金额、住所，并签名或者盖章。认股人按照所认购股数缴纳股款。认股书应当载明招股说明书所列事项：①发行的股份总数，公司

设立时发行股份的，还应载明发起人认购的股份数；②发行面额股的，每股的票面金额和发行价格，或者无面额股的发行价格；③募集资金的用途；④认股人的权利、义务；⑤股份种类及其权利和义务；⑥本次募股的起止期限及逾期未募足时认股人可以撤回所认股份的说明。

（3）由证券公司承销和银行代收股款。发起人向社会公开募集股份，应当由依法设立的证券公司承销，签订承销协议。发起人还应同银行签订代收股款协议；代收股款的银行应按协议代收和保存股款，向缴纳股款的认股人出具收款单据，并负有向有关部门出具收款证明的义务。

4.发起人共同制定公司章程，采用募集方式设立的经成立大会通过

公司章程由发起人共同制定，应包括以下内容：①公司名称和住所；②公司经营范围；③公司设立方式；④公司注册资本、已发行的股份数和设立时发行的股份数，面额股的每股金额；⑤发行类别股的，每一类别股的股份数及其权利和义务；⑥发起人的姓名或者名称、认购的股份数、出资方式和出资时间；⑦董事会的组成、职权和议事规则；⑧公司法定代表人的产生、变更办法；⑨监事会的组成、职权和议事规则；⑩公司利润分配办法；⑪公司的解散事由与清算办法；⑫公司的通知和公告办法；⑬股东会认为需要规定的其他事项。

股份有限公司成立大会应在股款筹足、经法定验资机构验资并出具证明后30日内召开；否则，认股人有权要求发起人返还所缴股款并加算银行同期存款利息。发起人应当在成立大会召开15日前将会议日期通知各认股人或者予以公告。成立大会应当有持有表决权过半数的认股人出席，方可举行。以发起设立方式设立股份有限公司成立大会的召开和表决程序由公司章程或者发起人协议规定。

股份有限公司成立大会行使下列职权：①审议发起人关于公司筹办情况的报告；②通过公司章程；③选举董事、监事；④对公司的设立费用进行审核；⑤对发起人非货币财产出资的作价进行审核；⑥发生不可抗力或者经营条件发生重大变化直接影响公司设立的，可作出不设立公司的决议。

成立大会对以上所列事项作出决议，应当经出席会议的认股人所持表决权过半数通过。

5.有公司名称，建立符合股份有限公司要求的组织机构（参见有限责任公司）

6.有公司住所（参见有限责任公司）

（三）股份有限公司的成立

设立股份有限公司，应当由董事会授权代表于成立大会结束后30日内向公司登记机关申请设立登记。

股东出资的核查、催缴与提前缴纳，以及股东的设立、出资等责任适用有限责任公司的相关规定。

股份有限公司应当制作股东名册并置备于公司。股东名册应当记载下列事项：①股东的姓名或者名称及住所；②各股东所认购的股份种类及股份数；③发行纸面形式的股票的，股票的编号；④各股东取得股份的日期。

股份有限公司应当将公司章程、股东名册、股东会会议记录、董事会会议记录、监事会会议记录、财务会计报告、债券持有人名册置备于本公司，供股东依法查阅。

（四）公司形式的变更

有限责任公司与股份有限公司这两种公司形式可以互相变更。有限责任公司可以变更为股份有限公司，但应依法办理相关手续：①应当符合《公司法》规定的股份有限公司的条件，并依法办理变更手续。②折合的实收股本总额不得高于公司净资产额。净资产是股东实际拥有的不含负债的资产。③为增加注册资本向社会公开发行股份时，应当依法办理。④公司依法变更公司形式的，公司原有的债权、债务由变更后的公司承担。

股份有限公司变更为有限责任公司应符合有限责任公司的相关规定。

二、股份有限公司的组织机构

股份有限公司的组织机构由股东会、董事会、监事会组成。股份有限公司，特别是上市公司涉及面广、资产庞大，应当有健全的组织机构，合理行使其职权才能保护广大中小股东的利益。

（一）股份有限公司的股东会

1.股东会的性质和职权

股份有限公司的股东会由全体股东组成，是公司的权力机构。其职权与有限责任公司股东会的职权基本相同。关于一人有限责任公司不设股东会的规定适用于一人股份有限公司。但股份有限公司，除有特别规定外，股东可以依法自由转让出资，无须经股东会批准。（关于股东的权利、义务参见本章第二节的相关内容）

股东有权查阅、复制公司章程、股东名册、股东会会议记录、董事会会议决议、监事会会议决议、财务会计报告，对公司的经营提出建议或者质询。连续180日以上单独或者合计持有公司3%以上股份的股东要求查阅公司的会计账簿、会计凭证的，适用有限责任公司的相关规定。公司章程对相关持股比例的规定可以低于3%。

股东要求查阅、复制公司全资子公司相关材料的，适用上述规定。上市公司股东查阅、复制相关材料的，应当遵守《证券法》等法律、行政法规的规定。

2.股东会的形式及召开

（1）股东会的形式。股东会分为年会和临时会议两种。年会即每年应按期召开1次，上市公司的股东会年会应于上一个会计年度完结之后的6个月之内举行。临时会议是指在年会以外遇有特殊情况依法召开的股东会。《公司法》规定了召开临时股东会会议的5种情况：①董事人数不足《公司法》规定人数或者公司章程所定人数的2/3时；②公司未弥补的亏损达实收股本总额1/3时；③单独或者合计持有公司10%以上股份的股东请求时；④董事会认为必要时；⑤监事会提议召开时。出现上述情形之一的，应当在2个月内召开临时股东会。

（2）股东会会议的召集。股东会会议由董事会召集，董事长主持；董事长不能履行职务或者不履行职务的，由副董事长主持；副董事长不能履行职务或者不履行职务的，由过半数董事共同推举1名董事主持。董事会不能履行或者不履行召集股东会会议职责的，由监事会召集和主持；监事会不召集和主持的，连续90日以上单独或者合计持有公司10%以上股份的股东可以自行召集和主持。单独或者合计持有公司10%以上股份的股东请求召开临时股东会会议的，董事会、监事会应当在收到请求之日起10日内作出是否召开临时股东会会议的决定，并书面答复股东。

（3）会议通知及临时提案。召开股东会，应当将会议召开的时间、地点和审议的事项于会议召开20日前通知各股东；临时股东会会议应当于会议召开15日前通知各股东。

单独或者合计持有公司1%以上股份的股东（公司不得提高提出临时提案股东的持股比例），可以在股东会会议召开10日前提出临时提案并书面提交董事会；董事会应当在收到提案后2日内通知其他股东，并将该临时提案提交股东会审议。临时提案的内容应当属于股东会的职权范围，并有明确议题和具体决议事项。选举、解聘董事、监事以及须股东会作出特别决议的事项，不能提出临时提案。股东会不得对上述通知中未列明的事项作出决议。公开发行股份的公司，应当以公告方式作出股东会会议通知。

3.股东会的决议

（1）股份有限公司股东会的决议分为特别决议和一般决议。特别决议是指对修改公司章程，增加或者减少注册资本，公司合并、分立、解散或者变更公司形式的决议。在此之外的决议为一般决议。特别决议应当经出席会议的股东所持表决权的2/3以上通过，发行类别股的公司还应经出席类别股股东会的股东所持表决权的2/3以上通过；一般决议应当经出席会议的股东所持表决权的过半数通过。

股东会选举董事、监事，可以根据公司章程的规定或者股东会的决议，实行累积投票制。累积投票制是指股东会选举董事或者监事时，每一股份拥有与应选董事或者监事人数相同的表决权，股东拥有的表决权可以集中使用。

（2）除类别股股东外，股东出席股东会会议，所持每一股份有一表决权。股东可以自己出席股东会，也可以委托代理人出席股东会。股东委托代理人出席股东会会议的，应当明确代理人代理的事项、权限和期限；代理人应当向公司提交股东授权委托书，并在授权范围内行使表决权。公司的关联股东在股东会审议有关关联交易事项时，不应参与投票表决，其所代表的有表决权的股份数不计入有效表决总数；股东会决议的公告应当充分披露非关联股东的表决情况。如有特殊情况，关联股东无法回避，公司在征得有关部门的同意后，可以按照正常程序进行表决，并在股东会决议公告中作出详细说明。

（3）股份有限公司股东会应当对所议事项的决定作成会议记录，主持人、出席会议的董事应当在会议记录上签名。会议记录应当与出席股东的签名册及代理出席的委托书一并保存。

4.股东会、董事会决议违法与违规的处罚

与有限责任公司规定相同。

（二）股份有限公司的董事会和经理

1.股份有限公司的董事会

（1）董事会是股份有限公司的执行机构，对股东会负责。股份有限公司的董事会由3名以上的董事组成。董事会职权，职工董事、董事任期、辞职等，适用有限责任公司的相关规定。董事会设董事长1人，可以设副董事长。董事长和副董事长由董事会以全体董事的过半数选举产生。

规模较小或股东人数较少的股份有限公司可以不设董事会，设1至2名董事，依法行使董事会的职权，且该董事可以兼任公司经理。

（2）审计委员会的设置。股份有限公司可以按公司章程的规定在董事会中设置由董事组成的审计委员会，行使公司法规定的职权，不设监事会或监事。审计委员会成员为3名以上，过半数成员不得在公司担任除董事以外的其他职务，且不得与公司存在任何可能影响其独立客观判断的关系。职工董事可以成为审计委员会成员。审计委员会作出决议，应当经过半数的审计委员会成员通过，表决实行一人一票。除《公司法》有规定外，审计委员会的议事方式和表决程序，由公司章程规定。公司还可以按照公司章程的规定在董事会中设置其他委员会。

（3）股份有限公司董事会的召开。董事会每年度至少召开两次会议，每次会议应当于会议召开10日前通知全体董事和监事。董事会会议应由董事本人出席，其如因故不能出席，可书面委托其他董事代为出席，并于委托书中载明授权范围。董事长负责召集主持董事会会议，检查董事会决议实施情况；董事长不能履行职务或者不履行职务的，由副董事长履行职务；副董事长不能履行职务或者不履行职务的，由过半数董事共同推举1名董事履行职务。

代表1/10以上表决权的股东、1/3以上董事或者监事会，可以提议召开临时董事会会议。董事长应当自接到提议后10日内，召集和主持董事会会议。董事会召开临时会议，可以另定召集董事会的通知方式和通知时限。

（4）股份有限公司董事会的决议。股份有限公司的董事会有过半数的董事出席方可举行。董事会的决议应经全体董事的过半数通过，董事会决议的表决实行一人一票。董事会应对会议所议事项的决定作成会议记录，出席会议的董事应当在会议记录上签名。董事应当对董事会的决议承担责任。董事会的决议违反法律、行政法规或者公司章程、股东会决议，给公司造成严重损失的，参与决议的董事对公司负赔偿责任；但经证明在表决时曾表明异议并记载于会议记录的，该董事可以免除责任。

2.股份有限公司的经理

股份有限公司设经理，负责公司的日常经营管理工作，由公司董事会聘任或者解聘。公司董事会可以决定由董事会成员兼任经理。股份有限公司经理的职权与有限责任公司的相关规定相同。

（三）股份有限公司的监事会

除依法不设监事会的以外，股份有限公司设监事会，其成员为3人以上。监事会成员应包括股东代表和适当比例的民主选举的公司职工代表，且职工代表的比例不得低于1/3，具体比例由公司章程规定。监事会设主席1人，可以设副主席。监事会主席和副主席由全体监事过半数选举产生。监事会主席召集和主持监事会会议；监事会主席不能履行职务或者不履行职务的，由监事会副主席召集和主持监事会会议；监事会副主席不能履行职务或者不履行职务的，由过半数监事共同推举1名监事召集和主持监事会会议。董事、高级管理人员不得兼任监事。监事的任期、监事会的职权适用有限责任公司的相关规定。

监事会每6个月至少召开1次会议。监事可以提议召开临时监事会会议。监事会的议事方式和表决程序，除《公司法》有规定的外，由公司章程规定。监事会决议应当经全体监事的过半数通过。监事会应当对所议事项的决定作成会议记录，出席会议的监事应当在会议记录上签名。

监事会行使职权所必需的费用，由公司承担。

规模较小或股东人数较少的股份有限公司，可以不设监事会，设1名监事，依法行使监事会职权。

三、上市公司组织机构的特别规定

上市公司是指其股票在证券交易所上市交易的股份有限公司。对上市公司的治理监管比一般股份有限公司更为严格。《公司法》在上市公司组织机构方面特别的规定主要有：

（1）股东会特别决议的增加事项。上市公司在1年内购买、出售重大资产或者向他人提供担保的金额超过公司资产总额30%的，应当由股东会作出特别决议。

（2）独立董事。上市公司设独立董事。独立董事不得在上市公司担任除董事以外的其他职务，且不得与上市公司存在任何可能影响其独立客观判断的关系。

（3）章程增加事项。上市公司章程应当依照法律、行政法规的规定载明董事会专门委员会的组成、职权以及董事、监事、高级管理人员薪酬考核机制等事项。

（4）董事会秘书。上市公司设董事会秘书，负责公司股东会和董事会会议的筹备、文件保管以及公司股东资料的管理，办理信息披露事务等事宜。

（5）设审计委员会。董事会对聘用、解聘承办公司审计业务的会计师事务所，聘任、解聘财务负责人，披露财务会计报告，以及国务院证券监督管理机构规定的其他事项作出决议前，应经审计委员会全体成员过半数通过。

（6）关联董事表决回避制度。上市公司董事与董事会会议决议事项所涉及的企业或者个人有关联关系的，该董事应当及时向董事会书面报告。有关联关系的董事不得对该项决议行使表决权，也不得代理其他董事行使表决权。该董事会会议由过半数的无关联关系董事出席即可举行，董事会会议所作决议须经无关联关系董事过半数通过。出席董事会会议的无关联关系董事人数不足3人的，应将该事项提交上市公司股东会审议。

（7）依法披露股东、实际控制人的真实、准确、完整的信息。禁止违法代持上市公司股票。

（8）禁止上市公司控股子公司取得该上市公司的股份。上市公司控股子公司因公司合并、质权行使等原因持有上市公司股份的，不得行使所持股份对应的表决权，并应当及时处分相关上市公司股份。

拓展阅读3-4

第四节　公司股份与债券的发行和转让

有限责任公司和股份有限公司都可以发行公司债券，但只有股份有限公司才能发行股份。

一、股份发行

（一）股份与股票

1.股份

股份是用来划分股份有限公司注册资本的最小计量单位。股份的特征表现为：①每一股份所代表的金额相等。面额股的股份直接表现为股份金额相等；无面额股的股份表现为在资本总额中所占的比例相等。[①]《公司法》规定，公司的全部股份根据公司章程择一采用面额股或无面额股。也就是说，在同一公司中不能既发行面额股又发行无面额股，但面额股和无面额股可以相互转换（须全部转）。②股份表示股东享有权益的范围。股份作为股东法律地位的表现形式，反映股东的权利和利益。③股份具有证券性，通常表现为股票，以便于流通。股份的转让并不影响公司资产的稳定性。

2.股票

股票是股份的法律表现形式，是公司签发的证明股东所持股份的凭证。股份有限公司成立后，可向股东正式交付股票，公司成立前不得向股东交付股票。股票采用纸面形式或者国务院证券监督管理机构规定的其他形式。如果采用纸面形式的，应当载明下列主要事项：①公司名称；②公司成立日期或者股票发行的时间；③股票种类、票面金额及代表的股份数，发行无面额股的，股票代表的股份数；④股票的编号，由法定代表人签名，公司盖章。发起人股票采用纸面形式的，应当标明发起人股票字样。

股票可以分为不同的类别（详细分类参见第十一章相关内容）。例如，以股票上面是否记载持有人的姓名和名称，股票可分为记名股票和无记名股票。但《公司法》规定，公司发行的股票应为记名股票。

公司应当置备股东名册，记载下列事项：①股东的姓名或者名称及住所；②各股东所认购的股份种类及股份数；③发行纸面形式的股票的，股票的编号；④各股东取得股份的日期。发行无记名股票的，公司应当记载其股票数量、编号及发行日期。

（二）股份发行的概念及原则

1.股份发行的概念

股份发行是指股份有限公司为筹集资本出售或分配股份的行为。股份的发行即股票的发行。股份的发行分为新设发行和新股发行。新设发行是公司在设立过程中发行股份，这是公司第一次发行股份。新股发行是公司在成立之后发行股份，又称增资发行，是指公司第一次发行股份以后的各次发行。

2.股份发行的原则

股份的发行实行公平、公正，以及同类别股份的同股同权、同股同价的原则。同次发行的股票，每股的发行条件和价格应当相同，认购人所认购的股份，每股应当支付相同价额。面额股票的发行价格可以等于或超过票面金额（溢价发行），但不得低于票面金额。

3.可以发行的类别股

按照《公司法》的规定，公司可以按照公司章程的规定发行下列与普通股权利不同的

---

① 《中国大百科全书》总编委会. 中国大百科全书（第8卷）[M]. 2版. 北京：中国大百科全书出版社，2009：78.

类别股：①优先或者劣后分配利润或者剩余财产的股份。这里的“优先”是可以优先分配利润或者公司剩余财产的权利；反之为“劣后”。②每一股的表决权数多于或者少于普通股的股份。这类股每股所有拥有的表决权数要么比普通多，要么比普通股少；但是，对于监事或者审计委员会成员的选任，这类股与普通股每股的表决权数相同。③转让须经公司同意等转让受限的股份。这类股转让受限制，未经公司同意不能转让。如果是公开发行股份的公司，不得发行上述第②③类类别股。④国务院规定的其他类别股。

公司如果发行了类别股，就应在公司章程中载明相关事项，如类别股分配利润或者剩余财产的顺序、类别股的表决权数、类别股的转让限制、保护中小股东权益的措施等。

（三）公司发行新股的决议事项

公司发行新股须经股东会作出决议，具体的决议事项包括：①新股的种类及数额；②新股发行价格；③新股发行的起止日期；④向原股东发行新股的种类及数额；⑤发行无面额股的，新股发行所得股款计入注册资本的金额。

董事会可以在公司章程或股东会授权的3年内发行不超过已发行股份50%的股份（但以非货币作价出资的应当经股东会决议），董事会决定发行新股的，董事会决议应经全体董事2/3以上通过。此种情形发行股份导致公司注册资本、已发行股份数发生变化的，对公司章程该项记载事项的修改不需再由股东会表决。

（四）上市公司发行新股的条件

股票已经在证券交易所挂牌交易的公司再次发行股票被称为上市公司发行新股。根据《上市公司证券发行注册管理办法》（2023年版）的规定，上市公司发行新股既可以向不特定的对象发行，也可以向特定的对象发行。向不特定的对象发行新股应当符合以下条件：①具备健全且运行良好的组织机构；②现任董事、监事和高级管理人员符合法律、行政法规规定的任职要求；③具有完整的业务体系和直接面向市场独立经营的能力，不存在对持续经营有重大不利影响的情形；④会计基础工作规范，内部控制制度健全且有效执行，财务报表的编制和披露符合企业会计准则和相关信息披露规则的规定，在所有重大方面公允反映了上市公司的财务状况、经营成果和现金流量，最近3年财务会计报告被出具无保留意见审计报告；⑤除金融类企业外，最近一期末不存在金额较大的财务性投资；⑥交易所主板上市公司配股、增发的，应当最近3个会计年度盈利；⑦增发还应当满足最近3个会计年度加权平均净资产收益率平均不低于6%；⑧净利润以扣除非经常性损益前后孰低者为计算依据。

出现以下情况，公司不得向不特定对象发行股票：①擅自改变前次募集资金用途未作纠正，或者未经股东会认可；②上市公司或者其现任董事、监事和高级管理人员最近3年受到中国证监会行政处罚，或者最近一年受到证券交易所公开谴责，或者因涉嫌犯罪正在被司法机关立案侦查或者涉嫌违法违规正在被中国证监会立案调查；③上市公司或者其控股股东、实际控制人最近一年存在未履行向投资者作出的公开承诺的情形；④上市公司或者其控股股东、实际控制人最近3年存在贪污、贿赂、侵占财产、挪用财产或者破坏社会主义市场经济秩序的刑事犯罪，或者存在严重损害上市公司利益、投资者合法权益、社会公共利益的重大违法行为。

公司存在下列情况，不得向特定对象发行股票：①擅自改变前次募集资金用途未作纠正，或者未经股东会认可。②最近一年财务报表的编制和披露在重大方面不符合企业会计准则或者相关信息披露规则的规定；最近一年财务会计报告被出具否定意见或者无法表示意见的审计报告；最近一年财务会计报告被出具保留意见的审计报告，且保留意见所涉及事项对上市公司的重大不利影响尚未消除。本次发行涉及重大资产重组的除外。③现任董事、监事和高级管理人员最近3年受到中国证监会行政处罚，或者最近一年受到证券交易所公开谴责。④上市公司或者其现任董事、监事和高级管理人员因涉嫌犯罪正在被司法机关立案侦查或者涉嫌违法违规正在被中国证监会立案调查。⑤控股股东、实际控制人最近3年存在严重损害上市公司利益或者投资者合法权益的重大违法行为。⑥最近3年存在严重损害投资者合法权益或者社会公共利益的重大违法行为。

配股和增发是新股发行的两种方式。配股是指向原股东配售，增发即向不特定的对象公开募集股份。

二、股份转让

（一）股份转让的含义及方式

股份转让是指股份有限公司的股东，依照法定条件和程序将自己的股份让与他人，受让人取得股份成为该公司股东的行为。公司章程规定转让受限的股份，依章程规定。

股票的转让，由股东以背书方式或者法律、行政法规规定的其他方式进行。转让后由公司将受让人的姓名或者名称及住所记载于股东名册。股东会会议召开前20日内或者公司决定分配股利的基准日前5日内，不得变更股东名册。法律、行政法规或者国务院证券监督管理机构对上市公司股东名册变更登记另有规定的，从其规定。

上市公司股票依法在证券交易场所进行上市交易，并须依法披露相关信息。

（二）股份转让的限制

为保护公司、股东及公司债权人的利益，《公司法》对股份转让作了必要的限制。

（1）股份转让场所限制。股东转让其股份，应当在依法设立的证券交易场所进行或者按照国务院规定的其他方式进行。

（2）公开发行股份前公司已发行股份的转让限制。公司公开发行股份前已发行的股份，自公司股票在证券交易所上市交易之日起1年内不得转让；法律、行政法规或者国务院证券监督管理机构对上市公司的股东、实际控制人转让其所持有的本公司股份另有规定的，从其规定。

（3）公司董事、监事、高级管理人员所持股份转让限制。上述人员应当向公司申报所持有的本公司的股份及其变动情况，在任职期间每年转让的股份不得超过其所持有本公司股份总数的25%；所持本公司股份自公司股票上市交易之日起1年内不得转让。上述人员离职后半年内，不得转让其所持有的本公司股份。公司章程可以对公司董事、监事、高级管理人员转让其所持有的本公司股份作出其他限制性规定。

（4）公司不得收购本公司股份。但有下列情形之一的除外：①减少公司注册资本；②与持有本公司股份的其他公司合并；③将股份用于员工持股计划或者股权激励；④股东因对股东会作出的公司合并、分立决议持异议，要求公司收购其股份的；⑤将股份用于转换公司发行的可转换为股票的公司债券；⑥上市公司为维护公司价值及股东权益所必需。

公司收购本公司股份须履行必要的决策程序。上述第①②项收购，应经股东会决议；第③⑤⑥项收购，可以依照公司章程的规定或者股东会的授权，经2/3以上董事出席的董事会会议决议；同时，上市公司的第③⑤⑥项收购应当通过公开的集中交易方式进行，并依法履行信息披露义务。

公司收购本公司股份须限时注销或转让。属于第①项情形的，应自收购之日起10日内注销；属于第②④项情形的，应在6个月内转让或者注销；属于第③⑤⑥项情形的，公司合计持有的本公司股份数不得超过本公司已发行股份总额的10%，并应在3年内转让或者注销。

此外，公司不得接受本公司的股份作为质权的标的。股份在法律、法规规定的限制转让期限内出质的，质权人也不得在限制转让期限内行使质权。

（三）他人购股中的财务资助

为公司利益，经股东会决议，或者董事会按照公司章程或者股东会的授权作出决议，公司可以为他人取得本公司或者其母公司的股份提供财务资助，但财务资助的累计总额不得超过已发行股本总额的10%。但除公司实施员工持股计划的除外，公司不得为他人取得本公司或者其母公司的股份提供赠与、借款、担保以及其他财务资助。董事会作出该类决议应当经全体董事的2/3以上通过。

违反上述规定，给公司造成损失的，负有责任的董事、监事、高级管理人员应当承担赔偿责任。

三、公司债券的发行与转让

公司债券是指公司依照法定程序发行、按照约定还本付息的有价证券。依法发行的公司债券可以在法定的场所转让。

（一）公司债券的特征及种类

1.公司债券的特征

（1）公司债券是一种有价证券。公司债券是公司债的表现形式，债券持有人作为公司的债权人，享有按照约定的期限收回本金，取得利息的权利；发行债券的公司作为债务人，负有按照约定的期限向债券持有人还本付息的义务。

（2）公司债券是一种要式证券。公司债券的制作和记载应当按照法律规定的方式进行。根据《公司法》，公司以纸面形式发行公司债券的，应当在债券上载明公司名称、债券票面金额、利率、偿还期限等事项，并由法定代表人签名，公司盖章。

（3）公司债券的持有人具有广泛性。由于公司债券是向社会公众公开募集的，并且具有流通性，因而公司债券的持有人具有广泛性。公司发行公司债券应当置备公司债券持有人名册。

2.公司债券的种类

（1）记名公司债券和无记名公司债券。记名公司债券是指在公司债券上记载债权人姓名的公司债券。无记名公司债券是指在债券上不记载债权人姓名的公司债券。目前，我国发行的公司债券应为记名公司债券。

（2）可转换公司债券和非转换公司债券。可转换公司债券是指在一定条件下可以转换成股票的公司债券。不能转换成股票的公司债券被称为非转换公司债券。《公司法》规定，上市公司经股东会决议可以发行可转换为股票的公司债券，并在公司债券募集办法中规定具体的转换办法。上市公司发行可转换为股票的公司债券，应当报国务院证券监督管理机构核准。发行可转换公司债券的，应当在债券上标明"可转换公司债券"字样，并在公司债券存根簿上载明可转换公司债券的数额。

3.公司债券与股份的区别

（1）投资人享有的权利不同。债券持有人是公司的债权人，只享有在公司债券到期之后，向发行公司请求还本付息的权利，无参与公司经营管理的权利。而股份持有人是公司的股东，享有基于股东身份所产生的各种股东权利，是公司的最终所有者。

（2）发行主体和条件不同。在我国，股票的发行主体只限于股份有限公司，而公司债券的发行主体还可以是有限责任公司。公司债券的发行价格可以按票面金额，也可以超过或低于票面金额；但股票的发行价格不能低于票面金额。

（3）利益的分配不同。公司债债权人不管公司是否有盈余，都有权要求公司支付利息。而股东只有在公司有充分盈余时，才能请求支付股息和红利；公司债的利率也是预先确定并保持不变的，股息和红利则视公司盈余的多少灵活确定。在公司分配盈余或分配剩余财产时，公司债优先于公司股份。

（4）风险责任不同。购买公司债是一种出借行为，因而公司债债权人不承担风险责任或只承担较小的风险责任；到清偿期限时，公司必须偿还本金，如公司破产或解散，公司债债权人有权得到公平清偿。认购股份则是一种出资行为，股东一般无权要求返还出资，相反必须承担出资额范围内的有限责任，如公司破产、解散，只能参与公司剩余财产的分配。①

（二）公司债券的发行条件

根据《证券法》第十五条、《公司债券发行与交易管理办法》第十四条规定，公开发行公司债券，应符合下列条件：①具备健全且运行良好的组织机构；②最近3年平均可分配利润足以支付公司债券1年的利息；③具有合理的资产负债结构和正常的现金流量；④国务院规定的其他条件。上市公司发行可转换债券，除符合上述债券发行的一般条件外，还需符合发行新股的条件。如果是证券交易所主板上市公司向不特定对象发行可转换公司债券的，还应当最近3个会计年度盈利，且最近3个会计年度加权平均净资产收益率平均不低于6%；净利润以扣除非经常性损益前后孰低者为计算依据。

资信状况良好的公司公开发行公司债券时，专业投资者和普通投资者都可以参与认购，达不到标准的仅限于专业投资者参与认购。其具体标准是：①发行人最近3年无债务违约或者延迟支付本息的事实；②发行人最近3年平均可分配利润不少于债券1年利息的1.5倍；③发行人最近1期期末净资产规模不少于250亿元；④发行人最近36个月内累计公开发行债券不少于3期，发行规模不少于100亿元；⑤中国证监会根据投资者保护的需要规定的其他条件。

存在下列情形之一的，不得再次公开发行公司债券：①对已公开发行的公司债券或者

① 高程德. 经济法［M］. 8版. 上海：上海人民出版社，2000：223.

其他债务有违约或者延迟支付本息的事实，仍处于继续状态；②违反《证券法》规定，改变公开发行公司债券所募资金用途。

公开发行公司债券筹集的资金，不得用于弥补亏损和非生产性支出。

（三）公开发行公司债券的特别规定

公开发行公司债券应当经国务院证券监督管理机构注册，并公告公司债券募集办法。公司债券募集办法应当载明下列主要事项：①公司名称；②债券募集资金的用途；③债券总额和债券的票面金额；④债券利率的确定方式；⑤还本付息的期限和方式；⑥债券担保情况；⑦债券的发行价格、发行的起止日期；⑧公司净资产额；⑨已发行的尚未到期的公司债券总额；⑩公司债券的承销机构。

公开发行公司债券的，应当为同期债券持有人设立债券持有人会议，并在债券募集办法中对债券持有人会议的召集程序、会议规则和其他重要事项作出规定。债券持有人会议可以对与债券持有人有利害关系的事项作出决议。除公司债券募集办法另有约定外，债券持有人会议决议对同期全体债券持有人发生效力。

公开发行公司债券的，发行人应当为债券持有人聘请债券受托管理人，由其为债券持有人办理受领清偿、债权保全、与债券相关的诉讼以及参与债务人破产程序等事项。债券受托管理人应当勤勉尽责，公正履行受托管理职责，不得损害债券持有人利益。受托管理人与债券持有人存在利益冲突可能损害债券持有人利益的，债券持有人会议可以决议变更债券受托管理人。债券受托管理人违反法律、行政法规或者债券持有人会议决议，损害债券持有人利益的，应当承担赔偿责任。

（四）公司债券的转让、转换及其他规定

公司债券可以转让，转让价格由转让人与受让人约定。公司债券在证券交易所上市交易的，按照证券交易所的交易规则转让。公司债券由债券持有人以背书方式或者法律、行政法规规定的其他方式转让；转让后由公司将受让人的姓名或者名称及住所记载于公司债券存根簿。

发行可转换为股票的公司债券的，公司应当按照其转换办法向债券持有人换发股票，但债券持有人对转换股票或者不转换股票有选择权。

公司债券的登记结算机构应当建立债券登记、存管、付息、兑付等相关制度。公司发行公司债券应当置备公司债券存根簿，应当在存根簿上载明下列事项：①债券持有人的姓名或者名称及住所；②债券持有人取得债券的日期及债券的编号；③债券总额，债券的票面金额、利率、还本付息的期限和方式；④债券的发行日期。

第五节　公司的财务会计制度

健全的财务会计制度是公司顺利运转、快速发展必备的条件之一。

一、公司的财务会计制度的概念及作用

公司的财务会计制度是对存在于法律、行业通行规则和公司章程之中的公司财务会计

处理规则的总称，由财务制度和会计制度两部分组成。公司的财务制度是运用财务手段处理货币资金的筹集、支配和使用活动的法律制度；公司的会计制度则是公司办理会计事务应遵循的规则、方法和程序的总称。公司建立自己的财务会计制度是公司立法中一项重要的法律制度，是公司的法定要求，也是避免公司财务风险的重要举措。

公司财务会计制度的作用主要体现在：一是健全的公司财务会计制度有利于保护投资者和债权人的利益。二是健全的公司财务会计制度有利于吸收社会的投资，促进社会经济的发展。三是健全的公司财务会计制度可以真实反映公司的生产经营状况，宏观上有利于有关部门的宏观决策，微观上可以提升公司的运营效率。四是健全的财务会计制度有利于执法部门的监督管理。

二、公司财务会计工作的基本要求

《公司法》对公司的财务会计工作的基本要求主要有以下几方面：

(1) 公司应当依照法律、法规和有国务院财政部门的规定建立本公司的财务会计制度。公司应当在每一会计年度终了时依法依规编制财务会计报告，并依法经会计师事务所审计。公司财务会计报告是指公司对外提供的反映公司某一特定日期财务状况和某一会计期间经营成果、现金流量等的文件。按《企业财务会计报告条例》，财务会计报告分为年度、半年度、季度和月度财务会计报告。年度、半年度财务会计报告应当包括会计报表、会计报表附注、财务情况说明书。会计报表应当包括资产负债表、利润表、现金流量表及相关附表。

(2) 依法披露公司的财务会计信息。有限责任公司应当按照公司章程规定的期限将财务会计报告送交各股东。股份有限公司的财务会计报告应当在召开股东会年会的20日前置备于本公司，供股东查阅；公开发行股份的上市公司应当公告的财务会计报告包括年度财务会计报告、半年度财务会计报告和季度财务会计报告。

(3) 公司应当向聘用的会计师事务所提供真实、完整的会计凭证、会计账簿、财务会计报告及其他会计资料，不得拒绝、隐匿、谎报。

(4) 公司除法定的会计账簿外，不得另立会计账簿。公司的资金不得以任何个人名义开立账户存储。

(5) 应依法定程序聘任或解聘会计师事务所。公司聘用、解聘承办公司审计业务的会计师事务所，按照公司章程规定，由股东会、董事会或者监事会决定；就解聘会计师事务所进行表决时，应当允许会计师事务所陈述意见。

三、利润分配

公司利润分配需符合法律规定或章程约定。

（一）利润

利润是指企业在一定时期（一年）内生产经营的财务成果，包括营业利润、投资净收益以及营业外收支净额。公司利润按下列顺序分配：①弥补以前年度亏损（在不超过税法规定的弥补期限之内）；②缴纳所得税；③弥补在税前利润弥补亏损之后仍存在的亏损；④提取法定公积金；⑤提取任意公积金；⑥支付股利。

（二）公积金

公积金是公司为预防亏损、增加财力和扩大营业规模而依照法律与公司章程规定或股东会决议，从公司利润或公司资本收益中提取的一种储备金。

1.公积金的类型

公积金分为资本公积金、法定公积金和任意公积金。

（1）资本公积金是直接由资本原因所形成的公积金，主要来自超过票面金额发行股份所得的溢价款、发行无面额股所得股款未计入注册资本的金额以及国务院财政部门规定列入资本公积金的其他项目。

（2）法定公积金依《公司法》按照税后利润（有亏损先弥补亏损）的10%提取；当法定公积金累计金额已达注册资本50%的，可不再提取。

（3）任意公积金是在法定公积金提取后经股东会决议而提取的资金。

2.公积金的作用

（1）弥补亏损。公司应先使用任意公积金和法定公积金弥补亏损；不能弥补的，可以按照规定使用资本公积金弥补亏损。

（2）转增资本。经股东会决议，资本公积金、法定公积金和任意公积金可转为股本，从而增加公司的注册资本，增强公司的经营实力。公司用法定公积金转为增加注册资本时，留存的该项公积金不少于转增前公司注册资本的25%。

（三）股利

股利又称红利，是公司盈利中分派给股东的部分。投资人向公司投资的目的就是获得股利。公司在纳税、弥补亏损和提取法定公积金前，不得分配股利；否则，股东应当将违反规定分配的利润退还公司，给公司造成损失的，股东及负有责任的董事、监事、高级管理人员应当承担赔偿责任。股东会作出分配利润的决议的，董事会应当在股东会决议作出之日起6个月内进行分配；公司章程或者股东会决议另有规定的除外。公司弥补亏损和提取公积金后所余税后利润，有限责任公司依照股东实缴的出资比例或章程约定分配；股份有限公司按照股东所持有的股份比例或章程规定分配利润。但公司持有的本公司股份不得分配利润。

上市公司应当在章程中明确分配现金股利的具体安排和决策程序，依法保障股东的资产收益权。其当年税后利润，在弥补亏损及提取法定公积金后有盈余的，应当按照公司章程的规定分配现金股利。

第六节　公司的合并与分立、解散与清算

公司合并与分立不仅对公司影响深远，对公司债权人及公司员工的影响也很大，因而《公司法》对公司合并与分立、减少注册资本等有较严的程序要求。

一、公司的合并与分立

（一）公司的合并

公司合并是指两家或两家以上的公司依照法定条件和程序变为一家公司的行为。

1.合并的形式

公司合并的形式有两种：吸收合并与新设合并。吸收合并是指接纳一个或一个以上的企业加入本公司，加入方解散并取消原法人资格，接纳方存续。新设合并是指公司与一个或一个以上的企业合并成立一个新公司，原合并各方解散，取消原法人资格。

2.合并的程序

公司合并的一般程序为：

（1）作出决定或决议。公司合并由股东会就公司合并作出特别决议。公司与其持股90%以上的公司合并，被合并的公司不需经股东会决议，但应当通知其他股东，其他股东有权请求公司按照合理的价格收购其股权或者股份；除公司章程另有规定外，公司合并支付的价款不超过本公司净资产10%的，可以不经股东会决议；公司依照上述两种情形合并不经股东会决议的，应当经董事会决议。

（2）签订合并协议，编制资产负债表和财产清单。合并协议须符合相关法律、法规规定，并由合并各方共同签订。

（3）通知债权人。公司应当自作出合并决议之日起10日内通知债权人，并于30日内在报纸上或者国家企业信用信息公示系统公告。债权人自接到通知之日起30日内，未接到通知的自公告之日起45日内，可以要求公司清偿债务或者提供相应的担保。

公司合并时，合并各方的债权、债务，应当由合并后存续的公司或者新设的公司承继。合并后应当依法进行公司变更登记或注销登记。

（二）公司的分立

公司的分立是指一个公司依照法定条件和程序分为两家或两家以上公司的行为。

1.分立的形式

公司分立的形式一般有两种：一是派生分立，公司以其部分财产和业务另设一个新的公司，原公司存续；二是新设分立，公司以全部财产分别归入两个以上的新设公司，原公司解散。

2.分立的程序

公司分立应当由公司的股东会作出决议，同时要签订分立协议。分立协议是指公司分立各方就公司分立过程中的有关事项而达成一致约定。

公司分立，其财产应作相应的分割。公司应当编制资产负债表及财产清单，自作出分立决议之日起10日内通知债权人，并于30日内在报纸上或者国家企业信用信息公示系统公告。

公司分立前的债务由分立后的公司承担连带责任，但公司在分立前与债权人就债务清偿达成的书面协议另有约定的除外；分立后应当依法进行公司变更登记或注销登记。

（三）公司注册资本的减少和增加

1.公司注册资本的减少

公司减少注册资本，应编制资产负债表及财产清单。减资的通知程序与公司分立相同。公司减少注册资本，应按照股东出资或者持有股份的比例相应减少出资额或者股份，法律另有规定、有限责任公司全体股东另有约定或者股份有限公司章程另有规定的除外。

公司依照公司法用任意公积金、法定公积金、资本公积金弥补亏损后，仍有亏损的，可以减少注册资本弥补亏损；但此种情形下公司不得向股东分配，也不得免除股东缴纳出资或者股款的义务。

公司按上述规定减少注册资本后，在法定公积金和任意公积金累计额达到公司注册资本50%前，不得分配利润。

公司违反《公司法》减少注册资本的，股东应当退还其收到的资金，减免股东出资的应当恢复原状；给公司造成损失的，股东及负有责任的董事、监事、高级管理人员应当承担赔偿责任。

案例窗 3-5

2.公司注册资本的增加

除全体股东另有约定外，有限责任公司增加注册资本时，股东在同等条件下有权优先按照实缴出资比例认缴出资；除公司章程另有规定或股东会决议决定股东享有优先认购权的外，股份有限公司为增加注册资本发行新股时，股东不享有优先认购权。

公司增加注册资本时的股东认缴新增资本的出资或缴纳发行新股的股款的要求，按照《公司法》相关规定执行。

二、公司的解散与清算

如果出现法定或约定的原因，公司可以解散；但不管因何种原因解散公司，都应当对公司债权和债务进行清算。清算完结后公司可以向登记机关申请注销。

（一）公司的解散

根据《公司法》，公司解散的原因如下：①公司章程规定的营业期限届满或者公司章程规定的其他解散事由出现；②股东会决议解散；③因公司合并或者分立需要解散；④依法被吊销营业执照、责令关闭或被撤销；⑤人民法院依股东请求解散公司。公司出现上述①②项情形，且尚未向股东分配财产的，可以通过修改公司章程或经股东会特别决议而存续。公司出现上述规定的解散事由，应当在10日内将解散事由通过国家企业信用信息公示系统予以公示。

上述第⑤种情况是指公司经营管理发生严重困难，继续存续会使股东利益受到重大损失，通过其他途径不能解决的，持有公司10%以上表决权的股东，可以请求人民法院解散公司。具体情形包括：①公司持续两年以上无法召开股东会或者股东会，公司经营管理发生严重困难的；②股东表决时无法达到法定或者公司章程规定的比例，持续两年以上不能作出有效的股东会或者股东会决议，公司经营管理发生严重困难的；③公司董事长期冲突，且无法通过股东会解决，公司经营管理发生严重困难的；④经营管理发生其他严重困难，公司继续存续会使股东利益受到重大损失的情形。

案例窗 3-6

（二）公司的清算

公司除因合并或分立解散外，应当依据相关法律、法规进行清算。清算是指终结公司的各项财产关系。因公司合并或者分立需要解散的，无须清算。

1.清算组

（1）清算组的成立。公司清算应当在解散事由出现之日起15日内成立清算组，董事为公司清算义务人。清算组由董事组成，但公司章程另有规定或股东会决议另选他人的除外。清算义务人未及时履行清算义务，给公司或者债权人造成损失的，应当承担赔偿责任。

公司应清算，且逾期不成立或无法成立（吊销、关闭、撤销）清算组进行清算或成立清算组后不清算的，利害关系人可以申请人民法院指定有关人员组成清算组进行清算。人民法院应当受理该申请，并及时组织清算组进行清算。

（2）清算组的职权。①清理公司财产，分别编制资产负债表和财产清单；②通知、公告债权人；③处理与清算有关的公司未了结的业务；④清缴所欠税款以及清算过程中产生的税款；⑤清理债权、债务；⑥分配公司清偿债务后的剩余财产；⑦代表公司参与民事诉讼活动。

（3）清算组的义务与责任。清算组在公司清算期间代表公司进行一系列民事活动，全权处理公司经济事务和民事诉讼活动。《公司法》规定，清算组成员履行清算职责，负有忠实义务和勤勉义务。清算组成员怠于履行清算职责，给公司造成损失的，应当承担赔偿责任；因故意或者重大过失给债权人造成损失的，应当承担赔偿责任。

2.清算工作程序

（1）登记债权。公司解散时，先要清偿债务，然后才是股东分配剩余财产。清偿债务首先要登记债权。清算组应当自成立之日起10日内通知债权人，并于60日内在报纸上或者国家企业信用信息公示系统公告。债权人应当自接到通知之日起30日内，未接到通知的自公告之日起45日内，向清算组申报其债权。债权人申报债权，应当说明债权的有关事项，并提供证明材料。清算组应当对债权进行登记。在申报债权期间，清算组不得对债权人进行清偿。

（2）清理公司财产，制订清算方案。清算组在清理公司财产、编制资产负债表和财产清单后，应当制订清算方案，并报股东会或者人民法院确认。清算组在清理公司财产、编制资产负债表和财产清单后，发现公司财产不足清偿债务的，应当依法向人民法院申请破产清算。人民法院受理破产申请后，清算组应当将清算事务移交给人民法院指定的破产管理人。

（3）清偿顺序及剩余财产分配。公司财产在分别支付清算费用、职工的工资、社会保险费用和法定补偿金，缴纳所欠税款，清偿公司债务后的剩余财产，有限责任公司按照股东的出资比例分配，股份有限公司按照股东持有的股份比例分配。清算期间，公司存续，但不得开展与清算无关的经营活动。公司财产在未按上述规定清偿前，不得分配给股东。

（4）公告公司终止。公司清算结束后，清算组应当制作清算报告，报股东会或者人民法院确认，并报送公司登记机关，申请注销公司登记。公司被依法宣告破产的，依照有关企业破产法律实施破产清算。

（5）简易程序注销。①公司在存续期间未产生债务，或者已清偿全部债务的，经全体股东承诺，可以依法通过简易程序注销公司登记；但应当通过国家企业信用信息公示系统予以公告，公告期限不少于20日。公告期限届满后，未有异议的，公司可以在20日内向公司登记机关申请注销公司登记。如果股东对相关内容承诺不实的，应当对注销登记前的债务承担连带责任。②公司被吊销营业执照、责令关闭或者被撤销，满3年未向公司登记机关申请注销公司登记的，公司登记机关可以通过国家企业信用信息公示系统予以公告，公告期限不少于60日。公告期限届满后，未有异议的，公司登记机关可以注销公司登记；但原公司股东、清算义务人的责任不受影响。

第七节　违反《公司法》应承担的法律责任

公司及其各类主体违反《公司法》规定都应承担相应的责任。违反《公司法》的责任形式分民事责任、行政责任和刑事责任。

一、发起人（股东）的法律责任

发起人（股东）违反《公司法》应承担以下法律责任：

（1）虚报注册资本、提交虚假材料或者采取其他欺诈手段隐瞒重要事实取得公司登记的，责令改正。对虚报注册资本的，处以虚报注册资本金额5%以上15%以下的罚款；对提交虚假材料或者采取其他欺诈手段隐瞒重要事实的公司，处以5万元以上200万元以下的罚款；情节严重的，吊销营业执照；对直接负责的主管人员和其他直接责任人员处以3万元以上30万元以下的罚款。

构成犯罪的，依法追究刑事责任，处3年以下有期徒刑或者拘役，并处或单处虚报注册资本金1%以上5%以下的罚金。单位犯此罪的，对单位判处罚金，并对其直接负责的主管人员和其他直接责任人员，处3年以下有期徒刑或者拘役。

（2）公司未依照《公司法》第四十条规定公示有关信息或者不如实公示有关信息的，由公司登记机关责令改正，可以处以1万元以上5万元以下的罚款。情节严重的，处以5万元以上20万元以下的罚款；对直接负责的主管人员和其他直接责任人员处以1万元以上10万元以下的罚款。

（3）公司的发起人、股东虚假出资，未交付或者未按期交付作为出资的货币或者非货币财产的，由公司登记机关责令改正，可以处以5万元以上20万元以下的罚款；情节严重的，处以虚假出资或者未出资金额5%以上15%以下的罚款；对直接负责的主管人员和其他直接责任人员处以1万元以上10万元以下的罚款。

构成犯罪的，依法追究刑事责任，处5年以下有期徒刑或者拘役，并处或者单处虚假出资金额或者抽逃出资金额2%以上10%以下的罚金。单位犯此罪的，对单位处以罚金，并对其直接负责的主管人员和其他直接责任人员处5年以下有期徒刑或者拘役。

二、公司的法律责任

《公司法》对公司的法律责任主要作了以下的规定：

（1）公司在法定的会计账簿以外另立会计账簿或者提供虚假记载或隐瞒重要事实的财务会计报告，由县级以上人民政府财政部门按照《会计法》等法律、法规的规定处罚。

（2）公司在合并、分立、减少注册资本或者进行清算时，不依照《公司法》通知或者公告债权人的，由公司登记机关责令改正，对公司处以1万元以上10万元以下的罚款。

（3）公司在进行清算时，隐匿财产，对资产负债表或者财产清单作虚假记载或者在未清偿债务前分配公司财产的，由公司登记机关责令改正，对公司处以隐匿财产或者未清偿债务前分配公司财产金额5%以上10%以下的罚款；对直接负责的主管人员和其他直接责任人员处以1万元以上10万元以下的罚款。

（4）公司成立后无正当理由超过6个月未开业的，或者开业后自行停业连续6个月以上的，公司登记机关可以吊销营业执照，但依法歇业的除外。公司登记事项发生变更时，未依照《公司法》办理有关变更登记的，由公司登记机关责令限期登记；逾期不登记的，处以1万元以上10万元以下的罚款。

（5）外国公司违反《公司法》的规定，擅自在中华人民共和国境内设立分支机构的，责令改正或者关闭，并可处5万元以上20万元以下的罚款。

三、承担资产评估、验资或者验证机构的法律责任

承担资产评估、验资或者验证的机构提供虚假材料或者提供有重大遗漏的报告的，由有关部门按照《中华人民共和国资产评估法》《中华人民共和国注册会计师法》等法律、行政法规的规定处罚。承担资产评估、验资或者验证的机构因其出具的评估结果、验资或者验证证明不实，给公司债权人造成损失的，除能够证明自己没有过错的外，在其评估或者证明不实的金额范围内承担赔偿责任。

四、其他违反《公司法》的有关规定

其他违反《公司法》的有关规定主要有：

（1）未依法登记为有限责任公司或者股份有限公司，而冒用有限责任公司或者股份有限公司名义的，或者未依法登记为有限责任公司或者股份有限公司的分公司；冒用有限责任公司或者股份有限公司的分公司名义的，由公司登记机关责令改正或者予以取缔，可以并处10万元以下的罚款。

（2）利用公司名义从事危害国家安全、社会公共利益的严重违法行为的，吊销营业执照。

（3）公司违反《公司法》，应当承担民事赔偿责任和缴纳罚款、罚金的，其财产不足以支付时，先承担民事赔偿责任。

（4）违反公司法规定，构成犯罪的，依法追究刑事责任。

学思践悟

如何理解完善中国特色现代企业制度，加快建设世界一流企业

习近平总书记在党的二十大报告中指出，“完善中国特色现代企业制度，弘扬企业家精神，加快建设世界一流企业”，为我国企业改革发展指明了方向和目标。完善中国特色现代企业制度是加快建设世界一流企业的重要制度基础。世界一流企业是国家经济实力、科技实力和国际竞争力的重要体现，是引领全球产业发展和技术创新的关键力量。加快建设具有全球竞争力的世界一流企业，必须有与之相适应的企业制度作为基础和保障。

第一，完善中国特色现代企业制度是我国企业改革发展的重要方向。中国特色现代企业制度是社会主义市场经济体制的重要内容。改革开放以来，国有企业经历了放权让利、建立现代企业制度、探索国资监管体制等改革历程。党的十八大以来，习近平总书记高度重视国有企业改革发展工作，强调坚持党对国有企业的领导是重大政治原则，必须一以贯之；建立现代企业制度是国有企业改革的方向，也必须一以贯之。国有企业、国有控股混合所有制企业、民营企业等在完善中国特色现代企业制度方面不断探索创新，取得显著成效。从国有企业、国有控股混合所有制企业来看，公司制改革全面完成，“党建入章程”、“双向进入、交叉任职”、党委（党组）前置研究讨论重大经营管理事项清单等全面落实。1.29万户中央企业子企业、734户地方一级企业、2.63万户地方国有企业子企业基本实现董事会应建尽建，完成占比达99.9%。经理层成员任期制和契约化管理全面推行，中央、地方企业各级子企业完成占比达99%以上。市场化用工机制深入推进，公开招聘人员占新进员工总数比例达99.7%以上，实行全员绩效考核企业占比达99.7%。

第二，加快建设世界一流企业是完善中国特色现代企业制度的目标成果。当前，我国一些行业领军企业发展水平不断提升，具备建设世界一流企业的良好条件。但存在的问题也是明显的，如经营效率、创新能力、国际竞争力、品牌影响力等企业软实力都有待提升。要以习近平新时代中国特色社会主义思想为指导，发展更高水平的社会主义市场经济，遵循中国特色现代企业制度要求，形成有效制衡的现代企业治理机制、灵活高效的现代企业经营机制、激励相容的现代企业激励机制、监督适宜的现代企业监管机制等制度体系，保障和实现我国企业向世界一流企业迈进。

第三，加快建设世界一流企业要立足制度保障多向发力。企业兴则国家兴，企业强则国家强。要完善中国特色现代企业制度，努力培育建设一批产品卓越、品牌卓著、创新领先、治理现代的世界一流企业。一是提升技术变革的创新力。坚持创新核心地位，鼓励支持企业聚焦行业关键领域和核心技术，提升对产业链核心环节和关键领域的掌控力。二是提升企业全球竞争力。增强面向全球的资源配置和整合能力，实现资本、资源、技术、人才等各类要素全球化配置，形成一批主导全球产业链、供应链和价值链的“链主”企业。三是提升彰显自信与担当的影响力。推动企业开展国际化经营，形成更多跻身全球前列的中资跨国企业，鼓励参与国际标准制定。四是提升优秀企业家的引领力。加快培育具有全球视野的企业家，大力弘扬企业家精神，树立对企业家的正向激励导向，推动企业家成为创新发展的生力军。

资料来源 徐善长. 加快建设世界一流企业［EB/OL］.［2023-12-24］. https://m.gmw.cn/baijia/2022-11/28/36192419.html.

问题思考：

（1）怎样理解《公司法》在现代企业制度建设中的作用？

（2）你将如何学习和运用《公司法》的相关知识为一流企业建设服务？

关键术语

公司（corporation） 公司法（company law） 有限责任公司（limited liability company） 股份有限公司（limited company by shares） 两合公司（limited partnership company） 股份（stock） 董事（director） 股东（shareholder）

基础训练

一、单选题

1.下列关于股份有限公司发起人的说法正确的是（ ）。

A.发起人的人数应当为5人以上

B.发起人须有2/3以上在中国境内有住所

C.发起人应当认购公司发行的不超过30%的股份

D.发起人应当负责制定公司章程

2.依据《公司法》，下列关于股份有限公司股份发行的表述中，不正确的是（ ）。

A.股份有限公司发行股票必须同股同价

B.股份有限公司向社会公众发行的股票，只能是记名股票

C.股份有限公司的股票发行价格不得低于票面金额

D.股份有限公司向法人发行的股票，只能是无记名股票

3.下列关于甲公司下属的一分公司以自己名义对外签订的合同，说法正确的是（ ）。

A.无效

B.有效，其责任由分公司独立承担

C.有效，其责任由总公司承担

D.有效，其责任由分公司独立承担，总公司负连带责任

4.下列各项中不属于股份有限公司董事会职权的是（ ）。

A.决定公司的经营计划和投资方案　　B.决定公司内部管理机构的设置

C.修改公司章程　　D.制定公司的基本管理制度

5.《公司法》规定，在募集设立方式中，发起人认购的股份不得少于公司股份总额的（　　）。

A.20%　　B.25%　　C.35%　　D.40%

6.下列出现于A股份有限公司成立过程中的情况，违反《公司法》的规定是（　　）。

A.公司登记机关登记的注册股本总额为1 000万元

B.发起人共有6人，其中4人在中国境内无住所

C.有1名发起人认购股本为1万元

D.有2名发起人的实缴出资中，各有30万元是非专利技术作价金额

7.A为某股份有限公司的发起人，其持有的本公司股份（　　）。

A.自公司成立之日起6个月后才可转让

B.自公司成立之日起1年后才可转让

C.自公司成立之日起3年后才可转让

D.在公司存续期间不得转让

8.某股份有限公司净资产额为4亿元，以前未发行过公司债券，现拟发行可转换公司债券。该公司此次发行可转换债券额最多不得超过（　　）。

A.4亿元　　B.2亿元　　C.1.6亿元　　D.1亿元

9.甲公司2023年年底的注册资本为人民币3 500万元，截至2023年年初累计已提法定盈余公积1 720万元，2023年弥补亏损后净利润为500万元，则该公司2023年至少应提取法定盈余公积（　　）。

A.100万元　　B.75万元　　C.50万元　　D.30万元

10.《公司法》规定，有限责任公司章程应当记载的事项有（　　）。

A.利润分配和亏损分担的办法　　B.公司经营范围

C.公司的基本管理制度　　D.公司章程的修订程序

二、多选题

1.下列属于股份有限公司应当在2个月内召开临时股东会情形的是（　　）。

A.单独或合计持有公司股份10%以上的股东请求

B.公司未弥补的亏损达股本总额的1/4

C.因为某董事辞职，致使董事人数不足公司章程规定人数的2/3

D.监事会提议召开时

2.股份有限公司应该向下列（　　）发行记名股票。

A.公司发起人　　B.法人

C.社会公众　　D.国家授权投资机构

3.下列属于有限责任公司监事会职权的有（　　）。

A.检查公司财务　　B.提议召开临时股东会会议

C.对董事提出罢免建议　　D.对高级管理人员提起诉讼

4.以下关于一人有限责任公司说法正确的有（　　）。

A.注册资本最低限额为人民币5万元

B.不设股东会

C.股东应当一次足额缴纳公司章程规定的出资额

D.股东有可能对公司债务承担连带责任

5.下列属于股份有限公司可以收购本公司股票的情况的有（ ）。

A.为减少公司资本而注销股份

B.将股份奖励给本公司职工

C.与持有本公司股票的其他公司合并

D.抵偿债务

6.某股份有限公司注册资本为5 000万元，有7名董事会成员，该公司应在2个月内召开临时股东会的情形包括（ ）。

A.董事会人数减至6人

B.未弥补亏损达1 000万元

C.监事会提议召开

D.持有该公司20%股份的股东请求召开

7.《公司法》规定，以下属于公司不得再次发行公司债券的有（ ）。

A.公司净资产低于人民币9 000万元

B.公司股票未能获批上市

C.前一次发行的公司债券尚未募足的

D.对已发行的公司债券有延迟支付本息事实，且仍处于继续状态的

8.下列关于国有独资公司组织机构的表述，正确的有（ ）。

A.国有独资公司不设股东会

B.国有独资公司设立董事会

C.国有独资公司必须设立监事会

D.国有独资公司所有董事会成员均由国家授权投资的机构委派

三、简答题

1.简述公司的含义及特征。

2.简述公司法的含义及特征。

3.如何确定公司的名称？

4.有限责任公司股东有哪些权利与义务？

5.公司董事、监事及高级管理人员有何义务？

6.有限责任公司与股份有限公司有哪些区别？

7.股份与债券有什么区别？

8.在哪些情况下公司可以收购本公司股份？

9.公司利润应如何分配？

10.试述公司的合并与分立。

四、实务题

甲公司欲作为发起人募集设立一股份有限公司，其拟定的基本构想包括以下内容：

①为了吸引外资，开拓国际市场，7个发起人中有4个为住所地在境外的发起人，

这为公司的国际化打下良好的基础；

②公司的注册资本是8 000万元，其中7个发起人认购2 500万元，由于公司所选项目有非常好的发展前景，其余的5 500万元向社会公众募集；

③由于是募集设立的股份有限公司，因此所有的出资必须是货币；

④由于发起人认为发行工作很重要，因此决定成立专门小组，自己发行股份；

⑤认股人在缴纳股款后，在任何情况下，都不可以要求发起人返还股款；

⑥创立大会可以根据需要，结合市场情况由发起人决定召开的时间；

⑦如果公司不能设立，发起人和缴足股款的认股人会共同承担相应的法律责任。

资料来源　上海国家会计学院CPA考试辅导委员会．经济法［M］．北京：经济科学出版社，2008：102；111.

问题：甲公司拟定的基本构想中哪些不符合法律规定？为什么？

第四章　破产法

学习目标

◆ 重点掌握债务人财产、管理人、债权人会议、和解、破产重整、破产宣告及破产终结。

◆ 掌握破产的原因、破产的申请与受理。

◆ 了解破产的特征、破产法含义和渊源。

第一节　破产法概述

企业如果经营不善，发生资不抵债或者不能清偿到期债务的情况，将会面临退出市场的命运。

一、破产的概念和特征

破产有两种含义：一是指债务人不能清偿到期债务的客观事实状态；二是指人民法院根据当事人的申请或者依职权，为使各债权人获得公平清偿而对不能清偿到期债务的债务人所进行的一种特别程序。后者即法律意义上的破产。破产又有广义和狭义之分。狭义的破产仅指破产清算程序，以使各债权人获得公平清偿为要旨。广义上的破产包括破产清算程序、重整程序、和解程序。本教材采用的是广义破产概念。

与普通民事诉讼相比，破产作为一种特别程序，具有以下特征：

（1）债务人可以自行申请破产。普通的民事诉讼中，债务人不能主动向人民法院申请扣押自己的财产。

（2）破产是为全体债权人的利益所进行的执行程序。民事执行程序中的债务人通常具有清偿能力，但拒不履行义务，所以需要强制执行。而破产程序中的债务人已无清偿能力，不能对债权人履行全部义务，故须以破产方式公平解决债务清偿问题。

（3）破产宣告后，破产人为企业法人的，将终结其经营活动，并使其丧失民事主体资格。普通的民事诉讼或者民事执行程序并不涉及民事主体资格问题。

二、破产法的概念和特征

破产法是规定在债务人丧失清偿能力时，人民法院强制对其全部财产进行清算分配，公平清偿给债权人，或通过债务人与债权人会议达成的和解协议清偿债务，或进行企业重整，避免债务人破产的法律规范的总称。破产法有广义和狭义之分。狭义的破产法特指破产法典，如我国于2006年8月27日通过的《中华人民共和国企业破产法》（以下简称《企业破产法》）；广义的破产法还包括其他有关破产的法律、行政法规、部门规章、司法解释等，及散见于其他立法中的调整破产关系的法律规范，如《商业银行法》《保险法》《公司法》《合伙企业法》等立法中有关破产的规定。

从内容上看，破产法是实体法与程序法合一的综合性法律。其既规定债务人破产能力以及破产法上的撤销权、取回权、别除权和抵销权等实体性内容，又规定破产案件管辖、破产的申请与受理、债权申报等程序性内容。

三、我国破产法的立法概况

1986年12月2日，第六届全国人民代表大会常务委员会第十八次会议通过了《中华人民共和国企业破产法（试行）》，自1988年11月1日起施行。2006年8月27日，第十届全国人民代表大会常务委员会第二十三次会议通过了《企业破产法》，自2007年6月1日起施行，旧法同时废止。此外，最高人民法院先后于2011年、2013年、2019年通过并发布了《最高人民法院关于适用〈中华人民共和国企业破产法〉若干问题的规定（一）》《最高人民法院关于适用〈中华人民共和国企业破产法〉若干问题的规定（二）》《最高人民法院关于适用〈中华人民共和国企业破产法〉若干问题的规定（三）》（以下分别简称为《破产法》司法解释（一）（二）（三））；其中（二）（三）又于2021年12月根据《民法典》进行了修订。

四、破产法的适用范围

（一）破产法的主体适用范围

《企业破产法》第二条第一款规定：“企业法人不能清偿到期债务，并且资产不足以清偿全部债务或者明显缺乏清偿能力的，依照本法规定清理债务。”第一百三十五条规定：“其他法律规定企业法人以外的组织的清算，属于破产清算的，参照适用本法规定的程序。”

《企业破产法》主要适用企业法人破产案件，对于非法人企业的破产清算，可以参照《企业破产法》规定的程序进行。但须注意的是，非法人企业因为不具有完全的独立性，人民法院参照适用破产清算程序裁定终结非法人企业的清算程序后，其债权人仍然可以就其未获清偿的部分按照所适用的企业法律规定向投资人主张权利。

（二）破产法的地域适用范围

破产法的地域适用范围是指破产程序的域外效力问题，即一国的破产宣告对位于其他国家的破产人财产是否有效。立法上有破产的普及主义和属地主义之分。普及主义指一国法院的破产宣告的效力及于域外。属地主义则指一国法院的破产宣告的效力仅仅及于破产人在宣告国的财产。

我国破产法在地域适用方面，对我国人民法院的破产宣告采取普及主义，对其他国家法院的破产宣告采取有限制的承认。《企业破产法》第五条规定：“依照本法开始的破产程序，对债务人在中华人民共和国领域外的财产发生效力。对外国法院作出的发生法律效力的破产案件的判决、裁定，涉及债务人在中华人民共和国领域内的财产，申请或者请求人民法院承认和执行的，人民法院依照中华人民共和国缔结或者参加的国际条约，或者按照互惠原则进行审查，认为不违反中华人民共和国法律的基本原则，不损害国家主权、安全和社会公共利益，不损害中华人民共和国领域内债权人的合法权益的，裁定承认和执行。”

第二节 破产程序的开始

一、破产原因

破产原因是破产程序得以发生的实质条件。根据《企业破产法》规定，构成破产应当同时具备两个条件：不能清偿到期债务以及资产不足以清偿全部债务或者明显缺乏清偿能力。《破产法》司法解释（一）进一步明确了破产原因：债务人不能清偿到期债务并且具有下列情形之一的，人民法院应当认定其具备破产原因：①资产不足以清偿全部债务；②明显缺乏清偿能力。

对于依法成立的债权，如果债务履行已经届满，债务人未完全清偿债务，人民法院就应当认定债务人不能清偿到期债务。破产原因严格以债务人自身为考量对象，相关当事人不能以对债务人的债务负有连带责任的人未丧失清偿能力为由，主张债务人不具备破产原因的。

对于债务人全部资产不足以清偿全部债务通常应该以债务人的资产负债表、审计报告或者资产评估报告为依据，但这只是表面证据，不足以准确判断债务人资产状况。如果有相反证据足以证明债务人资产能够偿付全部负债的，则不能适用资产负债表、审计报告或者资产评估报告。

关于“明显缺乏清偿能力”，《破产法》司法解释（一）规定，如果债务人存在下列情形之一，应当认定其明显缺乏清偿能力：①因资金严重不足或者财产不能变现等原因，无法清偿债务；②法定代表人下落不明且无其他人员负责管理财产，无法清偿债务；③经人民法院强制执行，无法清偿债务；④长期亏损且经营扭亏困难，无法清偿债务；⑤导致债务人丧失清偿能力的其他情形。

二、破产申请人

破产程序因破产申请而启动。具备申请债务人破产资格的主体可以分为四类：

1. 债务人申请

债务人在发生破产情形时，可以自己向管辖人民法院申请破产。

2. 债权人申请

债务人不能清偿到期债务，债权人可以向人民法院提出对债务人进行重整或者破产清算的申请。企业法人已解散但未清算或者未在合理期限内清算完毕，债权人申请债务人破产清算的，除债务人在法定异议期限内举证证明其未出现破产原因外，人民法院应当受理。破产企业职工作为债权人也可以申请债务人企业破产，但应经职工大会或者全体职工

2/3以上表决通过。

3.对债务人负有清算责任的人申请

企业法人已解散但未清算或者未清算完毕，资产不足以清偿债务的，依法负有清算责任的人应当向人民法院申请破产清算。

4.债务人的出资人申请

债权人申请对债务人进行破产清算的，在人民法院受理破产申请后、宣告债务人破产前，债务人或者出资额占债务人注册资本1/10以上的出资人，可以向人民法院申请重整。

此外，《企业破产法》第一百三十四条第一款规定："商业银行、证券公司、保险公司等金融机构有本法第二条规定情形的，国务院金融监督管理机构可以向人民法院提出对该金融机构进行重整或者破产清算的申请。国务院金融监督管理机构依法对出现重大经营风险的金融机构采取接管、托管等措施的，可以向人民法院申请中止以该金融机构为被告或者被执行人的民事诉讼程序或者执行程序。"国务院金融监督管理机构也可以视为一类特殊的破产申请人。

三、破产申请

（一）申请人提交申请书和相关证据

向人民法院提出破产申请，应当提交破产申请书和有关证据。破产申请书应当载明申请人、被申请人的基本情况，申请目的，申请的事实和理由，以及人民法院认为应当载明的其他事项。

债务人提出申请的，还应当向人民法院提交财产状况说明、债务清册、债权清册、有关财务会计报告、职工安置预案以及职工工资的支付和社会保险费用的缴纳情况。债权人申请债务人破产的，应当提交债务人不能清偿到期债务的有关证据。

（二）申请的受理

1.破产申请的审查

人民法院收到破产申请时，为了保证申请人的利益，应当向申请人出具收到申请及所附证据的书面凭证。

人民法院收到破产申请后应当及时对申请人的主体资格、债务人的主体资格和破产原因，以及有关材料和证据等进行审查，并依据《企业破产法》第十条作出是否受理的裁定。人民法院认为申请人应当补充、补正相关材料的，应当自收到破产申请之日起5日内告知申请人。

债权人提出破产申请的，人民法院应当自收到申请之日起5日内通知债务人。通知中应告知债务人不得转移资产、逃避债务，不得进行有碍于公平清偿的行为。债务人对申请有异议的，应当自收到人民法院的通知之日起7日内向人民法院提出。人民法院应当自异议期满之日起10日内裁定是否受理。除上述情形外，人民法院应当自收到破产申请之日起15日内裁定是否受理。有特殊情况需要延长受理案件期限的，经上一级人民法院批准，可以延长15日。

2.破产申请的受理、驳回

人民法院收到破产申请后，经审查，认为符合《企业破产法》规定的破产条件的，人民法院裁定受理破产申请。

受理破产申请后，人民法院应当将裁定自作出之日起5日内送达申请人。债权人提出申请的，人民法院应当自裁定作出之日起5日内送达债务人。债务人应当自裁定送达之日起15日内，向人民法院提交财产状况说明、债务清册、债权清册、有关财务会计报告以及职工工资的支付和社会保险费用的缴纳情况。债务人违反法律规定，拒不向人民法院提交或者提交不真实的上述文件与情况说明的，人民法院可以对直接责任人员依法处以罚款。

人民法院裁定不受理破产申请的，应当将裁定自作出之日起5日内送达申请人并说明理由。申请人对裁定不服的，可以自裁定送达之日起10日内向上一级人民法院提起上诉。

人民法院受理破产申请后至破产宣告前，经审查发现债务人未发生破产原因的，可以裁定驳回申请。申请人对裁定不服的，可以自裁定送达之日起10日内向上一级人民法院提起上诉。

案例窗 4-1

3.破产申请受理的效果

（1）对债务人的效果。破产申请受理后，债务人应当根据人民法院的要求提供相关财务资料。《企业破产法》第十一条第二款规定，债权人提出申请的，人民法院应当自裁定作出之日起5日内送达债务人。债务人应当自裁定送达之日起15日内，向人民法院提交财产状况说明、债务清册、债权清册、有关财务会计报告以及职工工资的支付和社会保险费用的缴纳情况。

人民法院受理破产申请后，债务人对债权人的个别清偿无效。有关债务人财产的保全措施应当解除，执行程序应当中止。

自人民法院受理破产申请的裁定送达债务人之日起至破产程序终结之日，债务人的法定代表人应当：妥善保管其占有和管理的财产、印章、账簿、文书等资料；根据人民法院、管理人的要求进行工作，并如实回答询问；列席债权人会议并如实回答债权人的询问；未经人民法院许可，不得离开住所地；不得新任其他企业的董事、监事、高级管理人员。

人民法院受理破产申请后，已经开始而尚未终结的有关债务人的民事诉讼或者仲裁应当中止；在管理人接管债务人的财产后，该诉讼或者仲裁继续进行。有关债务人的民事诉讼，只能向受理破产申请的人民法院提起。

（2）对债权人的效果。在人民法院受理破产申请后，债权人只能按照破产程序行使债权，不得接受债务人的个别清偿。因为债务人的相关权利已经交由管理人管理，债权人向债务人取回标的物等请求只能向管理人主张。

（3）对债务人的债务人或者财产持有人的效果。人民法院受理破产申请后，债务人的债务人或者财产持有人应当向管理人清偿债务或者交付财产。债务人的债务人或者财产持有人故意违反规定向债务人清偿债务或者交付财产，使债权人受到损失的，不免除其清偿债务或者交付财产的义务。

（4）对破产申请受理时未履行或未履行完毕的合同的效果。人民法院受理破产申请后，管理人对破产申请受理前成立而债务人和对方当事人均未履行完毕的合同有权决定解除或者继续履行，并通知对方当事人。管理人自破产申请受理之日起2个月内未通知对方当事人，或者自收到对方当事人催告之日起30日内未答复的，视为解除合同。

管理人决定继续履行合同的，对方当事人应当履行，但是对方当事人有权要求管理人提供担保。管理人不提供担保的，视为解除合同。

四、债权申报

破产债权是人民法院受理破产申请时债权人对债务人所享有的债权。破产申请受理后，破产债权人可以申报债权。债权申报期限由人民法院确定，但自人民法院发布受理破产申请公告之日起计算，最短不得少于30日，最长不得超过3个月。

《企业破产法》对债权申报的具体要求包括：

（1）未到期的债权，在破产申请受理时视为到期。

（2）附条件、附期限的债权以及诉讼、仲裁未决的债权，债权人可以申报。

（3）债权人应当在人民法院确定的债权申报期限内向管理人申报债权。债务人所欠职工的工资、补偿金、社会保险费用等，不必申报，由管理人调查后列出清单并予以公示。职工对清单记载有异议的，可以要求管理人更正；管理人不予更正的，职工可以向人民法院提起诉讼。

（4）债权人申报债权时，应当书面说明债权的数额和有无财产担保，并提交有关证据；如是连带债权的，应当说明。

（5）连带债权人可以由其中一人代表全体连带债权人申报债权，也可以共同申报债权。

（6）债务人的保证人或者其他连带债务人已经代替债务人清偿债务的，以其对债务人的求偿权申报债权。债务人的保证人或者其他连带债务人尚未代替债务人清偿债务的，以其对债务人的将来求偿权申报债权，但债权人已经向管理人申报全部债权的除外。

（7）连带债务人数人被裁定适用《企业破产法》规定的程序的，其债权人有权就全部债权分别在各破产案件中申报债权。

（8）管理人或者债务人依照《企业破产法》解除合同的，对方当事人以因合同解除所产生的损害赔偿请求权申报债权。

（9）债务人是委托合同的委托人，被裁定适用《企业破产法》规定的程序，受托人不知道该事实，继续处理委托事务的，受托人以由此产生的请求权申报债权。

（10）债务人是票据的出票人，被裁定适用《企业破产法》规定的程序，该票据的付款人继续付款或者承兑的，付款人以由此产生的请求权申报债权。

（11）在人民法院确定的债权申报期限内，债权人未申报债权的，可以在破产财产最后分配前补充申报，但此前已进行的分配，不再对其补充分配。为审查和确认补充申报债权的费用，由补充申报人承担。债权人未依照《企业破产法》申报债权的，不得依照《企业破产法》规定的程序行使权利。

管理人收到债权申报材料后，应当登记造册，对申报的债权进行审查，并编制债权表。债权表和债权申报材料由管理人保存，供利害关系人查阅。债权表应当提交第一次债权人会议核查。债务人、债权人对债权表记载的债权无异议的，由人民法院裁定确认。债务人、债权人对债权表记载的债权有异议的，可以向受理破产申请的人民法院提起诉讼。

案例窗4-2

第三节　债务人财产与管理人

债务人的财产在破产宣告后成为破产财产，破产财产上附着多种权利，为合理、公正地处理好这些权利，人民法院应当指定管理人管理破产财产。

一、债务人财产

《企业破产法》第三十条规定："破产申请受理时属于债务人的全部财产，以及破产申请受理后至破产程序终结前债务人取得的财产，为债务人财产。"债务人财产在破产宣告后被称为破产财产。

根据《破产法》司法解释（二）的规定，具体包括：①债务人所有的货币、实物，债务人依法享有的可以用货币估价并可以转让的债权、股权、知识产权、用益物权等财产和财产权益；②债务人已依法设定担保物权的特定财产；③债务人按份享有的共有财产的相关份额，或者共同享有所有权的共有财产的相应财产权利，以及依法分割共有财产所得部分。

与债务人财产相关的各种实体权利包括撤销权、取回权、抵销权和追回权等。

（一）撤销权

破产撤销权是指债务人的财产管理人对债务人在破产申请受理前的法定期间内进行的欺诈债权人或者损害对全体债权人公平清偿的行为，有申请人民法院予以撤销的权利。

《企业破产法》第三十一条规定，人民法院受理破产申请前1年内，涉及债务人财产的下列行为，管理人有权请求人民法院予以撤销：①无偿转让财产的；②以明显不合理的价格进行交易的；③对没有财产担保的债务提供财产担保的；④对未到期的债务提前清偿的；⑤放弃债权的。

人民法院受理破产申请前6个月内，债务人具备破产原因，仍对个别债权人进行清偿的，管理人有权请求人民法院予以撤销，但个别清偿使债务人财产受益的除外。

同时，《企业破产法》明确区分了可撤销行为和无效行为，规定涉及债务人财产的下列行为无效：①为逃避债务而隐匿、转移财产的；②虚构债务或者承认不真实的债务的。

（二）取回权

财产权利人对属于自己所有非破产企业所有的财产，依法通过管理人取回的权利，即破产取回权。除《企业破产法》另有规定的外，人民法院受理破产申请后，债务人占有的不属于债务人的财产，该财产的权利人可以通过管理人取回。该权利有以下特征：①取回权是对特定物的返还请求权；②它是以物权为基础的请求权；③它是在破产程序中行使的特别请求权；④被取回的财产在取回前，视同破产财产，由管理人管理和支配；⑤取回权的行使只能取回原物。

（三）抵销权

破产抵销权是指破产债权人在破产申请受理时，对破产人负有债务，可以不按破产程序，以自己的破产债权与自己所负债务的相应数额相互抵销的权利。

《企业破产法》第四十条规定，债权人在破产申请受理前对债务人负有债务的，可以向管理人主张抵销，但有下列情形之一的，不得抵销：①债务人的债务人在破产申请受理后取得他人对债务人的债权的。②债权人已知债务人有不能清偿到期债务或者破产申请的事实，对债务人负担债务的，但债权人因为法律规定或者破产申请1年前所发生的原因而负担债务的除外。③债务人的债务人已知债务人有不能清偿到期债务或者破产申请的事实，对债务人取得债权的，但债务人的债务人因为法律规定或者有破产申请1年前所发生的原因而取得债权的除外。

案例窗4-3

（四）追回权

追回权是指对债务人或其董事、监事、高级管理人员损害债权人或债务人的行为通过人民法院予以否认并追回财产的权利。《企业破产法》规定，因实施被人民法院撤销的行为或破产无效行为而取得的债务人的财产，管理人有权追回。

（五）别除权

别除权是指债权人所享有的，可以不依破产程序而能从破产人的特定财产上得到优先受偿的权利。别除权主要包括因抵押、质押、留置等财产担保方式而产生的担保物权。

别除权人行使优先受偿权利未能完全受偿的，其未受偿的债权作为普通债权；别除权人放弃优先受偿权利的，其债权作为普通债权。但如破产人仅作为担保人为他人债务提供物权担保，担保债权人的债权虽然在破产程序中可以构成别除权，但因破产人不是主债务人，在担保物价款不足以清偿担保债额时，余债不得作为破产债权向破产人要求清偿，只能向原主债务人求偿。

二、破产费用与共益债务

破产费用是在破产程序中为全体债权人共同利益而支付的各项费用的总称。人民法院受理破产申请后发生的下列费用，为破产费用：①破产案件的诉讼费用；②管理、变价和分配债务人财产的费用；③管理人执行职务的费用、报酬和聘用工作人员的费用。

共益债务是指在破产程序中为全体债权人利益而由债务人财产负担的债务的总称。人民法院受理破产申请后发生的下列债务，为共益债务：①因管理人或者债务人请求对方当事人履行双方均未履行完毕的合同所产生的债务；②债务人财产受无因管理所产生的债务；③因债务人不当得利所产生的债务；④为债务人继续营业而应支付的劳动报酬和社会保险费用以及由此产生的其他债务；⑤管理人或者相关人员执行职务致人损害所产生的债务；⑥债务人财产致人损害所产生的债务。

破产费用和共益债务由债务人财产随时清偿。债务人财产不足以清偿所有破产费用和共益债务的，先行清偿破产费用。债务人财产不足以清偿所有破产费用或者共益债务的，按照比例清偿。债务人财产不足以清偿破产费用的，管理人应当提请人民法院终结破产程序。人民法院应当自收到请求之日起15日内裁定终结破产程序，并予公告。

三、管理人

管理人是指破产程序中由人民法院指定的，全面接管破产企业并负责破产财产的保管、清理、估价、处理和分配等破产清算事务的专门机构。

《企业破产法》规定，管理人可以由有关部门、机构的人员组成的清算组或者依法设立的律师事务所、会计师事务所、破产清算事务所等社会中介机构担任。人民法院根据债务人的实际情况，可以在征询有关社会中介机构的意见后，指定该机构具备相关专业知识并取得执业资格的人员担任管理人。个人担任管理人的，应当参加执业责任保险。有下列情形之一的，不得担任管理人：①因故意犯罪受过刑事处罚；②曾被吊销相关专业执业证书；③与本案有利害关系；④人民法院认为不宜担任管理人的其他情形。

管理人主要履行下列职责：①接管债务人的财产、印章、账簿、文书等资料；②调查债务人财产状况，制作财产状况报告；③决定债务人的内部管理事务；④决定债务人的日常开支和其他必要开支；⑤在第一次债权人会议召开之前，决定继续或者停止债务人的营业；⑥管理和处分债务人的财产；⑦代表债务人参加诉讼、仲裁或者其他法律程序；⑧提议召开债权人会议；⑨人民法院认为管理人应当履行的其他职责。

管理人应当勤勉尽责，忠实执行职务。管理人经人民法院许可，可以聘用必要的工作人员；管理人的报酬由人民法院确定；管理人辞去职务应当经人民法院许可。

第四节 债权人会议与和解、重整

破产程序中，要在人民法院指导监督下组成债权人会议，对破产过程中的相关利益处理进行表决。进入破产程序的企业并不当然破产，债务人可以提出和解，债务人或债权人还可以提出对破产企业进行重整。

一、债权人会议

（一）债权人会议的性质、组成和召开

债权人会议是在人民法院指导和监督下，表达全体债权人意志，代表债权人整体利益而参与破产程序的临时性机构。债权人会议由所有进行了债权申报的债权人组成。债权人会议成员享有表决权；但有债务人特定财产担保的债权人未放弃优先受偿权的，对通过和解协议、破产财产的分配方案无表决权；债权尚未确定的债权人，除人民法院能够为其行使表决权而临时确定债权额的之外，不得行使表决权。债权人会议设主席，由人民法院在有表决权的债权人中指定。债权人可以委托代理人出席债权人会议，并可以授权代理人行使表决权，但应当向人民法院或者债权人会议主席提交授权委托书。债权人会议应当有债务人的职工和工会的代表参加，对有关事项发表意见。

第一次债权人会议由人民法院召集，自债权申报期限届满之日起15日内召开。以后的债权人会议，在人民法院认为必要时，或者管理人、债权人委员会、占债权总额1/4以上的债权人向债权人会议主席提议时召开。召开债权人会议，管理人应当提前15日通知已知的债权人。

（二）债权人会议的职权与决议

债权人会议行使下列职权：①核查债权；②申请人民法院更换管理人，审查管理人的

费用和报酬；③监督管理人；④选任和更换债权人委员会成员；⑤决定继续或者停止债务人的营业；⑥通过重整计划；⑦通过和解协议；⑧通过债务人财产的管理方案；⑨通过破产财产的变价方案；⑩通过破产财产的分配方案；⑪人民法院认为应当由债权人会议行使的其他职权。

债权人会议的决议，必须由出席会议的有表决权的债权人过半数通过，并且其所代表的债权额占无财产担保债权总额的1/2以上，但《企业破产法》另有规定的除外。债权人认为债权人会议的决议有下列情形之一，损害债权人利益的，可以书面形式申请撤销：①债权人会议的召开违反法定程序；②债权人会议的表决违反法定程序；③债权人会议的决议内容违法；④债权人会议的决议超出债权人会议的职权范围。债权人请求人民法院裁定撤销的期限为自债权人会议作出决议之日起15日内；人民法院裁定撤销全部或者部分事项决议之后可责令债权人会议依法重新作出决议。债权人会议的决议，对于全体债权人均有约束力。债权人会议应当对所议事项的决议作成会议记录。

债务人财产的管理方案、破产财产的变价方案，经债权人会议表决未通过的，由人民法院裁定；破产财产的分配方案，经债权人会议二次表决仍未通过的，由人民法院裁定。债权人对人民法院以上裁定不服的，可以自裁定宣布之日或者收到通知之日起15日内向该人民法院申请复议。复议期间不停止裁定的执行。

（三）债权人委员会

债权人会议可以决定设立债权人委员会。债权人委员会由债权人会议选任的债权人代表和1名债务人的职工代表或者工会代表组成。债权人委员会成员不得超过9人。债权人委员会成员应当经人民法院书面决定认可。债权人委员会在性质上属于破产监督人。

债权人委员会行使下列职权：①监督债务人财产的管理和处分；②监督破产财产分配；③提议召开债权人会议；④债权人会议委托的其他职权。债权人委员会执行职务时，有权要求管理人、债务人的有关人员对其职权范围内的事务作出说明或者提供有关文件。管理人、债务人的有关人员违反《企业破产法》规定拒绝接受监督的，债权人委员会有权就监督事项请求人民法院作出决定；人民法院应当在5日内作出决定。

管理人实施下列行为，应当及时报告债权人委员会：①涉及土地、房屋等不动产权益的转让；②探矿权、采矿权、知识产权等财产权的转让；③全部库存或者营业的转让；④借款；⑤设定财产担保；⑥债权和有价证券的转让；⑦履行债务人和对方当事人均未履行完毕的合同；⑧放弃权利；⑨担保物的取回；⑩对债权人利益有重大影响的其他财产处分行为。未设立债权人委员会的，管理人实施上述规定的行为应当及时报告人民法院。

二、和解

和解是破产企业获得重生的主要方式。债务人经过与债权人协商一致即可达成和解协议。

（一）和解的概念

和解也叫破产和解，是指具备破产原因的债务人，为避免破产清算与债权人之间就延期偿还和减免债务问题达成协议，经人民法院认可后生效的法律程序。和解是一种特殊的法律行为，不仅需要债权人会议与债务人意思表示一致，而且要经过人民法院的裁定认可，方能成立。

和解具有以下特征：①以避免破产清算为目的；②和解申请由债务人提出；③和解的成立首先要取决于债权人的态度；④和解协议最终必须经过人民法院许可方可成立；⑤和解协议无强制执行力。[①]

（二）和解的程序

1.和解申请的提出与受理

债务人可以依照《企业破产法》，直接向人民法院申请和解，也可以在人民法院受理破产申请后、宣告债务人破产前，向人民法院申请和解。债务人申请和解，应当提出和解协议草案。人民法院经审查认为和解申请符合规定的，应当裁定和解，予以公告，并召集债权人会议讨论和解协议草案。对债务人的特定财产享有担保权的权利人，自人民法院裁定和解之日起可以行使权利。

债权人会议通过和解协议的决议，必须由出席会议的有表决权的债权人过半数同意，并且其所代表的债权额占无财产担保债权总额的2/3以上。

2.和解的终止

债权人会议通过和解协议的，由人民法院裁定认可，终止和解程序，并予公告。管理人应当向债务人移交财产和营业事务，并向人民法院提交执行职务的报告。和解协议草案经债权人会议表决未获得通过，或者已经债权人会议通过的和解协议未获得人民法院认可的，人民法院应当裁定终止和解程序，并宣告债务人破产。因债务人的欺诈或者其他违法行为而成立的和解协议，人民法院应当裁定无效，并宣告债务人破产。

3.和解协议的约束力

（1）经人民法院裁定认可的和解协议，对债务人和全体和解债权人均有约束力。和解债权人是指人民法院受理破产申请时对债务人享有无财产担保债权的人，和解债权人未依法申报债权的，在和解协议执行期间不得行使权利，在和解协议执行完毕后，可以按照和解协议规定的清偿条件行使权利；和解债权人对债务人的保证人和其他连带债务人所享有的权利，不受和解协议的影响。

（2）债务人不能执行或者不执行和解协议的，人民法院经和解债权人请求，应当裁定终止和解协议的执行，并宣告债务人破产。人民法院裁定终止和解协议执行的，和解债权人在和解协议中作出的债权调整的承诺失去效力。和解债权人因执行和解协议所受的清偿仍然有效，和解债权未受清偿的部分作为破产债权。前述规定的债权人，只有在其他债权人同自己所受的清偿达到同一比例时，才能继续接受分配。

（3）人民法院受理破产申请后，债务人与全体债权人就债权和债务的处理自行达成协议的，可以请求人民法院裁定认可，并终结破产程序。

（4）按照和解协议减免的债务，自和解协议执行完毕时起，债务人不再承担清偿责任。

案例窗4-4

---

① 李国光. 新企业破产法疑难释解［M］. 北京：人民法院出版社，2006：276-277.

三、破产重整

重整又称重组、恢复、司法康复、破产重整，是对于困境企业的一种挽救程序。具体来看，重整是指在债务人不能清偿债务的情况下，由申请人向人民法院提出申请而启动的，保护债务人继续营业，使其实现债务调整和企业整理，从而摆脱困境、走向重生的再建型债务清理制度。①

（一）重整程序

1.重整申请及重整期间

债务人或者债权人可以依照《企业破产法》，直接向人民法院申请对债务人进行重整。债权人申请对债务人进行破产清算的，在人民法院受理破产申请后、宣告债务人破产前，债务人或者出资额占债务人注册资本1/10以上的出资人，可以向人民法院申请重整。人民法院经审查，认为重整申请符合《企业破产法》规定的，应当裁定债务人重整，并予公告。

重整期间自人民法院裁定债务人重整之日起至重整程序终止。在此期间，有下列情形之一的，经管理人或者利害关系人请求，人民法院应当裁定终止重整程序，并宣告债务人破产：①债务人的经营状况和财产状况继续恶化，缺乏挽救的可能性；②债务人有欺诈、恶意减少债务人财产或者其他显著不利于债权人的行为；③由于债务人的行为致使管理人无法执行职务。

案例窗4-5

2.重整期间债务人的权利和义务

（1）债务人的权利。在重整期间，经债务人申请、人民法院批准，债务人可以在管理人的监督下自行管理财产和营业事务。有前述规定情形的，依照《企业破产法》已接管债务人财产和营业事务的管理人应当向债务人移交财产和营业事务，《企业破产法》规定的管理人的职权由债务人行使。在重整期间，债务人或者管理人为继续营业而借款的，可以为该借款设定担保。

（2）债务人的义务。在重整期间，债务人的出资人不得请求投资收益分配，债务人的董事、监事、高级管理人员不得向第三人转让其持有的债务人的股权；但经人民法院同意的除外。

（二）重整计划的制订与批准

1.重整计划的制订

当事人的重整申请被受理之后，应当在法定期限内提交重整计划草案。债务人自行管理财产和营业事务的，由债务人制作重整计划草案。管理人负责管理财产和营业事务的，由管理人制作重整计划草案。债务人或者管理人应当自人民法院裁定债务人重整之日起6个月内，同时向人民法院和债权人会议提交重整计划草案。期限届满，经债务人或者管理人请求，有正当理由的，人民法院可以裁定延期3个月。债务人或者管理人未按期提出重整计划草案的，人民法院应当裁定终止重整程序，并宣告债务人破产。

重整计划草案应当包括下列内容：①债务人的经营方案；②债权分类；③债权调整方

---

① 薄燕娜．破产法教程［M］．北京：对外经济贸易大学出版社，2009：163.

案；④债权受偿方案；⑤重整计划的执行期限；⑥重整计划执行的监督期限；⑦有利于债务人重整的其他方案。

2.重整计划的表决与批准

《企业破产法》第八十二条规定，下列各类债权的债权人参加讨论重整计划草案的债权人会议，并依照下列债权分类，分组对重整计划草案进行表决：①对债务人的特定财产享有担保权的债权；②债务人所欠职工的工资和医疗、伤残补助、抚恤费用，所欠的应当划入职工个人账户的基本养老保险、基本医疗保险费用，以及法律、行政法规规定应当支付给职工的补偿金；③债务人所欠税款；④普通债权。人民法院在必要时可以决定在普通债权组中设小额债权组对重整计划草案进行表决。

债务人的出资人代表可以列席讨论重整计划草案的债权人会议。重整计划草案涉及出资人权益调整事项的，应当设出资人组，对该事项进行表决。

人民法院应当自收到重整计划草案之日起30日内召开债权人会议，对重整计划草案进行表决。出席会议的同一表决组的债权人过半数同意重整计划草案，并且其所代表的债权额占该组债权总额的2/3以上的，即该组通过重整计划草案。债务人或者管理人应当向债权人会议就重整计划草案作出说明，并回答询问。

当各表决组均通过重整计划草案时，重整计划即通过。自重整计划通过之日起10日内，债务人或者管理人应当向人民法院提出批准重整计划的申请。人民法院经审查认为符合法律规定的，无恶意损害少数债权人利益等情形的，应当自收到申请之日起30日内裁定批准，终止重整程序，并予公告。

部分表决组未通过重整计划草案的，债务人或者管理人可以同未通过重整计划草案的表决组协商。该表决组可以在协商后再表决一次。双方协商的结果不得损害其他表决组的利益。未通过重整计划草案的表决组拒绝再次表决或者再次表决仍未通过重整计划草案，但重整计划草案符合下列条件的，债务人或者管理人可以申请人民法院批准重整计划草案：①按照重整计划草案，《企业破产法》第八十二条第一款第一项所列债权就该特定财产将获得全额清偿，其因延期清偿所受的损失将得到公平补偿，并且其担保权未受到实质性损害，或者该表决组已经通过重整计划草案；②按照重整计划草案，《企业破产法》第八十二条第一款第二项、第三项所列债权将获得全额清偿，或者相应表决组已经通过重整计划草案；③按照重整计划草案，普通债权所获得的清偿比例，不低于其在重整计划草案被提请批准时依照破产清算程序所能获得的清偿比例，或者该表决组已经通过重整计划草案；④重整计划草案对出资人权益的调整公平、公正，或者出资人组已经通过重整计划草案；⑤重整计划草案公平对待同一表决组的成员，并且所规定的债权清偿顺序不违反《企业破产法》第一百一十三条的规定；⑥债务人的经营方案具有可行性。

人民法院经审查认为重整计划草案符合以上规定的，应当自收到申请之日起30日内裁定批准，终止重整程序，并予公告。

（三）重整计划的执行、监督与终止

1.重整计划的执行

根据《企业破产法》，重整计划由债务人负责执行，因而债权人在审查重整计划草案时，必须考虑重整计划草案中对债务人董事、监事、经理等高级管理人员中有违法行为者及不称职者的更换，以免重整计划在由债务人执行的过程中发生问题。人民法院裁定批准重整计划后，已接管财产和营业事务的管理人应当向债务人移交财产和营业事务。

2.重整计划的监督

在重整计划中应当规定执行监督的期限。自人民法院裁定批准重整计划之日起，在重整计划规定的监督期内，由管理人监督重整计划的执行，债务人应当向管理人报告重整计划执行情况和债务人财务状况。监督期届满时，管理人应当向人民法院提交监督报告。自监督报告提交之日起，管理人的监督职责终止。经管理人申请，人民法院可以裁定延长重整计划执行的监督期限。管理人向人民法院提交的监督报告，重整计划的利害关系人有权查阅。

3.重整计划的终止

债务人不能执行或者不执行重整计划的，人民法院经管理人或者利害关系人请求，应当裁定终止重整计划的执行，并宣告债务人破产；但为重整计划的执行提供的担保继续有效。人民法院裁定终止重整计划执行的，债权人在重整计划中作出的债权调整的承诺失去效力。债权人因执行重整计划所受的清偿仍然有效，债权未受清偿的部分作为破产债权。上述规定的债权人，只有在其他同顺位债权人同自己所受的清偿达到同一比例时，才能继续接受分配。

第五节　破产宣告与破产终结

破产企业如果和解无望，当事人也无意重整，经人民法院审理符合破产条件的，即可宣告破产。宣告破产后破产管理人即应制订相应方案并经债权人会议同意后，处理并分配破产财产。破产财产分配完毕即可宣告破产终结。

一、破产宣告

破产宣告是指人民法院在对破产案件审理后认为债务人具备了法定的破产条件，从而作出裁定，宣告其破产的法律行为。

人民法院依法宣告债务人破产的，应当自裁定作出之日起5日内送达债务人和管理人，自裁定作出之日起10日内通知已知债权人，并予以公告。破产宣告前，有下列情形之一的，人民法院应当裁定终结破产程序，并予公告：①第三人为债务人提供足额担保或者为债务人清偿全部到期债务的；②债务人已清偿全部到期债务的。

二、破产财产的变价和分配

破产宣告后，管理人应当及时拟订破产财产变价方案，提交债权人会议讨论。管理人应当按照债权人会议通过的或者人民法院依法裁定的破产财产变价方案，适时变价出售破产财产。变价出售破产财产应当通过拍卖方式进行，但债权人会议另有决议的除外。破产企业的财产可以全部或者部分变价出售，且可将其中的无形资产和其他财产单独变价出售。按照国家规定不能拍卖或者限制转让的财产，应当按照国家规定的方式处理。

除债权人会议另有决议外，破产财产的分配应当以货币分配方式进行。破产财产在优先清偿破产费用和共益债务后，依照下列顺序清偿：①破产人所欠职工的工资和医疗、伤残补助、抚恤费用，所欠的应当划入职工个人账户的基本养老保险、基本医疗保险费用，以及法律、行政法规规定应当支付给职工的补偿金；②破产人欠缴的除前项规定以外的社会保险费用和破产人所欠税款；③普通破产债权。破产财产不足以清偿同一顺序的清偿要求的，按照比例分配。破产企业的董事、监事和高级管理人员的工资按照该企业职工的平均工资计算。

此外，其他立法对破产分配顺序有特别规定的，依其规定执行。如《商业银行法》第七十一条规定："商业银行不能支付到期债务，经国务院银行业监督管理机构同意，由人民法院依法宣告其破产。商业银行被宣告破产的，由人民法院组织国务院银行业监督管理机构等有关部门和有关人员成立清算组，进行清算。商业银行破产清算时，在支付清算费用、所欠职工工资和劳动保险费用后，应当优先支付个人储蓄存款的本金和利息。"《企业破产法》第一百三十四条第二款还规定："金融机构实施破产的，国务院可以依据本法和其他有关法律的规定制定实施办法。"

管理人应当及时拟订破产财产分配方案，提交债权人会议讨论。破产财产分配方案应当载明下列事项：①参加破产财产分配的债权人名称或者姓名、住所；②参加破产财产分配的债权额；③可供分配的破产财产数额；④破产财产分配的顺序、比例及数额；⑤实施破产财产分配的方法。

债权人会议表决通过破产财产分配方案后，由管理人将该方案提请人民法院裁定认可，经人民法院裁定认可后，由管理人执行。管理人按照破产财产分配方案实施多次分配的，应当公告本次分配的财产额和债权额。管理人实施最后分配的，应当在公告中指明，并载明法律规定的事项。

对于附生效条件或者解除条件的债权，管理人应当将其分配额提存。管理人依照上述规定提存的分配额，在最后分配公告日，生效条件未成就或者解除条件成就的，应当分配给其他债权人；在最后分配公告日，生效条件成就或者解除条件未成就的，应当交付给债权人。

债权人未受领的破产财产分配额，管理人应当提存。债权人自最后分配公告之日起满2个月仍不领取的，视为放弃受领分配的权利，管理人或者人民法院应当将提存的分配额分配给其他债权人。破产财产分配时，对于诉讼或者仲裁未决的债权，管理人应当将其分配额提存。自破产程序终结之日起满2年仍不能受领分配的，人民法院应当将提存的分配额分配给其他债权人。

三、破产程序的终结

破产程序终结主要有以下方式：①因和解、重整程序顺利完成而终结；②因债务人消除破产原因或以其他方式解决债务清偿问题（包括自行和解）而终结；③因债务人的破产财产不足以支付破产费用而终结；④因破产财产分配完毕而终结。破产清算程序仅涉及后两种情况。另外，破产人无财产可供分配的，管理人应当请求人民法院裁定终结破产程序。

在破产人有财产可供分配的情况下，管理人在最后分配完结后，应当及时向人民法院提交破产财产分配报告，并提请人民法院裁定终结破产程序。人民法院应当自收到管理人终结破产程序的请求之日起15日内作出是否终结破产程序的裁定。裁定终结的，应当予以公告。管理人应当自破产程序终结之日起10日内，持人民法院终结破产程序的裁定，向破产人的原登记机关办理注销登记。

在上述规定终结破产程序，以及债务人财产不足以清偿破产费用的，管理人提请人民法院终结破产程序之日起2年内，有下列情形之一的，债权人可请求人民法院按照破产财产分配方案进行追加分配：①发现有依照《企业破产法》第三十一条、第三十二条、第三十三条、第三十六条应当追回的财产的；②发现破产人有应当供分配的其他财产的。有上述情形，但财产数量不足以支付分配费用的，不再进行追加分配，由人民法院将其上交国库。

在破产程序终结后，破产人的保证人和其他连带债务人，对债权人依照破产清算程序未受清偿的债权，依法应当继续承担清偿责任。

学思践悟

从党的二十大报告看破产法治建设（节选）

党的二十大报告对坚持以习近平新时代中国特色社会主义思想为指导，加快建设法治社会作出重大决策部署，为法治社会建设指明了前进方向、提供了根本遵循。我们要认真学习、深刻理解、贯彻落实党的二十大精神，认真推动破产法更好贯彻实施，为持续优化营商环境、推动经济高质量发展贡献智慧和力量。

（一）坚持科学立法，建设现代化破产制度

良法是善治之前提，高质量立法是良法之保证。我国进入新发展阶段，贯彻新发展理念，构建新发展格局，推动经济高质量发展，在法治轨道上推进国家治理体系和治理能力现代化，赋予了立法鲜明的时代特色。破产立法要紧跟时代步伐，及时反映党和国家事业发展要求、人民群众关切期待，回应社会各界对个人破产、预重整、关联企业合并破产、金融机构破产、跨境破产等各项制度的需要与呼声，充分发挥公平清理债权和债务、促进优胜劣汰、维护市场经济秩序等重要功能。以高质量立法护航高质量发展，优化破产制度设计，实现良法善治。

（二）优化破产程序，提高破产审理实效

高效且公平的破产程序既能有效地保护债权人享有的合法权益，也能在最短的时间内帮助企业走出困境，形成良好的社会效应，避免系统性债务危机或金融风险的发生。因此，要高度重视破产审理效率的提升。在不损害当事人实体权益、不违背程序公正理念的前提下，对于案情简单的破产案件积极探索简易破产程序，缩短破产程序时间，减少破产成本。推进破产专业化审判庭和专业人才队伍建设，健全管理人制度，加强对破产法官和管理人的培训，提升破产司法保障能力。

（三）强化府院联动，更好发挥协同作用

我国国家制度和国家治理体系具有多方面的显著优势，为我们在社会主义现代化建设中坚持系统观念提供了有力保障。上市公司破产、关联企业破产等案件大多涉及规模以上企业，不仅要在程序内实现债务的公平清偿，还要解决政策支持、招商引资、职工安置等较为常见的破产程序外部性问题，更涵盖了防范金融风险等系统性工作。府院联动机制有助于充分发挥行政机关的组织优势和法院的专业优势，形成破产纠纷解决合力。要深入落实府院联动机制，统筹协调解决企业破产处置工作中的民生保障、社会稳定、财产接管、税收申报、资产处置、费用协调等问题，积极稳妥解决企业破产处置相关问题，助力地方防范化解重大风险，实现破产案件办理中法律效果与社会效果、经济效果相统一。

（四）完善信用修复机制，推动企业信用重建

在社会信用体系建设方面，中共中央印发的《法治社会建设实施纲要（2020—2025年）》提到，要完善诚信建设长效机制，健全覆盖全社会的征信体系，建立完善失信惩戒制度。结合实际建立信用修复机制和异议制度，鼓励和引导失信主体主动纠正违法失信行为。信用修复制度是社会信用体系建设的重要步骤，是完善守信联合激励和失信联合惩戒机制的重要环节，是构建以信用为核心的事中事后监管机制的必然要求，是失信主体退出惩戒措施的制度保障。支持破产重整、和解企业重建信用，有利于促进有再生希望的危困企业脱困重生、重获经营能力，持续优化市场化、法治化、国际化营商环境。

（五）保护职工合法权益，维护社会和谐稳定

在党的二十大报告中，“人民”是贯穿始终的一条主线，从“坚持以人民为中心的发展思想”，到“增进民生福祉，提高人民生活品质”，再到“始终同人民同呼吸、共命运、心连心”，充分体现了中国共产党满满的民生情怀和为民初心。企业破产时为职工合法权益提供充分保障便是“人民至上”的生动注脚。在破产工作中，应加强破产企业职工债权保护，在条件允许的情况下，破产企业职工债权应得到及时先行清偿。加强破产企业职工安置和再就业工作，发挥好失业保险和社会救助在破产企业职工安置中的作用，推动解决破产企业职工社保关系转移接续、劳动关系处理、再就业培训等困难，为职工再就业创造条件，提供有力支撑，切实减少社会矛盾和社会负担。

资料来源　张善斌，熊珊．从党的二十大报告看破产法治建设［EB/OL］．［2023-12-17］．http://www.hbfxh.com/main/esdxx/1308.jhtml.

问题思考：如何理解破产法治建设的意义？

关键术语

破产（bankruptcy）　破产法（bankruptcy law）　破产申请（bankruptcy petition）　债权人会议（creditor's meeting）　清偿（pay off）　和解（reconciliation）　重整（reforming）　破产宣告（adjudication of bankruptcy）

基础训练

一、单选题

1.2023年8月1日，某公司申请破产。8月10日，人民法院受理并指定了管理人。该公司出现的下列（　　）行为属于《企业破产法》中的欺诈破产行为，管理人有权请求人民法院予以撤销。

A.2023年7月5日，将市场价格100万元的仓库以30万元出售给母公司

B.2023年10月15日，将公司一辆价值30万元的汽车赠与甲

C.2023年5月5日，向乙银行偿还欠款50万元及利息4万元

D.2023年6月10日，以协议方式与债务人丙相互抵销20万元债务

2.关于债权人会议主席的产生，下列表述符合《企业破产法》规定的是（　　）。

A.由债权人会议成员选举产生

B.由债权人会议成员从有表决权的债权人中选举产生

C.由管理人从有表决权的债权人中指定产生

D.由人民法院从有表决权的债权人中指定产生

3.甲企业与乙企业签订买卖合同，约定乙企业应于8月30日前交货，货到7日内甲企业付款。同年8月10日，甲企业被人民法院依法宣告破产。对该合同的处理，下列选项中正确的是（　　）。

A.由清算组决定解除还是继续履行　　B.由甲企业自主决定解除还是继续履行

C.由债权人会议决定解除还是继续履行　　D.不得继续履行

4.依《企业破产法》，以下说法错误的是（　　）。

A.在中国开始的破产程序，对债务人在中国境外的财产发生效力

B.对于外国法院的破产判决，我国人民法院一律应予承认和执行

C.宣告母公司破产，子公司不一定破产

D.宣告子公司破产，母公司不一定破产

5.破产案件的管辖人民法院是（　　）。

A.债权人住所地人民法院　　B.债务人住所地人民法院

C.债务人财产所在地人民法院　　D.债务人的主要营业所在地人民法院

6.依《企业破产法》，人民法院受理破产案件后，对债务人财产的其他民事执行程序所带来的法律后果是（　　）。

A.中止执行　　B.继续执行

C.终结执行　　D.与破产程序合并执行

7.人民法院受理了某公司的破产申请，则以下关于该公司的活动不合法的是（　　）。

A.解除债权人申请的对该公司所有厂房和机器设备的财产保全措施

B.中止对该公司的执行程序

C.中止该公司已经开始但尚未终结的民事诉讼程序

D.终止该公司在破产申请受理前成立但未履行完毕的合同

8.以下人员中，可以被指定担任管理人的是（ ）。

A.甲是某律师事务所律师，曾经在履行职务中因重大过失行为被吊销执业证书

B.乙为律师，同时是债务人的股东

C.丙为注册会计师，曾经因过失犯罪受到过刑事处罚

D.丁是注册会计师，经验丰富，定居国外，没有时间回国

二、多选题

1.以下关于破产申请的说法中（ ）是正确的。

A.债权人和债务人都可以直接向人民法院申请破产

B.债务人提出破产申请应当向人民法院提交财产状况说明、债务清册、债权清册、有关财务报告、企业职工情况和安置预案以及职工工资和社会保险费用交付情况

C.债务人可能不能清偿债务，债权人可以申请宣告债务人破产

D.提出破产申请必须采用书面形式

2.下列各项中，属于应当从破产财产中优先拨付的破产费用是（ ）。

A.债权人参加破产程序的费用　　B.破产企业所欠税款

C.破产案件的诉讼费用　　D.破产财产的管理、变价和分配所需的费用

3.在第一次债权人会议召开之前，管理人实施下列行为时，应当经人民法院许可的是（ ）。

A.管理人决定继续或者停止债务人的营业

B.全部库存或者营业的转让

C.设定财产担保的事项

D.履行债务人和对方当事人均未履行完毕的合同

4.2023年9月1日，某人民法院受理了湘江服装公司的破产申请并指定了管理人，管理人开始受理债权申报，下列（ ）属于可以申报的债权请求权。

A.甲公司的设备余款给付请求权，但根据约定该余款的支付时间为2023年10月30日

B.乙公司请求湘江服装公司加工一批服装的合同履行请求权

C.丙银行的借款偿还请求权，但该借款已经设定财产抵押担保

D.当地税务机关对湘江服装公司作出的8万元行政处罚决定

5.关于破产清算、重整与和解的表述，下列说法正确的是（ ）。

A.债务人一旦被宣告破产，就不可能再进入重整或者和解程序

B.破产案件受理后，只有债务人才能提出和解申请

C.即使债务人未出现现实的资不抵债情形，也可申请重整程序

D.重整是破产案件的必经程序

6.关于和解的申请，下列说法正确的是（ ）。

A.债务人不能直接向人民法院申请和解

B.债务人可以直接向人民法院申请和解

C.债务人可以在人民法院受理破产申请后、宣告债务人破产前向人民法院申请和解

D.债务人在人民法院受理破产申请后不能向人民法院申请和解

7.下列有关重整制度表述正确的是（　　）。

A.在重整期间，对债务人的特定财产享有的担保权暂停行使

B.在重整期间，担保物有损坏或者价值明显减少的可能，足以危害担保权人权利的，担保权人可以向人民法院请求恢复行使担保权

C.在重整期间，债务人或者管理人为继续营业而借款的，可以为该借款设定担保

D.在重整期间，债务人的出资人可以请求投资收益分配

8.在重整期间，除特殊情况外，下列表述符合《企业破产法》规定的有（　　）。

A.对债务人的特定财产享有的担保权应暂停行使

B.债务人的出资人不得请求投资收益的分配

C.债务人的董事、监事、高级管理人员不得要求发放其报酬

D.债务人的董事、监事、高级管理人员不得向第三人转让其所持有的债务人的股权

三、简答题

1.简述破产的概念和法律特征。

2.分析我国企业法人的破产原因。

3.简述管理人的基本概念。

4.试述债权人会议。

5.简述破产和解与重整的含义。

四、实务题

甲、乙、丙、丁、戊拟共同组建一有限责任性质的饮料公司，注册资本为200万元，其中甲、乙各以货币60万元出资；丙以实物出资，经评估机构评估为20万元；丁以其专利技术出资，作价50万元；戊以劳务出资，经全体出资人同意作价10万元。公司拟不设董事会，由甲任执行董事；不设监事会，由丙担任公司的监事。

饮料公司成立后经营一直不景气，已欠A银行贷款100万元。经股东会决议，决定把饮料公司唯一盈利的保健品车间分出去，另成立有独立法人资格的保健品厂。后饮料公司增资扩股，乙将其股份转让给大北公司。1年后，保健品厂也出现严重亏损，资不抵债，其中欠B公司货款达400万元。

问题：B公司除采取起诉或仲裁的方式追讨保健品厂的欠债外，还可以采取什么法律手段以实现自己的债权？

第五章　合同法

学习目标

◆ 重点掌握合同的内容、要约和承诺有效的条件、合同的效力、合同履行中的抗辩权、合同债权的保全、合同的担保、合同的转让与终止、违约责任。

◆ 掌握合同和合同法的概念及特征、缔约过失责任、合同法的基本原则、合同的成立、合同履行的规则、合同的变更。

◆ 了解合同的分类、合同的形式、合同履行的原则。

第一节　合同法概述

现代市场经济是商品交换的经济，交换是以签订和履行（书面或口头）合同为基础的。学好《民法典》合同编是避免合同风险的重要途径。

一、合同的概念与法律特征

（一）合同的概念

合同有广义和狭义之分。广义合同是两个以上的民事主体之间设立、变更、终止民事权利与义务关系的协议；狭义合同专指债权合同，即两个以上的民事主体之间设立、变更、终止债权和债务关系的协议。广义合同除债权合同之外，还包括物权合同、身份合同等。[①]《民法典》第四百六十四条指出，合同是民事主体之间设立、变更、终止民事法律关系的协议。婚姻、收养、监护等有关身份关系的协议，适用有关该身份关系的法律规定；没有规定的，可以根据其性质参照适用《民法典》合同编规定。因此，《民法典》合同编所涉及的合同应属狭义的合同，即债权合同。

（二）合同的法律特征

（1）合同是当事人在平等互利基础上的民事法律行为。[②]合同当事人的法律地位平等，一方不得凭借行政权力、经济实力等将自己的意志强加给另一方。

---

① 江平．中华人民共和国合同法精解［M］．北京：中国政法大学出版社，1999：3.

② 《民法典》第一百三十三条规定："民事法律行为是民事主体通过意思表示设立、变更、终止民事法律关系的行为。"第一百三十四条规定："民事法律行为可以基于双方或者多方的意思表示一致成立，也可以基于单方的意思表示成立。"合同是典型的民事法律行为。

（2）合同是双方或多方当事人的法律行为。合同的主体必须有两个或两个以上，合同的成立是各方当事人意思表示一致的结果。

（3）合同是明确当事人之间特定权利与义务关系的协议。通过订立合同，当事人之间可以设立、变更、终止某种特定的民事权利与义务关系，以实现当事人的特定经济目的。

（4）合同是具有相应法律效力的协议。合同依法成立、生效之后，当事人各方都应全面正确履行合同中规定的义务，不得擅自变更或者解除。如果当事人不履行合同中约定的义务，则要依法承担违约责任。

二、合同法的概念与特征

合同法是调整民事主体之间的交易关系的法律规范，主要规范合同的订立，合同的效力，合同的履行、变更、解除、保全，以及违反合同的责任等问题。[①]《民法典》合同编由通则、典型合同、准合同3个分编构成，对合同法作了详细的规定。

合同法具有以下特征：

（1）合同法主要是由任意性规范构成。在市场经济条件下，交易的活跃、快捷要求市场主体在交易活动中能够独立地进行意思表示，快速地作出决定，达成自己的经济目的。这就要求国家通过法律手段对交易活动的干预限制在合理的范围内。因此，合同法主要是通过任意性规范而不是强制性规范来调整交易关系，合同法中的大多数规范都是允许当事人通过协商排除适用或加以改变的。

（2）合同法强调主体平等、自愿协商、等价有偿的原则。由于合同法规范的对象是交易关系，而交易关系本质上需要遵守平等协商和等价有偿原则，商品交换必然要求遵循价值规律的原则，实行等价交换，因此决定了合同法更强调平等协商和等价有偿原则。

（3）合同法是具有财富创造功能的法律。[②]合同法主要调整人们的财产流转关系，如果当事人所签合同都得到履行，则当事人的财富获取目的都可以达成，这无异于增加了社会的财富。当然这无疑也需要一部完备的合同法。

（4）合同法具有很强的国际趋同性。世界各国的合同法不仅在内容上日益趋同，而且通过各种组织制定出很多国际性的调整国际贸易的合同公约，如《国际货物买卖合同成立统一法公约》《联合国国际货物销售合同公约》等都是合同法国际性的标志。

三、合同法的基本原则

合同法的基本原则是指在制定、解释、执行和研究合同法时必须遵守的根本准则。合同关系作为民事关系适用《民法典》所确立的原则。

1. 平等原则

《民法典》第四条规定："民事主体在民事活动中的法律地位一律平等。"该规定体现了平等原则，具有两层含义：一是指合同关系中当事人之间的平等，不包括在合同以外的关系。二是指合同当事人在法律地位上的平等，不包括经济实力、规模大小等方面的平等。法律地位上的平等即在法律面前，当事人享有平等的主体资格，享有独立人格，其行为不受他人的支配、干涉和控制。

---

① 王利明．合同法研究（第1卷）[M]．北京：中国人民大学出版社，2002：46.

② 王利明．合同法研究（第1卷）[M]．北京：中国人民大学出版社，2002：52.

2.自愿原则

自愿原则又称自由原则。《民法典》第五条规定：“民事主体从事民事活动，应当遵循自愿原则，按照自己的意思设立、变更、终止民事法律关系。”该原则体现在交易的全过程中，主要内容包括：①缔约自由，即当事人有权自由决定是否与他人订立合同，任何单位和个人不得非法干预；②选择相对人自由，即当事人可以自由决定与谁订立合同；③决定合同内容自由，即订约当事人可以自由协商决定合同的内容；④选择合同形式的自由，即当事人可以自由决定以何种形式订立合同；⑤变更或解除合同的自由，即在合同成立生效后，当事人双方可以通过协商，决定变更或解除合同。

当然，合同自由受到必要的限制。如《民法典》第四百九十四条规定，国家根据抢险救灾、疫情防控或者其他需要下达国家订货任务、指令性任务的，有关民事主体之间应当依照有关法律、行政法规规定的权利和义务订立合同。依照法律、行政法规的规定负有发出要约义务的当事人，应当及时发出合理的要约。依照法律、行政法规的规定负有作出承诺义务的当事人，不得拒绝对方合理的订立合同的要求。

3.公平原则

《民法典》第六条规定：“民事主体从事民事活动，应当遵循公平原则，合理确定各方的权利和义务。”公平是市场经济所追求的商品交易原则，《民法典》作为调整交易关系的主要法律，坚持公平的原则具有重要意义。但《民法典》中的公平原则的适用范围仅包括合同关系中的当事人之间，不包括当事人以外的关系；同时，公平是指合同关系中当事人之间的利益关系大体平衡，而不是绝对公平，所以公平原则对当事人仅是一个指导原则。

4.诚信原则

《民法典》第七条规定：“民事主体从事民事活动，应当遵循诚信原则，秉持诚实，恪守承诺。”诚信原则是指当事人在从事民事活动时应诚实守信，以善意的方式履行其义务，不得滥用权利及规避法律或合同规定的义务。在大陆法国家，它常常被称为债法中的最高指导原则或“帝王规则”。诚信原则是市场经济活动中形成的重要道德准则，它要求人们在从事民事、经济活动时，讲究信用、信守诺言、诚实不欺，用善意的心理和方式取得权利、履行义务，在不损害他人利益及社会利益的前提下追求自身利益。《民法典》将诚信原则上升为法律规则，足见其对社会主义市场经济发展的重要性。

《民法典》合同编中的诚信原则主要体现在：

（1）订立合同时，当事人要根据诚信原则，真实地向对方当事人陈述与合同有关的情况，当事人之间要相互合作，努力促成合同的成立和生效。

（2）合同订立后，当事人要认真做好履行合同的准备工作。

（3）合同履行中，要积极履行法律和合同规定的义务，包括履行依据诚信原则而产生的各种附随义务，如在履行合同时要相互协作和照顾，将合同标的物的使用方法、瑕疵和有关重要事项告诉对方。

（4）合同履行完毕以后，在有些情况下，当事人还要根据诚信原则履行某些必要的附随义务。如雇佣合同终止以后，雇工对雇主的一些重要事项要承担保密义务。

（5）合同解释和合同争议处理。合同需要解释时，诚信原则是解释合同的依据，即应当按照诚信原则的要求妥善平衡当事人双方的利益，公平合理地确定合同的内容。在合同发生争议时，应当按照诚信原则的要求妥善处理纠纷，避免给对方造成不应有的损失。

5. 守法与公序良俗原则

《民法典》第八条规定：“民事主体从事民事活动，不得违反法律，不得违背公序良俗。”该条规定主要体现在两方面：①当事人在订约和履约中必须遵守法律和行政法规。②当事人在使用合同进行交易时必须遵守社会公德，不得违背社会公共利益，损害社会公共秩序。社会公德是社会公共生活的道德规则，包括公共秩序规则和善良风俗规则，是人们在社会公共生活中应当遵循的基本准则。所以合同当事人的合同关系与行为必须以遵守法律和公序良俗为前提。

四、合同的分类

1. 有名合同与无名合同

根据法律是否对合同规定有确定的名称作为标准，合同可分为有名合同与无名合同。有名合同是立法上规定有确定名称及规则的合同，也称典型合同。根据《民法典》合同编，买卖合同、赠与合同、借款合同、租赁合同等19类合同是有名合同。无名合同是立法上未规定确定名称及规则的合同，也称非典型合同。

当事人订立的有名合同可直接适用《民法典》合同编中关于该种合同的具体规定。对于无名合同，则只能依照当事人的约定；如无约定，则适用《民法典》合同编规定的一般规则，并参照《民法典》合同编或者其他法律最相类似合同的规定执行。

2. 单务合同与双务合同

根据合同当事人是否互相享有权利、负有义务，合同可分为单务合同与双务合同。单务合同是指仅有一方当事人承担义务，另一方当事人只享有权利的合同，典型的如赠与合同。双务合同是指双方当事人相互享受权利、承担义务的合同，典型的如买卖合同等。当事人在单务合同和双务合同中承担不同的义务，从而使他们的法律适用不同，如单务合同履行中不存在同时履行抗辩权等问题。

3. 要式合同与不要式合同

根据法律是否要求合同必须符合一定的形式才能成立为标准，合同可分为要式合同与不要式合同。要式合同是必须按照法律规定的特定形式订立才能成立的合同。不要式合同是法律对合同订立未规定特定形式的合同。《民法典》合同编规定，合同除有法律特别规定外，均为不要式合同。

4. 有偿合同与无偿合同

根据合同当事人为从合同中得到利益是否要支付相应代价为标准，合同可分为有偿合同与无偿合同。有偿合同是指当事人为从合同中得到利益要支付相应代价的合同，如买卖合同。无偿合同是指当事人不需为从合同中得到的利益支付相应代价的合同，如赠与合同。

5. 诺成合同与实践合同

根据合同是否须有实际交付标的物的行为才能成立为标准，合同可分为诺成合同与实践合同。诺成合同是在当事人意思表示一致时即告成立并生效的合同；实践合同又称要物合同，是在当事人意思表示一致后，仍须有实际交付标的物的行为或者开始履行时才能成立的合同，如保管合同。通常，确认某种合同属于实践合同除须根据商务惯例外，还应有相应法律规定。如按照《民法典》合同编，自然人之间的借款合同双方达成合意时成立，提供借款时生效。

6.主合同与从合同

根据合同是否须以其他合同的存在为前提而存在为标准，合同可分为主合同与从合同。主合同是可独立存在的合同，无须以其他合同的存在为前提；从合同是必须以其他合同的存在为前提才存在的合同，如保证合同。从合同不能独立存在，所以又称附属合同。主合同的成立与效力直接影响从合同的成立与效力。主合同无效，从合同亦不发生效力。

案例窗 5-1

第二节 合同的订立

合同的订立有很强的技巧性。在订合同时既要选定合同的形式，又要确定合同的内容；订约当事人往往还不在同一地点，给合同的订立带来很多的不确定性。对此，《民法典》合同编进行了多方面规范。

一、合同的内容与形式

通常我们在签订合同时，都要拟定合同的条款，这些经过当事人协商确定的条款即构成合同的内容。这些内容的表现形式就是合同的形式，既可以是书面的，也可以是口头的。

（一）合同的内容

合同的内容即合同当事人订立合同的各项具体意思表示，是合同成立时各项条件的总和，一般通过合同的条款表现出来。

1.合同的一般条款

《民法典》第四百七十条规定，合同内容由当事人约定，一般包括以下条款：

（1）当事人的姓名或者名称和住所。名称为法人和其他组织所有，姓名为自然人所有。自然人的住所指其户籍所在地或经常居住地；法人和其他组织的住所则是指其注册登记地或主要办事机构所在地。

（2）标的。标的是合同当事人权利与义务共同指向的对象，包括物、行为、无形财产等。标的条款是所有合同都必须具备的首要条款，没有标的或对标的未达成协议，当事人的债权和债务关系就无法确立，合同就不能成立，更无从履行。标的既可以是已经存在的财产，也可以是将要产生的财产。

（3）数量。数量与标的密切相关，是指合同标的的多少，它直接决定着合同权利与义务的大小。数量条款包括计量单位和计量方法。计量单位要明确、具体，使用统一的解释方法，不能各行其是；否则，会导致合同无法履行，发生纠纷也难以分清责任。

（4）质量。不同的标的有不同的质量要求。合同要明确规定质量标准和具体要求，以便根据合同确定的检验制度进行检验。质量条款不是合同必备的条款，有时可以用推定的方法确定标的的质量。按封存的“样品”交易，则样品的质量实际就是合同的质量条款。

（5）价款或报酬。价款是指取得标的物的一方给他方的对价；报酬是一方当事人给予完成某项工作或提供某项服务的另一方的酬金。价款或报酬标志着这类合同关系中的财产流转是有偿的。

（6）履行的期限、地点和方式。履行的期限是指履行合同约定义务的时间界限。履行期限意义重大，是否按期履行合同义务是判断当事人是否构成违约的一个重要因素。履行的地点是指履行合同约定义务的地点。履行地点关系到严格履行义务、费用负担和合同纠纷案件的人民法院管辖等，应当做到明确、具体。履行的方式是指履行合同约定义务的方法。

（7）违约责任。违约责任条款是当事人为了保证合同的履行，在合同中就一方违约所应承担的责任进行合法约定的条款。在合同中约定该条款既可以促使当事人按约定履行义务，又可以弥补一方当事人因对方违约而受到的损失。

（8）解决争议的方法。解决争议的方法是当事人关于争议发生后解决争议的方式及地点等的约定。解决争议的方法主要有协商、调解、仲裁、诉讼。即使合同已被撤销或被宣布为无效，解决争议的条款仍然有效，对合同纠纷的解决仍要采用双方所约定的方式。对于涉外合同，当事人还可选择法律的适用；但在中华人民共和国境内履行的中外合资经营企业合同、中外合作经营企业合同和中外合作勘探开发自然资源合同只能适用我国法律。

当事人为了更好地保护自己的权益也可以参照各类合同的示范文本订立合同。示范合同文本又称示范合同、合同格式等，是指由行政主管部门或者行业协会事先拟定的，对当事人订立合同起示范作用的合同文本。

除法律另有规定或当事人另有约定外，当事人之间的合同能够确定当事人姓名或者名称、标的和数量的，人民法院即可认定合同成立。

2.合同的格式条款

（1）格式条款的含义及特征。

格式条款又称标准条款，是当事人为了重复使用而预先拟定，并在订立合同时未与对方协商的条款。包含格式条款的合同叫作格式合同。格式条款具有以下法律特征：①重复性。该条款在多次订立的同类合同中不断重复使用。②单方事先决定性。格式条款由一方当事人事先确定，实践中多为提供商品或者服务的一方制定并提出。③持续稳定性。格式条款的内容一般在一段较长时间内不会发生变化。④当事人地位的不平衡性。一是合同当事人的经济实力差距较大，导致地位不平等；二是由于制定格式条款的当事人决定了格式条款的内容，而相对人既不能决定也没有足够时间和机会对其内容进行必要的分析了解，所以当事人的地位不平等。

（2）格式条款的限制性规定。

格式条款的适用可以简化合同签订程序，加快交易速度，降低交易成本。但从格式条款的特征看，它是不平等的，所以《民法典》合同编对其适用设有特别限制规定，以保证另一方当事人的合法权益。

①格式条款提供方的特别义务。《民法典》第四百九十六条规定，采用格式条款订立合同的，提供格式条款的一方应当遵循公平原则确定当事人之间的权利和义务，并采取合理的方式提示对方注意免除或者减轻其责任等与对方有重大利害关系的条款，按照对方的要求，对该条款予以说明。提供格式条款的一方未履行提示或者说明义务，致使对方没有注意或者理解与其有重大利害关系的条款的，对方可以主张该条款不成为合同的内容。提供格式条款的一方在合同订立时通常采用足以引起对方注意的文字、符号、字体等明显标识，提示对方注意免除或者减轻其责任、排除或者限制对方权利等与对方有重大利害关系的异常条款的，可以认定其已经履行相关提示义务。提供格式条款的一方按照对方的要

求，就与对方有重大利害关系的异常条款的概念、内容及其法律后果以书面或者口头形式向对方作出通常能够理解的解释说明的，也可认定其已经履行有关说明义务。但这些都需要提供相应的证据。

②格式条款的无效。有下列情形之一的，该格式条款无效：一是格式条款具有《民法典》规定的民事法律行为无效和合同免责条款无效的情形；二是提供格式条款一方不合理地免除或者减轻其责任、加重对方责任、限制对方主要权利；三是提供格式条款一方排除对方主要权利。

③格式条款的解释与选用。对格式条款的理解发生争议的，应当按照通常理解予以解释；对格式条款有两种以上解释的，应当作出不利于提供格式条款一方的解释。格式条款和非格式条款不一致的，应当采用非格式条款。

（二）合同的形式

合同的形式指体现合同内容、明确当事人权利与义务的方式，是合同当事人意思表示一致的外在表现形式。当事人订立合同，可以采取口头形式、书面形式和其他形式。

1. 口头形式

口头形式是指双方当事人以语言表达的方式表现合同内容的形式，如当面交谈、电话联系等。这种方式订立合同的优点是方便易行、简单快捷；其缺点是发生争议时难以举证确认责任，不够安全。重要的合同不宜采用口头形式。在现实生活中，购物凭证虽不是合同成立的要件，但可视为合同成立的证明。

2. 书面形式

书面形式是指以文字的方式表现当事人之间所订合同内容的形式。《民法典》第四百六十九条规定："书面形式是合同书、信件、电报、电传、传真等可以有形地表现所载内容的形式。以电子数据交换、电子邮件等方式能够有形地表现所载内容，并可以随时调取查用的数据电文，视为书面形式。"对法律、行政法规规定采用书面形式的合同，当事人应当采用书面形式。采用书面形式订立合同的优点是内容明确，便于履行、保存、举证。

3. 其他形式

其他形式是指采用除口头、书面形式以外的方式来表现合同内容的形式。其他形式一般包括推定形式和默示形式。推定形式是当事人未用语言、文字表达其意思表示，仅用行为向对方发出要约，对方接受该要约，作出一定或指定的行为作为承诺，以使合同成立的形式。如当甲登上公共汽车，并向投币箱投币，该行为可推定甲与公交公司订立了一份旅客运送合同。默示形式是指当事人采用沉默不语的方式进行意思表示。

二、合同订立的程序

合同的订立又叫缔约，是指合同当事人进行协商，并使当事人的意思表示逐步达成合意的过程和状态。当事人订立合同，应当具备相应的主体资格，即当事人应当具有相应的民事权利能力和民事行为能力。民事权利能力是指民事法律赋予民事主体从事民事活动从而享受民事权利和承担民事义务的资格；民事行为能力是指民事主体能够独立参加民事法律关系，以自己的法律行为取得民事权利或承担民事义务的法律资格。当事人也可依法委托代理人订立合同。

当事人订立合同，采取要约、承诺的方式进行。当事人意思表示真实一致时，合同即成立。

（一）要约

要约是合同订立的首要环节和必经程序。要约又称发盘、出盘、发价或报价等，是指要约人希望和他人订立合同的意思表示。发出要约的人被称为要约人，接受要约的人被称为受要约人。

1.要约有效的条件

要约人发出的意思表示并非都能成为合法有效的要约。要约有效必须兼具以下条件：

（1）要约人须有订立合同的意图。如果要约人以语言、文字明示要约一经承诺，其即受该意思表示约束，就表明其有订约的意图，即要约人已经决定订约，而不是“准备”或“正在考虑”订约等。如果要约人并未以语言、文字明示经承诺即受约束的意思，但根据其表意行为，结合交易惯例，第三人能够合理相信其有此意思的，也可认为其有订约意图。[①]

（2）要约一般需要向特定的受要约人发出。要约作为一种意思表示，不能仅仅存在于要约人之内心所想，必须将其表达出来，他人才能知晓，才能产生法律约束力。也就是说，要约只有向要约人希望与之缔结合同的受要约人发出，才能产生法律效力，才可能得到受要约人的承诺。受要约人既可以是一人，也可以是数人，但一般应是特定的，不特定将无法确定谁是承诺人。

（3）要约的内容必须具体、确定。要约的内容应包括即将订立的合同的主要条款，这样才可以认为要约的内容是具体的，否则承诺人难以作出承诺；即使作了承诺，也会因欠缺合同的主要条款而使合同不能成立。当然，不同性质的合同对主要条款的要求不一样。确定是指要约的内容必须明确，且必须是最终的、无保留的，这样才能使受要约人准确理解要约的真实含义并作出承诺；如果要约时意思含混不清或有保留，则受要约人无法承诺。

（4）要约必须送达受要约人才能生效。《民法典》第一百三十七条规定：“以对话方式作出的意思表示，相对人知道其内容时生效。以非对话方式作出的意思表示，到达相对人时生效。以非对话方式作出的采用数据电文形式的意思表示，相对人指定特定系统接收数据电文的，该数据电文进入该特定系统时生效；未指定特定系统的，相对人知道或者应当知道该数据电文进入其系统时生效。当事人对采用数据电文形式的意思表示的生效时间另有约定的，按照其约定。”

2.要约邀请

要约邀请是希望他人向自己发出要约的意思表示，不属于订立合同的行为。拍卖公告、招标公告、招股说明书、债券募集办法、基金招募说明书、商业广告和宣传、寄送的价目表等，性质为要约邀请。如果商业广告和宣传的内容符合要约的条件，则视其为要约。悬赏广告为要约。

3.要约的撤回和撤销

要约的撤回是要约人阻止已经发出的要约发生法律效力的意思表示。撤回要约的通知应当在要约到达受要约人之前或者与要约同时到达受要约人。

---

① 王利明．合同法研究（第1卷）[M]．3版．北京：中国人民大学出版社，2015：229.

要约的撤销是要约人使已经生效的要约失去法律效力的意思表示。撤销要约的意思表示以对话方式作出的，该意思表示的内容应当在受要约人作出承诺之前为受要约人所知道；撤销要约的意思表示以非对话方式作出的，应当在受要约人作出承诺之前到达受要约人。

有下列情形之一的，要约不得撤销：①要约人以确定承诺期限或者其他形式明示要约不可撤销；②受要约人有理由认为要约是不可撤销的，并已经为履行合同做了准备工作。

4.要约的失效

《民法典》合同编规定，有下列情形之一的，要约失效：①要约被拒绝；②要约被依法撤销；③承诺期限届满，受要约人未作出承诺；④受要约人对要约的内容作出实质性变更。

（二）承诺

承诺是指受要约人同意要约意思表示。除法律另有规定或者当事人另有约定外，承诺生效时，合同成立。承诺也叫接受，即接受要约之意。

1.承诺生效的条件

（1）承诺必须是由受要约人或其代理人向要约人作出的接受要约的意思表示。受要约人是特定相对人时，承诺由该特定人作出；受要约人是不特定相对人时，承诺应由该不特定相对人中的任何人作出。承诺必须清楚明确，不能含混不清；否则，不能产生承诺的效力。

（2）承诺应当在要约确定的期限内到达要约人。如果要约明确约定了承诺期限，则应在该期限内到达。如果要约没有确定承诺期限，则承诺应当依下列规定到达：①要约以对话方式作出的，应当即时作出承诺。②要约以非对话方式作出的，承诺应当在合理期限内到达。要约以信件或者电报方式作出的，承诺期限自信件载明的日期或者电报交发之日开始计算。信件未载明日期的，自投寄该信件的邮戳日期开始计算。要约以电话、传真、电子邮件等快速通信方式作出的，承诺期限自要约到达受要约人时开始计算。

（3）承诺必须与要约的内容一致。这是指不能对要约内容进行实质性的变更。承诺与要约的内容不一致，被称为反要约或还盘，是受要约人向要约人发出的一项新要约。《民法典》合同编规定，有关合同标的、数量、质量、价款或者报酬、履行期限、履行地点和方式、违约责任和解决争议方法等的变更，是对要约内容的实质性变更。承诺对要约的内容作出非实质性变更的，除要约人及时表示反对或者要约表明承诺不得对要约的内容作出任何变更的以外，该承诺有效，合同的内容以承诺的内容为准。

（4）承诺的方式应符合要约的要求。承诺应当以通知的方式作出，也可以根据交易习惯或者要约表明通过行为的方式作出。承诺还应当采用与要约一致的通信方式，如要约要求承诺应以发电子邮件的方式作出，则不应采取纸质邮寄的方式。

2.承诺生效的时间

承诺生效的时间是交易中非常关键的问题，因为承诺生效时合同成立。承诺以通知方式作出的，生效的时间适用《民法典》第一百三十七条的规定。承诺不需要通知的，根据交易习惯或者要约的要求作出承诺的行为时生效。

3.承诺的撤回

承诺的撤回是指受要约人发出承诺通知后，为了阻止其发生法律效力的意思表示。《民法典》合同编规定承诺到达要约人时生效，所以在其生效前承诺人可以使其失去法律效力。但是撤回意思表示的通知应当在意思表示到达相对人前或者与意思表示同时到达相对人。

4.特殊的承诺

（1）迟延的承诺，即受要约人超过承诺期限发出承诺，或者在承诺期限内发出承诺，按照通常情形不能及时到达要约人的，为新要约；但要约人及时通知受要约人该承诺有效的除外。

（2）迟到的承诺，即受要约人在承诺期限内发出，按照通常情形能够及时到达要约人，但因其他原因使其到达要约人时超过了承诺的期限，除要约人及时通知受要约人因承诺超过期限不接受该承诺的以外，该承诺有效。

（三）合同成立的时间与地点

1.合同成立的时间

《民法典》合同编对不同形式的合同规定了不同的成立时间。

（1）一般情况下，承诺生效时合同成立。

（2）当事人约定采用合同书形式订立合同的，自当事人均签名、盖章或者按指印时合同成立。由于法律规定“承诺生效时合同成立”，所以凡合同不以承诺生效时成立，而以双方当事人在合同书上签名、盖章或者按指印时成立的，当事人应当事先在要约或承诺中作出明确约定。

（3）当事人采用信件、数据电文等形式订立合同要求签订确认书的，签订确认书时合同成立。确认书是指合同正式成立前，一方要求最终确认合同相关内容的表示。确认书通常采用书面的形式，自签订确认书之日起，合同正式宣告成立。

（4）当事人一方通过互联网等信息网络发布的商品或者服务信息符合要约条件的，对方选择该商品或者服务并提交订单成功时合同成立，但是当事人另有约定的除外。

此外，《最高人民法院关于适用〈中华人民共和国民法典〉合同编通则若干问题的解释》规定了几种合同成立的特殊形式：一是采用招标方式订立合同的，合同自中标通知书到达中标人时成立；二是采用现场拍卖、网络拍卖等公开竞价方式订立合同的，合同自拍卖师落槌、电子交易系统确认成交时合同成立；三是产权交易所等机构主持拍卖、挂牌交易，其公布的拍卖公告、交易规则等文件公开确定了合同成立时需要具备的条件，该条件具备时，当事人可以请求确认合同成立。

2.合同成立的地点

承诺生效的地点为合同成立的地点。采用数据电文形式订立合同的，收件人的主营业地为合同成立的地点；没有主营业地的，其住所地为合同成立的地点；当事人另有约定的，按照其约定。当事人采用合同书形式订立合同的，最后签名、盖章或者按指印的地点为合同成立的地点，但是当事人另有约定的除外。

3.实际履行与合同成立的关系

《民法典》合同编规定了两种特殊情况下对合同成立的确认：①采用合同书形式订立合同的，在签名、盖章或者按指印之前，当事人一方已经履行主要义务，对方接受时，该合同成立。②法律、行政法规规定或者当事人约定合同应当采用书面形式订立，当事人未采用书面形式，但是一方已经履行主要义务，对方接受时，该合同成立。

案例窗 5-2

三、缔约过失责任

缔约过失责任是指在合同订立过程中，当事人一方因违背其依据诚信原则所应负的义务，致另一方产生信赖利益损失而应该承担的损害赔偿责任。

（一）缔约过失责任的特点

（1）此种责任发生在合同订立阶段，又称前契约责任。只有在合同尚未成立，或者虽然成立，但因为不符合法定的生效要件而被确认无效或被撤销时，缔约人才应承担缔约过失责任，所以正确把握合同成立的时间，是衡量是否应承担缔约过失责任的关键。

（2）一方当事人违反了依据诚信原则所产生的义务。这种义务发生在缔约阶段，又称先合同义务。这是法定的义务，不以双方当事人有事先约定为必要条件，具体包括：①无正当理由不得撤销要约的义务；②使用方法告知义务；③合同订立前重要事情的告知义务；④协作和照顾义务；⑤忠实义务；⑥保密义务；⑦不得滥用谈判自由的义务。[①]

（3）造成另一方信赖利益的损失。信赖利益的损失主要是指一方实施某种行为后，另一方对此产生了信赖，并因此而支付了一定的费用，因一方的过失致使该费用不能得到补偿。它既包括因他方的过失行为而致信赖人的直接财产的损失，如支付各种费用等，也包括信赖人的财产应增加而未增加的利益。总之，一方必须给另一方造成损失，才应负缔约过失责任。

（二）缔约过失责任的主要类型

《民法典》第五百条、第五百零一条对缔约过失责任的主要类型有明确规定。

（1）假借订立合同，恶意进行磋商。行为人要负此种缔约过失责任，须在主观上具有恶意。所谓恶意，是指假借磋商、谈判，而故意给对方造成损害。如甲就某项合同的订立与乙进行谈判，目的是阻止乙与丙订立合同，或者使乙丧失其他商业机会，甲的行为就属于恶意。

（2）故意隐瞒与订立合同有关的重要事实或者提供虚假情况。在订约过程中，一方当事人故意隐瞒与订立合同有关的重要情况，或提供虚假情况，实际上已构成欺诈，如因此给对方造成财产损失，应负赔偿责任。

（3）有其他违背诚信原则的行为。这主要包括：①违反合同订立前的信息披露义务；②泄露除商业秘密外的其他秘密信息；③违反初步协议或未生效合同；④要约人违反有效要约。[②]

（4）泄露或不正当地使用商业秘密。当事人在订立合同过程中知悉的商业秘密或者其他应当保密的信息，无论合同是否成立，不得泄露或者不正当地使用；泄露、不正当地使用该商业秘密或者信息，造成对方损失的，应当承担赔偿责任。

此外，违反《民法典》第四百九十四条的强制订约义务及第五百零三条的无权代理规定也可导致缔约过失责任的产生。

---

① 王利明．合同法研究（第1卷）［M］．北京：中国人民大学出版社，2002：312-313.
② 王利明．合同法研究（第1卷）［M］．3版．北京：中国人民大学出版社，2015：356-357.

第三节　合同的效力

《民法典》合同编关于合同效力没有具体规定，适用《民法典》合同编第六章“民事法律行为”的有关规定，因为合同是一种典型的民事法律行为。

一、合同的生效

合同的成立是指当事人经过要约和承诺，意思表示一致而达成协议。合同的生效是指已依法成立的合同发生相应的法律效力。合同成立是合同生效的前提。当事人还可以在合同中约定使用或者不使用电子签名、数据电文；约定使用电子签名、数据电文的文书，不得仅因为其采用电子签名、数据电文的形式而否定其法律效力；但涉及停止供水、供热、供气等公用事业服务的合同不适用上述规定。

（一）合同生效要件

合同生效要件是判断合同是否具有法律效力的标准。合同的一般生效要件如下：①行为人具有相应的民事行为能力。②意思表示真实。所谓意思表示真实，是指表意人的表示行为应当真实地反映其内心的效果意思。③不违反法律、行政法规的强制性规定，不违背公序良俗。④合同必须具备法律所要求的形式。

（二）合同生效的时间

（1）依法成立的合同自成立时生效，即如无其他约定或法律规定，承诺生效时合同成立并生效。

（2）法律、行政法规规定应当办理批准、登记等手续生效的，办好相关手续后生效。《民法典》第五百零二条规定：“未办理批准等手续影响合同生效的，不影响合同中履行报批等义务条款以及相关条款的效力。应当办理申请批准等手续的当事人未履行义务的，对方可以请求其承担违反该义务的责任。依照法律、行政法规的规定，合同的变更、转让、解除等情形应当办理批准等手续的，适用前款规定。”

（3）当事人对合同的效力可以约定附条件。附生效条件的合同，自条件成就时生效；附解除条件的合同，自条件成就时失效。当事人为自己的利益不正当地阻止条件成就的，视为条件已成就；不正当地促成条件成就的，视为条件不成就。

（4）当事人对合同的效力可以约定附期限。附生效期限的合同，自期限届至时生效；附终止期限的合同，自期限届满时失效。

二、效力待定的合同

效力待定的合同是指合同虽然已经成立，但因其不完全符合有关生效要件的规定，因此其效力能否发生尚未确定，一般须经有权人表示承认才能生效。效力待定合同与无效合同不同。无效合同不发生效力是自始确定的，通常当事人无力改变其无效的状态，而效力待定合同是有可能生效的。效力待定合同与可撤销、可变更合同也不同，可撤销、可变更合同在撤销、变更前是有效的。

（一）限制民事行为能力人订立的合同

限制民事行为能力人订立的合同，经法定代理人追认后，合同有效。合同相对人享有催告权，相对人可以催告法定代理人在1个月内予以追认；法定代理人未作表示的，视为拒绝追认。合同被追认之前，善意相对人有撤销的权利，撤销应当以通知的方式作出。这里的“追认”，是指权利人事后同意或者承认，在效力待定的合同中，追认是有权人对无权人订立的合同予以承认的一种单方意思表示。

限制民事行为人订立的下列合同无须追认即有效：一是纯获利益的合同。纯获利益是指能够获得利益但不负有法律上的负担。一般来说，纯获利益的行为可分为：①无负担的赠与；②义务免除；③作为利益第三人合同受益的第三人；④信托的受益人等。[①]二是与其年龄、智力、精神健康状况相适应的合同。

（二）无权代理人订立的合同

这里所说的无权代理，是指表见代理以外的欠缺代理权的代理。无权代理人订立的合同，未经被代理人追认，对被代理人不发生效力，由行为人承担责任。被代理人享有追认的权利，善意相对人则享有撤销的权利。无权代理人以被代理人的名义订立合同，被代理人已经开始履行合同义务或者接受相对人履行的，视为对合同的追认。

此部分内容请参见第一章代理部分。

（三）表见代理

表见代理的合同有以下类型：

（1）无权代理。被代理人没有明确授权，但存在相对人相信无权代理人有代理权的理由而导致表见代理。

（2）超越代理权。如被代理人授予代理人一定的代理权，但后来又加以限缩，但相对人并不知情，这种不知情是由于被代理人未以与授权相同的方式让外界知道代理权被限缩的事实，这种情况下相对人就有正当理由相信行为人有代理权。

（3）代理权终止后，没有告知相对人，使相对人认为该行为人仍然是代理人。

此外，如果无权代理人具有以下文书或物件，一般可认为相对人相信其拥有代理权：代理证书、单位印章、单位介绍信、空白合同等。

（四）表见代表

《民法典》第五百零四条对表见代表行为作出了规定：“法人的法定代表人或者非法人组织的负责人超越权限订立的合同，除相对人知道或者应当知道其超越权限外，该代表行为有效，订立的合同对法人或者非法人组织发生效力。”

三、无效合同、可撤销合同及其法律后果

有些已经成立的合同因不符合法定条件，不能生效或不具备法律效力，对当事人没有约束力；有些合同虽已生效，但只要符合法定的原因，当事人就可以选择撤销或变更。

---

① 王利明．合同法新问题研究［M］．北京：中国社会科学出版社，2003：229-230.

（一）无效合同

1.合同无效的含义及种类

无效合同是指已经订立，但因违反法律、行政法规规定的生效条件而不发生法律效力，不具有法律约束力的合同。但是如果合同部分无效，则其余部分仍然有效。因为合同属典型的民事法律行为，所以凡符合《民法典》规定的无效民事法律行为情形的合同是无效合同。

合同无效的具体类型包括：

（1）违反法律、行政法规的强制性规定的合同无效；但该强制性规定不导致该合同无效的除外。关于除外的情形，《最高人民法院关于适用〈中华人民共和国民法典〉合同编通则若干问题的解释》第十六条规定合同有效的情形主要有：①强制性规定虽然旨在维护社会公共秩序，但是合同的实际履行对社会公共秩序造成的影响显著轻微，认定合同无效将导致案件处理结果有失公平公正；②强制性规定旨在维护政府的税收、土地出让金等国家利益或者其他民事主体的合法利益而非合同当事人的民事权益，认定合同有效不会影响该规范目的的实现；③强制性规定旨在要求当事人一方加强风险控制、内部管理等，对方无能力或者无义务审查合同是否违反强制性规定，认定合同无效将使其承担不利后果；④当事人一方虽然在订立合同时违反强制性规定，在合同订立后其已经具备补正违反强制性规定的条件却违背诚信原则不予补正；⑤法律、司法解释规定的其他情形。

（2）违背公序良俗的合同无效。这种情形主要包括：①合同影响政治安全、经济安全、军事安全等国家安全的；②合同影响社会稳定、公平竞争秩序或者损害社会公共利益等违背社会公共秩序的；③合同背离社会公德、家庭伦理或者有损人格尊严等违背善良风俗的。

（3）行为人与相对人恶意串通，损害他人合法权益的合同无效。

（4）行为人与相对人以虚假的意思表示实施的民事法律行为无效，该类合同亦无效。以虚假的意思表示隐藏的民事法律行为的效力，依照有关法律规定处理。

2.无效合同的特征

无效合同的特征主要有：①无效合同是已经成立了的合同。②无效合同具有违法性。其违反了法律和行政法规的强制性规定以及社会公共利益。③国家对无效合同可直接干预。这主要表现在，人民法院或仲裁机构在当事人未请求合同无效之情形下，即可主动审查合同是否具有无效的因素。《民法典》第五百三十四条规定："对当事人利用合同实施危害国家利益、社会公共利益行为的，市场监督管理和其他有关行政主管部门依照法律、行政法规的规定负责监督处理。"④无效合同自始无效。由于无效合同从本质上违反了法律规定，因此其法律效力始终不被承认。

此外，当事人可依据自愿原则在合同中约定免责条款。免责条款是指合同当事人在合同中规定的免除或限制一方或双方当事人违约法律责任的条款。但《民法典》第五百零六条规定，合同中的下列免责条款无效：①造成对方人身伤害的；②因故意或者重大过失造成对方财产损失的。免责条款无效不影响合同其他条款的效力。

案例窗5-3

（二）可撤销合同

1.可撤销合同的含义和特征

可撤销合同是指因存在法定事由，合同一方当事人可请求人民法院或者仲裁机构撤销的合同。其特征如下：①在被撤销前它是有效的，只有在被撤销以后才是自始无效的。②可撤销的合同主要是当事人的意思表示不真实的合同。③必须由有撤销权的当事人行使撤销权，请求撤销合同。

2.可撤销合同的种类

（1）因重大误解订立的合同。重大误解是指当事人对合同的性质、对方当事人，以及标的物的种类、质量、数量等涉及合同后果的重要事项存在错误认识，违背其真实意思表示订立合同，并因此受到较大损失的行为。但商业风险等不属于重大误解。

构成重大误解应符合下列条件：①重大误解与合同的订立或合同条件存在因果关系。②重大误解是合同当事人自己的误解。③误解必须是重大的，如对标的物本质或性质的误解。④合同误解方不愿承担对误解的风险。

（2）成立时显失公平的合同。《民法典》第一百五十一条规定："一方利用对方处于危困状态、缺乏判断能力等情形，致使民事法律行为成立时显失公平的，受损害方有权请求人民法院或者仲裁机构予以撤销。"其法律特征为：①一方当事人利用对方处于危困状态或者缺乏判断能力等情形签订合同。②合同的内容使当事人双方的权利与义务明显不公平，这种不公平是合同成立时即存在的。

（3）一方或者第三人以欺诈、胁迫的手段，使对方在违背真实意思的情况下订立的合同。该类合同受害方有权请求人民法院或者仲裁机构撤销。但《民法典》规定：第三人实施欺诈行为，须对方知道或者应当知道该欺诈行为的，受欺诈方才有权请求撤销；一方或者第三人实施胁迫行为，受胁迫方立即有权请求予以撤销。这种情况下，受到损失的当事人也可以请求第三人承担赔偿责任。

3.撤销权的行使及消灭

撤销权通常由因意思表示不真实而受损害的一方当事人享有，撤销权人应向人民法院或者仲裁机构请求撤销合同。但是，有下列情形之一的撤销权消灭：①当事人自知道或者应当知道撤销事由之日起1年内、重大误解的当事人自知道或者应当知道撤销事由之日起90日内没有行使撤销权；②当事人受胁迫，自胁迫行为终止之日起1年内没有行使撤销权；③当事人知道撤销事由后明确表示或者以自己的行为表明放弃撤销权。当事人自民事法律行为发生之日起5年内没有行使撤销权的，撤销权消灭。上文中的"1年""90日""5年"时效皆为不变期间（又称除斥期间），不适用诉讼时效中止、中断或者延长的规定。

（三）无效合同、可撤销合同确认之法律后果

可撤销合同与无效合同不同。无效合同因违法而自始没有法律约束力。可撤销合同主要是合同成立时意思表示不真实的合同，在合同成立后，当事人的意思表示还可能改变，不一定非得撤销，所以在被撤销之前仍是有效合同。对可撤销的合同是否撤销，或是采取撤销还是变更措施，完全由当事人决定。

合同不成立、无效、被撤销或者确定不发生效力的，不影响合同中有关解决争议方法的条款的效力。合同不成立、无效、被撤销或者确定不发生效力后，行为人因该合同取得

的财产，应当予以返还；不能返还或者没有必要返还的，应当折价补偿。有过错的一方应当赔偿对方因此所受到的损失；各方都有过错的，应当各自承担相应的责任。如果法律另外有规定的，依照其规定处理。

第四节　合同的履行

合同的履行是指合同的双方当事人正确、适当、全面地完成合同中规定的各项义务的行为。通过合同履行实现合同债权，达到订立合同目的。

一、合同履行的原则

合同履行的原则是法律规定的、合同的当事人在履行合同过程中所必须遵循的基本准则。

1.全面履行原则

《民法典》第五百零九条规定："当事人应当按照约定全面履行自己的义务。"全面履行原则就是合同当事人按照合同的相关条款，全面准确地履行合同义务。

2.诚信原则

诚信原则作为基本原则对于一切合同及合同履行的一切方面均应适用。当事人需根据合同的性质、目的和交易习惯履行附随义务，如及时通知、协助、提供必要的条件、防止损失的扩大及保密等。如《民法典》合同编规定，债权人分立、合并或者变更住所没有通知债务人，致使履行债务发生困难的，债务人可以中止履行或者将标的物提存。

3.适当履行原则

适当履行是指债务人应当按照法律和合同规定的质量标准或适当的方式作出履行。适当履行与全面履行的区别在于，全面履行主要强调债务人履行的数量和期限符合法律规定和合同的约定，而适当履行主要是指债务人履行债务的质量符合法律规定和合同约定，或者债务人以适当的方式履行债务。适当履行原则的内容主要体现在：

（1）履行主体适当。其既包括履行债务的主体适当，也包括接受债务履行的主体适当。合同履行的主体一般限于债务人，接受债务履行的主体是债权人。除法律另有规定或者当事人另有约定的以外，债务人不得向债权人之外的第三人履行债务；否则，即违背适当履行原则。

（2）履行标的适当，即债务人所交付的标的物或者提供的服务应当符合法律和合同约定的要求；否则，即违背适当履行原则。

（3）履行方式适当。合同履行方式适当是指在履行方法确定方面，应当考虑法律规定、合同约定以及债的目的等因素。债务人对于履行方式有多种选择的，应当选择对债权人最为有利的方式。[①]

4.绿色原则

《民法典》规定，民事主体从事民事活动，应当有利于节约资源，保护生态环境；在

① 王利明．合同法［M］．北京：中国人民大学出版社，2015：141-142.

合同履行过程中，当事人应当避免浪费资源、污染环境和破坏生态。

二、合同履行的规则

合同履行的规则是指合同履行过程中当事人需要遵守的具体规定。《民法典》合同编针对合同没有约定或约定不明规定了具体的履行规则。

（一）合同的履行主体

合同的履行主体既包括义务主体，也包括权利主体。一般情况下，合同的义务应该由义务人亲自履行，但是对于非人身性质的债、非法定或约定必须由义务人亲自履行之合同债务，可以由第三人代为履行；但第三人即使代为履行了合同义务，其仍然不是合同当事人。《民法典》合同编规定：

（1）当事人约定由债务人向第三人履行债务，债务人未向第三人履行债务或者履行债务不符合约定的，应当向债权人承担违约责任。法律规定或者当事人约定第三人可以直接请求债务人向其履行债务，第三人未在合理期限内明确拒绝，债务人未向第三人履行债务或者履行债务不符合约定的，第三人可以请求债务人承担违约责任；债务人对债权人的抗辩可以向第三人主张。如果第三人拒绝受领，债权人可要求债务人向自己履行债务，但债务人已经采取提存等方式消灭债务的除外。第三人拒绝受领或者受领延迟，债务人可以要求债权人赔偿因此造成的损失。

（2）当事人约定由第三人向债权人履行债务，第三人不履行债务或者履行债务不符合约定的，债务人应当向债权人承担违约责任。债务人不履行债务，第三人对履行该债务具有合法利益的，第三人有权向债权人代为履行；但是，根据债务性质、按照当事人约定或者依照法律规定只能由债务人履行的除外。债权人接受第三人履行后，其对债务人的债权转让给第三人，但是债务人和第三人另有约定的除外。具有合法利益的第三人主要指：①保证人或者提供物的担保的第三人；②担保财产的受让人、用益物权人、合法占有人；③担保财产上的后顺位担保权人；④对债务人的财产享有合法权益且该权益将因财产被强制执行而丧失的第三人；⑤债务人为法人或者非法人组织的，其出资人或者设立人；⑥债务人为自然人的，其近亲属；⑦其他对履行债务具有合法利益的第三人。

合同生效后，当事人不得因姓名、名称的变更或者法定代表人、负责人、承办人的变动而不履行合同义务。

（二）合同约定不明时的履行规则

合同生效后，当事人就质量、价款或者报酬、履行地点等内容没有约定或者约定不明确的，可以协议补充；不能达成补充协议的，按照合同相关条款或者交易习惯确定。交易习惯一般指：①在交易行为当地或者某一领域、某一行业通常采用并为交易对方订立合同时所知道或者应当知道的做法；②当事人双方经常使用的习惯做法。对于交易习惯，由提出主张的一方当事人承担举证责任。

当事人在依上述履行规则仍不能确定的，适用《民法典》第五百一十一条和五百一十三条的规定：

（1）质量要求不明确的，按照强制性国家标准履行；没有强制性国家标准的，按照推荐性国家标准履行；没有推荐性国家标准的，按照行业标准履行；没有国家标准、行业标准的，按照通常标准或者符合合同目的的特定标准履行。

（2）价款或者报酬不明确的，按照订立合同时履行地的市场价格履行；依法应当执行政府定价或者政府指导价的，依照规定履行。合同约定执行政府定价或者政府指导价的，在合同约定的交付期限内政府价格调整时，按照交付时的价格计价。逾期交付标的物的，遇价格上涨时，按照原价格执行；价格下降时，按照新价格执行。逾期提取标的物或者逾期付款的，遇价格上涨时，按照新价格执行；价格下降时，按照原价格执行。

（3）履行地点不明确，给付货币的，在接受货币一方所在地履行；交付不动产的，在不动产所在地履行；其他标的，在履行义务一方所在地履行。

（4）履行期限不明确的，债务人可以随时请求履行，债权人也可以随时请求履行，但应当给对方必要的准备时间。

（5）履行方式不明确的，按照有利于实现合同目的的方式履行。

（6）履行费用的负担不明确的，由履行义务一方负担；因债权人原因增加的履行费用，由债权人负担。

案例窗 5-4

（三）提前履行与部分履行

《民法典》合同编就当事人提前履行和部分履行作了规定。债权人可以拒绝债务人提前履行或者部分履行债务，但提前履行或者部分履行债务不损害债权人利益的除外。债务人提前履行或者部分履行债务给债权人增加的费用，由债务人负担。

三、合同履行中的抗辩权

合同履行中的抗辩权是指在符合法定条件时，双务合同中当事人一方享有的暂时拒绝他方当事人请求自己履行债务的权利。合同履行中抗辩权的存在必须以双务合同为前提。

（一）同时履行抗辩权

同时履行抗辩权是指双务合同的一方当事人在另一方当事人未履行以前或履行不符合合同约定时，有权拒绝对方要求自己履行义务的权利。《民法典》第五百二十五条规定："当事人互负债务，没有先后履行顺序的，应当同时履行。一方在对方履行之前有权拒绝其履行请求。一方在对方履行债务不符合约定时，有权拒绝其相应的履行请求。"

同时履行抗辩权的成立应满足以下条件：①双方当事人基于同一双务合同而互负债务；②双方当事人互负的债务没有先后履行顺序，且均已到清偿期限；③对方当事人未履行债务或未按照约定履行债务；④对方当事人的对待给付是可能履行的。

（二）后履行抗辩权

后履行抗辩权（有学者称为先履行抗辩权）是指在双务合同中，当事人互负债务，有先后履行顺序，应先履行债务的一方当事人未履行或者履行不符合合同约定的，后履行一方当事人有拒绝其履行请求的权利。由此可见，后履行抗辩权的行使应符合下列条件：①双方当事人之互负债务基于同一双务合同而存在；②双方当事人之互负债务必须有先后履行的顺序；③先履行一方到期未履行债务或没有适当履行债务；④对方当事人的对待给付是可能履行的。

（三）不安抗辩权

不安抗辩权是指双务合同中应先履行义务的一方当事人，有确切证据证明对方当事人不能或可能不能履行合同义务时，在对方当事人未履行合同或提供担保之前，有暂时中止履行合同的权利。《民法典》第五百二十七条规定，应当先履行债务的当事人，有确切证据证明对方有下列情形之一的，可以中止履行：①经营状况严重恶化；②转移财产、抽逃资金，以逃避债务；③丧失商业信誉；④有丧失或者可能丧失履行债务能力的其他情形。

不安抗辩权适用的条件是：①双方当事人基于同一双务合同而存在互负债务；②抗辩方负有先履行合同的义务，且已到履行期限；③合同签订后，后履行一方当事人的履行能力明显降低，有不能履行对待给付的现实危险；④后履行义务人未提供适当担保。

如果当事人没有确切证据中止履行的，应当承担违约责任。当事人行使不安抗辩权中止履行的，应当及时通知对方。对方提供适当担保时，应当恢复履行。中止履行后，对方在合理期限内未恢复履行能力且未提供适当担保的，视为以自己的行为表明不履行主要债务，中止履行的一方可以解除合同，并可以请求对方承担违约责任。

四、合同的保全

合同的保全是为保护合同债权人的债权不受债务人不当行为的损害而对合同债权人采取一定保护措施的法律制度。合同的保全形式包括代位权与撤销权。

（一）代位权

代位权是指因债务人怠于行使其债权或者与该债权有关的从权利（主要指债务人不履行其对债权人的到期债务，又不以诉讼或者仲裁方式向相对人主张其享有的债权或者与该债权有关的从权利），影响债权人的到期债权实现的，债权人可以向人民法院请求以自己的名义代位行使债务人对其相对人的权利，但是该权利专属于债务人自身的除外。专属于债务人自身的权利主要包括：①抚养费、赡养费或者扶养费请求权；②人身损害赔偿请求权；③劳动报酬请求权，但是超过债务人及其所扶养家属的生活必需费用的部分除外；④请求支付基本养老保险金、失业保险金、最低生活保障金等保障当事人基本生活的权利；⑤其他专属于债务人自身的权利。

代位权作为一种法定的权利，具有如下特点：

（1）代位权针对的是债务人的消极不行使权利的行为，即怠于行使权利的行为。代位权的行使是为了保持债务人的财产，即旨在对责任财产采取法律措施予以保持。

（2）代位权是债权人向人民法院请求以自己的名义代位行使债务人的债权。代位权是通过人民法院债权人向次债务人而不是向债务人提出请求，这就不同于债权人向债务人以及债务人向次债务人提出的请求。

（3）债权人的代位权是一种权利，而不是义务。也就是说，债权人可以行使代位权，也可以不行使代位权。如果债权人不行使代位权，债权人仍然可以向债务人及其保证人提出履行请求。[①]

在代位权行使过程中，如果次债务人（债务人的相对人）提出抗辩，不认为债务人有

① 王利明. 合同法［M］. 北京：中国人民大学出版社，2015：153-154.

怠于行使其到期债权情况的，应当承担举证责任。在代位权诉讼中，次债务人对债务人的抗辩，可以向债权人主张。代位权的行使范围以债权人的到期债权为限。债权人行使代位权的必要费用，由债务人负担。

债权人的债权到期前，债务人的债权或者与该债权有关的从权利存在诉讼时效期间即将届满或者未及时申报破产债权等情形，影响债权人的债权实现的，债权人可以代位向债务人的相对人请求其向债务人履行、向破产管理人申报或者作出其他必要的行为。

债权人提起代位权诉讼，应当符合下列条件：①债权人对债务人的债权合法；②债务人怠于行使其到期债权；③债务人的债权已到期，对债权人造成损害；④债务人的债权不是专属于债务人自身的债权。

人民法院认定代位权成立的，由债务人的相对人向债权人履行义务；债权人接受履行后，债权人与债务人、债务人与相对人之间相应的权利和义务终止。债务人对相对人的债权或者与该债权有关的从权利被采取保全、执行措施，或者债务人破产的，依照相关法律的规定处理。

（二）撤销权

撤销权是指债权人在债务人实施的减少财产的行为危及债权人债权的实现时，有请求人民法院撤销其行为的权利。撤销权的适用对象是债务人的积极行为，撤销权行使的结果是恢复债务人的财产与权利，但债权人就撤销权行使的结果并无优先受偿权。债权人行使撤销权所支付的必要费用，由债务人负担。债务人影响债权人的债权实现的行为被撤销的，自始没有法律约束力。

债权人可以请求人民法院撤销债务人的行为的情形包括：

（1）债务人以放弃其债权、放弃债权担保、无偿转让财产等方式无偿处分财产权益，或者恶意延长其到期债权的履行期限，影响债权人的债权实现的；

（2）债务人以明显不合理的低价转让财产（未达到交易时交易地的市场价或者指导价的70%）、以明显不合理的高价（高于交易时交易地的市场交易价或者指导价的30%）受让他人财产或者为他人的债务提供担保，影响债权人的债权实现，债务人的相对人知道或者应当知道该情形的。

《民法典》合同编对撤销权的行使期限有特别规定，撤销权自债权人知道或者应当知道撤销事由之日起1年内行使。自债务人减少财产的行为发生之日起5年内没有行使撤销权的，该撤销权消灭。

案例窗5-5

第五节　合同的担保

一、合同担保概述

（一）合同担保的含义及特征

合同的担保即合同债的担保，是指促使债务人履行其债务、保障债权人的债权得以实现的法律措施。《民法典》合同编对定金、保证作了详细规定。《民法典》物权编对担保物权（抵押权、质权、留置权）也作了详细规定。

合同担保具有以下特征：

(1) 从属性。担保合同是从属于主合同的从合同。除另有约定者外，主合同无效，担保合同也无效。

(2) 补充性，即合同债权人所享有的担保权或者担保利益，对于其债权的实现仅具有补充意义。债权人一般只有在所担保的债务得不到履行时，才行使担保权利。

(3) 预防性。担保合同可以是主合同中的重要条款之一，也可以另立担保合同，但目的都是防止违约的发生，保障权利人权利的实现。

(4) 相对独立性，是指合同的担保相对独立于被担保的合同债权而发生或者存在。担保法律关系虽然是从属于主合同的，但也是独立的法律关系。但是，当事人在担保合同中约定担保合同的效力独立于主合同，或者约定担保人对主合同无效的法律后果承担担保责任，该有关担保独立性的约定无效。

(二) 担保的分类

依担保人和担保内容之不同，担保可分为人的担保（如保证)、物的担保（如抵押、质押、留置)、金钱担保（如定金)。依据担保发生的根据，合同的担保可分为约定担保(保证、抵押、质押等）与法定担保（留置)。

《民法典》物权编中的“担保物权”规定，如果第三人为债务人向债权人提供担保的，可以要求债务人提供反担保，反担保适用《民法典》和其他法律的规定。同理，保证人也可以要求债务人提供反担保。

二、保证

保证是常见的合同担保方式，属人的担保。因保证而签订的担保合同是典型合同之一。

(一) 保证概述

1.保证的含义及特征

保证是指保证人和债权人约定，当债务人不履行到期债务或者发生当事人约定的情形时，保证人履行债务或者承担责任的行为。

保证具有如下特征：

(1) 保证合同为单务无偿合同。保证在本质上是由保证人代替主债务人履行债务，是一种单方面的义务，债权人并不对保证人承担义务。

(2) 保证人必须是主合同债权人、债务人以外的第三人。

(3) 保证人应当具有清偿债务的能力。保证人承担保证责任最终要落实到财产责任上，所以保证人必须具有清偿债务的能力。

(4) 保证是一种人的担保方式。它不是以担保人的特定财产作为履行债务的担保。当需要保证人承担保证责任的时候，债权人不能直接处分保证人的财产。

(5) 保证合同是诺成合同。一经保证人与债权人达成一致协议，保证合同就成立，不需有实际履行行为。

2. 保证人

具有代为清偿债务能力的法人、非法人组织或者公民，可以作为保证人。机关法人不得为保证人，但是经国务院批准为使用外国政府或者国际经济组织贷款进行转贷的除外。以公益为目的的非营利法人、非法人组织不得为保证人。

同一债务有两个以上保证人的，保证人应当按照保证合同约定的保证份额承担保证责任；没有约定保证份额的，债权人可以请求任何一个保证人在其保证范围内承担保证责任。已经承担保证责任的保证人，除当事人另有约定外，有权在其承担保证责任的范围内向债务人追偿，享有债权人对债务人的权利，但是不得损害债权人的利益。

（二）保证的方式

1. 一般保证

一般保证也称补充责任保证，是指当事人在保证合同中约定，债务人不能履行债务时，由保证人承担保证责任。

一般保证的保证人对债权人享有先诉抗辩权，即在主合同纠纷未经审判或仲裁，并就债务人财产依法强制执行仍不能清偿债务前，保证人有权拒绝向债权人承担保证责任。但是，先诉抗辩权也有例外：①债务人下落不明，且无财产可供执行；②人民法院已经受理债务人破产案件；③债权人有证据证明债务人的财产不足以履行全部债务或者丧失履行债务能力；④保证人书面表示放弃先诉抗辩权。

案例窗 5-6

2. 连带责任保证

当事人在保证合同中约定保证人和债务人对债务承担连带责任的，为连带责任。在连带责任保证的债务人不履行到期债务或者发生当事人约定的情形时，债权人可以请求债务人履行债务，也可以请求保证人在其保证范围内承担保证责任。

当事人在保证合同中对保证方式没有约定或者约定不明确的，保证人按照一般保证承担保证责任。由于保证人承担了对债务人的保证责任，所以保证人享有债务人的抗辩权。如果债务人放弃对债务的抗辩权，保证人仍有权抗辩。

拓展阅读 5-1

（三）保证合同及保证期间

1. 保证合同

保证合同可以是单独订立的书面合同，也可以是主债权债务合同中的保证条款。第三人单方以书面形式向债权人作出保证，债权人接受且未提出异议的，保证合同成立。

保证合同一般包括如下内容：①被保证的主债权种类和数额；②债务人履行债务的期限；③保证的方式；④保证担保的范围和期间；⑤双方认为需要约定的其他事项。

保证合同是主债权债务合同的从合同。主债权债务合同无效的，保证合同无效，但是法律另有规定的除外。保证合同被确认无效后，债务人、保证人、债权人有过错的，应当根据其过错各自承担相应的民事责任。

2. 保证期间

保证期间是确定保证人承担保证责任的期间，不发生中止、中断和延长。《民法典》合同编对保证期间规定如下：债权人与保证人可以约定保证期间，但是约定的保证期间早于主债务履行期限或者与主债务履行期限同时届满的，视为没有约定；没有约定或者约定不明确的，保证期间为主债务履行期届满之日起6个月。

案例窗5-7

债权人与债务人对主债务履行期限没有约定或者约定不明确的，保证期间自债权人请求债务人履行债务的宽限期届满之日起计算。债权人和债务人变更主债权债务合同的履行期限，未经保证人书面同意的，保证期间不受影响。

（四）最高额保证

《民法典》合同编第六百九十条规定，保证人与债权人可以协商订立最高额保证的合同，约定在最高债权额限度内就一定期间连续发生的债权提供保证。最高额保证除适用保证合同的规定外，可以参照适用《民法典》物权编最高额抵押权的有关规定。

（五）保证债务的诉讼时效

保证债务的诉讼时效不同于保证期间。一般保证的债权人在保证期间届满前对债务人提起诉讼或者申请仲裁的，从保证人拒绝承担保证责任的权利消灭之日起，开始计算保证债务的诉讼时效。连带责任保证的债权人在保证期间届满前请求保证人承担保证责任的，从债权人请求保证人承担保证责任之日起，开始计算保证债务的诉讼时效。

（六）保证的范围与保证责任的减免

1.保证的范围

保证的范围包括主债权及其利息、违约金、损害赔偿金和实现债权的费用。当事人另有约定的，按照约定执行。

2.保证责任的减免

出现下列情形，保证人可以免除或者减轻保证责任：

（1）一般保证的债权人未在保证期间对债务人提起诉讼或者申请仲裁的，保证人不再承担保证责任。连带责任保证的债权人未在保证期间请求保证人承担保证责任的，保证人不再承担保证责任。

（2）债权人和债务人未经保证人书面同意，协商变更主债权债务合同内容，减轻债务的，保证人仍对变更后的债务承担保证责任；加重债务的，保证人对加重的部分不承担保证责任。

（3）债权人未经保证人书面同意，允许债务人转移全部或者部分债务，保证人对未经其同意转移的债务不再承担保证责任，但是债权人和保证人另有约定的除外。但第三人加入债务的，保证人的保证责任不受影响。

（4）一般保证的保证人在主债务履行期限届满后，向债权人提供债务人可供执行财产的真实情况，债权人放弃或者怠于行使权利致使该财产不能被执行的，保证人在其提供可供执行财产的价值范围内不再承担保证责任。

（5）债务人对债权人享有抵销权或者撤销权的，保证人可以在相应范围内拒绝承担保证责任。

三、抵押

抵押是合同担保的常见方式之一,《民法典》物权编对抵押有详细的规定,是担保物权中最重要的一种。金融机构发放贷款时经常采用抵押方式进行担保。

(一)抵押的概念及特征

抵押是指债务人或者第三人不转移财产的占有,将该财产作为债权的担保,在债务人不履行到期债务或发生当事人约定的实现抵押权的情形时,债权人有权就该财产优先受偿。这里所指的债务人或者第三人为抵押人,债权人为抵押权人。抵押权人拥有从抵押物的交换价值中优先获得清偿的权利,即抵押权。

抵押有以下法律特征:①提供抵押财产的人既可以是主合同的债务人,也可以是主合同以外的第三人。②抵押权是设定在债务人或第三人特定财产上的担保物权。③抵押不转移抵押财产的占有。④抵押担保以债权人行使优先受偿权而实现。

(二)抵押财产

抵押财产即抵押物,是抵押人向抵押权人提供担保的财产。《民法典》第三百九十五条规定,债务人或者第三人有权处分的下列财产可以抵押:①建筑物和其他土地附着物;②建设用地使用权;③海域使用权;④生产设备、原材料、半成品、产品;⑤正在建造的建筑物、船舶、航空器;⑥交通运输工具;⑦法律、行政法规未禁止抵押的其他财产。抵押人可以将上述所列财产一并抵押。

《民法典》第三百九十九条规定,下列财产不得抵押:①土地所有权;②宅基地、自留地、自留山等集体所有土地的使用权,但是法律规定可以抵押的除外;③学校、幼儿园、医疗机构等为公益目的成立的非营利法人的教育设施、医疗卫生设施和其他公益设施;④所有权、使用权不明或者有争议的财产;⑤依法被查封、扣押、监管的财产;⑥法律、行政法规规定不得抵押的其他财产。

以建筑物抵押的,该建筑物占用范围内的建设用地使用权一并抵押。以建设用地使用权抵押的,该土地上的建筑物一并抵押。抵押人未依据前款规定一并抵押的,未抵押的财产视为一并抵押。

乡镇、村企业的建设用地使用权不得单独抵押。以乡镇、村企业的厂房等建筑物抵押的,其占用范围内的建设用地使用权一并抵押。

(三)抵押合同及抵押登记

当事人设立抵押权应当签订书面形式的抵押合同。抵押合同一般包括以下条款:①被担保债权的种类、数额;②债务人履行债务的期限;③抵押财产的名称、数量等情况;④担保的范围。但是,合同中不得约定流押条款,即在债务履行期届满抵押权人未受清偿时,抵押物的所有权转移为债权人所有的条款,有这样的条款也无效,但该约定不影响抵押权人对抵押物的优先受偿权。

当事人以法律规定的特定财产抵押,应当办理抵押物登记。以《民法典》第三百九十五条第一款第一项至第三项规定的抵押财产或者第五项规定的正在建造建筑物抵押的,应当办理抵押登记;抵押权自登记时设立。以动产抵押的,抵押权自抵押合同生效时设立;

未经登记，不得对抗善意第三人。不动产登记簿就抵押财产、被担保的债权范围等所作的记载与抵押合同约定不一致的，以登记记载的内容为准。同日登记的，视为顺序相同。当事人办理抵押物登记，应当向登记部门提供主合同和抵押合同、抵押物的所有权或者使用权证书。

自2021年1月1日起，对动产和权利担保在全国实行统一登记，统一由中国人民银行承担登记职责，并提供基于互联网的全天候登记服务。登记由当事人通过动产融资统一登记公示系统自主办理，并对登记内容的真实性、完整性和合法性负责；登记机构不对登记内容进行实质审查。不动产抵押登记由不动产所在地不动产登记机构负责办理。

（四）抵押担保的范围及抵押权的实现

1.抵押担保的范围

担保物权的担保范围包括主债权及其利息、违约金、损害赔偿金、保管担保财产和实现担保物权的费用。如当事人另有约定，则从其约定。

2.抵押财产的物上代位性

担保期间，担保财产毁损、灭失或者被征收等，担保物权人可以就获得的保险金、赔偿金或者补偿金等优先受偿。被担保债权的履行期限未届满的，也可以提存该保险金、赔偿金或者补偿金等。

3.抵押权的实现

抵押权人应当在主债权诉讼时效期间行使抵押权；未行使的，人民法院不予保护。

抵押权实现的途径如下：

（1）通过协议实现。债务人不履行到期债务或者发生当事人约定的实现抵押权的情形，抵押权人可以与抵押人协议以抵押财产折价或者以拍卖、变卖该抵押财产所得的价款优先受偿。协议损害其他债权人利益的，其他债权人可以请求人民法院撤销该协议。

（2）通过司法机构实现。抵押权人与抵押人未就抵押权实现方式达成协议的，抵押权人可以请求人民法院拍卖、变卖抵押财产。但不管采取哪种方式，不能对抵押财产随意定价；抵押财产折价或者变卖的，应当参照市场价格。

但不管采取哪种方式，不能对抵押财产随意定价；抵押财产折价或者变卖的，应当参照市场价格。通过上述两种方式所得价款，抵押权人有权优先受偿；所得价款超过债权数额的部分归抵押人所有，不足部分由债务人清偿。

同一财产向两个以上债权人抵押的，拍卖、变卖抵押财产所得的价款依照下列规定清偿：①抵押权已经登记的，按照登记的时间先后确定清偿顺序；②抵押权已经登记的受偿先于未登记的受偿；③抵押权未登记的，按照债权比例清偿。其他可以登记的担保物权，清偿顺序参照适用上述三点规定。

同一财产既设立抵押权又设立质权的，拍卖、变卖该财产所得的价款按照登记、交付的时间先后顺序确定清偿顺序。

（五）抵押财产的出租与转让

抵押权设立前，抵押财产已经出租并转移占有的，原租赁关系不受该抵押权的影响。抵押期间，抵押人可以转让抵押财产；如果当事人另有约定，则从其约定。抵押财产转让的，抵押权不受影响。抵押人转让抵押财产时负有及时通知抵押权人的义务；抵押权人能够证明抵押财产转让可能损害抵押权的，可以请求抵押人将转让所得的价款向抵押权人提前清偿债务或者提存。

此外，如果要转让的是抵押权，按照《民法典》的规定，抵押权不得与债权分离而单独转让或者作为其他债权的担保。债权转让的，担保该债权的抵押权一并转让，但是法律另有规定或者当事人另有约定的除外。

（六）土地使用权抵押的特别规定

（1）建设用地使用权抵押后，该土地上新增的建筑物不属于抵押财产。该建设用地使用权实现抵押权时，应当将该土地上新增的建筑物与建设用地使用权一并处分。但是，对于新增建筑物所得的价款，抵押权人无权优先受偿。

（2）以集体所有土地的使用权依法抵押的，实现抵押权后，未经法定程序，不得改变土地所有权的性质和土地用途。

（七）最高额抵押与浮动抵押

最高额抵押是指为担保债务的履行，债务人或者第三人对一定期间内将要连续发生的债权提供担保财产的，债务人不履行到期债务或者发生当事人约定的实现抵押权的情形，抵押权人有权在最高债权额限度内就该担保财产优先受偿。最高额抵押权设立前已经存在的债权，经当事人同意，可以转入最高额抵押担保的债权范围。

除当事人另有约定外，最高额抵押担保的债权确定前，部分债权转让的，最高额抵押权不得转让。最高额抵押担保的债权确定前，抵押权人与抵押人可以通过协议变更债权确定的期间、债权范围以及最高债权额，但变更的内容不得对其他抵押权人产生不利影响。

有下列情形之一的，抵押权人的债权确定：①约定的债权确定期间届满；②没有约定债权确定期间或者约定不明确，抵押权人或者抵押人自最高额抵押权设立之日起满两年后请求确定债权；③新的债权不可能发生；④抵押权人知道或者应当知道抵押财产被查封、扣押；⑤债务人、抵押人被宣告破产或者解散；⑥法律规定债权确定的其他情形。

关于浮动抵押，《民法典》第三百九十六条规定："企业、个体工商户、农业生产经营者可以将现有的以及将有的生产设备、原材料、半成品、产品抵押，债务人不履行到期债务或者发生当事人约定的实现抵押权的情形，债权人有权就抵押财产确定时的动产优先受偿。"《民法典》第四百一十一条规定，依据《民法典》第三百九十六条规定设定抵押的，抵押财产自下列情形之一发生时确定：①债务履行期限届满，债权未实现；②抵押人被宣告破产或者解散；③当事人约定的实现抵押权的情形；④严重影响债权实现的其他情形。

（八）其他规定

1.担保物权的消灭

《民法典》第三百九十三条规定，有下列情形之一的，担保物权消灭：①主债权消灭；②担保物权实现；③债权人放弃担保物权；④法律规定担保物权消灭的其他情形。上述规定也适用于质押担保与留置担保。

2.抵押财产价值减损的处理

抵押人的行为足以使抵押财产价值减少的，抵押权人有权请求抵押人停止其行为；抵押财产价值减少的，抵押权人有权请求恢复抵押财产的价值或者提供与减少的价值相应的担保。抵押人不恢复抵押财产的价值，也不提供担保的，抵押权人有权请求债务人提前清偿债务。

3.抵押权人顺位放弃的处理

（1）抵押权人可以放弃抵押权或者抵押权的顺位。抵押权人与抵押人可以协议变更抵押权顺位以及被担保的债权数额等内容。但是，抵押权的变更未经其他抵押权人书面同意的，不得对其他抵押权人产生不利影响。

（2）债务人以自己的财产设定抵押，抵押权人放弃该抵押权、抵押权顺位或者变更抵押权的，其他担保人在抵押权人丧失优先受偿权益的范围内免除担保责任，但是其他担保人承诺仍然提供担保的除外。

4.物保与人保竞合的处理

被担保的债权既有物的担保又有人的担保的，债务人不履行到期债务或者发生当事人约定的实现担保物权的情形，债权人应当按照约定实现债权；没有约定或者约定不明确，债务人自己提供物的担保的，债权人应当先就该物的担保实现债权；第三人提供物的担保的，债权人可以就物的担保实现债权，也可以请求保证人承担保证责任。提供担保的第三人承担担保责任后，有权向债务人追偿。

案例窗 5-8

四、质押

质押是指为担保债务的履行，债务人或第三人将出质的动产或权利交债权人占有，作为债权的担保，债务人不履行到期债务或者发生当事人约定的实现质权的情形时，债权人可以将质物折价或拍卖、变卖所得的价款受偿的担保制度。质押是担保物权之一。债务人或者第三人为出质人，债权人为质权人，移交的动产或权利为质物（质押财产）。

质押与抵押的区别如下：

（1）标的物不同。质押的标的为动产及权利，不动产不能作为标的；抵押则可以用动产或不动产作为标的。

（2）抵押权的设立不转移标的物的占有，而质权设立应当转移标的物的占有。

（3）同一质物上面只能设立一个质权，没有受偿顺序；同一抵押物上可以设立数个抵押权，存在受偿顺序问题。

质押担保的突出特点是要转移质物的占有，以及质押人要将质物交给质权人。质押分为动产质押和权利质押；相应地，质权分为动产质权和权利质权。

（一）动产质押

动产质押的质物为动产。法律、行政法规禁止转让的动产不得出质，如毒品、淫秽出版物等。

1.质押合同

质押合同应当采用书面形式。其条款主要包括：①被担保债权的种类和数额；②债务人履行债务的期限；③质押财产的名称、数量等情况；④担保的范围；⑤质押财产交付的时间、方式。

质押合同中不得约定流质条款，即如果约定在债务履行期限届满前，债务人不履行到期债务时质押财产归债权人所有的，只能依法就质押财产优先受偿，即该约定无效。

签订了质押合同并不等于设立了质权，质权自出质人交付质押财产时设立。质押合同是实践合同，须交付质押财产，质押合同才生效。出质人代质权人占有质物的，质押合同不生效；质权人将质物返还出质人后，其质权不能对抗第三人。

质押合同中对质押的财产约定不明，或者约定的出质财产与实际移交的财产不一致的，以实际交付占有的财产为准。动产质权的效力及于质物的从物。但是，从物未随同质物移交质权人占有的，质权的效力不及于从物。出质人和质权人在合同中不得约定在债务履行期限届满质权人未受清偿时，质物的所有权转移为质权人所有。

2.质权人的权利

质权人的权利主要包括：

（1）占有权。质权人在债权未受清偿前，有权占有质押财产。

（2）孳息收取权。《民法典》规定除合同另有约定的外，质权人有权收取质押财产的孳息，所收取的孳息应先充抵收取孳息的费用。

（3）质权保全权。《民法典》第四百三十三条规定："因不可归责于质权人的事由可能使质押财产毁损或者价值明显减少，足以危害质权人权利的，质权人有权请求出质人提供相应的担保；出质人不提供的，质权人可以拍卖、变卖质押财产，并与出质人协议将拍卖、变卖所得的价款提前清偿债务或者提存。"

（4）质权的处分权。质权人可以放弃质权；质权具有可让与性，质权人享有质权转让权。

（5）优先受偿权。质权人在一定条件下可依法将质押财产变价，从该变价中优先得到清偿。质押财产折价或者变卖时应参照市场价格。

3.质权人的义务

质权人的义务主要包括：①妥善保管质押财产；②返还质押财产；③不得擅自使用、处分质押财产；④不得擅自转质；⑤及时行使质权，不及时行使质权将承担损害赔偿责任。

此外，《民法典》规定，当事人可以协议设立最高额质权，并可适用最高额抵押的相关规定。

（二）权利质押

权利质押的质物是财产权利。除《民法典》另有规定外，动产质押的法律规定适用于权利质押。

《民法典》第四百四十条规定，债务人或者第三人有权处分的下列权利可以出质：①汇票、支票、本票；②债券、存款单；③仓单、提单；④可以转让的基金份额、股权；⑤可以转让的注册商标专用权、专利权、著作权等知识产权中的财产权；⑥现有的以及将有的应收账款；⑦法律、行政法规规定可以出质的其他财产权利。其他财产权利主要包括公路桥梁、公路隧道或者公路渡口等不动产的收益权。

以汇票、支票、本票、债券、存款单、仓单、提单出质的，质权自权利凭证交付质权人时设立；没有权利凭证的，质权自有关部门办理出质登记时设立。法律另有规定的，依照其规定。如果上述财产权利的兑现日期或者提货日期先于主债权到期的，质权人可以兑现或者提货，并与出质人协议将兑现的价款或者提取的货物提前清偿债务或者提存。

以基金份额、股权出质的，质权自办理出质登记时设立。出质后，除出质人与质权人协商同意之外，基金份额、股权不得转让；如转让的，所得价款应向质权人提前清偿或提存。

以注册商标专用权、专利权、著作权等知识产权中的财产权出质的，质权自办理出质登记时设立。知识产权中的财产权出质后，出质人不得转让或者许可他人使用，但经出质人与质权人协商同意的除外。

以应收账款出质的，质权自信贷征信机构办理出质登记时设立。

五、留置

不同于其他担保方式的是，留置是法定的。合同担保中留置的适用范围受到一定限制。

（一）留置的含义及构成

留置是指债务人不履行到期债务时，债权人可以依法将已经合法占有的债务人的动产留置，并以该财产折价或者以拍卖、变卖该财产的价款优先受偿。债权人为留置权人，占有的动产为留置财产。

留置权的构成要件：①债权清偿期限已到。②债权人合法占有债务人的动产。法律规定或当事人约定不得留置的动产，不得留置。③债权人留置的动产，应当与债权属于同一法律关系，但企业之间留置的除外。如果企业之间留置的动产与债权并非同一法律关系，债务人以该债权不属于企业持续经营中发生的债权为由请求债权人返还留置财产的，留置权人应当返还。

债务人不履行到期债务，债权人因同一法律关系留置合法占有的第三人的动产，债权人可以主张就该留置财产优先受偿；第三人以该留置财产并非债务人财产为由请求返还的，人民法院不予支持。如果企业之间非居于同一法律关系，则债权人留置的第三人财产经第三人请求应予返还。

留置与抵押、质押的区别如下：

（1）留置是法定的担保物权，当事人无须约定；抵押、质押都是依据当事人的约定而产生的。

（2）留置中债权人要占有债务人的财产，而抵押不占有抵押人的财产。

（3）留置权人占有债务人财产是因为履行主合同而占有，在主合同期满后继续占有，其占有与主合同有牵连性；质权人占有出质人财产是依据质押合同，与主合同没有牵连性。

（4）行使优先受偿权的条件不同。留置权人将留置财产变价，从中优先受偿，受宽限期限制；抵押权人、质权人处置抵押质物，优先受偿没有宽限期限制。

（二）留置权人的权利和义务

留置权人的权利主要包括：①留置财产占有权；②留置财产孳息收取权；③留置财产必要的使用权；④必要费用偿还请求权；⑤留置财产变价权；⑥优先受偿权。

留置权人的义务主要包括：①留置财产的保管义务；②不得擅自使用、利用留置财产的义务；③返还留置财产的义务。④留置适当义务。留置财产为可分物的，留置财产的价值应当相当于债务的金额。

（三）留置权的实现

留置物折价或者拍卖、变卖后，其价款超过债权数额的部分归债务人所有，不足部分由债务人清偿。

留置权人与债务人应当约定留置财产后的债务履行期限；没有约定或者约定不明确的，留置权人应当给债务人60日以上履行债务的期限，但鲜活易腐等不易保管的动产除外。债务人逾期未履行的，留置权人可以与债务人协议以留置财产折价，也可以就拍卖、变卖留置财产所得的价款优先受偿。留置财产折价或者变卖的，应当参照市场价格。

同一动产上已设立抵押权或者质权，该动产又被留置的，留置权人优先受偿。留置权人对留置财产丧失占有或者留置权人接受债务人另行提供担保的，留置权消灭。

六、定金

《民法典》合同编将定金规定作为承担违约责任的方式加以规定，但定金也有相应的担保作用。

（一）定金及其特点

定金是当事人约定一方向对方给付一定数额的货币作为债权的担保，以保证债权实现的担保方式。定金合同自实际交付定金时成立。

定金担保的特点是：①定金是由债务人自己提供担保，这有别于保证和第三人提供担保的抵押、质押；②定金的担保作用体现在，如果违约，则丧失定金或双倍返还定金，产生一种请求权或导致请求权的丧失，这与抵押、质押、留置产生担保物权不同；③定金对当事人双方都有担保作用，这与其他担保方式只为债权人提供担保不同。

案例窗5-9

（二）定金担保的主要内容

给付定金的一方不履行债务或者履行债务不符合约定，致使不能实现合同目的的，无权请求返还定金；收受定金的一方不履行债务或者履行债务不符合约定，致使不能实现合同目的的，应当双倍返还定金。

当事人约定以交付定金作为订立主合同担保的，给付定金的一方拒绝订立主合同的，无权要求返还定金；收受定金的一方拒绝订立合同的，应当双倍返还定金。当事人约定以交付定金作为主合同成立或者生效要件的，给付定金的一方未支付定金，但主合同已经履行或者已经履行主要部分的，不影响主合同的成立或者生效。

因当事人一方延迟履行或者其他违约行为，合同目的不能实现，可以适用定金罚则，但法律另有规定或者当事人另有约定的除外。当事人一方不完全履行合同的，应当按照未履行部分所占合同约定内容的比例，适用定金罚则。因不可抗力、意外事件致使主合同不能履行的，不适用定金罚则。

此外，定金合同应以书面形式约定。定金的数额由当事人约定，但不得超过主合同标的额的20%。当事人在定金合同中应当约定交付定金的期限。定金合同从实际交付定金之日起生效。

第六节 合同的变更、转让与终止

一、合同的变更

（一）合同变更的含义及条件

合同的变更有广义和狭义之分。狭义的变更是指合同部分内容的变化，即在主体不变的条件下，对合同某些条款进行修改和补充。广义的变更是指除包括合同内容的变化外，还包括合同主体的变化（合同转让）。《民法典》合同编所指合同的变更是指狭义的合同变更，即合同内容的部分变化。

《民法典》合同编规定，当事人双方协商一致，可以变更合同。法律、行政法规规定变更合同应当办理批准、登记手续的，依照其规定。从该规定看，变更合同应当符合下列条件：

（1）合同变更以合同有效成立及未完全履行为前提。

（2）合同应根据法律、行政法规的规定或者当事人的约定而变更。一是依当事人约定变更，变更合同须是双方当事人自愿和真实的意思表示；否则，无效。二是依据《民法典》第五百三十三条的情势变更制度也可变更合同。该条规定，合同成立后，合同的基础条件发生了当事人在订立合同时无法预见的、不属于商业风险的重大变化，继续履行合同对于当事人一方明显不公平的，受不利影响的当事人可以与对方重新协商；在合理期限内协商不成的，当事人可以请求人民法院或者仲裁机构变更或者解除合同。人民法院或者仲裁机构应当结合案件的实际情况，根据公平原则变更或者解除合同。当事人事先约定排除第五百三十三条适用的，该约定无效。

（3）合同变更须有合同内容的变化。但合同内容的改变，是合同标的本身以外的合同内容的变更，不是合同标的的改变，因合同标的的改变将使原合同关系结束，从而也就不存在合同的变更了。

（4）必须遵循法定的形式。对于一些特定的合同，如经过批准、登记等生效的合同，变更后当事人应到相应的部门办理批准、登记手续；否则，变更不发生法律效力。

此外，《最高人民法院关于适用〈中华人民共和国民法典〉合同编通则若干问题的解释》第十四条第三款规定：“当事人就同一交易订立的多份合同均系真实意思表示，且不存在其他影响合同效力情形的，人民法院应当在查明各合同成立先后顺序和实际履行情况的基础上，认定合同内容是否发生变更。法律、行政法规禁止变更合同内容的，人民法院应当认定合同的相应变更无效。”

案例窗 5-10

（二）合同变更的法律效力

合同变更的法律效力主要体现在：

（1）合同变更后，被变更的部分即失去法律上的效力；变更的部分在完成变更程序之后，即产生了新的债权和债务。

（2）合同变更不影响当事人要求赔偿损失的权利。合同中原来约定的争议条款的效力，继续有效。合同变更过程中一方当事人遭受损失，除依法或者依约可以免除责任的以外，有过错的一方应当承担赔偿损失的责任。[①]

（3）合同变更只对合同未履行的部分有效，对已履行的合同内容不发生法律效力，即合同的变更没有溯及力。

此外，当事人通过协商一致对合同内容进行变更时，变更协议的内容应当具体、明确；如果当事人对合同变更的内容约定不明确的，推定为未变更。

二、合同的转让

合同转让是合同主体的变更，指在不变更合同内容的前提下，将合同规定的权利、义务或者权利与义务概括转让给第三人，由受让方承担合同的权利和义务。合同转让可分为合同权利的转让和合同义务的转让，经当事人协商同意一方当事人也可将权利与义务一并转让。合同债权、债务的转让需符合以下条件：①必须有合法、有效的合同关系存在；②转让人与受让人之间要达成协议；③要符合法律规定的程序。

（一）合同权利的转让

1.合同权利的转让的含义

合同权利的转让又称债权的转让，是指不改变合同权利的内容，合同债权人通过协议将其债权全部或部分地转让给第三人的行为。《民法典》合同编规定债权人转让权利的，应当通知债务人；未经通知，该转让对债务人不发生效力。此外，债权人转让权利的通知不得撤销，但经受让人同意的除外。

2.禁止转让的情形

具有下列情形的债权不得转让：①根据合同性质不得转让。这主要指基于当事人特定身份而订立的合同，如出版、赠与、委托、雇佣等合同。②按照当事人约定不得转让。③依照法律规定不得转让。

3.合同权利转让的效力

对权利人而言，如果在全部转让的情形，原权利人脱离债权和债务关系，受让人取代权利人地位；在部分转让的情形，原权利人就转让部分丧失权利。对受让人而言，权利人转让权利的，受让人取得与权利有关的从权利，如抵押权，但该从权利专属于权利人自身的债权除外。对义务人而言，权利人权利的转让不得损害义务人的利益，不应影响义务人的权利：①义务人接到权利转让通知后，义务人对转让人的抗辩可以向受让人主张，如提出债权无效、诉讼时效已过等事由的抗辩。②义务人接到债权转让通知时，义务人对转让人享有债权，并且其债权先于转让的债权到期或者同时到期的，债务人的债权与转让的债权基于同一合同产生，则义务人可以向受让人主张抵销。

因债权转让增加的履行费用，由转让人负担。

---

① 郑玉敏，韩自强．合同法学［M］．厦门：厦门大学出版社，2012：114.

（二）合同义务的转移

1.合同义务的转移的含义

合同义务的转移即合同债务的承担，是指义务人经权利人同意，将合同的义务全部或者部分转让给第三人。经权利人同意是合同义务转移的必要条件。债务人或者第三人可以催告债权人在合理期限内予以同意；债权人未作表示的，视为不同意。

2.合同义务的转移的效力

合同义务转移后，在转让人（原债务人）、受让人（第三人）和权利人之间产生相应的法律后果。合同义务转移在转让人和受让人之间的效力是合同义务转移的内部效力，合同义务转移对权利人发生的效力是合同义务转移的外部效力。义务人转移义务的，新义务人可以主张原义务人对权利人的抗辩。新义务人应当承担与主债务有关的从债务，但该从债务专属于原义务人自身的除外。原债务人对债权人享有债权的，新债务人不得向债权人主张抵销。

（三）权利与义务的概括转让

权利与义务的概括转让即债权和债务的概括转让，也称合同承受，是指合同当事人一方将合同权利与义务一并转移给第三人，由第三人概括地继受这些权利与义务。债权和债务的概括转让也涉及从权利、抗辩权、抵销权的转移。债权和债务的概括转让仅仅适用于双务合同。债权和债务的概括转让主要有当事人约定转让和法律规定转让两种情形。

除法律规定不得转让的外，当事人一方经对方同意，可以将自己在合同中的权利与义务一并转让给第三人。约定债权和债务的概括转让应当符合债权转让的条件，也应当符合债务转让的条件。债权和债务的概括转让的法定情形是指有关法律、法规规定的当出现某种特定条件时，合同的权利与义务应当一并转让的情形。《民法典》第六十七条规定："法人合并的，其权利和义务由合并后的法人享有和承担。"所以，合同当事人发生合并或分立时，就会有法定的债权和债务概括移转的发生。

三、合同的终止

合同的终止是指因发生法律规定或当事人约定的情况，当事人之间的权利与义务关系消灭，终止合同的法律效力。

（一）合同终止的原因及效力

1.合同债权和债务终止的原因

《民法典》合同编规定，有下列情形之一的，债权和债务终止：①债务已经履行；②债务相互抵销；③债务人依法将标的物提存；④债权人免除债务；⑤债权和债务同归于一人；⑥法律规定或者当事人约定终止的其他情形。同时，该条将"合同解除的，该合同的权利义务关系终止"单独作为一款，以强调合同解除使原权利义务关系终止，但可能产生新的权利义务关系。

2.合同权利义务关系终止的效力

合同权利义务关系的终止，除消灭原债权和债务关系外，还发生以下效力：①债权的从权利同时消灭；但法律另有规定或当事人另有约定的除外。②相互返还债权证书。③当事人应当遵循诚信等原则，根据交易习惯履行通知、协助、保密、旧物回收等义务。④合同的权利义务关系终止，不影响合同中结算和清理条款的效力。

3.债务清偿不足的处理原则

（1）数项债务的处理。债务人对同一债权人负担的数项债务种类相同，债务人的给付不足以清偿全部债务的，除当事人另有约定外，由债务人在清偿时指定其履行的债务。债务人未作指定的，应当优先履行已经到期的债务；数项债务均到期的，优先履行对债权人缺乏担保或者担保最少的债务；均无担保或者担保相等的，优先履行债务人负担较重的债务；负担相同的，按照债务到期的先后顺序履行；到期时间相同的，按照债务比例履行。

（2）利息与费用的清偿。债务人在履行主债务外还应当支付利息和实现债权的有关费用，其给付不足以清偿全部债务的，除当事人另有约定外，应当按照下列顺序履行：①实现债权的有关费用；②利息；③主债务。

（二）合同的解除

合同的解除是指已成立生效的合同因发生法律规定或当事人约定的情况，或经当事人协商一致，而使合同关系终止。

1.合同解除的分类

（1）合意解除，即协商解除，是指依当事人事先约定的事由或经当事人协商一致而解除合同。在订立合同时，当事人可以约定一方解除合同的事由。解除合同的事由发生时，解除权人可以解除合同。合同订立后，经当事人协商一致，也可以解除合同。

（2）法定解除，是指依法律规定而解除合同。《民法典》第五百六十三条规定，有下列情形之一的，当事人可以解除合同：①不可抗力致使不能实现合同目的；②在履行期限届满之前，当事人一方明确表示或者以自己的行为表明不履行主要债务；③当事人一方迟延履行主要债务，经催告后在合理期限内仍未履行；④当事人一方迟延履行债务或者有其他违约行为致使不能实现合同目的；⑤法律规定的其他情形。

2.合同解除权的行使期限

关于合同解除权的行使期限，《民法典》第五百六十四条规定：①法律规定或当事人约定解除权行使期限，期限届满当事人不行使的，该权利消灭。②法律没有规定或者当事人没有约定解除权行使期限，自解除权人知道或者应当知道解除事由之日起1年内不行使，或者经对方催告后在合理期限内不行使的，该权利消灭。

3.合同解除的时间

（1）以持续履行的债务为内容的不定期合同，当事人可以随时解除合同，但是应当在合理期限之前通知对方。

（2）当事人一方依法主张解除合同的，应当通知对方。合同自通知到达对方时解除；通知载明债务人在一定期限内不履行债务，则合同自动解除，债务人在该期限内未履行债务的，合同自通知载明的期限届满时解除。对方对解除合同有异议的，任何一方当事人均可以请求人民法院或者仲裁机构确认解除行为的效力。

（3）当事人一方未通知对方，直接以提起诉讼或者申请仲裁的方式依法主张解除合同，人民法院或者仲裁机构确认该主张的，合同自起诉状副本或者仲裁申请书副本送达对方时解除。

4.合同解除的效力

（1）合同解除后，尚未履行的，终止履行；已经履行的，根据履行情况和合同性质，当事人可以请求恢复原状或者采取其他补救措施，并有权请求赔偿损失。

（2）合同因违约解除的，解除权人可以请求违约方承担违约责任，但是当事人另有约定的除外。

（3）主合同解除后，担保人对债务人应当承担的民事责任仍应当承担担保责任，但是担保合同另有约定的除外。

案例窗5-11

（三）债务抵销

（1）法定抵销是指依法律规定的抵销条件抵销。《民法典》第五百六十八条规定：“当事人互负债务，该债务的标的物种类、品质相同的，任何一方可以将自己的债务与对方的到期债务抵销；但是，根据债务性质、按照当事人约定或者依照法律规定不得抵销的除外。当事人主张抵销的，应当通知对方。通知自到达对方时生效。抵销不得附条件或者附期限。”

（2）约定抵销是指由当事人自行达成协议抵销。当事人互负债务，标的物种类、品质不相同的，经协商一致，也可以抵销。但因侵害自然人人身权益，或者故意、重大过失侵害他人财产权益产生的损害赔偿债务，侵权人不得主张抵销。

（四）提存

提存是指由于债权人的原因而无法交付债的标的物时，债务人将标的物提交提存部门而消灭合同关系的法律制度。债务人将标的物或者将标的物依法拍卖、变卖所得价款交付提存部门时，提存成立。如果提存成立，则视为债务人在其提存范围内已经交付标的物。

有下列情形之一，债务人难以履行债务的，可将标的物提存：①债权人无正当理由拒绝受领；②债权人下落不明；③债权人死亡未确定继承人、遗产管理人，或者丧失民事行为能力未确定监护人；④法律规定的其他情形，如债权人分立、合并或者变更住所没有通知债务人。

债务人负有及时通知的义务。标的物提存后，债务人应当及时通知债权人或者债权人的继承人、遗产管理人、监护人、财产代管人。

标的物提存后，毁损、灭失的风险由债权人承担。提存期间，标的物的孳息归债权人所有；提存费用由债权人负担。

债权人可以随时领取提存物，但债权人对债务人负有到期债务的，在债权人未履行债务或者提供担保之前，提存部门根据债务人的要求应当拒绝其领取提存物。债权人领取提存物的权利，自提存之日起5年内不行使则消灭，提存物扣除提存费用后归国家所有。此处规定的“5年”时效为不变期间，不适用诉讼时效中止、中断或者延长的规定。如果债权人未履行对债务人的到期债务，或者债权人向提存部门书面表示放弃领取提存物权利的，债务人负担提存费用后有权取回提存物。

（五）债的免除与混同

债的免除是债权人以消灭债务人的债务为目的而抛弃债权的意思表示。债权人免除债务人部分或者全部债务的，合同的权利与义务部分或者全部终止；但债务人在合理期限内拒绝的除外。

债的混同即债权和债务归于同一个人，如此则债权、债务即终止，但损害第三人利益的除外。混同是一种事实，即由于某种客观事实的发生，使得一项合同中原本由一方当事人享有的债权，由另一方当事人负担的债务，同归于一人，从而导致合同的权利与义务终止。合同关系的存在必须有债权人和债务人，当事人双方混同，合同失去存在的基础，自然应当终止。混同发生的原因主要有合并、继承等。

第七节　违约责任

当事人签订的合同如果已经生效，则必须依照法律的规定或当事人的约定履行；否则，要承担违约责任。承担违约责任的方式会因违约性质的不同而不同。

一、违约责任概述

违约责任有多种类型，有的违约会导致合同一方当事人具有合同解除权，得以解除合同。

（一）违约责任的含义及特征

违约责任是指合同当事人不履行合同义务或履行合同义务不符合约定所承担的民事责任。违约责任因当事人违反合同义务而产生，主要表现为财产责任，可由当事人在法律规定的范围内事先约定，如约定一定数额的违约金、约定对违约产生的损失赔偿额的计算方法、约定免除责任的条款等。

违约责任的法律特征主要有：①违约责任是当事人一方不履行合同债务或者履行不符合合同约定或法律规定时所产生的民事责任；②合同的违约责任是当事人之间的责任；③合同的违约责任主要是财产责任；④违约责任可由当事人事先依法约定。

（二）违约责任的归责原则

违约责任的归责原则是指基于一定的归责事由而确定违约方是否承担违约责任的准则。[①]违约责任的归责原则包括过错责任原则和严格责任原则。

（1）过错责任原则以过错的存在作为追究违约责任的要件。对过错的存在采取两种方式确认：一是适用“谁主张，谁举证”的原则，由债权人举证证明债务人存在过错；二是在特定情况下适用“举证责任倒置”的原则，债务人须举证证明自己不存在过错。过错责任原则一般适用于《民法典》合同编有明确规定的情况；如无规定，则适用严格责任原则。

（2）严格责任原则即无过错责任原则。只要当事人违约，如无免责情形，就应承担违约责任。严格责任原则意味着在违约发生以后，确定违约当事人的责任，主要考虑违约的结果是否由违约当事人的行为造成，而不考虑是否因他的故意或过失。但是，严格责任的归责原则并不是绝对不考虑当事人的主观方面是否有过错；如果当事人约定了免责条款，

① 马俊驹，余延满．民法原论［M］．2版．北京：法律出版社，2005：627-628.

约定了限制责任条款或过错责任的条款，这些条款只要不违背其他有关强制性的法律规定，原则上仍是有效的。

（三）违约责任的种类

1.届期违约和预期违约

按照违约发生在合同履行期限届满后还是届满前，违约被分为届期违约和预期违约。届期违约是指当事人在合同履行期限届满后不履行合同义务。预期违约也称提前违约，是指当事人在合同履行期限届满前，以明示或者默示的行为表明将不履行合同义务。《民法典》第五百七十八条规定："当事人一方明确表示或者以自己的行为表明不履行合同义务的，对方可以在履行期限届满前请求其承担违约责任。"预期违约制度的建立对于保护合同当事人的权益，防止损失的扩大具有重要意义。

2.根本违约和非根本违约

按照违约行为是否影响到合同目的的实现，违约被分为根本违约和非根本违约。如果合同的当事人不履行合同义务，致使合同目的不能实现，为根本违约；如果合同当事人不履行合同义务的行为没有达到合同目的无法实现的程度，则为非根本违约。

区分某一违约行为是否为根本违约具有重要法律意义。《民法典》第五百六十三条规定，因不可抗力致使不能实现合同目的，以及当事人一方延迟履行债务或者有其他违约行为致使不能实现合同目的，当事人可以解除合同；如果当事人一方不履行合同义务的行为没有达到合同目的无法实现的程度，是非根本违约，则另一方不能立即解除合同，需要履行催告等程序。

3.完全不履行和不适当履行

完全不履行包括履行不能和拒绝履行。履行不能是指合同债务人因可归责于自己的事由而致履行不能的行为。拒绝履行是指在履行期限到来之后届满之前，债务人无正当理由拒绝履行债务的行为。对于履行不能，债权人可以解除合同，并请求赔偿、支付违约金，但不能要求继续履行合同。对于拒绝履行，当事人既可以要求继续履行合同，也可以解除合同。

不适当履行是指债务人未按照合同约定的标的、数量、质量、履行方式和地点而履行债务的行为。对于不适当履行，债权人可要求债务人采取适当的补救措施，并赔偿损失。

4.迟延履行

迟延履行包括给付迟延和受领迟延。给付迟延是指债务人在履行期限到来时，能够履行而没有按期履行。受领迟延是指债权人对于债务人的履行没有正当理由而未及时接受。对于迟延履行，对方当事人可以要求迟延方继续履行，经催告在合理期限内仍不履行的，对方当事人可以解除合同，并追究其不履行的合同责任。

二、承担违约责任的方式

承担违约责任的方式主要有继续履行、补救措施、赔偿损失、支付违约金和支付定金。

（一）继续履行

继续履行又称实际履行、强制实际履行，是指债权人在债务人不履行合同义务时，可请求人民法院或者仲裁机构强制债务人实际履行合同义务。当事人一方未支付价款、报酬、租金、利息，或者不履行其他金钱债务的，对方可以请求其支付。当事人一方不履行非金钱债务或者履行非金钱债务不符合约定的，对方可以请求履行，但是有下列情形之一的除外：①法律上或者事实上不能履行；②债务的标的不适于强制履行或者履行费用过高；③债权人在合理期限内未要求履行。如果出现上述3种除外情况之一，致使不能实现合同目的的，人民法院或者仲裁机构可以根据当事人的请求终止合同的权利义务关系，但违约方仍应承担违约责任。

当事人一方不履行债务或者履行债务不符合约定，根据债务的性质不得强制履行的，对方可以请求其负担由第三人替代履行的费用。

（二）补救措施

补救措施是指债务人履行合同义务不符合约定，债权人在请求人民法院或者仲裁机构强制债务人实际履行合同义务的同时，可根据合同履行情况要求债务人采取的补救履行措施。如《民法典》第五百八十二条规定："履行不符合约定的，应当按照当事人的约定承担违约责任。对违约责任没有约定或者约定不明确，依据本法第五百一十条的规定仍不能确定的，受损害方根据标的的性质以及损失的大小，可以合理选择请求对方承担修理、重作、更换、退货、减少价款或者报酬等违约责任。"

（三）赔偿损失

赔偿损失是指当事人一方不履行合同义务或者履行合同义务不符合约定的，在履行义务或者采取补救措施后，对方还有其他损失的，应当进行赔偿。

损失赔偿额应当相当于因违约所造成的损失，包括合同履行后可以获得的利益，但不得超过违约一方订立合同时预见到或者应当预见到的因违约可能造成的损失。可获得利益是指在扣除非违约方为订立、履行合同支出的费用等合理成本后，按照非违约方能够获得的生产利润、经营利润或者转售利润等计算的利益。可预见损失应根据当事人订立合同的目的，综合考虑合同主体、合同内容、交易类型、交易习惯、磋商过程等因素，按照与违约方处于相同或者类似情况的民事主体在订立合同时预见到或者应当预见到的损失予以确定。当事人也可在合同中约定因违约产生的损失赔偿额的计算方法。当事人一方违约后，对方应当采取适当措施防止损失的扩大；没有采取适当措施致使损失扩大的，不得就扩大的损失要求赔偿。当事人因防止损失扩大而支出的合理费用，由违约方承担。

如果债务人按照约定履行债务，债权人无正当理由拒绝受领的，则债务人可以请求债权人赔偿增加的费用。在债权人受领迟延期间，债务人无须支付利息。

（四）支付违约金

违约金是指按照当事人约定或者法律规定，一方当事人违约时应当根据违约情况向对方支付的一定数额的货币。约定的违约金低于造成的损失的，人民法院或者仲裁机构可以根据当事人的请求予以增加；约定的违约金过分高于造成的损失的，人民法院或者仲裁机构可以根据当事人的请求予以适当减少。恶意违约的当事人一方一般不得要求减少违约金。我国司法实践一般将违约金超过造成损失的30%认定为"过分高于"。当事人就迟延履行约定违约金的，违约方支付违约金后，还应当履行债务。

拓展阅读5-2

（五）支付定金

定金具有双重功能，既有保证作用，又有处罚作用。如果债务人履行债务的，定金应当抵作价款或者收回。作为处罚手段表明定金是一种违约责任形式。当事人在合同中既约定违约金，又约定定金的，一方违约时，对方可以选择适用违约金或者定金条款，但两者不可并用。同时，定金不足以弥补一方违约造成的损失的，对方可以请求赔偿超过定金数额的损失。当事人交付留置金、担保金、保证金、订约金、押金或者订金等，但是没有约定定金性质，一方不得主张适用定金罚则。当事人约定了定金性质，但是未约定定金类型或者约定不明，一方可以主张为违约定金。

三、违约责任的免除

违约责任的免除是指在合同履行过程中，由于出现了法定或约定免责事由，合同不能履行的，债务人可以免除承担违约责任。免除违约当事人责任的原因和理由被称为免责事由。

（一）法定免责事由

《民法典》合同编规定的一般免责事由为不可抗力，其他法律对特定合同免责事由有规定的，适用于特定合同。因不可抗力不能履行合同的，根据不可抗力的影响，部分或者全部免除责任，但法律另有规定的除外。当事人迟延履行后发生不可抗力的，不能免除责任。当事人一方因不可抗力不能履行合同的，应当及时通知对方，以减轻可能给对方造成的损失，并应当在合理期限内提供证明。

除不可抗力外，如果债权人的过错导致债务人不能履行合同的，债务人不承担违约责任。《民法典》第八百三十二条规定：“承运人对运输过程中货物的毁损、灭失承担赔偿责任。但是，承运人证明货物的毁损、灭失是因不可抗力、货物本身的自然性质或者合理损耗以及托运人、收货人的过错造成的，不承担赔偿责任。”

（二）约定免责事由

约定免责事由是指合同双方当事人在合同中约定旨在排除或限制其未履行责任的免责条款。根据合同自愿原则，当事人可以在合同中为自己设定权利和义务，当然也可以对违约责任承担的范围、方式以及免除条件作出约定；但若此种约定违反法律规定、损害社会公共利益和公序良俗，则约定无效。

学思践悟

社会主义市场经济本质上是法治经济（节选）

党的二十大报告把“社会主义市场经济体制更加完善”作为未来五年我国发展主要目标任务的重要内容，对构建高水平社会主义市场经济体制作出战略部署。坚持推动经济发展在法治轨道上运行，营造市场化、法治化、国际化一流营商环境，需要深入认识法治对发展社会主义市场经济的重要作用，充分发挥法治建设对构建高水平社会主义市场经济体制的保障作用。

改革开放四十多年来，随着社会主义市场经济的深入发展，我们对社会主义市场经济的理论认识不断深化。党的十八届三中全会提出“使市场在资源配置中起决定性作用和更好发挥政府作用”，党的二十大报告要求“充分发挥市场在资源配置中的决定性作用，更好发挥政府作用”。实践证明，市场是配置资源最有效的形式。坚持以良法善治解决市场配置资源中的矛盾和问题，有利于充分发挥市场在资源配置中的决定性作用，有效提升市场的资源配置效率，更好解放和发展社会生产力。

确立经营主体平等地位，为资源有效配置奠定坚实基础。经营主体根据价格信号、供求关系变化，对生产经营活动自主决策并自负盈亏，这是市场有效配置资源的重要基础。如果经营主体地位不平等，受到不合理的区别对待和限制，就会削弱经营自主权、扭曲市场竞争、妨害资源有效配置。只有确立经营主体平等地位，让各类经营主体平等发展、公平竞争，自主经营才能得到充分实现，市场的资源配置作用才能得到充分发挥。我国社会主义基本经济制度坚持公有制为主体、多种所有制经济共同发展，公有制经济和非公有制经济都是社会主义市场经济的重要组成部分，都是我国经济社会发展的重要基础。社会主义市场经济法律制度确认和保障各种所有制经济的平等法律地位，推动各种所有制取长补短、相互促进、共同发展，增强了各类经营主体的发展活力。例如，《民法典》第四条规定“民事主体在民事活动中的法律地位一律平等”，从法律上落实了各种所有制形式的经营主体在经济社会生活中的平等法律地位。主体地位平等带来权利平等、机会平等、规则平等，有利于实现产权有效激励、要素自由流动、价格反应灵活、竞争公平有序、企业优胜劣汰，促进资源配置效益最大化和效率最优化。

赋予经营主体各项权利，为要素自由流动提供充分保障。实现良法善治，权利是重要的法治资源。经营主体充分拥有相关经济权利，就能有效维护和实现权利所承载的经济利益，创造社会财富。正是通过对经营主体物权、债权、股权、知识产权等各方面经济权利的确认和保护，土地、资本、劳动、技术、数据等生产要素才能成为各种经济权利的客体，获得进行自由流动所必需的法律形式，进而实现资源有效配置。如果没有对经营主体权利的清晰确认，对生产要素的占有、使用、收益、处分缺乏规则依据和法律保障，资源配置过程就会面临各种纠纷、遭遇障碍梗阻，要素自由流动、资源优化配置就无从谈起。所以说，权利对于充分发挥市场在资源配置中的决定性作用具有关键意义。经营主体的权利清晰完整、得到有效保护，要素流动和经济循环才会畅通无阻。社会主义市场经济法律制度健全和规范我国民事权利种类，全方位规定民事主体在经济社会生活中的各项权利，全面保护民事主体的人身权、财产权、人格权，形成更加完备的民事权利体系；同时，完善权利保护和救济规则，形成规范有效的权利保护机制。这就解除了各类经营主体和企业家的后顾之忧，让他们有更大动力和更大空间去发展经济、创造财富，为建设市场发育充分、资源配置有效的现代化经济体系提供强大激励。

优化政府法定职能，为经济健康发展营造良好环境。市场决定资源配置是市场经济的一般规律，市场经济本质上就是市场决定资源配置的经济。推动经济高质量发展，必须提高资源尤其是稀缺资源的配置效率，以尽可能少的资源投入生产尽可能多的优质产品，获得尽可能大的经济效益。但市场存在自发性、盲目性和滞后性，需要更好发挥政府作用，才能克服消极因素影响，确保市场健康发展，让市场作用得以充分发挥。更好发挥政府作用，不是要更多发挥政府作用，而是要优化政府职能，管好那些市场管不了或管不好的事情。法治对于优化政府职能具有根本性、全局性作用。机构、职能、权限、程序、责任法定化，可以使政府职能优化的成果更具长期性、稳定性，有效提升经济治理效能。新时代，我国加快构建职责明确、依法行政的政府治理体系，在保证市场发挥决定性作用的前提下，依法加强政府的经济调节、市场监管、社会管理、公共服务、生态环境保护等职能，把转变政府职能同创新管理方式结合起来，把激发市场活力同加强市场监管统筹起来，着力营造良好环境，促进市场配置资源更为有效。

资料来源　蔡立东. 社会主义市场经济本质上是法治经济 [N]. 人民日报，2023-06-19 (9).

问题思考：在资源的市场配置中，如何有效发挥《民法典》合同编的作用？

关键术语

合同（contract）　合同法（contract law）　要约（offer）　承诺（promise）　合同的履行（implementation of contracts）　合同的效力（effect of contracts）　合同的转让（transfer of contracts）　合同的终止（termination of contracts）　合同担保（contract guarantee）　违约责任（liability for breach of contract）

基础训练

一、单选题

1.下列关于无效合同，说法正确的是（　　）。

A.从宣告其无效之时起就无效力　　B.出现纠纷后就无效力

C.从订立之时起就无效力　　D.从履行之时起就无效力

2.依《民法典》合同编，下列可以用作抵押的财产有（　　）。

A.土地所有权　　B.学校的教育设施

C.交通运输工具　　D.依法被查封的财产

3.合同履行地点不明确，当事人又未达成协议，除货币和不动产外，其他标的履行地在（　　）。

A.接受一方　　B.给付一方　　C.履行义务一方　　D.享有权利一方

4.定金合同生效的时间是（　　）。

A.签订合同之日　　B.实际交付定金之日

C.合同约定之日　　D主合同违约之日

5.《民法典》合同编规定，要约生效的时间是（　　）。

A.要约人发出时　　B.到达受要约人时

C.受要约人承诺时　　D.要约人收到并查阅时

6.A公司于5月6日向B企业发出签订合同的要约信函。5月11日，B企业收到A公司声明该要约作废的传真。5月15日，B公司收到该要约的信函。根据《民法典》合同编，A公司发出传真声明要约作废的行为属于（　　）。

A.要约撤回　　B.要约撤销　　C.要约生效　　D.要约失效

7.甲乙双方订立买卖合同，约定收货后1周内付款。甲方在交货前发现乙方经营状况严重恶化，根据《民法典》合同编，甲方（　　）。

A.可行使同时履行抗辩权　　B.可行使后履行抗辩权

C.可行使不安抗辩权　　D.可解除合同

8.北京的A公司与重庆的B公司于202×年4月1日在深圳签订一份不动产转让合同，根据合同约定，A公司以2 000万元的价格将位于广州的不动产转让给B公司，双方未约定合同的履行地点。根据《民法典》合同编，该合同履行的地点应当在（　　）。

A.北京　　B.重庆　　C.深圳　　D.广州

9.根据《民法典》合同编，对于可撤销合同，具有撤销权的当事人自知道或者应当知道撤销事由之日起一定期间内不行使，撤销权消灭。该期间为（　　）。

A.6个月　　B.1年　　C.2年　　D.5年

10.根据《民法典》合同编，保证人与债权人未约定保证期间的，保证期间为（　　）。

A.主债务履行期届满之日起3个月　　B.主债务履行期届满之日起6个月

C.主债务履行期届满之日起1年　　D.主债务履行期届满之日起2年

11.甲和乙企业于202×年6月1日签订一份甲企业显失公平的买卖合同。6月18日，甲企业向人民法院请求撤销该合同；6月28日，人民法院依法撤销该合同。根据《民法典》合同编，该买卖合同自（　　）起无效。

A.6月1日　　B.6月18日　　C.6月28日　　D.6月30日

二、多选题

1.下列有关合同成立地点的表述中，正确的有（　　）。

A.采用数据电文形式订立合同的，收件人的主营业地为合同成立的地点

B.收件人没有主营业地的，其经常居住地为合同成立的地点

C.当事人可以约定合同成立的地点

D.当事人采用合同书形式订立合同的，双方当事人签名或者盖章的地点为合同成立的地点

2.债务人难以履行债务，可以将标的物提存的情形有（　　）。

A.债权人无正当理由拒绝受领

B.债权人下落不明

C.债权人死亡，未确定继承人

D.债权人丧失民事行为能力，未确定监护人

3.《民法典》合同编规定，下列属于无效合同的有（ ）。

A.因重大误解订立的合同

B.违反法律、行政法规的强制性规定的合同，但该强制性规定不导致该合同无效的除外

C.一方以欺诈、胁迫的手段或乘人之危，使对方在违背真实意思的情况下订立的合同

D.恶意串通，损害国家、集体或者第三人利益的合同

4.下列属于债权人可以行使撤销权，请求人民法院撤销债务人行为的有（ ）。

A.债务人放弃到期债权，对债权人造成损害的

B.债务人无偿转让财产，对债权人造成损害的

C.债务人以明显不合理的低价转让财产，对债权人造成损害，并且受让人知道该情形的

D.债务人有偿转让财产，第三人善意取得，对债权人造成损害的

5.下列属于保证人不承担或免除保证责任的有（ ）。

A.保证人对未经其书面同意转让的债务

B.债权人与债务人协议变更主合同而未经保证人书面同意的

C.主合同纠纷未经审判或者仲裁并就债务人财产依法强制执行仍不能履行债务之前的

D.债权人放弃物的担保的，在放弃权利的范围内

6.根据《民法典》合同编，下列免责条款无效的情形有（ ）。

A.造成对方人身伤害的　　B.因过失造成对方财产损失的

C.因重大过失造成对方财产损失的　　D.因故意造成对方财产损失的

7.甲乙双方签订了买卖合同，在合同履行过程中，发现该合同履行费用的负担问题约定不明确。在这种情况下，可供甲乙双方选择的履行规则有（ ）。

A.双方协议补充　　B.按交易习惯确定

C.由履行义务一方负担　　D.按合同有关条款确定

8.甲违约，造成了乙的经济损失。下列选项中，根据合同约定的定金和违约金条款，乙可选择追究甲违约责任的方式有（ ）。

A.要求单独适用定金条款

B.要求单独适用违约金条款

C.要求同时适用定金和违约金条款

D.要求同时适用定金、违约金条款，并另行赔偿损失

9.根据《民法典》合同编，下列各项中属于无效的格式条款有（ ）。

A.损害社会公共利益的格式条款　　B.违反法律强制性规定的格式条款

C.有两种以上解释的格式条款　　D.以合法形式掩盖非法目的的格式条款

10.根据《民法典》合同编，下列各项债权中不得提起代位诉讼的有（ ）。

A.安置费给付请求权　　B.劳动报酬请求权

C.人身伤害赔偿请求权　　D.因继承关系产生的给付请求权

11.根据《民法典》合同编，下列属于无效合同的有（ ）。

A.一方以欺诈手段使对方在违背真实意思的情况下订立的合同

B.违背公序良俗的合同

C.行为人与相对人以虚假的意思表示实施的合同

D.显失公平的合同

三、简答题

1.简述合同的概念及特征。

2.简述合同自愿原则和诚信原则。

3.简述要约的概念及有效的条件。

4.简述承诺的概念及有效的条件。

5.试述无效合同。

6.试述合同中的抗辩权、代位权及撤销权。

7.试述合同担保的方式及特征。

8.试述合同的变更、转让及终止。

9.试述违约责任。

四、实务题

A公司（以下简称A）需要某种原材料，于是向B公司（以下简称B）发出传真订货。该传真列明了货物的种类、数量、质量、供货时间、交货方式等，并要求B在5日内报价。B接受A发出传真列明的条件并按期报价，亦要求A在5日内回复；A按期复电同意其价格，并要求签订书面合同。B收到A的回复后，在未签订书面合同的情况下按A提出的条件发货，A收货后未提出异议，也没付货款。之后市场发生变化，该种原材料价格大跌。A遂向B提出，由于双方未签订书面合同，买卖关系不能成立，B应尽快取回货物。B不同意A的意见，要求其全额支付货款。随后B发现A放弃其对关联企业的到期债权，并向其子公司无偿转让财产，可能使自己的货款无法得到清偿，遂向人民法院提起诉讼。

问题：

（1）试述A传真订货、B报价、A回复报价行为的法律性质。

（2）买卖合同是否成立？并说明理由。

（3）对A放弃到期债权、无偿转让财产的行为，B可向人民法院提出何种权利请求，以保护其利益不受侵害？对B行使该权利的期限，法律有何规定？

第六章　竞争法

学习目标

◆ 重点掌握垄断行为的类型和法律规制、不正当竞争行为的类型和法律规制。

◆ 掌握竞争法的基本原则。

◆ 了解我国竞争法的立法概况。

第一节　竞争法概述

自由、规范的竞争是市场发挥基础性资源配置作用的前提。竞争法正是以保护自由、规范的市场竞争秩序为自身的立法要旨。

一、竞争法的概念

竞争法被西方国家称为“经济宪法”。市场经济条件下，市场对社会资源的配置起着基础性的调节作用。公平的市场竞争环境是经营者开展有效竞争、实现市场对社会资源优化配置的前提和条件。竞争法的基本目的就在于通过规制反竞争行为，确保有效的竞争，从而改善和繁荣经济，使消费者享受较低的价格、更多的选择机会和更好的产品质量。

我们认为竞争法并不调整市场中所有的竞争关系，如市场主体之间在自愿、诚信的基础上进行交易行为就不需要竞争法的调整，而是由民商法进行规制。竞争法所要调整的是那些旨在消灭竞争、限制竞争及违背商业道德的不正当竞争行为。所以，竞争法是以保护和促进竞争为目的、规制反竞争行为的法律规范的总称。

二、竞争法的基本原则

竞争法的基本原则应为以实现竞争法目标为主旨，并能够体现竞争法的本质和特征，贯穿于竞争法的制定和实施过程的根本准则。

1. 自由竞争原则

竞争机制是市场经济最为重要的运行机制。竞争是提高经济运行效率的基石，只有自由竞争才能把人的力量解放出来。竞争法的目标是保护和促进竞争；竞争法的目的在于维护市场中的有效竞争，增进效率，使市场竞争与价格机制发挥有效的调控功能。竞争法的设计和运作理应遵循促进和保护自由竞争的原则。

2.公平竞争原则

公平的竞争环境对于维护有效的竞争机制至关重要。公平通常有形式意义上的公平和实质上的公平。前者指各市场主体应具有平等的法律地位，拥有法律赋予的相同性质的权利和承担相同性质的法定义务，使它们能够在平等的基础上自由地开展竞争。但是，这种形式意义上的公平有时会造成实质意义上的不公平。要维护有效的市场竞争环境，竞争法在维护形式公平的同时应当对实质公平问题作出规定，这样才能对市场运行的过程和结果进行控制，实现竞争法之目的。

3.社会效益原则

竞争法调控竞争的最终目的是提高社会效益，增进社会福利。一方面，竞争法通过禁止和惩治损害社会利益的垄断与不正当竞争行为来维护和提升全社会的经济福利；另一方面，并不是所有表面看来是反竞争的行为都被认为是有损社会效益并应受到处罚的。如《中华人民共和国反垄断法》（以下简称《反垄断法》）第二十条规定，为实现节约能源、保护环境、救灾救助等社会公共利益达成的协议不适用该法相关规定。这说明，对于一定时期、一定条件下的能促进社会公共利益的必要垄断和限制竞争行为，法律必须予以保护和鼓励。

4.政府适当干预原则

竞争法的社会本位性决定了维护有效竞争需要政府的干预。自由市场的存在当然并不排除对政府的需要。相反地，政府的必要性在于：它是竞赛规则的制定者，又是解释和强制执行这些已被决定的规则的裁判者。[①]市场失灵和市场缺陷是决定政府对市场竞争行为进行干预的内在要求。为了维护和监督市场竞争，有必要设立专门的国家机构，负责维护市场良好的竞争秩序。如《反垄断法》第四条就规定国家制定和实施与社会主义市场经济相适应的竞争规则，完善宏观调控，健全统一、开放、竞争、有序的市场体系。

三、我国竞争法的立法概况

我国采取反不正当竞争法、反垄断法并立的立法模式。

1.反不正当竞争法

1993年9月颁布的《反不正当竞争法》是我国第一部关于规范市场竞争秩序的法律，于1993年12月1日生效（2017年、2019年修订）。此外，《中华人民共和国广告法》（以下简称《广告法》）、《商标法》、《专利法》、《中华人民共和国著作权法》、《中华人民共和国产品质量法》（以下简称《产品质量法》）等法律也有涉及不正当竞争行为的规定，是对《反不正当竞争法》的重要补充。为了更好地解决不正当竞争纠纷，《最高人民法院关于适用〈中华人民共和国反不正当竞争法〉若干问题的解释》自2022年3月20日起施行。

2.反垄断法

我国最早提出反垄断的规范性文件是1980年发布的《国务院关于推动经济联合的暂行规定》，该规定提出要“打破地区封锁、部门分割”。同年10月，《国务院关于开展和保护社会主义竞争的暂行规定》发布，提出“在经济活动中，除国家指定由有关部门或单位专门经营的产品以外，其余的不得进行垄断、搞独家经营”，还指出“开展竞争必须打破

---

① 弗里德曼．资本主义与自由［M］．张瑞玉，译．北京：商务印书馆，1999：16．

地区封锁和部门分割”。此后，国务院在发布的诸如《中华人民共和国价格管理条例》《广告管理条例》《关于企业兼并的暂行办法》中分别规定反对价格垄断、广告经营活动中的垄断行为及为了垄断而进行的企业兼并。1993年颁布的《反不正当竞争法》规定了几种垄断的具体形式，并明确规定其法律责任。同年12月，原国家工商行政管理总局为配合《反不正当竞争法》的实施，专门发布了《关于禁止公用企业限制竞争行为的若干规定》[①]，将反不正当竞争中有关垄断的条文具体化。2007年8月30日，第十届全国人民代表大会常务委员会第二十九次会议通过了《反垄断法》，2022年6月24日修正。此外，《国务院反垄断委员会关于相关市场界定的指南》《经营者集中审查暂行规定》《国务院反垄断委员会关于知识产权领域的反垄断指南》《国务院反垄断委员会关于平台经济领域的反垄断指南》《禁止滥用知识产权排除、限制竞争行为规定》等，对规制垄断、建立良好的竞争秩序起到了重要作用。

第二节　反不正当竞争法

反不正当竞争法从微观层面规制不正当竞争行为。该法的立法目的包括：促进社会主义市场经济健康发展；鼓励和保护公平竞争，制止不正当竞争行为；保护经营者和消费者的合法权益。

一、反不正当竞争法的概念及特征

反不正当竞争法是指规制不正当竞争行为的法律规范的总称。在我国，反不正当竞争法有形式意义和实质意义之分。形式意义上的反不正当竞争法是指《反不正当竞争法》。从实质意义上讲，我国反不正当竞争法是由法律、法规和规章等多个层级的反不正当竞争法律规范构成的整体。本节重点讲述形式意义上的反不正当竞争法。

《反不正当竞争法》具有如下特征：

1.调整范围广泛

《反不正当竞争法》除了调整传统领域的商品生产经营过程中的不正当竞争行为外，还调整互联网领域的不正当竞争行为。

2.调整手段以行政手段为主，以其他手段为辅

这体现了《反不正当竞争法》作为竞争法所具有的社会本位性以及所遵循的政府适度干预原则。

3.实体与程序相结合

《反不正当竞争法》不仅从实体上界定了不正当竞争行为，也规定了竞争执法部门的职权以及制止不正当竞争行为的行政执法程序。

二、不正当竞争行为的概念及构成

《保护工业产权巴黎公约》（以下简称《巴黎公约》）第10条第2款规定，不正当竞争

① 2020年7月7日废止。

是指在工商业活动中违反诚实惯例的任何竞争行为。这一界定在国际上得到了广泛认可，成为不正当竞争行为的通行定义。

《反不正当竞争法》从行为主体、行为的违法属性以及危害后果的角度界定了不正当竞争行为，其第二条规定："本法所称的不正当竞争行为，是指经营者在生产经营活动中，违反本法规定，扰乱市场竞争秩序，损害其他经营者或者消费者的合法权益的行为。"

构成不正当竞争行为应当具备以下条件：①行为的主体是经营者，这里的经营者是指从事商品生产、经营或者提供服务的自然人、法人和非法人组织；②是经营者在生产经营活动中发生的行为；③该项行为违反了平等、自愿、公平、诚信的原则，违反了公认的商业道德；④该行为扰乱了社会经济秩序，损害了其他经营者或消费者的合法权益。

案例窗 6-1

三、不正当竞争行为的具体类型及法律责任

《反不正当竞争法》对常见的不正当竞争行为作了列举，对各种不正当行为的构成和法律责任作了比较详细的规定。

（一）混淆行为

混淆行为是指经营者违反法律规定，实施了引人误认为是他人商品或者与他人存在特定联系的不正当竞争行为。构成混淆行为的要件主要包括：①实施混淆行为的主体是经营者；②被混淆对象是有一定影响的标识；③从事混淆行为的方式是"擅自使用"；④混淆的结果是引人误认为是他人商品或者与他人存在特定联系。《反不正当竞争法》第六条具体规定了以下几类混淆行为：

1.仿冒有一定影响的商业标识的行为

该行为是指擅自使用与他人有一定影响的商品名称、包装、装潢等相同或者近似的标识，造成和他人的有一定影响的商品相混淆，使购买者误认为是该他人商品的行为。这种行为的构成涉及下列要素：

（1）有一定影响的商业标识。有一定影响是指为相关公众所知悉，有一定市场知名度和美誉度。商业标识具有一定知名度是受到《反不正当竞争法》保护的前提。这里的商业标识指未注册商业标识，注册的商标由《商标法》进行专项保护。未注册商业标识既包括商品名称、包装、装潢，也包括商品的形状、具有标识意义的广告语等。这里的"名称"是指知名商品具有的能区别商品来源的商品名称；"包装"是指为了识别知名商品以及方便携带、储运而使用在知名商品上的辅助物或容器；"装潢"是指为识别与美化商品而在商品或者其包装上附加的文字、图案、色彩及其排列组合，包括营业场所、营业用具和营业人员等的装饰、服饰等。同时，不管这些商业标识怎样使用，只要足以引人误认为与他人商品具有关联关系，都可使用《反不正当竞争法》予以保护。

（2）作为相同或者近似标识使用。"使用"包括直接将知名商品特有的名称、包装、装潢用于商品、商品包装或者容器以及商品交易文书上，或者用于广告宣传、展览及其他商业活动中。

"相同"是指所使用的商品的名称、包装、装潢与他人知名商品的名称、包装、装潢一模一样，即在文字、图形、记号及其联合形式，以及外观、排列、色彩上完全相同。

"近似"是指因袭他人知名商品的名称、包装、装潢的主要部分，加以不妨碍总体形象的增删或变动，使购买者在购买时施以普通注意力而不免产生混同或误认的情形。《关于禁止仿冒知名商品特有的名称、包装、装潢的不正当竞争行为的若干规定》第五条规定："对使用与知名商品近似的名称、包装、装潢，可以根据主要部分和整体印象相近，一般购买者施以普通注意力会发生误认等综合分析认定。一般购买者已经发生误认或者混淆的，可以认定为近似。"

（3）造成了市场混淆。在相同商品上使用相同或者视觉上基本无差别的商品名称、包装、装潢，应当视为足以造成和他人有一定影响的商业标识相混淆。

2.擅自使用他人有一定影响的企业名称、社会组织名称或者姓名的行为

这是关于市场主体仿冒混淆行为的规定。此类不正当竞争行为是指经营者擅自使用他人有一定影响的企业名称、社会组织名称或者姓名从事市场交易，引人误认为是他人的商品或者与他人存在特定联系，损害竞争对手的行为。

该行为有两个基本特征：一是未经权利人许可使用其有一定影响的名称或者姓名；二是引人误认为是他人的商品或者服务。企业名称可以是经我国企业注册登记主管机关依法登记注册的企业名称，也可以是在中国境内进行商业使用外国（地区）企业的名称。社会组织名称必须是经有关部门登记注册的合法有效的组织的名称。擅自使用为相关公众所熟知的企业名称、社会组织名称的简称、缩略语、外文名称和企业字号（商号）等，引人误认为是该企业的商品或者服务的，也应当认定是擅自使用他人的企业、社会组织名称。

"姓名"是指从事商品经营或者营利性服务的自然人的姓名，如果被使用姓名的主体不是从事商品经营或者营利性服务的，就不应当被认为是不正当竞争行为，应当依照其他相应的法律进行处理。具有一定的市场知名度、为相关公众所知悉的自然人的笔名、艺名、译名等，亦可以被认定为姓名。

案例窗 6-2

3.擅自使用他人有一定影响的网络活动中的特殊标识的行为

该种不正当竞争行为是指擅自使用他人有一定影响的域名主体部分、网站名称、网页等，引人误认为是他人商品或者与他人存在特定联系的不正当竞争行为。随着互联网日益发达，基于互联网的商业活动越来越多，因网络侵权产生的不正当竞争行为日益增多，如网络域名侵权。顶级域名本身并不具有作为商业标识的显著识别性，而二级域名作为域名注册人的网上名称，属于域名主体部分，有着很强的搜索、访问网站的指引功能，具有商业标识意义上的识别性。从标识和市场化的角度看，域名的功能已经从最初的网络技术作用发生了质的转变，域名与商标之间的指代关系逐渐增强，往往商标的主体文字部分也成了域名的主体部分。[1]所以，应该加强对域名主体部分、网站名称、网页的法律保护。同时，其他属于类似的互联网领域的特殊商业标识应该一并保护。

除上述3种不正当竞争行为外，其余的足以引人误认为是他人商品或者与他人存在特定联系的混淆行为，也应受到法律的制裁。

经营者违反《反不正当竞争法》第六条规定实施混淆行为的，由监督检查部门责令其停止违法行为，没收违法商品。违法经营额5万元以上的，可以并处违法经营额5倍以下的罚款；没有违法经营额或者违法经营额不足5万元的，可以并处25万元以下的罚款。情

① 丁春燕. 域名监管制度研究［M］. 北京：中国政法大学出版社，2016：243.

节严重的，吊销营业执照。如果权利人因被侵权所受到的实际损失、侵权人因侵权所获得的利益难以确定，则由人民法院根据侵权行为的情节依据《商标法》的有关规定判决给予权利人500万元以下的赔偿。

（二）商业贿赂

1.商业贿赂的概念与构成

商业贿赂是指经营者为了谋取交易机会或竞争优势，通过采用给付财物或者其他手段贿赂交易对方工作人员及其委托办理相关事务的单位或者个人，以及利用职权或者影响力影响交易的单位或个人。《反不正当竞争法》第七条规定了三类受贿主体：①交易相对方的工作人员；②受交易相对方委托办理相关事务的单位或者个人；③利用职权或者影响力影响交易的单位或者个人。

构成商业贿赂有如下几个要件：

（1）行为人采用财物或者其他手段实施了贿赂。理解该要件要注意两点：

①采用“财物或者其他手段”的范围。根据《关于禁止商业贿赂行为的暂行规定》第二条，财物是指现金和实物，包括经营者为销售或者购买商品，假借促销费、宣传费、赞助费、科研费、劳务费、咨询费、佣金等名义，或者以报销各种费用等方式，给付对方单位或者个人的财物。其他手段是指提供国内外各种名义的旅游、考察等给付财物以外的其他利益的手段。

②“财物或者其他手段”的价值标准。我国相关法律、法规中并没有明确，应当在具体情况下根据所称的财物或者其他手段是否足以影响交易对手选择商品或者服务的行为而定。[①]但是按照《关于禁止商业贿赂行为的暂行规定》第八条，除按照商业惯例赠送小额广告礼品外，经营者在商品交易中向对方单位或者个人附赠现金或者物品均视为商业贿赂行为。从字面意思来理解，不管数额大小或者价值高低，只要经营者在商品交易中向对方单位或者个人附赠现金或者物品就应当视为商业贿赂。

（2）以谋取交易机会或者竞争优势为目的。交易机会意味着利益，是指市场主体在市场竞争中努力争取的目标。竞争优势则是战胜竞争对手的前提条件，其有多种表现形式。

（3）行贿人是经营者。商业贿赂的行为人是指从事商品经营或者营利性服务的法人、其他经济组织和个人。经营者的工作人员进行贿赂的，应当认定为经营者的行为；但经营者有证据证明该工作人员的行为与为经营者谋取交易机会或者竞争优势无关的除外。如经营者已制定合法、合规、合理的措施，采取有效措施进行监管等，可以不认定为经营者的行为。

（4）受贿者是《反不正当竞争法》第七条规定的三类人。

需要注意的是，并不是所有为销售或购买商品而给予对方财物的行为都是商业贿赂。《反不正当竞争法》第七条规定，经营者在生产经营活动中，可以以明示方式给对方折扣，可以给中间人佣金。经营者给对方折扣、给中间人佣金的，必须如实入账；接受折扣、佣金的经营者必须如实入账。折扣即商品购销中的让利，是指经营者在销售商品时，以明示并如实入账的方式给予对方的价格优惠，包括支付价款时对价款总额按一定比例即

---

① 王晓晔．竞争法学［M］．北京：社会科学文献出版社，2007：97．

时予以扣除和支付价款总额后再按一定比例予以退还两种形式。明示和入账是指根据合同约定的金额和支付方式，在依法设立的反映其生产经营活动或者行政事业经费收支的财务账上按照财务会计制度规定明确如实记载。

2.商业贿赂的法律责任

（1）行政责任。经营者以行贿手段销售或者购买商品的，由监督检查部门依照《反不正当竞争法》第十九条，没收违法所得，处10万元以上300万元以下的罚款；情节严重的，吊销营业执照。

（2）民事责任。行贿人的竞争者因为该商业贿赂行为遭受损失的，可以要求民事损害赔偿。

（3）刑事责任。《刑法》第一百六十三条规定：公司、企业或者其他单位的工作人员，利用职务上的便利，索取他人财物或者非法收受他人财物，为他人谋取利益，数额较大的，处3年以下有期徒刑或者拘役，并处罚金；数额巨大或者有其他严重情节的，处3年以上10年以下有期徒刑，并处罚金；数额特别巨大或者有其他特别严重情节的，处10年以上有期徒刑或者无期徒刑，并处罚金。公司、企业或者其他单位的工作人员在经济往来中，利用职务上的便利，违反国家规定，收受各种名义的回扣、手续费，归个人所有的，依照上述规定处罚。

《刑法》第一百六十四条规定：为谋取不正当利益，给予公司、企业或者其他单位的工作人员以财物，数额较大的，处3年以下有期徒刑或者拘役，并处罚金；数额巨大的，处3年以上10年以下有期徒刑，并处罚金。单位犯前款罪的，对单位判处罚金，并对其直接负责的主管人员和其他直接责任人员，依照上述规定处罚。

（三）虚假宣传行为

虚假宣传是指经营者对其商品的性能、功能、质量、销售状况、用户评价、曾获荣誉等作虚假或者引人误解的商业宣传，欺骗、误导消费者。

经营者具有下列行为之一，足以造成相关公众误解的，可以认定为引人误解的虚假宣传行为：①对商品作片面的宣传或者对比的；②将科学上未定论的观点、现象等当作定论的事实用于商品宣传的；③以歧义性语言或者其他引人误解的方式进行商品宣传的。

以明显的夸张方式宣传商品，不足以造成相关公众误解的，不属于引人误解的宣传行为。对虚假或引人误解的宣传行为进行认定，应当根据日常生活经验、相关公众一般注意力、发生误解的事实和被宣传对象的实际情况等因素。

另外，《反不正当竞争法》明确规定，经营者不得通过组织虚假交易等方式，帮助其他经营者进行虚假或者引人误解的商业宣传。所以，经营者帮助他人刷单炒信用、删除差评、虚构交易等行为，也将受到查处，网络水军、职业差评师等不法经营者将受到相应处罚。

（四）侵犯商业秘密行为

1.侵犯商业秘密行为的概念与构成

侵犯商业秘密行为是指经营者采取不正当手段或者违反约定或保密要求，获取、使用、披露权利人的商业秘密的行为。

《反不正当竞争法》第九条规定："商业秘密，是指不为公众所知悉、具有商业价值并经权利人采取相应保密措施的技术信息、经营信息等商业信息。”

（1）商业秘密是该类行为所侵犯的客体。商业秘密包括经营信息和技术信息。经营信息通常包括经营者的客户名单、经营计划、财务资料、货源渠道、标底、标书等信息。技术信息则包括产品配方、工艺流程、设计图纸、产品模型、计算机源程序、计算机程序文档、关键数据等信息。

衡量信息是否属于商业秘密，应考虑3个因素：①“不为公众所知悉”，是指有关信息不为其所属领域的相关人员普遍知悉和容易获得。按照《最高人民法院关于审理侵犯商业秘密民事案件适用法律若干问题的规定》第四条，具有下列情形之一的，可以认定有关信息已为相关公众所知悉：该信息在所属领域属于一般常识或者行业惯例的；该信息仅涉及产品的尺寸、结构、材料、部件的简单组合等内容，所属领域的相关人员通过观察上市产品即可直接获得的；该信息已经在公开出版物或者其他媒体上公开披露的；该信息已通过公开的报告会、展览等方式公开的；所属领域的相关人员从其他公开渠道可以获得该信息的。②“具有商业价值”，即有关信息具有现实的或者潜在的商业价值，能为权利人带来经济利益或具有竞争优势。③“经权利人采取保密措施”，应当理解为权利人为防止信息泄露所采取的与其商业价值等具体情况相适应的合理保护措施。具有下列情形之一，在正常情况下足以防止涉密信息泄露的，应当认定权利人采取了保密措施：限定涉密信息的知悉范围，只对必须知悉的相关人员告知其内容；对于涉密信息载体采取加锁等防范措施；在涉密信息的载体上标有保密标志；对于涉密信息采用密码或者代码等；签订保密协议；对于涉密的机器、厂房、车间等场所限制来访者或者提出保密要求；确保信息秘密的其他合理措施。

（2）认定是否构成侵犯商业秘密时，还需考虑行为人侵犯商业秘密的手段，即经营者是否采用了《反不正当竞争法》第九条的规定手段实施了侵犯商业秘密的行为。该条规定的手段包括：①以盗窃、贿赂、欺诈、胁迫、电子侵入或者其他不正当手段获取权利人的商业秘密。②披露、使用或者允许他人使用以前项手段获取的权利人的商业秘密。③违反保密义务或者违反权利人有关保守商业秘密的要求，披露、使用或者允许他人使用其所掌握的商业秘密。④教唆、引诱、帮助他人违反保密义务或者违反权利人有关保守商业秘密的要求，获取、披露、使用或者允许他人使用权利人的商业秘密。经营者以外的其他自然人、法人和非法人组织实施上述所列违法行为的，视为侵犯商业秘密。第三人明知或者应知商业秘密权利人的员工、前员工或者其他单位、个人实施上述违法行为，仍获取、披露、使用或者允许他人使用该商业秘密的，视为侵犯商业秘密。

通过自行开发研制或者反向工程等方式获得的商业秘密，不认定为侵犯商业秘密行为。反向工程是指通过技术手段对从公开渠道取得的产品进行拆卸、测绘、分析等而获得该产品的有关技术信息。

2.侵犯商业秘密行为的法律责任及举证责任

（1）行政责任。《反不正当竞争法》第二十一条规定，经营者以及其他自然人、法人和非法人组织违反本法第九条规定侵犯商业秘密的，由监督检查部门责令停止违法行为，没收违法所得，处10万元以上100万元以下的罚款；情节严重的，处50万元以上500万元以下的罚款。

（2）民事责任。因侵犯商业秘密给权利人造成损失的，受害人可以向人民法院起诉，要求损害赔偿。《反不正当竞争法》第十七条规定，因不正当竞争行为受到损害的经营者的赔偿数额，按照其因被侵权所受到的实际损失确定；实际损失难以计算的，按照侵权人因侵权获得的利益确定。经营者恶意实施侵犯商业秘密行为，情节严重的，可以在按照上述方法确定数额的1倍以上5倍以下确定赔偿数额。赔偿数额还应当包括经营者为制止侵权行为所支付的合理开支。权利人因被侵权所受到的实际损失、侵权人因侵权所获得的利益难以确定的，由人民法院根据侵权行为的情节判决给予权利人500万元以下的赔偿。

(3) 刑事责任。《刑法》对侵犯商业秘密的行为规定了刑事制裁。根据《刑法》第二百一十九条，因有侵犯商业秘密行为，情节严重的，处3年以下有期徒刑，并处或者单处罚金；情节特别严重的，处3年以上10年以下有期徒刑，并处罚金。为境外的机构、组织、人员窃取、刺探、收买、非法提供商业秘密的，处5年以下有期徒刑，并处或者单处罚金；情节严重的，处5年以上有期徒刑，并处罚金。

《反不正当竞争法》第三十二条规定了当事人诉讼的举证责任：在侵犯商业秘密的民事审判程序中，商业秘密权利人提供初步证据，证明其已经对所主张的商业秘密采取保密措施，且合理表明商业秘密被侵犯，涉嫌侵权人应当证明权利人所主张的商业秘密不属于本法规定的商业秘密。商业秘密权利人提供初步证据合理表明商业秘密被侵犯，且提供以下证据之一的，涉嫌侵权人应当证明其不存在侵犯商业秘密的行为：①有证据表明涉嫌侵权人有渠道或者机会获取商业秘密，且其使用的信息与该商业秘密实质上相同；②有证据表明商业秘密已经被涉嫌侵权人披露、使用或者有被披露、使用的风险；③有其他证据表明商业秘密被涉嫌侵权人侵犯。

（五）不正当有奖销售行为

1.不正当有奖销售行为的概念和类型

有奖销售是以给付奖品的方式促销商品的行为。其通常有两种形式：①附赠式有奖销售，即对所销售的商品均附带性提供赠品的销售行为；②抽奖式有奖销售，即以具有偶然性的方式随机决定赠品的销售。

《反不正当竞争法》第十条规定：经营者进行有奖销售不得存在下列情形：①所设奖的种类、兑奖条件、奖金金额或者奖品等有奖销售信息不明确，影响兑奖；②采用谎称有奖或者故意让内定人员中奖的欺骗方式进行有奖销售；③抽奖式的有奖销售，最高奖的金额超过5万元。法律并不禁止所有的有奖销售，只是禁止上述三类不正当有奖销售行为。

2.不正当有奖销售行为的法律责任

经营者进行不正当有奖销售的，监督检查部门应当责令其停止违法行为，处以5万元以上50万元以下的罚款。

有关当事人因有奖销售活动中的不正当竞争行为而受到损害的，可以向行为人要求赔偿。

（六）商业诋毁行为

《反不正当竞争法》第十一条规定："经营者不得编造、传播虚假信息或者误导性信息，损害竞争对手的商业信誉、商品声誉。"按照该规定，商业诋毁行为是指经营者以编造、散布虚假信息或者误导性信息，损害竞争对手的商业信誉、商品声誉的行为。

根据上述规定，诋毁竞争对手的行为应具备以下要件：

（1）编造和散布虚假或者误导性信息。构成这一要件必须是编造和散布虚假或者误导性信息同时具备。散布的方式可以是口头的，也可以是书面的，还可以是其他形式。

（2）以市场竞争为目的。行为人编造和散布虚伪事实的目的是诋毁自己的竞争对手，行为人希望通过诋毁来影响消费者的消费选择，提高自己产品或者服务在消费者心目中的地位。

（3）损害了竞争者的商业信誉和商品声誉。商业信誉是指社会上对经营者的商业道德、服务质量或者厂商资信等情况的综合评价。商品声誉是指社会上对经营者生产或者销售的具体商品或者服务的质量、价格等情况的综合评价。

经营者违反上述规定损害竞争对手商业信誉、商品声誉的，由监督检查部门责令其停止违法行为、消除影响，处10万元以上50万元以下的罚款；情节严重的，处50万元以上300万元以下的罚款。

（七）网络不正当竞争行为

1.网络不正当竞争行为的含义

根据《反不正当竞争法》第十二条，网络不正当竞争行为是指经营者利用技术手段，通过影响用户选择或者其他方式，实施了该法规定的妨碍、破坏其他经营者合法提供的网络产品或者服务正常运行的行为。

网络不正当竞争行为具有如下特点：

（1）普遍性。目前互联网上的各种不正当竞争行为很普遍，诉讼也多发，部分当事人忍无可忍，只能请求法律给予最终的保护。

（2）跨区域性。互联网每时每刻都在全球运行，所以网络不正当竞争行为是国际性的，没有国界的制约，给受害者维权带来了难度。

（3）隐蔽性。网络不正当竞争行为存在于虚拟世界，与传统现实世界看得见的不正当竞争行为相比很隐蔽。

（4）影响深远性。随着经济全球化的发展，不正当竞争行为早已跨越国界成为世界性现象，互联网又为这一行为提供了更快捷、涉及面更广的平台。[①]

2.网络不正当竞争行为的种类

《反不正当竞争法》规定了以下网络不正当竞争行为：①未经其他经营者同意，在其合法提供的网络产品或者服务中，插入链接、强制进行目标跳转；②误导、欺骗、强迫用户修改、关闭、卸载其他经营者合法提供的网络产品或者服务；③恶意对其他经营者合法提供的网络产品或者服务实施不兼容；④其他妨碍、破坏其他经营者合法提供的网络产品或者服务正常运行的行为。

经营者具有网络不正当竞争行为，由监督检查部门责令其停止违法行为，处10万元以上50万元以下的罚款；情节严重的，处50万元以上300万元以下的罚款。

案例窗6-3

① 国家工商行政管理总局网络商品交易监管司．网络交易管理理论与实务［M］．北京：中国工商出版社，2014：121.

第三节 反垄断法

《反垄断法》以预防和规制垄断行为为立法主旨。

一、反垄断法的概念及立法目的

垄断是指市场主体在市场运行过程中通过排他性控制，或对市场竞争进行实质性限制，从而妨碍公平竞争秩序的行为或状态。反垄断法就是规制垄断行为的法律规范的总称。

法律意义上的垄断通常具有两个显著的特征：危害性和违法性。法律上的垄断是对市场竞争构成实质性危害的行为或状态，相应地，也是违反各国法律明文规定的行为或状态。

《反垄断法》第三条规定的垄断行为包括：经营者达成垄断协议；经营者滥用市场支配地位；具有或者可能具有排除、限制竞争效果的经营者集中。《反垄断法》第九条还对平台经济的相关行为作了禁止性规定：经营者不得利用数据和算法、技术、资本优势以及平台规则等从事本法禁止的垄断行为。

《反垄断法》的立法目的是预防和制止垄断行为，保护市场公平竞争，鼓励创新，提高经济运行效率，维护消费者利益和社会公共利益，促进社会主义市场经济健康发展。

为了实现《反垄断法》的立法目的，除具体规定各种反垄断行为及其规制措施外，《反垄断法》第五条还规定：国家建立健全公平竞争审查制度。行政机关和法律、法规授权的具有管理公共事务职能的组织在制定涉及市场主体经济活动的规定时，应当进行公平竞争审查。

二、垄断协议及其法律规制

（一）垄断协议的概念及类型

垄断协议是指排除、限制竞争的协议、决定或者其他协同行为。其可分为横向垄断协议和纵向垄断协议。

1.横向垄断协议

横向垄断协议是指具有竞争关系的两个或两个以上的经营者以协议、决定或者其他协同行为方式实施的排除、限制竞争的行为。

构成横向垄断协议需要具备以下几个条件：

（1）存在两个或者两个以上具有竞争关系的协议方，且各方具有独立的法律地位，能独立地参与经济活动。首先，各协议方应当拥有独立的法律人格。法律上不具有独立性的企业部分如分公司、销售网点等不能视为协议方。其次，各协议方应当能独立参与经济活动。如果某子公司在经济上依附母公司，尽管其有独立的法律地位，但在反垄断法上仍然与母公司一起被视为同一企业。最后，垄断协议各方之间存在竞争关系。存在竞争关系实质上是限制竞争协议产生的前提。

（2）具有限制竞争的目的或者产生限制竞争的效果，妨碍了正当的竞争。如果一份协议并没有限制竞争的目的，而且不会产生限制竞争的后果，那么该协议不能被认为是垄断协议。

（3）方式是协议、决议或者其他协同行为等。协议并没有形式要求，可以是书面的，也可以是口头的。除了协议之外，垄断协议还可以表现为决议的形式，如行业协会或者企业协会的决议。限制竞争的核心是共谋，而不论其形式如何，因此，限制竞争协议还包括限制竞争的协调性行为，即竞争各方出于限制竞争的目的，彼此协调其市场行为。

《反垄断法》第十七条列举了5种横向垄断协议：

（1）固定或者变更商品价格。该类协议直接限制了价格竞争，使价格作为激励生产者改进生产技术和提高管理水平的作用被明显削弱。固定价格协议可以使价格在一定时期内维持一个较低水平，造成其他竞争者被迫退出市场，并给潜在竞争者进入相关市场设置难以逾越的障碍。因此，固定价格协议作为一种典型的垄断行为，为《反垄断法》所禁止。对固定价格协议应作广义理解：通过协议固定或者变更价格变动幅度，固定或者变更对价格有影响的手续费、折扣，使用统一的价格作为与第三方谈判的基础，约定采用据以计算价格的标准公式，约定未经其他经营者同意不得变更价格的或者通过限制生产销售数量或分割销售采购市场等方式，固定或者变更商品价格的，都应视为固定价格协议应予以禁止。另外，垄断协议还包括协同行为。

（2）限制商品的生产数量或者销售数量。经营者之间对某种商品的生产或销售数量进行限制，通过减少商品的供应量使所限制生产或销售数量的商品价格上升，以谋取高额利润，损害消费者利益。

（3）分割销售市场或者原材料采购市场。经营者之间通过协议对销售市场或者原材料采购市场进行分割，划定各自的市场范围，在各自的市场范围内享有独占的销售或者采购权，以避免相互竞争。通过这样的分割，协议方实现了在各自的市场范围内的垄断地位，是明显的限制竞争的行为，因而受到《反垄断法》的禁止。

（4）限制购买新技术、新设备或者限制开发新技术、新产品。经营者之间达成限制购买新技术、新设备或者限制开发新技术、新产品的协议阻碍了新技术的推广和应用，限制了新产品的开发与创新，造成了资源的浪费和生产效率的停滞，不仅损害了消费者的利益，甚至阻碍了社会的进步。

（5）联合抵制交易。这是指经营者之间约定拒绝同某一或某些经营者交易的行为。按照契约自由原则，经营者有选择交易方的自由，但是联合抵制造成被拒绝者从根本上丧失了必要的公平交易机会，经营陷入困境，最终可能被迫退出市场。

此外，《反垄断法》规定了一个弹性条款，即国务院反垄断执法机构认定的其他垄断协议也在法律禁止范围内。

2.纵向垄断协议

纵向垄断协议是指产业链上处于不同生产经营环节企业间达成的具有垄断性质的协议。纵向垄断协议的特点是协议双方的给付具有互补性，即一方提供商品，另一方支付价格。如汽车生产厂商和销售商4S店之间就交易对象、价格、服务模式等签署的协议，就属于纵向垄断协议。

纵向垄断协议主要有三类：一是固定向第三人转售商品的价格；二是限定向第三人转售商品的最低价格；三是特许协议。

案例窗 6-4

（二）垄断协议豁免及其类型

垄断协议豁免是指当事人达成的看似具有垄断性质，但实际是为了实现某类社会有益目的，被《反垄断法》排除适用的协议。《反垄断法》第二十条规定，当事人达成的下列协议不适用《反垄断法》：①为改进技术、研究开发新产品的；②为提高产品质量、降低成本、增进效率，统一产品规格、标准或者实行专业化分工的；③为提高中小经营者经营效率，增强中小经营者竞争力的；④为实现节约能源、保护环境、救灾救助等社会公共利益的；⑤因经济不景气，为缓解销售量严重下降或者生产明显过剩的；⑥为保障对外贸易和对外经济合作中的正当利益的；⑦法律和国务院规定的其他情形。

经营者要承担垄断豁免的举证责任，即要能够证明符合上述7种情况。对于第①至⑤项，经营者还应当证明所达成的协议不会严重限制相关市场的竞争，并且能够使消费者分享由此产生的利益。

此外，对于纵向垄断协议，经营者能够证明其不具有排除、限制竞争效果的，不予禁止；经营者能够证明其在相关市场的市场份额低于国务院反垄断执法机构规定的标准，并符合国务院反垄断执法机构规定的其他条件的，不予禁止。

（三）经营者订立和实施垄断协议的法律责任

对于经营者达成并实施垄断协议，或者经营者组织其他经营者达成垄断协议，或者为其他经营者达成垄断协议提供实质性帮助的，由反垄断执法机构责令停止违法行为，没收违法所得，并处上一年度销售额1%以上10%以下的罚款，上一年度没有销售额的，处500万元以下的罚款；尚未实施所达成的垄断协议的，可以处300万元以下的罚款。经营者的法定代表人、主要负责人和直接责任人员对达成垄断协议负有个人责任的，可以处100万元以下的罚款。情节特别严重、影响特别恶劣、造成特别严重后果的，可在上述罚款数额的2倍以上5倍以下确定具体罚款数额。

经营者主动向反垄断执法机构报告达成垄断协议的有关情况并提供重要证据的，反垄断执法机构可以酌情减轻或者免除对该经营者的处罚。

行业协会违反法律规定，组织本行业的经营者达成垄断协议的，由反垄断执法机构责令改正，可以处300万元以下的罚款；情节严重的，社会团体登记管理机关可以依法撤销登记。

经营者实施垄断行为，给他人造成损失的，依法承担民事赔偿责任。

三、滥用市场支配地位

拥有市场支配地位本身并不违法，反垄断法只是规制滥用市场支配地位的行为。

（一）市场支配地位的概念

市场支配地位是指经营者在相关市场内具有能够控制商品价格、数量或其他交易条件，或者能够阻碍、影响其他经营者进入相关市场能力的市场地位。相关市场是判断市场支配地位的要素。《反垄断法》规定，市场支配地位是指经营者在相关市场内具有能够控制商品价格、数量或者其他交易条件，或者能够阻碍、影响其他经营者进入相关市场地位。

此外，《国务院反垄断委员会关于相关市场界定的指南》明确规定了相关市场的含义、界定相关市场的依据以及界定相关市场的方法等。

（二）滥用市场支配地位的类型

《反垄断法》列举了6种滥用市场支配地位的行为。

1.垄断价格

垄断价格是指具有市场支配地位的经营者以垄断低价采购商品或者以垄断高价销售商品，是一种典型的剥削性滥用行为。该种行为的判断标准是售价或者卖价是否公平。不公平的高价或低价是指明显超过竞争水平或者明显低于市场平均水平，甚至低于成本。认定“不公平的高价”和“不公平的低价”，应当综合考虑下列因素：①销售价格是否明显高于该产品的成本，或者购买价格是否明显过低，甚至低于该产品的成本；②在成本基本稳定的情况下，是否超过正常幅度提高销售价格或者降低购买价格；③销售商品的提价幅度是否明显高于成本增长幅度，或者购买商品的降价幅度是否明显高于交易相对人成本降低幅度；④是否明显高于或者低于其他经营者销售或者购买的同种商品的价格。

如果交易相对人能够以合理的价格从其他经营者那里获得同种商品或者替代商品的，不应当视为滥用市场支配地位。

2.掠夺性定价

掠夺性定价是指没有正当理由，以低于成本的价格销售商品。以低于成本的价格销售是指经营者持续以承担损失的方式销售商品，旨在排除竞争者或者潜在竞争者的行为。

正当理由通常包括：①依法降价处理鲜活商品、季节性商品、有效期即将到期的商品和积压商品；②因清偿债务、转产、歇业降价销售商品；③为招徕顾客采取的短期或者小批量的促销行为；④应对其他经营者低于成本销售的策略而被迫采取的降价行为；⑤可以形成规模效应从而降低成本，并能够使消费者分享由此产生的利益。

3.拒绝交易

拒绝交易是指没有正当理由，拒绝与交易相对人进行交易。正当理由是指基于商业上的正当利益所作的考虑，如产品质量、产品价格、供货时间、运输成本等。

4.独家交易

独家交易是指没有正当理由，限定交易相对人只能与其进行交易或者只能与其指定的经营者进行交易。

5.搭售

搭售是指没有正当理由搭售商品，或者在交易时附加其他不合理的交易条件。一个企业如果在销售某种商品或者服务时，强迫交易对手购买从性质或交易习惯上均与第一种商品或者服务无关的其他产品或者服务，这种行为就是搭售。搭售行为对市场竞争有着明显的不利影响。如果一个企业强迫买方购买某种与合同标的没有关系的产品，生产搭售产品的其他企业就处于非常不利的境地。要注意的是，搭售并不总是违法的，《反垄断法》规制的只是不合理的搭售行为。

6.差别待遇

差别待遇是指没有正当理由，对条件相同的交易相对人在交易价格等交易条件上实行差别待遇。对于条件相同的交易相对人给予差别对待实际上是限制了交易相对人之间的竞争。“条件相同”通常理解为经营者与有关交易相对人交易等级和质量相同的同种商品时，在交易方式、交易环节、交易数量、货款结算、售后服务等方面相近或相同。有合理理由的差别待遇不被视为垄断行为，如价格差异对交易相对人的市场竞争不产生实质性不利影响或者交易相对人能够以合理的价格从其他经营者那里获得同种商品或者替代商品。

（三）市场支配地位的认定与推定

认定和推定市场支配地位，应当在依照有关规定界定相关市场的基础上进行。

1. 市场支配地位的认定

《反垄断法》第二十三条规定，认定经营者的市场支配地位时，应当依据以下因素：

（1）该经营者在相关市场的市场份额以及相关市场的竞争状况。市场份额是指经营者的特定商品销售额或者销售量在相关市场的比重。相关市场的竞争状况包括相关市场的发展状况、现有竞争者的数量、是否存在潜在的竞争者和进入障碍、相关市场其他经营者的市场份额、商品差异程度、市场透明度等。

（2）该经营者控制销售市场或者原材料采购市场的能力。控制销售市场或者原材料采购市场的能力，包括控制销售或采购市场渠道的能力，影响或者决定价格、数量、合同期限或其他交易条件的能力或者优先获得原材料的能力等。原材料包括企业生产经营所必需的原料、半成品、零部件及相关设备等。

（3）该经营者的财力和技术条件。财力和技术条件包括经营者的资产规模、财务能力、盈利能力、融资能力、研发能力、技术装备、技术创新和应用能力、拥有的知识产权等因素。对于经营者的财力和技术条件的分析，应当同时考虑其关联企业的财力和技术条件及其对相关市场进入、扩大产能等的影响。

（4）其他经营者对该经营者在交易上的依赖程度。影响依赖程度的因素包括与该经营者之间的交易量、交易关系的持续时间、交易相对人转向其他经营者的难易程度等。

（5）其他经营者进入相关市场的难易程度。影响经营者进入相关市场的因素包括市场准入制度、拥有管网等必需设施、销售渠道、资金和技术等规模经济要求、成本优势等。

（6）与认定该经营者市场支配地位有关的其他因素。

2. 市场支配地位的推定

有下列情形之一的，可以推定经营者具有市场支配地位：①一个经营者在相关市场的市场份额达到1/2的；②两个经营者在相关市场的市场份额合计达到2/3的；③3个经营者在相关市场的市场份额合计达到3/4的。

对于②③项规定的情形，其中有的经营者市场份额不足1/10的，不应当推定该经营者具有市场支配地位。

被推定具有市场支配地位的经营者，有证据证明不具有市场支配地位的，不应当认定其具有市场支配地位。被推定具有市场支配地位的经营者，如果能够提出证据证明不具有市场支配地位，可以推翻对市场支配地位的推定，例如能证明下列事项：①其他经营者进入该相关市场比较容易；②相关市场的竞争比较充分或经营者不具有在相关市场内控制商品价格、数量或其他交易条件，或者能够阻碍、影响其他经营者进入相关市场的能力。

（四）滥用市场支配地位的法律责任

经营者违反《反垄断法》的规定、滥用市场支配地位的，由反垄断执法机构责令停止违法行为，没收违法所得，并处上一年度销售额1%以上10%以下的罚款。给他人造成损失的，依法承担民事责任。

四、经营者集中

经营者通过集中可以扩大企业规模，实现规模经济。但经营者集中也会产生限制竞争的效果。如果是外资并购境内企业或者以其他形式参与经营者集中，涉及国家安全的，应同时进行反垄断审查和国家安全审查。

（一）经营者集中的概念和类型

经营者集中是指经营者合并，或通过收购其他经营者的股份或者资产取得对其他经营者的控制权，或通过委托经营、联营等方式形成控制与被控制的关系或者直接或间接控制其他经营者的业务或人事。

《反垄断法》规定了3种情形的经营者集中：①经营者合并；②经营者通过取得股权或者资产的方式取得对其他经营者的控制权；③经营者通过合同等方式取得对其他经营者的控制权或者能够对其他经营者施加决定性影响。

（二）经营者集中申报与审查制度

有效的竞争需要市场中的竞争者保持一定的数量。按照社会效益和国家适度干预原则，只有那些大型合并，即那些最可能给竞争带来威胁的合并，才应当被列入《反垄断法》的调整范围。如《反垄断法》第二十六条规定经营者集中达到国务院规定的申报标准的，经营者应当事先向国务院反垄断执法机构申报，未申报的不得实施集中。

1.申报义务人

经营者集中肯定涉及两者以上的当事人，究竟谁承担申报义务，《反垄断法》规定的是经营者。从字面意思看，经营者包括了参与集中的各方，原则上所有参与集中的经营者均有申报义务，但主要应由并购方承担。

2.申报标准

《反垄断法》并没有规定具体的申报标准。实际上申报标准应该是一个动态的标准，要随着经济的发展而有所变化。一般采用的申报标准通常包括参与集中的经营者资产、销售额、交易额和市场占有率等方面。

经营者集中虽未达到国务院规定的申报标准，但有证据证明该经营集中具有或者可能具有排除、限制竞争效果的，国务院反垄断执法机构可以要求经营者申报。经营者依法应该申报但未申报的，国务院反垄断执法机构应依法进行调查。

3.申报时间

《反垄断法》确定了事前申报制度。该制度要求申报义务人必须在经营者集中实施之前向执法机构进行申报。如果没有事前申报并获得批准，经营者不得实施集中。

4.申报资料

经营者向国务院反垄断执法机构申报集中，应当提交下列文件、资料：申报书，集中对相关市场竞争状况影响的说明，集中协议，参与集中的经营者经会计师事务所审计的上一会计年度财务会计报告，国务院反垄断执法机构规定的其他文件、资料。

申报书应当载明参与集中的经营者的名称、住所、经营范围、预定实施集中的日期和国务院反垄断执法机构规定的其他事项。

经营者提交的文件、资料不完备的，应当在国务院反垄断执法机构规定的期限内补交文件、资料。经营者逾期未补交文件、资料的，视为未申报。

5.初步审查

国务院反垄断执法机构应当自收到经营者提交的符合法律规定的文件、资料之日起30日内，对申报的经营者集中进行初步审查，作出是否实施进一步审查的决定，并书面通知经营者。国务院反垄断执法机构作出决定前，经营者不得实施集中。国务院反垄断执法机构作出不实施进一步审查的决定或者逾期未作出决定的，经营者可以实施集中。

6.第二阶段审查

国务院反垄断执法机构决定实施进一步审查的，应当自决定之日起90日内审查完毕，作出是否禁止经营者集中的决定，并书面通知经营者。作出禁止经营者集中的决定，应当说明理由。审查期间，经营者不得实施集中。在法律规定的特殊情形下，国务院反垄断执法机构经书面通知经营者，可以延长上述规定的审查期限，但最长不得超过60日。

有下列情形之一，国务院反垄断执法机构可以决定中止计算经营者集中的审查期限，并通知经营者：一是经营者未按规定提交文件、资料，导致审查工作无法进行；二是出现对经营者集中审查具有重大影响的新情况、新事实，不经核实将导致审查工作无法进行；三是需要对经营者集中附加的限制性条件进一步评估，且经营者提出中止请求。但上述情形消除之日起，审查期限继续计算，国务院反垄断执法机构应书面通知经营者。

审查经营者集中，应当考虑下列因素：①参与集中的经营者在相关市场的市场份额及其对市场的控制力；②相关市场的市场集中度；③经营者集中对市场进入、技术进步的影响；④经营者集中对消费者和其他有关经营者的影响；⑤经营者集中对国民经济发展的影响；⑥国务院反垄断执法机构认为应当考虑的影响市场竞争的其他因素。

经营者集中具有或者可能具有排除、限制竞争效果的，国务院反垄断执法机构应当作出禁止经营者集中的决定。但是，经营者能够证明该集中对竞争产生的有利影响明显大于不利影响，或者符合社会公共利益的，国务院反垄断执法机构可以作出对经营者集中不予禁止的决定。对不予禁止的经营者集中，国务院反垄断执法机构可以决定附加减少集中对竞争产生不利影响的限制性条件。国务院反垄断执法机构应当将禁止经营者集中的决定或者对经营者集中附加限制性条件的决定，及时向社会公布。

（三）经营者集中申报豁免制度

申报豁免制度是指一项达到国务院规定的申报标准应当进行反垄断申报的经营者集中，由于满足法律规定的豁免条件而不必向执法机构申报的规定。《反垄断法》规定了豁免的两种情况：一是参与集中的一个经营者拥有其他每个经营者50%以上有表决权的股份或者资产的；二是参与集中的每个经营者50%以上有表决权的股份或者资产被同一个未参与集中的经营者拥有的。

（四）违法实施集中的法律责任

经营者违反《反垄断法》的规定实施集中的，由国务院反垄断执法机构责令停止实施集中、限期处分股份或者资产、限期转让营业以及采取其他必要措施恢复到集中前的状态，可以处上一年度销售额10%以下的罚款；不具有排除、限制竞争效果的，处500万元以下的罚款。

五、行政垄断

（一）行政垄断的概念和类型

行政垄断是指行政机构及公共组织滥用行政权力排除、限制市场竞争的行为。《反垄断法》规定的行政垄断行为主要包括以下类型：

1.行政强制交易行为

该行为是指行政机关和法律、法规授权的具有管理公共事务职能的组织滥用行政权力，限定或者变相限定单位或个人经营、购买、使用其指定的经营者提供的商品，以及通过与经营者签订合作协议、备忘录等方式，妨碍其他经营者进入相关市场或者对其他经营者实行不平等待遇，排除、限制竞争。

2.妨碍商品在地区之间的自由流通

该行为是指行政机关和法律、法规授权的具有管理公共事务职能的组织滥用行政权力，实施的妨碍商品在地区之间的自由流通的行为。其具体包括以下行为：①对外地商品设定歧视性收费项目、实行歧视性收费标准，或者规定歧视性价格；②对外地商品规定与本地同类商品不同的技术要求、检验标准，或者对外地商品采取重复检验、重复认证等歧视性技术措施，限制外地商品进入本地市场；③采取专门针对外地商品的行政许可，限制外地商品进入本地市场；④设置关卡或者采取其他手段，阻碍外地商品进入或者本地商品运出；⑤妨碍商品在地区之间自由流通的其他行为。

3.限制招投标行为

该行为是指行政机关和法律、法规授权的具有管理公共事务职能的组织滥用行政权力，以设定歧视性资质要求、评审标准或者不依法发布信息等方式，排斥或者限制外地经营者参加本地的招投标以及其他经营活动。

4.限制经营者跨地区投资经营

该行为是指行政机关和法律、法规授权的具有管理公共事务职能的组织滥用行政权力，采取与本地经营者不平等待遇等方式，排斥或者限制、强制或者变相强制外地经营者在本地投资或者设立分支机构。

5.行政强制限制竞争

该行为是指行政机关和法律、法规授权的具有管理公共事务职能的组织滥用行政权力，强制或者变相强制经营者从事反垄断法规定的垄断行为。

6.抽象行政垄断行为

该行为是指行政机关和法律、法规授权的具有管理公共事务职能的组织不得滥用行政权力，制定含有排除、限制竞争内容的规定。

（二）行政垄断的法律责任

行政机关和法律、法规授权的具有管理公共事务职能的组织滥用行政权力，实施排除、限制竞争行为的，由上级机关责令改正；对直接负责的主管人员和其他直接责任人员依法给予处分。反垄断执法机构可以向有关上级机关提出依法处理的建议。相关组织还应当将有关改正情况书面报告上级机关和反垄断执法机构。

法律、行政法规对行政机关和法律、法规授权的具有管理公共事务职能的组织滥用行政权力实施排除、限制竞争行为的处理另有规定的，依照其规定。

六、反垄断执法机构

我国设立了国务院反垄断委员会，负责组织、协调、指导反垄断工作，其职责为：①研究拟订有关竞争政策；②组织调查、评估市场总体竞争状况，发布评估报告；③制定、发布反垄断指南；④协调反垄断行政执法工作；⑤国务院规定的其他职责。

国务院设立反垄断执法机构负责反垄断统一执法工作，并且该机构根据工作需要，可以授权省、自治区、直辖市人民政府相应的机构，依照《反垄断法》规定负责有关反垄断执法工作。

学思践悟

强化反垄断和反不正当竞争司法审判　维护市场公平竞争秩序

党的二十大报告提出要“加强反垄断和反不正当竞争，破除地方保护和行政性垄断，依法规范和引导资本健康发展”。2022年11月17日，最高人民法院举行“人民法院护航新时代”首场新闻发布会，介绍人民法院加强反垄断和反不正当竞争司法有关情况和发布典型案例。

一、令在必信，法在必行

随着市场经济不断发展，市场主体间竞争日益激烈，各类不正当竞争行为不断增多并向线上延伸，对公平竞争市场秩序带来新的冲击。对此，人民法院积极回应时代需求，依法规制仿冒混淆、虚假宣传、诋毁商誉等不正当竞争行为，先后审结奇虎与百度不正当竞争纠纷案、吉利与威马侵害商业秘密纠纷案等一批诉讼标的额高、社会影响重大的不正当竞争案件，有力维护了公平健康的市场竞争秩序。

除此之外，反不正当竞争案件虽然体量不大，却反映了社会发展过程中的热点问题，案件审理结果直接影响消费者利益、行业布局甚至产业政策调整。例如，“陪伴式”直播不正当竞争纠纷案、“微信抽奖”有奖销售行政处罚案与广大消费者的利益息息相关。人民法院通过妥善审理上述不正当竞争案件，及时回应社会关切，在充分保护权利人合法权益的同时，有效维护了消费者合法权益，以司法裁判助力形成讲诚信、公平有序的市场环境。

为创造良好的市场竞争法治秩序，人民法院不断细化完善竞争领域法律适用规则，出台保障公平竞争的司法解释16件。制定涉商业秘密民事司法解释和刑事司法解释，加大侵权违法成本，惩治侵犯商业秘密违法犯罪行为，增强司法保护整体效能。比如，《最高人民法院关于适用〈中华人民共和国反不正当竞争法〉若干问题的解释》对流量劫持、干扰等不正当竞争行为的认定作了细化规定，通过完善规则，统一裁判尺度。

另外，为推进公平竞争政策实施，人民法院配套出台维护公平竞争的司法政策文件十余项，先后制定发布《关于全面加强知识产权司法保护的意见》《人民法院知识产权司法保护规划（2021—2025年）》等司法政策文件，全面贯彻公平竞争政策，深化司法体制机制改革，服务和保障国家战略实施，推动构建高水平社会主义市场经济体制。

二、以案释法，充分发挥典型案例示范和引领作用

反垄断典型案例主要体现如下特点：

第一，严厉制裁垄断行为，努力消除和降低垄断行为风险。积极发挥司法职能作用，维护公平竞争秩序。

第二，规范权利行使行为，明确知识产权滥用的反垄断司法审查规则。厘清专利权等排他性民事权利行使的合法边界，规范权利人合法行使权利，促进企业守法经营。

第三，聚焦民生热点，切实保障人民群众从公平竞争中获得实益。对人民群众高度关注的市场竞争行为，给予积极回应，依法制止排除、限制竞争行为，恢复、促进市场竞争活力，保证人民群众获得市场竞争带来的利益。

第四，依法支持和监督反垄断执法，促进行政执法标准与司法标准协调统一。人民法院通过支持和监督反垄断执法机构依法履职，促进了反垄断行政执法标准与司法标准协调统一，提升了反垄断执法司法合力。

反不正当竞争典型案例主要体现如下特点：

一是加大司法保护力度，维护市场公平竞争。积极服务经济社会高质量发展，助推法治化营商环境建设。

二是回应社会关切，维护消费者合法权益。以司法裁判助力形成诚实守信、公平有序的市场环境。

三是强化商业秘密司法保护，统一法律适用标准。倡导诚信原则，加大商业秘密保护力度，切实加强知识产权司法保护。

三、多方协同配合，推动数字经济高质量发展

反垄断和反不正当竞争行为不能仅依靠司法审判工作，还要发挥司法监督职能，支持反垄断行政执法机构依法履职，强化反垄断执法司法。在“茂名混凝土企业横向垄断协议”反垄断行政处罚案中，人民法院既依法支持行政机关行使行政裁量权，也对行政处罚的裁量标准等给予指引，从而有效规范行政执法行为。

不断健全司法审判与行政执法衔接机制，构建大保护工作格局。最高人民法院会同市场监管、金融监管、互联网监管等主管部门，完善协同配合机制，推进业务交流、数据交换和信息共享，共同推动形成公平竞争保护合力；依托人民法院调解平台，大力推进反不正当竞争纠纷诉调对接机制；加强与行政部门、仲裁机构、行业协会、调解组织等单位的协调配合，因地制宜创新纠纷解决方式，满足人民群众多元、高效、便捷的纠纷解决需求，营造公平竞争的市场环境。

在全面建设社会主义现代化国家的新征程上，人民法院将继续深入贯彻习近平新时代中国特色社会主义思想，深入践行习近平法治思想，深入贯彻党的二十大精神，全面推进公平竞争审判事业高质量发展，加快建设高效规范、公平竞争、充分开放的全国统一大市场，为全面推进中国式现代化提供有力司法服务和保障。

资料来源　王岚芳．“人民法院护航新时代”首场新闻发布会举行［N］．人民法院报，2022-11-18.

问题思考：如何才能发挥竞争法在市场公平竞争秩序建设中的作用？

关键术语

垄断协议（monopoly agreement） 滥用市场支配地位（abuse of dominant market position） 经营者集中（concentration of undertakings） 垄断行为（monopolistic conduct） 不公平竞争（unfair competition） 商业道德（business ethics） 仿冒（passing off） 知名商品（well-known goods） 商业秘密（business secret） 虚假宣传（false propaganda）

基础训练

一、单选题

1.《反不正当竞争法》规定，抽奖式有奖销售最高奖金的金额不得超过人民币（　　）。

A. 5 000元　　B. 3万元　　C. 5万元　　D. 10万元

2.某地板公司在某市电视台作广告，称“某牌原装进口实木地板为你分忧”，并称“强化地板甲醛高、不耐用”。此后，本地市场的强化地板销量有所减少。经查明，该公司生产的实木地板是用进口木材在国内加工而成的。下列关于本广告行为说法正确的是（　　）。

A.属于正当竞争行为

B.仅属于诋毁商誉的行为

C.仅属于虚假宣传行为

D.既属于诋毁商誉行为，也属于虚假宣传行为

3.擅自使用他人企业名称或姓名，引人误认为是他人的商品或服务的行为属于（　　）。

A.混淆行为　　B.虚假宣传行为

C.侵犯商业秘密行为　　D.诋毁商誉行为

4.甲公司因与乙公司有经济合同纠纷，甲不再经营乙的产品，当老客户询问甲有无乙的产品时，甲的职工故意说：“乙的产品不行了，价格又高，我们不再经销乙的产品了。”下列有关该行为的表述正确的是（　　）。

A.甲侵犯了乙的名誉权

B.甲的行为因未通过宣传媒体诋毁乙的商业信誉，不构成诋毁商业信誉

C.甲侵犯了乙的荣誉权

D.甲的行为属于侵犯乙的商业信誉的不正当行为

5.某市一电器商场，在广告牌上写明：“凡在本商场购买××数码相机的，返还价款的10%；凡是介绍他人购买的，付给介绍者价款2%的佣金。”经另外一家电器商场的举报，有关部门调查后发现，该商场给付的返款和佣金在账上有明确记载；所售数码相机的成本

为价款的65%。对于该公司的行为下列说法中正确的是（　　）。

A.根据《反不正当竞争法》构成不正当竞争

B.根据《反不正当竞争法》构成低价倾销

C.根据《反不正当竞争法》构成商业贿赂

D.正常销售行为

6.依《反垄断法》，下列属于垄断行为的是（　　）。

A.经营者利用市场支配地位　　B.经营者达成垄断协议

C.经营者集中　　D.政府利用行政权力进行宏观调控

7.行政机关滥用行政权力，实施对外地商品设定歧视性收费项目，实行歧视性收费标准，妨碍商品在地区之间自由流通的行为是（　　）。

A.滥用行政权力排除、限制竞争的行为　　B.宏观调控行为

C.经营者集中行为　　D.滥用市场支配者地位行为

8.依《反垄断法》，下列具有市场支配地位的经营者从事的行为是滥用市场支配地位的行为的是（　　）。

A.以不公平的高价销售商品　　B.以低于成本的价格销售商品

C.限定交易相对人只能与其进行交易　　D.拒绝与交易相对人进行交易

二、多选题

1.老丁在某糖酒展销会上购买了一瓶误认为是泸州老窖酒厂生产的酒，其实是某地某厂产的“沪州老窖”，该酒的包装与泸州老窖几乎一样。老丁将该酒送给朋友万某，万某饮后身体不适，万某向泸州老窖酒厂在该市的代表处投诉，此时方发现该酒不是泸州老窖。以下说法错误的是（　　）。

A.老丁有权要求“沪州老窖”生产厂家依照《反不正当竞争法》承担与知名商品相混淆的不正当竞争行为的责任

B.万某有权要求“沪州老窖”生产厂家承担不正当竞争行为的责任

C.泸州老窖酒厂有权向法院直接起诉“沪州老窖”生产厂家，要求其依照《反不正当竞争法》承担市场混淆不正当竞争行为的法律责任

D.“沪州老窖”生产厂家的行为构成冒用认证标志的不正当竞争行为

2.下列行为中，（　　）属于法律规定的不正当竞争行为。

A.某市政府发文规定，由于本市最近连续发生煤气中毒事件，因此各单位必须使用本市煤气公司生产的煤气安全阀

B.天气渐暖，某商场决定所有皮衣六折优惠出售

C.甲公司为提高本公司产品的市场占有率，通过座谈会的形式，向顾客宣传乙公司的产品不如甲公司的产品

D.甲地（不属山东省）出产的苹果品质优良，但市场知名度不高，销路不畅，因此甲地的水果公司在其产品的外包装上全部印上“烟台苹果优质品牌”

3.反不正当竞争行为的监督检查部门在监督检查不正当竞争行为时享有的职权有（　　）。

A.询问权　　B.查询复制权　　C.检查权　　D.处罚权

4.对于违反《反垄断法》实施集中的经营者，国务院反垄断执法机构可以采取的措施

有（　　）。

A.责令停止实施集中　　B.限期处分股份或者资产

C.限期转让营业　　D.处以罚款

5.下列属于垄断协议的是（　　）。

A.甲超市和乙超市约定：前者占北京市场，后者占天津市场

B.因为价格问题，甲和乙两家汽车厂口头约定都不购买丙钢铁公司的钢材

C.甲药厂和乙医药连锁超市约定：后者出售前者的某种专利药品只能按某价格出售

D.甲药厂和乙医药连锁超市约定：后者出售前者的某种专利药品最高按某价格出售

三、简答题

1.什么是竞争法？竞争法的原则有哪些？

2.试分析垄断协议的概念和类型。

3.如何判断经营者是否具有市场支配地位以及是否构成对市场支配地位的滥用？

4.试述经营者集中申报制度。

5.什么是行政垄断？如何规制行政垄断？

6.简述我国省级反垄断执法机构可以授权管辖的案件。

7.简述侵犯商业秘密行为的含义和构成要素。

四、实务题

甲、乙两厂均为某市生产饮料的企业，使用在饮料上的商标分别注册为A和B。其中，甲厂是老牌企业，乙厂是后起之秀。由于乙厂饮料质优价廉，销路很好，导致甲厂的经济效益下降。甲厂为在竞争中取胜，在该市电视台加大广告宣传力度，其广告词称：目前本市有一些厂家生产的同类产品，与本厂生产的保健饮料在质量上有根本差别，系本厂产品的仿制品，唯有本厂生产的A牌饮料不含化学成分，才是正宗的，特提请广大消费者注意，购买保健饮料时请认准A牌商标，谨防受骗上当。甲厂的广告在市电视台播出后，许多经营乙厂保健饮料的客户纷纷找乙厂退货，称其为仿制产品，致使乙厂生产严重滑坡，造成近100万元的经济损失。于是，乙厂向市场监督管理部门反映，要求惩处甲厂。

问题：

（1）甲厂行为的性质是什么？

（2）市场监督管理部门应如何处理此案？

（3）乙厂是否有权请求赔偿损失？损失额应当如何计算？

第七章　产品质量法

学习目标

◆ 重点掌握产品质量监督管理制度、产品质量义务和产品质量法律责任。

◆ 掌握产品、产品质量、产品瑕疵、产品缺陷的含义。

◆ 了解产品质量的概念和产品质量法的立法目的。

第一节　产品质量法概述

一、产品质量法及相关概念

理解产品质量的含义是学习《产品质量法》的关键。只有被《产品质量法》确定为产品范围内的产品，才受其约束。

（一）产品

产品是指通过人们的劳动创造出来的具有使用价值且能够满足人们生产或生活需要的物品。产品最早是经济学的术语，现在民法和经济法领域也使用这一概念。

《产品质量法》第二条规定："本法所称产品是指经过加工、制作，用于销售的产品。建设工程不适用本法规定；但是，建设工程使用的建筑材料、建筑构配件和设备，属于前款规定的产品范围的，适用本法规定。"由此可见，《产品质量法》所确定的产品必须满足两个条件：一是必须经过加工、制作；二是必须用于销售，非为销售而加工制作的物品也不是《产品质量法》意义上的产品。

案例窗 7-1

（二）产品质量

产品质量是产品应当具备的，符合人们生产或消费所需要的各种特性、功能的总和。这些特性或功能是多方面的，主要包括以下几个方面：

（1）安全性。其强调产品在流通和使用过程中必须安全，能够保证人身及财产不受其损害，环境不受其危害。这是对产品最为基本的要求，包括产品的设计、制造、安装、指示、维修等多方面的安全性。

（2）功能性。产品是为满足人们生产或消费的需要而出现的，因此产品必须具备满足人们特定的生产或消费需要的功能。功能性强调产品在特定条件下，应当具备实现预定目标或规定用途的实际功能。

（3）可靠性。其强调产品性能的稳定，在规定的时间和条件下，产品满足人们特定需求的能力是没有变化的。

（4）经济性。一方面，经济性指产品的定价既要反映其价值，也要符合市场的供求关系；另一方面，经济性指产品在使用构成上不会额外增加使用人的负担，如保养和维修成本在合理的预期范围内。

（5）期限性。产品必须具有正常的使用期限。

产品还应当具备可维修性、美观性、卫生性以及环保性等其他多种属性，一些特殊的产品也应当具有一些特殊的属性。

（三）产品质量法

产品质量法是调整因产品质量而产生的社会关系的法律规范的总和。具体到《产品质量法》，其主要调整两种社会关系：

1.产品质量监督管理关系

它主要包括两个方面的内容：一是作为监管者的国家行政管理机关与作为被监管者的生产者、销售者以及相关中介机构之间的产品质量行政监管关系；二是社会公众对产品质量，包括生产者、销售者进行监督所形成的社会监督关系。

2.产品质量责任关系

它主要是生产者、销售者、消费者或其他民事主体因产品质量纠纷而产生的民事法律关系，它是与产品质量有关的人身关系或者财产关系。与产品责任相关的民事主体不仅仅是生产者和销售者，在产品流通过程中的其他民事主体，如社会团体、相关中介组织都可以成为产品质量责任关系的主体。

二、产品质量法的适用范围

法律的适用范围就是法律的调整范围，也就是规定特定法律在怎样的范围内发挥效力。法律的适用范围一般包括地域、主体、客体等方面。

就适用地域而言，在中华人民共和国境内从事产品生产、销售活动（含销售进口商品）都必须受到《产品质量法》的规范。

就适用主体而言，从事产品生产或销售活动的企业法人、其他经济组织、个人、消费者、用户、相关社会中介组织、国家质量监督管理机关都应遵守《产品质量法》。

就适用客体而言，《产品质量法》只适用于限定的产品范围，即经过加工、制作，并通过流通环节用于销售的产品，初级农产品和不动产则不在其调整范围之列。初级农产品属于天然产品，如未经加工的玉米、小麦、稻谷等粮食产品，这些天然产品的质量不是人的意志和要求所能决定的，不能按照标准的质量要求生长，主要由《中华人民共和国农产品质量安全法》等进行调整。不动产主要是指房屋、桥梁、建筑工程等不可移动的产品，其有其特殊的质量要求，难以与经过加工、制作的工业产品共用同一种法律要求。比如，建筑工程由《中华人民共和国建筑法》予以调整。

三、产品质量立法

产品质量法是伴随着近现代工业生产的迅速发展和市场经济的繁荣而发展起来的。从19世纪中叶开始，以英美两国的判例为开端，西方发达资本主义国家逐步形成了解决产品致人损害案件的产品责任制度。当今，产品质量立法在世界各国都受到极大的重视。

我国的《产品质量法》于1993年2月22日被通过，分别于2000年、2009年和2018年修正。其有6章74条，是一部综合的法律规范。它调整的社会关系相当广泛，把产品质量的监督管理和产品责任合二为一。它的立法宗旨是加强对产品质量的监督管理，提高产品质量，明确产品质量责任，保护消费者的合法权益，维护社会经济秩序，是国家干预市场的经济法精神的体现。

四、产品质量责任和产品责任

产品质量责任又称产品瑕疵担保责任、产品合同责任，是指行为人违反《产品质量法》规定的义务所应承担的法律责任。这里的“行为人”不仅包括产品的生产者、销售者，而且包括对产品质量负有直接责任的人员以及从事产品质量监督的国家工作人员。这里的“法律责任”，包括民事责任、行政责任和刑事责任三大类，各类责任又可以作更进一步的划分。①

产品责任又称产品缺陷责任、产品侵权损害赔偿责任，是指产品侵权责任，即产品生产者和销售者承担的因生产、销售有缺陷的产品而导致他人遭受人身或财产损害所应承担的特殊的侵权法律责任。《产品质量法》第四十六条规定：“本法所称缺陷，是指产品存在危及人身、他人财产安全的不合理的危险；产品有保障人体健康和人身、财产安全的国家标准、行业标准的，是指不符合该标准。”在我国，产品责任并没有单独立法，有关产品责任的法律规定主要体现在《民法典》侵权责任编和《产品质量法》中。

产品质量责任与产品责任的区别主要在于以下3个方面：

（1）判定承担责任的依据不同。产品质量责任的判定依据包括默示担保、明示担保、没有产品缺陷。只要不符合3项依据之一，生产者、销售者就应承担相应的责任。产品责任的判定依据仅指产品是否存在缺陷，即产品是否存在不合理危险。

（2）承担责任的条件不同。承担产品质量责任的条件是只要产品质量不符合默示担保或明示担保之一，无论是否造成实际损害，都应承担相应的责任。承担产品责任的条件是产品存在缺陷，并且实际造成了他人人身伤害或财产损失。

（3）责任的性质不同。产品质量责任包括产品质量违约和侵权的民事责任，也包括产品质量的行政责任和刑事责任，而产品责任仅指侵权民事责任。

第二节 产品质量的监督

产品质量的监督是《产品质量法》的重要内容，也是该法得以真正发挥效力的重要保障。

① 李昌麒. 经济法［M］. 北京：清华大学出版社，2008：177.

一、产品质量监督体制

《产品质量法》第八条："国务院市场监督管理部门主管全国产品质量监督工作。国务院有关部门在各自的职责范围内负责产品质量监督工作。县级以上地方市场监督管理部门主管本行政区域内的产品质量监督工作。县级以上地方人民政府有关部门在各自的职责范围内负责产品质量监督工作。"

除国家机关对产品质量进行监督以外，产品质量检验机构、认证机构、消费者以及保护消费者权益的社会组织也可以对产品质量进行监督。据此，我国逐步确立了统一监督与分工监督，国家监督与社会监督、消费者监督相结合的产品质量监督体制。

拓展阅读 7-1

二、产品质量监督管理制度

产品质量监督管理制度是督促生产者和经营者提供合格产品的重要管理制度。

1.产品质量检验制度

根据《产品质量法》，产品质量应当检验合格，不得以不合格的产品冒充合格产品。产品质量检验是检验机构依法根据相应标准对产品质量进行检测，判定产品是否合格的监督活动。产品质量检验制度是产品质量法及相关法律、法规所确定的产品质量检验的方法、程序及要求等内容的总称。其具体包括以下内容：

（1）产品质量检验的主体，即企业。为满足消费者或者其他市场主体对产品质量的要求，企业应主动对产品质量进行检验。企业可以自主选择检验的范围、方法以及标准，自主设置检验机构和规定检验程序，但国家对产品检验有强制性要求的应符合其要求。

（2）产品质量检验的标准。其主要包括三类标准：一是法定标准，也叫强制标准，是法律规定企业产品质量检验必须选择的标准，企业必须采用。如涉及保障人体健康、人身财产安全的国家、行业以及地方标准，企业必须采用并遵守。二是约定标准，即交易当事人依法约定的产品检验标准，企业进行产品质量检验时必须执行该约定。三是企业标准。在没有上述两种标准时，企业对产品质量的检验可以执行企业自定标准。

（3）检测能力。产品质量检验机构必须具备相应的检测条件和能力，经省级以上人民政府监督管理部门或者其授权的部门考核合格后，方可承担产品质量检验工作。

《产品质量法》规定，可能危及人体健康和人身、财产安全的工业产品，必须符合保障人体健康和人身、财产安全的国家标准、行业标准；未制定国家标准或行业标准的，必须符合保障人体健康和人身、财产安全的要求。

2.企业质量体系和产品质量认证制度

《产品质量法》第十四条规定："国家根据国际通用的质量管理标准，推行企业质量体系认证制度。企业根据自愿原则可以向国务院市场监督管理部门认可的或者国务院市场监督管理部门授权的部门认可的认证机构申请企业质量体系认证。经认证合格的，由认证机构颁发企业质量体系认证证书。"可见，企业是否申请企业质量体系认证，可根据自身的情况来决定，完全自愿。

企业质量体系认证的目的是提高供方的质量信誉，向需方提供质量担保，增强企业在市场上的竞争能力，同时有利于加强企业内部的质量管理，实现质量方针和质量目标。

国家参照国际先进的产品标准和技术要求，推行产品质量认证制度。企业根据自愿原则可以向国务院市场监督管理部门认可的或者国务院市场监督管理部门授权的部门认可的认证机构申请产品质量认证；经认证合格的，由认证机构颁发产品质量认证证书，准许企业在产品或者其包装上使用产品质量认证标志。认证标志是指由产品质量认证机构设计，按照法定程序批准发布的一种专用标志。我国的产品质量认证标志有长城认证标志、PRC认证标志、方圆认证标志等。

3.产品质量监督检查制度

国家对产品质量实行以抽查为主要方式的监督检查制度，对于依法进行的产品质量监督检查，生产者、销售者不得拒绝。监督抽查工作的重点是可能危及人体健康和人身、财产安全的产品，影响国计民生的重要工业产品，以及消费者、有关组织反映有质量问题的产品。抽查的样品应当在市场上或者成品仓库内的待销产品中随机抽取。根据监督抽查的需要，有关部门可以对产品进行检验。检验抽取样品的数量不得超过检验的合理需要，并不得向被检查人收取检验费用。监督检查所需检验费用按照国务院规定列支。生产者和销售者对抽查检验的结果有异议的，可以自收到检验结果之日起15日内向实施监督抽查的市场监督管理部门或者其上级市场监督管理部门申请复检，由受理复检的市场监督管理部门作出复检结论。

对于监督抽查不合格的产品，由实施监督抽查的市场监督管理部门责令其生产者、销售者限期改正；逾期不改正的，由省级以上人民政府市场监督管理部门予以公告；公告后经复查仍不合格的，责令停产，限期整顿；整顿期满后经复查产品质量仍不合格的，吊销营业执照。

县级以上市场监督管理部门根据已经取得的违法嫌疑证据或者举报，对涉嫌违反《产品质量法》规定进行查处时，可以行使下列职权：①对当事人涉嫌从事违反该法的生产、销售活动的场所实施现场检查；②向当事人的法定代表人、主要负责人和其他有关人员调查、了解与涉嫌从事违反该法的生产、销售活动有关情况；③查阅、复制当事人有关的合同、发票、账簿以及其他有关资料；④对有根据认为不符合保障人体健康和人身、财产安全的国家标准、行业标准的产品或者有其他严重质量问题的产品，以及直接用于生产、销售该项产品的原辅材料、包装物、生产工具，予以查封或者扣押。

此外，产品用户、消费者可以对产品质量进行直接监督，相关社会组织、媒体、个人也可以对产品质量进行监督。

4.产品质量检验、认证机构的相关要求

为了确保产品质量检验、认证的公正性，从事产品质量检验、认证的机构必须依法设立，且不得与行政机关和其他国家机关存在隶属关系或者其他利益关系。该类机构必须依法按照有关标准，客观、公正地出具检验结果或者认证证明。认证机构还应当对准许使用认证标志的产品进行认证后的跟踪检查，对不符合认证标准而使用认证标志的，要求其改正；情节严重的，取消其使用认证标志的资格。

第三节　生产者、销售者的产品质量责任与义务

《产品质量法》强调了生产者的产品质量责任和义务，产品的销售者是产品实现其使

用价值的中间环节，也应当承担一定的产品质量责任和义务。

一、生产者的产品质量责任与义务

1.生产者应当对其生产的产品质量负责

产品质量应当符合以下要求：①不存在危及人身、财产安全的不合理的危险；有保障人体健康和人身、财产安全的国家标准、行业标准的，应当符合该标准。②具备产品应有的使用性能，但对产品存在使用性能的瑕疵作出说明的除外。③符合在产品或者其包装上注明采用的产品标准，符合以产品说明、实物样品等方式表明的质量状况。

2.产品包装标识必须真实

产品包装标识要真实，并符合下列要求：①有产品质量检验合格证明。②有中文标明的产品名称、生产厂名和厂址。③根据产品的特点和使用要求，需要标明产品规格、等级、所含主要成分的名称和含量的，应用中文相应予以标明；需要事先让消费者知晓的，应当在外包装上标明，或者预先向消费者提供有关资料。④限期使用的产品，应当在显著位置清晰地标明生产日期和安全使用期或者失效期。⑤使用不当，容易造成产品本身损坏或者可能危及人身、财产安全的产品，应当有警示标志或者中文警示说明。⑥裸装的食品和其他根据产品的特点难以附加标识的裸装产品，可以不附加产品标识。

3.对某些特殊产品的包装应当履行的义务

《产品质量法》规定，易碎、易燃、易爆、有毒、有腐蚀性、有放射性等危险物品以及储运中不能倒置和其他有特殊要求的产品，其包装质量必须符合相应的要求，依照国家有关规定作出警示标志或中文警示说明，标明储运注意事项。

4.其他产品质量义务

生产者除了要履行以上产品质量方面的作为义务外，还负有以下不作为义务：①不得生产国家明令淘汰的产品；②不得伪造产地，不得伪造或者冒用他人的厂名、厂址；③不得伪造或者冒用认证标志等质量标志；④不得掺杂、掺假，不得以假充真、以次充好，不得以不合格产品冒充合格产品。

二、销售者的产品质量责任和义务

《产品质量法》规定的销售者的产品质量责任和义务主要包括：

（1）执行进货检查验收制度，验明产品合格证明和其他标识。如果在验收中发现产品的质量、品种、规格、产品标识不符合规定，则销售者应当提出书面异议，要求供货方予以解决；如果销售者不提出异议的，则责任自负。

（2）保持销售产品的质量。销售者应当根据产品特点，采取必要的防雨、防晒、防霉变，对某些特殊产品采取控制温度、湿度等措施，确保销售的产品不失效、不变质。

（3）所销售产品的标识应当符合《产品质量法》对生产的产品或其包装上的标识的规定。

（4）销售产品不得掺杂、掺假，不得以假充真、以次充好，不得销售不合格和冒充合格的产品。

（5）不得伪造产地，不得伪造或者冒用他人的厂名、厂址，不得伪造或冒用认证标志等质量标志。

案例窗 7-2

第四节　产品损害赔偿责任

产品损害的归责问题是本章学习的重点和难点，深入了解赔偿责任问题有助于我们分析现实生活中的案例，厘清各方当事人在产品损害案件中的具体责任。

一、产品损害赔偿责任的概念

产品损害赔偿责任即产品责任。产品责任是国际通用术语，而产品损害赔偿责任这一概念是我国所特有的。生产者、销售者承担损害赔偿责任需满足3个要件：①产品存在缺陷。产品缺陷包括设计上的缺陷、原材料的缺陷、制造上的缺陷、指标上的缺陷等。②存在人身伤害、财产损害的事实。③产品缺陷与损害事实之间有因果关系。在实践中，产品造成人身、财产损害，除了由于产品本身的缺陷外，还可能有其他原因，如外力的破坏、受害人的故意等，而由这些原因造成的损害，不应归结于生产者、销售者。

二、产品损害赔偿责任的归责原则

归责原则是指确定行为人承担民事法律责任的理由和依据。

《产品质量法》对生产者实行严格责任原则，即只要其生产的产品存在缺陷并对他人人身或财产造成了损害，生产者即使没有过错也要负赔偿责任。但生产者能证明有下列情况之一的，可免除责任：①未将产品投入流通的；②产品投入流通时，引起损害的缺陷尚不存在的；③将产品投入流通时的科学技术水平尚不能发现缺陷存在的。

对销售者实行过错责任原则，即销售者由于过错使产品存在缺陷，造成他人人身、财产发生损害的，才承担赔偿责任；销售者不能指明缺陷产品的生产者或供货者的，销售者应当承担赔偿责任。

案例窗7-3

三、损害赔偿范围及责任形式

确定损害赔偿的范围及责任形式有利于权利人行使赔偿请求权及义务人承担侵权赔偿责任。

1.受害人的求偿权与先行赔偿人的追偿权

有关受害人求偿权，参见《产品质量法》第四十三条："因产品存在缺陷造成人身、他人财产损害的，受害人可以向产品的生产者要求赔偿，也可以向产品的销售者要求赔偿。"

关于先行赔偿人的追偿权问题，该条也作了明确规定："属于产品的生产者的责任，产品的销售者赔偿的，产品的销售者有权向产品的生产者追偿。属于产品的销售者的责任，产品的生产者赔偿的，产品的生产者有权向产品的销售者追偿。"这里所指的追偿，是指缺陷产品的生产者或销售者先行承担赔偿之后，有权向负有责任的人追还所支付的赔偿。

2.损害赔偿范围

产品损害赔偿的范围主要包括：①因产品存在缺陷造成受害人人身伤害的，侵害人应当赔偿医疗费、治疗期间的护理费、因误工减少的收入等费用；造成残疾的，还应当支付残疾者生活自助具费、生活补助费、残疾赔偿金以及由其扶养的人所必需的生活费等费用；造成受害人死亡的，并应当支付丧葬费、死亡赔偿金以及由死者生前扶养的人所必需的生活费等费用。②因产品存在缺陷造成受害人财产损失的，侵害人应当恢复原状或者折价赔偿。③受害人因此遭受其他重大损失的，侵害人也应当赔偿损失。

3.诉讼时效和争议的解决

《产品质量法》第四十五条对诉讼时效的规定是：因产品存在缺陷造成损害要求赔偿的诉讼时效期间为2年，自当事人知道或者应当知道其权益受到损害时起计算。因产品存在缺陷造成损害要求赔偿的请求权，在造成损害的缺陷产品交付最初消费者满10年丧失；但是，尚未超过明示的安全使用期的除外。

产品质量民事纠纷可以采取协商、调解、仲裁、诉讼4种方式解决。当事人可以自由选择这4种方式，但对于仲裁和诉讼只能选择一种，即申请仲裁后就不能向人民法院起诉，向人民法院起诉后就不能申请仲裁。

案例窗7-4

第五节　产品质量的行政与刑事责任

了解产品质量的行政和刑事责任有助于生产经营者全面了解《产品质量法》，树立产品质量意识，生产和销售合格产品。

一、生产者、销售者违反《产品质量法》的行政和刑事责任

1.生产、销售不合格产品的行政和刑事法律责任

（1）生产、销售不符合保障人体健康和人身、财产安全的国家标准、行业标准的产品，责令停止生产、销售，没收违法生产、销售的产品，并处违法生产、销售产品（包括已售出和未售出的产品）货值金额等值以上3倍以下的罚款；有违法所得的，并处没收违法所得；情节严重的，吊销营业执照；构成犯罪的，依法追究刑事责任。

（2）生产者、销售者在产品中掺杂、掺假，以假充真，以次充好，或者以不合格产品冒充合格产品的，责令停止生产、销售，没收违法生产、销售的产品，并处违法生产、销售产品货值金额50%以上3倍以下的罚款；有违法所得的，并处没收违法所得；情节严重的，吊销营业执照；构成犯罪的，依法追究刑事责任。

（3）生产国家明令淘汰的产品的，销售国家明令淘汰并停止销售的产品的，责令停止生产、销售，没收违法生产、销售的产品，并处违法生产、销售产品货值金额等值以下的罚款；有违法所得的，并处没收违法所得；情节严重的，吊销营业执照。

（4）销售失效、变质的产品的，责令停止销售，没收违法销售的产品，并处违法销售产品货值金额2倍以下的罚款；有违法所得的，并处没收违法所得；情节严重的，吊销营业执照；构成犯罪的，依法追究刑事责任。

2.以欺诈手段生产、销售产品的行政和刑事法律责任

生产者、销售者伪造产品产地的，伪造或者冒用他人厂名、厂址的，伪造或者冒用认证标志等质量标志的，责令改正，没收违法生产、销售的产品，并处违法生产、销售产品货值金额等值以下的罚款；有违法所得的，并处没收违法所得；情节严重的，吊销营业执照。

3.产品标识不当的法律责任

产品标识不符合产品或其包装上的标识要求的，依据法律规定，应责令改正；有包装

的产品标识，不符合“限期使用的产品，应当在显著位置清晰地标明生产日期和安全使用期或失效日期；使用不当，容易造成产品本身损坏或者可能危及人身、财产安全的产品，应有警示标志或者中文警示说明”等规定，情节严重的，责令停止生产、销售，并处违法生产、销售产品货值金额30%以下的罚款；有违法所得的，并处没收违法所得。

二、国家机关及其工作人员违反《产品质量法》的行政和刑事责任

各级人民政府工作人员和其他国家机关工作人员有下列情形之一的，依法给予行政处分，构成犯罪的，依法追究刑事责任：①包庇、放纵产品生产、销售中违反《产品质量法》行为的；②向从事违反《产品质量法》规定的生产、销售活动的当事人通风报信，帮助其逃避查处的；③阻挠、干预市场监督管理部门依法对产品生产、销售中违反《产品质量法》规定的行为进行查处，造成严重后果的。

市场监督管理部门在产品质量监督抽查中超过规定的数量索取样品或者向被检查人收取检验费用的，由上级市场监督管理部门或者监察机关责令退还；情节严重的，对直接负责的主管人员和其他直接责任人员依法给予行政处分。

市场监督管理部门或者其他国家机关违反《产品质量法》第二十五条的规定，向社会推荐生产者的产品或者以监制、监销等方式参与产品经营活动的，由其上级机关或者监察机关责令改正，消除影响，有违法收入的予以没收；情节严重的，对直接负责的主管人员和其他直接责任人员依法给予行政处分。

产品质量检验机构有上述所列违法行为的，由市场监督管理部门责令改正，消除影响，有违法收入的予以没收，可以并处违法收入1倍以下的罚款；情节严重的，撤销其质量检验资格。

市场监督管理部门的工作人员滥用职权、玩忽职守、徇私舞弊，构成犯罪的，依法追究刑事责任；尚不构成犯罪的，依法给予行政处分。

此外，《产品质量法》第七十条规定，其他行政处罚由市场监督管理部门决定。法律、行政法规对行使行政处罚权的机关另有规定的，依照有关法律、行政法规的规定执行。

当事人对行政处罚决定不服的，可以在接到处罚通知之日起15日内，向作出处罚决定的机关的上一级机关申请复议；当事人也可在接到处罚通知之日起15日之内，直接向人民法院起诉。复议机关应当在接到复议申请之日起60日内作出复议决定。当事人对复议决定不服的，可以在接到复议决定之日起15日内向人民法院起诉。复议机关逾期不作出复议决定的，当事人可以在复议期满之日起15日内向人民法院起诉。当事人逾期不申请复议也不向人民法院起诉，又不履行处罚决定的，作出处罚决定的机关可以申请人民法院强制执行。

关键术语

产品（product）　产品责任（product liability）　产品质量责任（responsibilities for product quality）　产品质量法（product quality law）　生产者（producer）　销售者（seller）

基础训练

一、单选题

1.乙商场销售甲公司的一批玻璃花瓶，甲公司称花瓶上有不规则的抽象花纹为新产品。乙商场接货后就开始销售，后收到很多消费者投诉，说花瓶上的花纹实际上是裂缝，花瓶漏水，要求乙商场退货并赔偿损失。乙商场与甲公司交涉。甲公司称此类花瓶是用于插装塑料花的，裂缝不影响使用，且有特殊的美学效果，拒绝承担责任。经查，消费者所述属实。下列选项中正确的是（ ）。

A.乙商场应退换商品并赔偿损失

B.乙商场退换商品并赔偿损失后可向甲公司追偿

C.消费者丙被花瓶裂缝划伤，可向甲公司直接索赔

D.乙商场无过错，不应当对此负责

2.李女士在家中做饭时高压锅突然爆炸，她被炸飞的锅盖击中头部，抢救无效死亡。后据质量检测专家鉴定，高压锅发生爆炸的直接原因是设计不尽合理，使用时造成排气孔堵塞而发生爆炸。本案中，可以以下列（ ）为依据判定生产者承担责任。

A.产品存在的缺陷　　B.产品买卖合同约定

C.产品默示担保条件　　D.产品明示担保条件

3.某厂开发一种新型节能炉具，先后制造出10件样品，后样品有6件丢失。202×年某户居民的燃气罐发生爆炸，查明原因是使用了该厂丢失的6件样品炉具中的一件，而该炉具存在重大缺陷。该户居民要求该厂赔偿损失，该厂不同意赔偿。下列理由中（ ）最能支持该厂立场。

A.该炉具尚未投入流通

B.该户居民如何得到炉具的事实不清

C.该户居民偷盗样品，由此造成的损失应由其自负

D.该户居民应向提供给其炉具的人索赔

4.根据《产品质量法》，下列说法正确的是（ ）。

A.《产品质量法》对生产者、销售者的产品缺陷责任均实行严格责任

B.《产品质量法》对生产者产品缺陷实行严格责任，对销售者实行过错责任

C.产品缺陷造成损害要求赔偿的诉讼时效期间为2年，从产品售出之日起计算

D.产品缺陷造成损害要求赔偿的请求权在缺陷产品生产日期满10年后丧失

5.下列产品属于《产品质量法》管理的范围是（ ）。

A.药品质量　　B.建筑工程质量　　C.食品安全　　D.建筑材料质量

二、多选题

1.下列产品的包装不符合《产品质量法》的要求有（ ）。

A.中国某商场销售的某品牌彩电只有韩文和英文的说明书

B.某厂生产的火腿肠没有标明厂址

C.某厂生产的香烟上没有标明“吸烟有害身体健康”

D.某厂生产的瓶装葡萄酒没有标明酒精度

2.以下产品中，(　　)不是存在《产品质量法》中所称的“缺陷”的产品。

A.损伤皮肤的化妆品　　B.制冷效果不好的空调机

C.图像效果不佳的电视机　　D.保温效果不良的保温杯

3.县级以上市场监督管理部门按照国务院规定的职权范围，对涉嫌违反《产品质量法》规定的行为进行检查时，有权行使(　　)的职权。

A.对当事人涉嫌从事违反《产品质量法》的生产、销售活动的场所实施现场检查

B.向当事人的法定代表人、主要负责人和其他有关人员调查了解与涉嫌从事违反《产品质量法》的生产、销售活动有关的情况

C.对有证据认为不符合保障人体健康和人身、财产安全的国家标准、行业标准的，予以扣留或封存

D.查阅、复制当事人有关的合同、发票、账簿以及其他有关资料

4.市场监督管理部门在产品质量检验抽查中不得(　　)。

A.超过规定数量索取样品　　B.向被检查人收取检验费用

C.向送检人或单位收取检验费　　D.向消费者协会收取检验费

5.某个体户为扩大销售，擅自在其生产的冷饮食品外包装袋上印刷免检图案。对上述行为依据《产品质量法》应(　　)。

A.责令停止违法行为　　B.没收违法生产的产品

C.并处违法生产产品货值2倍以下罚款　　D.有违法所得的，没收违法所得

三、简答题

1.简述《产品质量法》的适用范围。

2.产品质量责任与产品责任的不同之处在哪里?

3.生产者有哪些产品质量责任和义务?

4.销售者有哪些产品质量责任和义务?

四、实务题

刘某与某机械厂的王某是好朋友。一日刘某到机械厂办事，顺便找王某聊天。刘某走时发现自行车没气了，就问王某有无打气筒。王某顺手拿起一个打气筒递给刘某说：“这是我们厂新出的一批打气筒的样品，你用吧!”当刘某用打气筒打气时，打气筒栓塞脱落，栓塞飞到刘某脸上造成伤害，刘某医疗费花去1 600元，要求机械厂予以赔偿。

问题：

(1) 机械厂是否应当承担《产品质量法》的损害赔偿责任?为什么?

(2) 刘某如何保护自己的合法权益?

第八章　消费者权益保护法

学习目标

◆ 重点掌握消费者的权利、经营者的义务、消费者权益的法律保护、消费者争议的解决途径。

◆ 掌握消费者与经营者的含义及特征、经营者责任的认定。

◆ 了解消费者权益保护法的立法宗旨、立法状况。

第一节　消费者权益保护法概述

一、消费与消费者

（一）消费的含义

消费是社会经济运行过程中的重要环节。“消费”一词具有丰富的含义，在经济学看来，消费是为了满足社会生产和社会生活需要而消耗产品和服务的经济行为。其有广义和狭义之分。广义的消费包括生产消费和生活消费；狭义的消费仅指生活消费。所以不同学者从不同角度对消费的定义也不同。于光远在《经济大辞典》中认为：消费是“社会再生产过程中生产要素和生活资料的消耗”①。这就是广义上的使用。《消费经济词典》认为：消费是“人们通过对各种劳动产品的使用和消耗，满足自己需要的行为和过程”②。这是典型的狭义上的使用。

我们认为《中华人民共和国消费者权益保护法》（以下简称《消费者权益保护法》）中的消费是狭义上的消费，仅指生活消费。但该法对生活消费作了扩展，其第六十二条明确规定：“农民购买、使用直接用于农业生产的生产资料，参照本法执行。”

（二）消费者的含义

关于消费者，国际标准化组织（ISO）认为，消费者是以个人消费为目的而购买使用商品和服务的个体成员。《消费者权益保护法》第二条规定：“消费者为生活消费需要购买、使用商品或者接受服务，其权益受本法保护；本法未作规定的，受其他有关法律、法规保护。”因此，应从以下方面理解《消费者权益保护法》中的消费者：第一，消费者是

---

① 于光远．经济大辞典［M］．上海：上海辞书出版社，1992：193．

② 林白鹏．消费经济词典［M］．北京：经济科学出版社，1991：1．

购买、使用商品或服务的主体，既可以是自然人，也可以是单位；单位作为购买者，最终消费者亦是自然人。第二，经营者是消费者购买使用商品和服务的提供者，经营者与消费者是相对应的法律主体。第三，消费者是进行生活消费活动的人。农民消费农业生产资料的权利，虽受《消费者权益保护法》保护，但在消费农业生产资料时，农民并不是《消费者权益保护法》中的消费者。根据上述几点理解，我们通常认为的“职业打假者”并不是消费者，其权益难受《消费者权益保护法》保护。[①]

案例窗 8-1

二、消费者保护运动与消费者权益保护法

（一）消费者保护运动

消费者运动发端于美国。1891年，世界上第一个旨在保护消费者利益的消费者组织“纽约消费者协会”在美国纽约市成立。第二次世界大战后，美国经济以惊人的速度增长，与之相伴的是严重的环境破坏、企业事故、缺陷产品致损和道路交通事故，给消费者的人身和财产造成极大损害，在这种背景下，美国兴起了大规模消费者运动。

之后，消费者运动在其他国家也蓬勃兴起。英国在1957年成立了消费者协会。德国在1953年成立消费者协会，又于1964年设立商品检验基金会。1960年，由美国、英国、荷兰、澳大利亚、比利时的消费者组织在荷兰海牙[②]发起成立国际消费者联盟组织。中国消费者协会于1987年被该组织接纳为正式会员。1983年，国际消费者联盟组织将每年的3月15日定为“国际消费者权益日”。

（二）消费者权益保护法

消费者权益保护法是国家基于消费者的弱势地位而给予其特别的保护、调整消费者在消费过程中形成的各种法律关系的法律规范的总称。国际上已经有一批关于国际消费者保护的规范。如《保护消费者准则》由国际消费者联盟组织倡导制定，并经联大决议通过，是国际消费者保护方面影响力最大的综合性立法。其主要目标是协助各国加强消费者保护，鼓励企业遵守道德规范，协助各国限制不利于消费者的商业陋习，鼓励消费者组织的发展，推进消费者保护组织的国际合作等。此外，由欧洲理事会制定的《消费者保护宪章》在世界范围内也影响较大。[③]

（三）我国消费者权益保护立法

1993年10月31日，第八届全国人民代表大会常务委员会第四次会议通过我国第一部关于消费者权益保护的基本法——《消费者权益保护法》，其后于2009年、2013年两次修正。该法的制定和实施对保护消费者的合法权益、维护社会经济秩序、促进社会主义市场经济持续健康发展有十分重要的意义。除此之外，《反不正当竞争法》《产品质量法》《广告法》《中华人民共和国食品卫生法》《中华人民共和国食品安全法》《个人信息保护法》等法律及有关行政法规和地方性法规对保护消费者权益亦作了相关规定，由此形成我国消

---

① 龚恒超. 消费者权益保护教育通识教程［M］. 南昌：江西高校出版社，2019：33-34.
② 总部现设在英国伦敦，亚太地区分部设在马来西亚的槟榔屿。
③ 杨紫垣. 经济法［M］. 北京：北京大学出版社，2010：247.

费者权益保护法体系。

三、《消费者权益保护法》的立法宗旨与基本原则

《消费者权益保护法》的宗旨在于协调经营者的营利性和社会公益性之间的矛盾，兼顾效率与公平，以推动经济的稳定增长，保障社会公共利益和基本人权，从而推动经济和社会的良性运行与协调发展。正如《消费者权益保护法》第一条规定："为保护消费者的合法权益，维护社会经济秩序，促进社会主义市场经济健康发展，制定本法。"

《消费者权益保护法》规定了以下原则：一是经营者应当依法提供商品或者服务的原则；二是经营者与消费者进行交易应当遵循自愿、平等、公平、诚实信用的原则；三是国家保护消费者的合法权益不受侵害的原则；四是一切组织和个人对损害消费者合法权益的行为进行社会监督的原则。

第二节 消费者的权利与经营者的义务

消费者的权利和经营者的义务是《消费者权益保护法》的主要内容，也是相互矛盾、互为因果的不可分割的统一体。

一、消费者的权利

消费者的权利是指消费者在消费活动中，即在购买、使用商品和接受服务过程中，依照法律规定所享有的各种权利。《消费者权益保护法》对消费者应享受的权利作了详细规定。

1.安全权

安全权是指消费者在购买、使用商品和接受服务时享有的保障其人身、财产安全不受侵害的权利。它是消费者最基础的权利要求，其他权利以之为基础。安全权又包括以下两个方面：

（1）人身安全权。它包括：其一，生命安全权，即消费者生命不受危害的权利。如食品有毒致消费者伤亡，即侵犯了消费者的生命权。其二，健康安全权，即消费者的身体健康状况不受损害的权利。如食物不卫生而使消费者中毒或电器爆炸致消费者残废等均属侵犯消费者的健康安全权。

（2）财产安全权，即消费者的财产不受损失的权利。财产损失有时表现为财产在外观上发生损毁，有时则表现为价值的减少。[①]

2.知情权

知情权是指消费者在消费时享有知悉其购买、使用的商品或接受的服务的真实情况的权利。在消费过程中，消费者有权知悉商品的各方面信息，包括：

（1）有关商品或者服务的基本情况，主要包括知悉商品的名称、注册商标、产地、生产者名称、生产日期、有效期限，以及服务的内容、规格、费用等。

---

① 许水俊. 消费者权益保护法——案例 · 学理精解［M］. 北京：中国经济出版社，2004.

（2）有关商品的技术指标情况，主要包括知悉商品用途、性能、规格、等级、主要成分、有效期限、检验合格证明、使用方法说明书等。

（3）有关商品或服务的价格以及商品的售后服务情况，主要包括知悉商品的价格和服务的价格，以及知悉商品有无质量担保期、服务的方式、服务是否收费等情况。

案例窗 8-2

3.选择权

选择权是指消费者享有自主选择商品或者服务的权利。消费者的选择权包括：①自主选择提供商品或者服务的经营者；②自主选择商品品种或者服务方式；③自主决定购买或者不购买任何一种商品、接受或不接受任何一项服务；④在自主选择商品或者服务时，有权进行比较、鉴别和挑选。

4.公平交易权

公平交易权是指消费者在购买、使用商品或者接受服务时所享有的获得公平交易条件的权利。《消费者权益保护法》规定，消费者在购买商品或者接受服务时，有权获得质量保障、价格合理、计量正确等公平交易条件，有权拒绝经营者的强制交易行为。同时，《反不正当竞争法》《中华人民共和国计量法》《价格法》《产品质量法》等也严格禁止强制交易、定价不合理、计量不足、质量不合格等损害消费者公平交易权的行为。

5.依法求偿权

这是指消费者在因购买、使用商品或接受服务受到人身、财产损害时享有的要求获得赔偿的情况。为了保障消费者的索赔权能得到充分的实现，法律规定了多种实现索赔权的途径。联合国《保护消费者准则》第28条规定："各国政府应当制定并维护法律，使消费者或有关组织能够通过迅速、公平、花费不多和容易进行的正式或非正式的程序取得赔偿。"享有求偿权的主体包括：①商品的购买者、使用者；②服务的接受者；③第三人，指消费者之外的因某种原因在事故发生现场而受到损害的人。求偿的内容包括：①人身损害的赔偿，无论是生命健康还是精神方面的损害均可要求赔偿；②财产损害的赔偿，依照《消费者权益保护法》以及《民法典》合同编等相关法律，包括直接损失和可得利益的损失。

6.依法结社权

这是指消费者有权依法成立维护自身合法权益的社会组织，目前主要是各级消费者协会。消费者作为弱者，靠自己单个的力量难以维护自身合法权益，依法行使结社权，可以使消费者由弱小、分散变得集中、强大，并通过集体的力量来改变自己的弱势地位，以尽可能获得与实力雄厚的经营者实质上的地位平等。消费者的结社权是宪法规定的公民享有依法结社权的体现。

7.获得消费教育权

这是指消费者享有获得有关消费者和消费者权益保护方面知识的权利。只有保障消费者获得消费教育权，才能使消费者更好地掌握商品和服务的知识和使用技能，以使其正确使用商品和接受服务，提高自我保护意识。这主要包括以下方面：①消费者享有获得与商品和服务密切相关的知识与信息的权利；②消费者有获得有关消费者利益保护方面的法律知识的权利；③消费者享有获得有关消费咨询的权利。

8.维护尊严权

消费者的维护尊严权是指消费者在购买、使用商品和接受服务时所享有的使其人格尊严、民族风俗习惯得到尊重的权利。消费者享有维护自身人格尊严的权利，首先，意味着消费者的人格权不受侵犯；其次，意味着消费者的民族风俗习惯受到尊重；最后，消费者享有个人信息依法得到保护的权利。

9.监督批评权

监督批评权是指消费者享有的对商品和服务以及保护消费者权益工作进行监督的权利。监督批评权包括消费者有权检举、控告侵害消费者权益的行为和国家机关工作人员在保护消费者权益工作中的违法失职行为，有权对保护消费者权益工作提出批评、建议。

10.退货权

《消费者权益保护法》第二十五条规定，经营者采用网络、电视、电话、邮购等方式销售商品，消费者有权自收到商品之日起7日内退货，且无须说明理由，但下列商品除外：①消费者定作的；②鲜活易腐的；③在线下载或者消费者拆封的音像制品、计算机软件等数字化商品；④交付的报纸、期刊。除上述所列商品外，其他根据商品性质并经消费者在购买时确认不宜退货的商品，不适用无理由退货。

消费者退货的商品应当完好。经营者应当自收到退回商品之日起7日内返还消费者支付的商品价款。除经营者和消费者另有约定的外，退回商品的运费由消费者承担。

案例窗8-3

二、经营者的义务

经营者是为消费者提供商品和服务的市场主体，是与消费者直接进行交易的另一方。经营者的义务是与消费者的权利相对应的，消费者的权利能否实现取决于经营者是否依法履行了其应尽的义务。《消费者权益保护法》第三章对经营者的义务作了全面的规定。

1.遵守法定或约定的义务

经营者向消费者提供商品或者服务，应当履行《产品质量法》和其他有关法律、法规规定的义务。法律主要是禁止生产者、销售者向消费者提供不合格的产品。经营者和消费者有约定的，应当按照约定履行义务，但双方的约定不得违背法律、法规的规定。但现实中，经常发生经营者凭借其优势地位以约定的方式利用格式合同、免责条款等损害消费者合法权益的现象。

2.接受批评、监督的义务

经营者应当听取消费者对其提供的商品或者服务的意见，接受消费者的监督，不得以任何方式拒绝消费者的监督。法律规定经营者的这一义务，有利于提高和改善消费者的地位。

3.保障消费者人身和财产安全的义务

经营者应当保证其提供的商品或服务符合保障人身、财产安全的要求：

(1) 对于可能危及人身、财产安全的商品或服务，应当向消费者作出真实的说明和明确的警示，并说明和表明正确使用商品或服务的方法及防止危害发生的方法。

（2）经营者发现其提供的商品或服务存在严重缺陷，即使正确使用商品或接受服务仍然可能对人身、财产安全造成危害的，应立即向有关部门报告和告知消费者，并应采取防止危害发生的措施。

（3）经营场所的经营者，应当对消费者尽到安全保障义务。《民法典》第一千一百九十八条规定："宾馆、商场、银行、车站、机场、体育场馆、娱乐场所等经营场所、公共场所的经营者、管理者或者群众性活动的组织者，未尽到安全保障义务，造成他人损害的，应当承担侵权责任。因第三人的行为造成他人损害的，由第三人承担侵权责任；经营者、管理者或者组织者未尽到安全保障义务的，承担相应的补充责任。经营者、管理者或者组织者承担补充责任后，可以向第三人追偿。"

《消费者权益保护法》第十九条规定，经营者发现其提供的商品或者服务存在缺陷，有危及人身、财产安全的，应当立即向有关行政部门报告和告知消费者，并采取停止销售、警示、召回、无害化处理、销毁、停止生产或者服务等措施。采取召回措施的，经营者应当承担消费者因商品被召回支出的必要费用。

4.提供真实、明确信息的义务

为了保证消费者知情权的实现，经营者向消费者提供有关商品或者服务的质量、性能、用途、有效期限等信息，应当真实、全面，不得作虚假或者引人误解的宣传。经营者对消费者就其提供的商品或者服务的质量和使用方法等问题提出的询问，应当作出真实、明确的答复。在价格标示方面，经营者提供商品或者服务应当明码标价。

《消费者权益保护法》第二十八条规定，采用网络、电视、电话、邮购等方式提供商品或者服务的经营者，以及提供证券、保险、银行等金融服务的经营者，应当向消费者提供经营地址、联系方式、商品或者服务的数量和质量、价款或者费用、履行期限和方式、安全注意事项和风险警示、售后服务、民事责任等信息。

案例窗 8-4

5.出具相应的凭证或单据的义务

经营者提供商品或服务，应当按照国家有关规定或商业惯例向消费者出具发票等购货凭证或服务单据；消费者索要发票等购货凭证或服务单据的，经营者必须出具。由于发票等购货凭证或服务单据具有重要的证据价值，对于界定消费者和经营者的权利与义务也具有重要意义，因此，明确经营者出具相应的发票等购货凭证和服务单据的义务，有利于保护消费者权益。

6.品质担保的义务

经营者有义务为消费者提供符合品质要求的商品和服务：

（1）经营者要保证在正常使用商品或者接受服务的情况下其提供的商品或者服务应具有的质量、性能、用途和有效期限；但消费者在购买该商品或者接受该服务前已经知道其存在瑕疵，且存在该瑕疵不违反法律强制性规定的除外。

（2）经营者以广告、产品说明、实物样品或者其他方式表明商品或者服务的质量状况的，应当保证其提供的商品或者服务的实际质量与表明的质量状况相符。

（3）经营者提供的机动车、电视机、电冰箱、空调器、洗衣机等耐用商品或者装饰装修等服务，消费者自接受商品或者服务之日起6个月内发现瑕疵，发生争议的，由经营者承担有关瑕疵的举证责任。

《消费者权益保护法》第二十四条规定，经营者提供的商品或者服务不符合质量要求的，消费者可以依照国家规定、当事人约定退货，或者要求经营者履行更换、修理等义务。没有国家规定和当事人约定的，消费者可以自收到商品之日起7日内退货；7日后符合法定解除合同条件的，消费者可以及时退货，不符合法定解除合同条件的，可以要求经营者履行更换、修理等义务。依照前述规定进行退货、更换、修理的，经营者应当承担运输等必要费用。

案例窗 8-5

7.保证提供可提供的商品或服务的义务

经营者对已有的可提供的商品和服务，应当保证提供；不得寻找借口拒绝提供，如对供不应求的紧俏商品不上架公开销售而进行内部销售、出租车司机无正当理由而拒载等。

8.售后服务的义务

为防止某些经营者重销售、轻售后服务的现象，切实保障消费者权益的实现，法律规定经营者必须建立健全售后服务体系。经营者提供商品或者服务，按照国家规定或者与消费者的约定，应承担包修、包换、包退或者其他售后责任的，应当按照国家规定或者约定履行，不得故意拖延或者无理拒绝。

9.不得从事不公平、不合理的交易的义务

经营者向消费者提供商品或者服务，应当恪守社会公德，诚信经营，保障消费者的合法权益；不得设定不公平、不合理的交易条件，不得强制交易。为了保证消费者的公平交易权，经营者不得以格式条款（合同）、通知、声明、店堂告示等方式对消费者作出不公平、不合理的规定，或减轻、免除其损害消费者合法权益应当承担的民事责任，不得利用格式条款并借助技术手段强制交易。格式条款、通知、声明、店堂告示等含有上述所列内容的，其内容无效。

经营者在经营活动中使用格式条款的，应当以显著方式提请消费者注意商品或者服务的数量和质量、价款或者费用、履行期限和方式、安全注意事项和风险警示、售后服务、民事责任等与消费者有重大利害关系的内容，并按照消费者的要求予以说明。

10.尊重消费者人格的义务

经营者应当尊重消费者的人格尊严，不得对消费者进行侮辱、诽谤，不得搜查消费者的身体及其携带的物品，不得侵犯消费者的人身自由，不得侵害消费者的身体健康和生命安全。

11.不侵犯消费者信息权的义务

《消费者权益保护法》第二十九条规定：“经营者收集、使用消费者个人信息，应当遵循合法、正当、必要的原则，明示收集、使用信息的目的、方式和范围，并经消费者同意。经营者收集、使用消费者个人信息，应当公开其收集、使用规则，不得违反法律、法规的规定和双方的约定收集、使用信息。经营者及其工作人员对收集的消费者个人信息必须严格保密，不得泄露、出售或者非法向他人提供。经营者应当采取技术措施和其他必要措施，确保信息安全，防止消费者个人信息泄露、丢失。在发生或者可能发生信息泄露、丢失的情况时，应当立即采取补救措施。经营者未经消费者同意或者请求，或者消费者明确表示拒绝的，不得向其发送商业性信息。”

第三节 消费者权益的保护体系

保护消费者的合法权益，需要靠国家和社会各方面力量形成一个有效的保护体系。

一、国家对消费者权益的保护

（一）在立法方面的保护

有法可依是保护消费者权益的前提。国家通过制定《消费者权益保护法》，作为对消费者权益保护的基本法律基础，同时制定一系列相应的法律、法规，如《产品质量法》《广告法》《欺诈消费者行为处罚办法》等，形成了一个多角度、大范围的法律体系，全方位地保护消费者权益。

（二）行政保护

行政保护即国家各级行政机关通过组织、管理、协调、监督等手段贯彻执行《消费者权益保护法》，保护消费者合法权益，落实保护消费者合法权益的职责。各级人民政府以及各级市场监督管理部门、物价、卫生、食品检验、商检等行政管理机关，均应在各自的职责范围内，依法加强对经营者的监督管理，保护消费者的合法权益。各行政管理部门都应开辟渠道，听取消费者及社会团体对经营者的交易行为、商品和服务质量的意见，并及时查处解决。消费者向有关行政部门投诉的，该部门应当自收到投诉之日起7个工作日内，予以处理并告知消费者。

有关行政部门在各自的职责范围内，应当定期或者不定期对经营者提供的商品和服务进行抽查检验，并及时向社会公布抽查检验结果。有关行政部门发现并认定经营者提供的商品或者服务存在缺陷，有危及人身、财产安全危险的，应当立即责令经营者采取停止销售、警示、召回、无害化处理、销毁、停止生产或者服务等措施。

（三）司法保护

对违法犯罪行为有惩处权的有关国家机关，如公安机关、检察机关、人民法院等，应当依照法律、法规的规定，惩处经营者在提供商品和服务中侵害消费者合法权益的违法犯罪行为，做到及时处理、及时审判，高效地保护消费者合法权益。

二、社会对消费者权益的保护

国家鼓励、支持一切组织和个人对损害消费者合法权益的行为进行社会监督。

（一）舆论监督

大众传播媒介有责任做好维护消费者合法权益的宣传工作，对损害消费者合法权益的行为进行舆论监督，特别要发挥电视、报刊、网络等大众传播媒介的作用，积极宣传《消费者权益保护法》和消费知识；同时，对侵害消费者合法权益的行为进行批评、曝光，任何单位和个人不得干涉新闻机构对保护消费者权益的舆论监督活动。

（二）消费者组织的保护

中国消费者协会于1984年在北京成立，目前，各省（自治区、直辖市）、市、县都有消费者协会，不少地区的街道、乡、村也设有消费者协会，形成了遍布全国的消费者权益保护网，对保护消费者权益发挥了重要的作用。消费者协会必须依法履行其职能，各级人民政府对消费者协会履行职责应当予以必要的经费等支持。

（1）消费者组织的特征如下：①其是依法成立的社会组织；②其任务是对商品和服务进行社会监督；③其宗旨和目的是保护消费者的合法权益；④其不得从事营利性活动或服务，不得以谋利为目的向社会推荐商品和服务。

（2）消费者协会应当履行下列职责：①向消费者提供消费信息和咨询服务，增强消费者维护自身合法权益的能力，引导文明、健康、节约资源和保护环境的消费方式；②参与制定有关消费者权益的法律、法规、规章和强制性标准；③参与有关行政部门对商品和服务的监督、检查；④就有关消费者合法权益的问题，向有关部门反映、查询，提出建议；⑤受理消费者的投诉，并对投诉事项进行调查、调解；⑥投诉事项涉及商品和服务质量问题的，可以委托具备资格的鉴定人鉴定，鉴定人应当告知鉴定意见；⑦就损害消费者合法权益的行为，支持受损害的消费者提起诉讼或者依照《消费者权益保护法》提起诉讼；⑧对损害消费者合法权益的行为，通过大众传播媒介予以揭露、批评。

消费者协会应当认真履行保护消费者合法权益的职责，听取消费者的意见和建议，接受社会监督。依法成立的其他消费者组织依照法律、法规及其章程的规定，开展保护消费者合法权益的活动。

（三）公益诉讼

公益诉讼是一项重要的权利救济手段，是指任何人和任何组织，可以根据法律的授权，对违反法律，侵犯国家利益、社会公共利益以及不特定个人利益的行为，向人民法院提起诉讼，人民法院依法追究违法者法律责任的诉讼活动。

《消费者权益保护法》第四十七条规定："对侵害众多消费者合法权益的行为，中国消费者协会以及在省、自治区、直辖市设立的消费者协会，可以向人民法院提起诉讼。"公益诉讼将成为消费者权益保护的有力武器。《最高人民法院关于审理消费民事公益诉讼案件适用法律若干问题的解释》明确了消费民事公益诉讼原告资格、适用范围、消费领域社会公共利益类型化、管辖法院、原告处分权的限制、公益诉讼与私益诉讼的关系、请求权类型及责任承担方式、裁判既判力等问题，为构建和谐、公平、诚信的消费市场秩序提供有力的司法保障。

案例窗 8-6

三、消费者权益争议的解决

消费者权益争议是指消费者在消费过程中权益受到侵害而与经营者、生产者发生的争议。

（一）争议的解决途径

依据《消费者权益保护法》，消费者与经营者发生争议时可以通过下列途径解决：

（1）与经营者协商和解。消费争议发生后，消费者可以直接向经营者或生产者交涉、索赔，达成和解协议，解决消费纠纷。

（2）请求消费者协会或者依法成立的其他调解组织调解。这种方式是在消费者协会的主持下，使争议双方自愿达成和解协议。消费者协会的调解属民间调解，其调解协议不具有法律强制力，要靠双方自愿履行。

（3）向有关行政部门申诉。消费争议发生后，消费者可以根据商品或服务的性质以及侵害事由向市场监督管理部门申诉，有关部门应当及时查处。

（4）向仲裁机构申请仲裁。仲裁是由争议双方根据达成的仲裁协议，将有关争议提交仲裁机构进行裁决来解决争议的方式。仲裁机构的裁决是最终裁决，当事人应自觉履行，不得再行起诉。

（5）向人民法院提起诉讼。消费争议双方没有签订仲裁条款或协议的，不论是否经过协商、调解、申诉等，消费者都可以直接向人民法院起诉。

（二）最终承担损害赔偿责任的主体的确定

1. 由生产者、销售者、服务者承担

（1）消费者在购买、使用商品时，其合法权益受到损害的，可以向销售者要求赔偿。销售者赔偿后，属于生产者的责任或者属于向销售者提供商品的其他销售者的责任的，销售者有权向生产者或其他销售者追偿。

（2）消费者或者其他受害人因商品缺陷造成人身、财产损害的，可以向销售者要求赔偿，也可以向生产者要求赔偿。属于生产者责任的，销售者赔偿后，有权向生产者追偿；属于销售者责任的，生产者赔偿后，有权向销售者追偿。

（3）消费者在接受服务时，其合法权益受到损害时，可以向服务者要求赔偿。

（4）消费者在展销会、租赁柜台购买商品或者接受服务，其合法权益受到损害的，可以向销售者或服务者要求赔偿。展销会结束或者柜台租赁期满后，也可以向展销会的举办者、柜台的出租者要求赔偿。展销会的举办者、柜台的出租者赔偿消费者后，有权向销售者或者服务者追偿。

（5）消费者通过网络交易平台购买商品或者接受服务，其合法权益受到损害的，可以向销售者或者服务者要求赔偿。网络交易平台提供者不能提供销售者或者服务者的真实名称、地址和有效联系方式的，消费者也可以向网络交易平台提供者要求赔偿；网络交易平台提供者作出更有利于消费者的承诺的，应当履行承诺。网络交易平台提供者赔偿后，有权向销售者或者服务者追偿。网络交易平台提供者明知或者应知销售者或服务者利用其平台侵害消费者合法权益，未采取必要措施的，依法与该销售者或者服务者承担连带责任。

2. 由变更后的企业承担

消费者在购买、使用商品或者接受服务时，其合法权益受到损害，因原企业分立、合并的，可以向变更后承担其权利与义务的企业要求赔偿。

3. 由营业执照的使用人或持有人承担

使用他人营业执照的违法经营者提供商品或者服务，损害消费者合法权益的，消费者可向其要求赔偿，也可以向营业执照的持有人要求赔偿。

4. 由从事虚假广告行为的经营者和广告的经营者承担

当消费者因经营者利用虚假广告或者其他虚假宣传方式提供商品或者服务，其合法权

益受到损害的，可以向经营者要求赔偿。广告经营者和发布者发布虚假广告的，消费者可以请求行政主管部门予以惩处。广告经营者和发布者不能提供经营者的真实名称、地址和有效联系方式的，应当承担赔偿责任。广告经营者和发布者设计、制作、发布关系消费者生命健康商品或者服务的虚假广告，造成消费者损害的，应当与提供该商品或者服务的经营者承担连带责任。社会团体或者其他组织、个人在关系消费者生命健康商品或者服务的虚假广告或者其他虚假宣传中向消费者推荐商品或者服务，造成消费者损害的，应当与提供该商品或者服务的经营者承担连带责任。

四、法律责任的确定

（一）民事责任的确定

1.侵犯人身权的民事责任

《消费者权益保护法》第四十九条规定："经营者提供商品或者服务，造成消费者或者其他受害人人身伤害的，应当赔偿医疗费、护理费、交通费等为治疗和康复支出的合理费用，以及因误工减少的收入。造成残疾的，还应当赔偿残疾生活辅助具费和残疾赔偿金。造成死亡的，还应当赔偿丧葬费和死亡赔偿金。"第五十条规定："经营者侵害消费者的人格尊严、侵犯消费者人身自由或者侵害消费者个人信息依法得到保护的权利的，应当停止侵害、恢复名誉、消除影响、赔礼道歉，并赔偿损失。"第五十一条规定："经营者有侮辱诽谤、搜查身体、侵犯人身自由等侵害消费者或者其他受害人人身权益的行为，造成严重精神损害的，受害人可以要求精神损害赔偿。"

2.侵犯消费者财产权的民事责任

（1）经营者提供商品或者服务，造成消费者财产损害的，应当依照法律规定或者当事人约定承担修理、重作、更换、退货、补足商品数量、退还货款和服务费用或者赔偿损失等民事责任。

（2）经营者提供商品或者服务有下列情形之一的，除《消费者权益保护法》另有规定外，应当依照其他有关法律、法规的规定，承担民事责任：①商品或者服务存在缺陷的；②不具备商品应当具备的使用性能而出售时未作说明的；③不符合在商品或者其包装上注明采用的商品标准的；④不符合商品说明、实物样品等方式表明的质量状况的；⑤生产国家明令淘汰的商品或者销售失效、变质的商品的；⑥销售的商品数量不足的；⑦服务的内容和费用违反约定的；⑧对消费者提出的修理、重作、更换、退货、补足商品数量、退还货款和服务费用或者赔偿损失的要求，故意拖延或者无理拒绝的；⑨法律、法规规定的其他损害消费者权益的情形；⑩经营者对消费者未尽到安全保障义务，造成消费者损害的，应当承担侵权责任。

（3）经营者以预收款方式提供商品或者服务的，应当按照约定提供；未按照约定提供的，应当按照消费者的要求履行约定或者退回预付款，并应当承担预付款的利息、消费者必须支付的合理费用。

（4）依法经有关部门认定为不合格的商品，消费者要求退货的，经营者应当负责退货。

（5）除法律另有规定外，经营者提供商品或者服务有欺诈行为的，应当按照消费者的要求增加赔偿其受到的损失，增加赔偿的金额为消费者购买商品的价款或者接受服务的费用的3倍；增加赔偿的金额不足500元的，为500元。

（6）经营者明知商品或者服务存在缺陷，仍然向消费者提供，造成消费者或者其他受害人死亡或者健康严重损害的，受害人有权要求经营者依照《消费者权益保护法》第四十九条、第五十一条等法律赔偿损失，并有权要求所受损失2倍以下的惩罚性赔偿。

拓展阅读8-1

（二）行政责任的确定

（1）经营者有下列情形之一，除承担相应的民事责任外，其他有关法律、法规对处罚机关和处罚方式有规定的，依照法律、法规的规定执行；法律、法规未作规定的，由市场监督管理部门或者其他有关行政部门责令改正，可以根据情节单处或者并处警告、没收违法所得、处以违法所得1倍以上10倍以下的罚款，没有违法所得的，处以50万元以下的罚款；情节严重的，责令停业整顿、吊销营业执照：①提供的商品或者服务不符合保障人身、财产安全要求的；②在商品中掺杂、掺假，以假充真，以次充好，或者以不合格商品冒充合格商品的；③生产国家明令淘汰的商品或者销售失效、变质的商品的；④伪造商品的产地，伪造或者冒用他人的厂名、厂址，篡改生产日期，伪造或者冒用认证标志等质量标志的；⑤销售的商品应当检验、检疫而未检验、检疫或者伪造检验、检疫结果的；⑥对商品或者服务作虚假或者引人误解的宣传的；⑦拒绝或者拖延有关行政部门责令对缺陷商品或者服务采取停止销售、警示、召回、无害化处理、销毁、停止生产或者服务等措施的；⑧对消费者提出的修理、重作、更换、退货、补足商品数量、退还货款和服务费用或者赔偿损失的要求，故意拖延或者无理拒绝的；⑨侵害消费者人格尊严、侵犯消费者人身自由或者侵害消费者个人信息依法得到保护的权利的；⑩法律、法规规定的对损害消费者权益应当予以处罚的其他情形。

经营者有上述规定情形的，除依照法律、法规规定予以处罚外，处罚机关应当记入信用档案，向社会公布。经营者对行政处罚决定不服的，可以依法申请行政复议或者提起行政诉讼。经营者违反《消费者权益保护法》规定，应当承担民事赔偿责任和缴纳罚款、罚金；其财产不足以同时支付的，先承担民事赔偿责任。

（2）以暴力、威胁等方法阻碍有关部门工作人员依法执行职务的，依法追究刑事责任；拒绝、阻碍有关部门工作人员依法执行职务，未使用暴力、威胁方法的，由公安机关依照《中华人民共和国治安管理处罚法》处罚。

（3）国家机关工作人员有玩忽职守或者包庇经营者侵害消费者合法权益的行为，由其所在单位或者上级机关给予行政处分。

（三）刑事责任的确定

（1）经营者提供商品或者服务，造成消费者或者其他受害人人身伤害或死亡，构成犯罪的，应依法追究刑事责任。

（2）以暴力、威胁等方法阻碍有关部门工作人员依法执行职务的，应依法追究刑事责任。

（3）国家机关工作人员有玩忽职守或者包庇经营者侵害消费者合法权益的行为，构成犯罪的，应依法追究刑事责任。

学思践悟

最高人民法院发布网络消费典型案例

党的十八大以来，以习近平同志为核心的党中央高度重视扩大内需、促进消费和发展数字经济。加强消费者权益司法保护对于扩大内需、促进消费、构建新发展格局、推动经济高质量发展、不断满足人民群众对美好生活的向往具有重要作用。近年来，最高人民法院主动适应消费者权益保护的新形势新要求，加大消费者权益司法保护力度，积极营造有利于消费升级的法治环境。2023年3月15日，最高人民法院举行新闻发布会，发布10件网络消费典型案例，进一步维护网络消费者合法权益，促进数字经济持续健康发展。

当前，随着我国数字经济的蓬勃发展，网络消费已经成为社会大众的基本消费方式之一。网络消费纠纷案件也随之增多。以网络购物合同纠纷案件为例，2018年一审审结1.2万件，2022年一审审结3.2万件，案件数量增长近两倍。除这两类案件以外，还有大量涉及产品责任、租赁合同、旅游合同等网络消费的案件。

最高人民法院高度重视网络消费领域的法律适用问题，于2022年3月制定并发布了《关于审理网络消费纠纷案件适用法律若干问题的规定（一）》，对网络直播营销、外卖餐饮等群众普遍关切的问题作出回应。

此次发布的10个网络消费典型案例精选自全国法院报送的数百起案件，涉及负面内容压制合同效力、消费者个人信息保护、未成年人网络充值、在线旅游预订服务、限时免单促销、二手商品交易、在线租赁、平台经营者责任、网络食品安全、格式条款效力等问题。10个案例主要有以下方面的特点：

一是持续优化网络消费环境，不断加大对消费者权益的保护力度。彭某某诉某电子商务有限公司网络购物合同纠纷一案，明确网络食品经营者销售未标明生产日期的预包装食品，应当承担惩罚性赔偿责任，以落实“四个最严”要求，引导经营者把好市场准入关，规范网络食品交易秩序。当前，未成年人网络打赏、网络充值行为时有发生。张某某诉某数码科技有限公司网络买卖合同纠纷一案，认定未成年人超出其年龄、智力程度进行网络游戏充值的，监护人可依法追回充值款，切实维护未成年人合法权益，为未成年人健康成长营造良好的网络空间和法治环境。这些案件对于指导人民法院积极发挥司法职能作用，维护消费者合法权益，营造健康、安全的消费环境具有示范意义。

二是引导电商主体规范经营，促进数字经济持续健康发展。某文化传播公司诉某信息技术公司网络服务合同纠纷一案，认定通过算法技术等手段不正当干预搜索结果排名，以实现正面前置、负面后置的“负面内容压制”合同条款无效，切实维护消费者知情权和网络空间公共秩序。张某与周某、某购物平台信息网络买卖合同纠纷一案，认定限时免单约定条件成就，经营者应当依约免单，有利于进一步规范网络促销活动。张某与吴某网络购物合同纠纷一案，剑指网络消费中的霸王条款现象，明确认定“交易完成，不支持售后维权”的格式条款无效。这些案件通过个案裁判明确价值导向，彰显了司法在引导市场主体规范诚信经营、维护公平有序市场竞争秩序、促进数字经济健康发展方面的重要作用。

三是明确权利行使边界和责任范围，进一步发挥司法裁判引领作用。张某等人诉某商家网络侵权责任纠纷一案，认定商家因遭差评擅自公布消费者个人信息构成侵权，厘清了经营者行为边界，切实维护消费者个人信息权益。消费者通过在线旅游平台预订酒店服务，可能涉及中间商等多个环节，法律关系错综复杂。在熊某等诉某旅行社网络服务合同纠纷一案中，人民法院认定提供酒店预订服务方应当履行协助退订等合同附随义务，未履行义务的应当承担违约责任，维护了旅游消费者的合法权益。这些案件对于进一步厘清网络消费法律关系，明确权利、义务和责任承担，具有重要的规则意义和指引价值。

2023年是全面贯彻党的二十大精神的开局之年，也是实施“十四五”规划的关键之年。开局关乎全局，起步决定后势。消费者权益司法保护工作事关民生福祉和经济社会发展，任重而道远。人民法院将以习近平新时代中国特色社会主义思想为指导，深入贯彻习近平法治思想，全面落实十四届全国人大一次会议和全国政协十四届一次会议精神，进一步发挥审判职能作用，为保护消费者合法权益、护航经济高质量发展提供更加有力的司法服务和保障。

资料来源　北京一中院. 最高人民法院发布网络消费典型案例［EB/OL］.［2023-12-20］. https://baijiahao.baidu.com/s?id=1760429119764359206&wfr=spider&for=pc.

问题思考：

（1）通过学习《消费者权益保护法》，你如何理解该法在保护消费者利益方面的作用？

（2）你对新型网络消费中消费者的权益保护有哪些方面的认识？

关键术语

消费（consume）　消费者（consumer）　生活消费（living consumption）　消费者权益（rights and interests of consumers）　经营者（proprietor）　经营者义务（obligation of proprietors）

基础训练

一、单选题

1.《消费者权益保护法》调整的对象是（　　）。

A.消费者为生产需要购买，使用商品或接受服务时所发生的法律关系

B.各商家为经营需要而发生的购销关系

C.消费者为生活消费需要购买，使用商品或者接受服务时所发生的法律关系

D.消费者为营利而进行的购销活动

2.经营者提供商品或者服务时，消费者索要购货凭证或服务单据，经营者（　　）。

A.可与消费者协商办理　　B.对金额较小的可不出具

C.对金额较大的必须出具　　D.必须出具

3.“售出商品概不退换”侵犯了消费者的（　　）。

A.依法求偿权　　B.公平交易权　　C.知悉真情权　　D.自主选择权

4.经营者提供商品或者服务有欺诈行为的，应当按照消费者的要求增加赔偿其受到的损失，增加赔偿的金额为消费者购买商品的价款或接受服务的费用的（　　）。

A.1倍　　B.2倍　　C.3倍　　D.4倍

5.甲厂生产一种易拉罐装碳酸饮料。消费者丙从乙商场购买这种饮料后，在开启时被罐内强烈气流炸伤眼部，下列答案中最正确的是（　　）。

A.丙只能向乙索赔

B.丙只能向甲索赔

C.丙只能向消费者协会投诉，请其确定向谁索赔

D.丙可向甲、乙中的一个索赔

二、多选题

1.消费者和经营者发生消费者权益争议的，可以通过下列（　　）途径解决。

A.与经营者协商和解

B.请求消费者协会调解

C.根据与经营者达成的仲裁协议提请仲裁机构仲裁

D.向有关行政部门申诉

2.经营者以（　　）等方式表示商品或服务的质量状况的，应保证其提供的商品或服务的实际质量与表明质量状况相符。

A.书面合同条款　　B.产品说明　　C.广告　　D.实物样品

3.经营者侵害消费者的人格尊严或者侵犯消费者人身自由的，应当（　　）。

A.停止侵害　　B.恢复名誉　　C.消除影响　　D.赔礼道歉

4.生产者在（　　）情况下不对消费者负责赔偿。

A.消费者从销售者处购买的化妆品不具有包装上标明的使用效果

B.某人从生产者处盗窃其开发中的高压锅样品，在使用时被炸伤

C.销售者贮存不当致使药品变质，某患者服药后过敏

D.消费者使用产品后发生不适，但现在科学技术无法证明产品与不适之间的关系

5.《消费者权益保护法》所称的经营者包括（　　）。

A.服务者　　B.中介者　　C.生产者　　D.销售者

6.为了保护消费者的公平交易权，经营者不得以（　　）方式作出对消费者不公平、不合理的规定。

A.声明　　B.通知　　C.店堂告示　　D.格式合同

7.消费者的自主选择权包括（　　）。

A.自主挑选商品　　B.自主选择服务方式

C.自主选择经营者　　　　　　　　　　D.自主决定不购买某种商品

8.使用他人营业执照的违法经营者提供商品或服务，损害消费者合法权益的，消费者可向（　　）。

A.消费者协会要求赔偿　　　　　　　　B.核发营业执照的管理部门要求赔偿

C.侵权人要求赔偿　　　　　　　　　　D.营业执照的持有人要求赔偿

三、简答题

1.消费者有哪些基本权利？

2.经营者有哪些义务？

3.消费者权益保护的社会途径有哪些？

4.消费者协会有哪些职责？

四、实务题

在某广场的某时装店内，某公司的两名女员工正在看时装。其中一名女员工让女营业员拿出一件价值3 000多元的女装试穿，试穿后觉得不理想，准备离开。这时营业员将她拦住，说不能只试穿，要么将这件时装买下，要么得给100元的试穿费；否则，不许离开时装店。无奈，另外一名女员工离开时装店找到区消协投诉。区消协同志到达该店后，两名营业员仍然态度蛮横，口出污言，扣留试穿女员工长达2个小时。为了严肃法纪，区消协的同志找到该时装店的主管单位，要求其向被无理扣留的消费者赔礼道歉并给予精神赔偿。公司经理对营业员无理扣留消费者事件很重视，当即表示将那两名营业员辞退，并郑重向消费者道歉，赔偿消费者3 000元的精神损失费。

问题：

（1）本案中时装店侵犯了消费者的哪些权利？

（2）本案应如何处理？

第九章　税收法律制度

学习目标

◆ 重点掌握增值税、消费税、所得税、印花税、房产税等主要税种的具体规定。

◆ 掌握流转税、财产税、行为税、资源税法律制度和税收征收管理制度。

◆ 了解税收的概念及特征、税法的构成要素和基本原则。

第一节　税收法律制度概述

税收法律制度是国家通过法律、法规建立起来的以税种体系、税收管理体制和征收管理制度等为内容的税收制度的总称。

一、税收概述

税收又称租税、赋税、捐税等，简称税，是国家为了实现其公共职能而凭借其政治权力，依法强制、无偿地取得财政收入的活动或手段。它体现了国家主权和国家权力。税收是财政收入的主要来源，其本质是一种分配关系。

税收作为政府筹集财政收入的一种主要形式，同其他财政收入形式相比，具有以下特征：

（1）强制性，是指税收参与社会产品的分配是依据国家的政治权力。其具体表现在税收是以国家法律的形式规定的，税法作为国家法律的组成部分，任何单位和个人都必须遵守，依法按时纳税。

（2）无偿性，是指在具体征税过程中，国家征税后税款为国家所有，不再直接归还给纳税人。但税收取之于民、用之于民。

（3）固定性。税收的固定性包括两层含义：

第一，税收征收总量的有限性。征税的标准事先确定，且政策短期内不会改变。

第二，税收征收具体操作的确定性。税法确定了课税对象及征收比例或数额，具有相对稳定、连续的特点，征纳双方都不可随意改变。

税收也有多方面的职能，如财政职能、经济职能、监督职能等。

二、税法概述

税法是一国税收制度建立的基础。税法主要规定了税收的原则、构成要素以及减免等内容。

（一）税法的概念及特征

税法是指国家机关制定的有关调整税收分配过程中形成的权利与义务关系的法律规范的总称，即调整税收关系的法律规范的总称。税法是税收制度的核心内容。

税法除具有一般法律规范的共同特征外，还有区别于其他法律规范的自身的特征，主要表现在：①税法以确认征税权利和纳税义务为主要内容。②税法是实体法与程序法的结合。③税法具有高度的集中性和原则性。凡属税种的开征或停征、税目增减、税率调整，均应由国家最高权力机关制定法律予以规定。④税法在确定税法主体的权利与义务关系上，征纳双方的权利和义务具有不对等性。[①]

（二）税法的构成要素

税法的构成要素一般包括纳税主体、征税客体、税目、税率、纳税环节、纳税期限、纳税地点、减税免税、违规处理。

（1）纳税主体又称纳税义务人，是指税法规定的直接负有纳税义务的单位和个人。纳税主体不同于税收主体。税收主体指的是国家，在我国，代表国家行使征税权力的机关分别是税务机关、财政机关和海关。税法中往往还规定扣缴义务人，即负有代扣代缴、代收代缴税款义务的单位和个人。

（2）征税客体即征税对象，主要是指税收法律关系中征纳双方权利与义务所指向的物或行为。这是区分不同税种的主要标志。我国现行税收法律、法规都有自己特定的征税对象，根据征税对象之不同可把我国税收分为流转税、所得税、财产税、行为税和资源税。

（3）税目是指税法中规定的征税对象的具体项目，是征税对象的具体化。例如，消费税具体规定了烟、酒、高档化妆品等十多个税目。当然，并非所有的税种都规定税目，有些税种的征税对象简单、明确，没有另行规定税目的必要，如房产税等。

（4）税率是对征税对象的征收比例或征收额度。税率既是计算税额的尺度，也是衡量税负轻重与否的重要标志。我国现行的税率主要有以下几种：

①定额税率，即按征税对象确定的计算单位，直接规定一个固定的税额。目前采用定额税率的有资源税、车船税等。

②比例税率，即对同一征税对象，不分数额大小，规定相同的征收比例。比例税率可以分为单一比例税率、差别比例税率和幅度比例税率。我国的增值税、城市维护建设税、企业所得税等采用的是比例税率。

③累进税率，是指随着征税对象的数额由低到高逐级增加，所适用的税率也随之逐级提高。累进税率又有两种形式：一是超额累进税率，即把征税对象按数额的大小分为若干等级，每个等级规定一个税率，税率依次提高，但每一纳税人的征税对象依所属等级同时

---

① 闫卫兵．中国税法［M］．贵州：贵州人民出版社，2008：21-22．

适用几个税率分别计算，将计算结果相加后得出应纳税款。目前采用这种税率的有个人所得税等。二是超率累进税率，即以征税对象数额的相对率划分若干级距，分别规定相应的差别税率，相对率每超过一个级距的，对超过的部分就按高一级的税率计算征税。目前，采用这种税率的是土地增值税等。

（5）纳税环节是税法中规定的纳税人履行纳税义务的环节。它规定征纳税行为在什么阶段发生，以及是单环节征税还是多环节征税，如流转税在生产和流通环节纳税、所得税在分配环节纳税等。

（6）纳税期限是指纳税人缴纳税款的法定期限。其分为按次缴纳和按期缴纳。

（7）纳税地点是指纳税人应向何地征税机关申报纳税并缴纳税款。其一般为纳税人的住所地，也有规定在营业地、财产所在地或特定行为发生地的。

（8）减税免税主要是对某些纳税人和征税对象采取减少征税或者免予征税的特殊规定。我国税法中减税免税的规定主要有：

①免征额，是指税法规定的征税对象全部数额中免于征税的数额。征税对象小于免征额时，不征税；超过免征额时，只就其超过的部分征税。

②起征点，是指税法规定的对征税对象开始征税的最低界限。征税对象数额未达到起征点的，不征税；达到起征点的，按全部数额征税。

③减免规定。减税是对应纳税额少征一部分税款，免税是全部免征。

（9）违规处理是指税务机关对纳税人违反税法的行为采取的惩罚性措施。它是税收强制性的具体表现。税务违规处罚主要有以下情形：一是对偷税、抗税行为的处罚；二是对迟缴、拖欠应纳税款的处罚；三是对不按期、不按规定向税务机关登记或报送纳税申报表和有关资料的处罚。

（三）税法的基本原则

1.税收法定原则

税收法定原则是指税法主体的权利与义务必须由法律加以规定。其内容包括课税要素法定、课税要素明确和征税程序合法。

2.税收公平原则

税收公平原则是指税收负担必须根据纳税人的负担能力在纳税人之间予以公平分配的原则。负担能力相等，税负相同；负担能力不等，税负不同；既要做到横向公平，又要做到纵向公平。

3.税收效率原则

税收效率原则就是以最小的费用获取最大的税收收入，并利用税收的经济调控作用最大限度地促进经济的发展，或者最大限度地减轻税收对经济发展的妨碍。它包括两个方面：①税收行政效率，即征税过程本身的效率，要求税收在征收和缴纳过程中耗费成本最小。②税收经济效率，是指征税应有利于促进经济运行效率的提高或者对经济运行效率的不利影响最小。

4.实质课税原则

实质课税原则是指应根据纳税人的真实负担能力决定纳税人的税负，不能仅考核其表面上是否符合课税要件。

第二节　流转税法律制度

流转税是以商品流转额和非商品流转额为征税对象的一种税。商品流转额是指商品交换的金额，对销售方来说是销售收入额，对购买方来说是商品的采购金额。非商品流转额即各种劳务收入或服务性业务收入的金额。增值税、消费税、关税都属于流转税。

一、增值税法律制度

增值税是将单位和个人在生产经营过程中取得的增值额作为征税对象的一种税。我国规范增值税的基本法律规范是《中华人民共和国增值税暂行条例》。

（一）增值税的纳税人

增值税的纳税人是指在中国境内销售货物或者加工、修理修配劳务（以下简称劳务），销售服务、无形资产、不动产以及进口货物的单位和个人。我国依据经营规模及会计核算是否健全将纳税人划分为一般纳税人和小规模纳税人。应税销售额或应税行为的年应征增值税销售额超过财政部和国家税务总局规定标准的纳税人为一般纳税人，未超过规定标准的纳税人为小规模纳税人，当前该标准为年应征增值税销售额500万元。年应税销售额超过规定标准但不经常发生应税行为的单位和个体工商户可以选择按照小规模纳税人纳税。年应税销售额没有超过规定标准的纳税人，只要会计核算健全，能够提供准确的税务资料，也可以向主管税务机关办理一般纳税人资格登记，成为一般纳税人；但登记成为一般纳税人后，不得转为小规模纳税人。

（二）增值税的税率和征收率

我国增值税税率分为基本税率、低税率和零税率。除低税率、零税率外的适用基本税率。自2019年4月1日起，基本税率为13%。低税率分为9%和6%两档。

（1）纳税人销售交通运输、邮政、基础电信、建筑、不动产租赁服务，销售不动产，转让土地使用权，销售或者进口下列货物，税率为9%：①粮食等农产品、食用植物油、食用盐；②自来水、暖气、冷气、热水、煤气、石油液化气、天然气、二甲醚、沼气、居民用煤炭制品；③图书、报纸、杂志、音像制品、电子出版物；④饲料、化肥、农药、农机、农膜；⑤国务院规定的其他货物。

（2）纳税人提供金融、现代服务（有形动产租赁服务除外）、生活服务、增值电信服务，销售无形资产，税率为6%。

除国务院另有规定，纳税人出口货物税率为零；境内单位和个人跨境销售国务院规定范围内的服务、无形资产，税率为零。

征收率是不能够进行进项税额抵扣而直接根据纳税人应税销售额征税的税率。除财政部和国家税务总局另有规定外，征收率为3%。小规模纳税人普遍适用征收率征收增值税。

（三）增值税的计税依据

增值税的计税依据是销售额。销售额为纳税人销售货物或者应税服务向购买方收取的全部价款和价外费用，但是不包括收取的销项税额。

（四）增值税的计征办法

（1）一般纳税人销售货物、提供应税服务，应纳税额为当期销项税额抵扣当期进项税额后的余额：

应纳税额=当期销项税额-当期进项税额

当期销项税额=当期销售额×税率

纳税人购进货物或接受应税服务支付或负担的并允许抵扣的增值税额，为进项税额。

（2）小规模纳税人销售货物、提供应税服务，实行按照销售额和征收率计算应纳税额的简易办法，并不得抵扣进项税额。应纳税额=销售额×征收率，征收率为3%。

目前，增值税小规模纳税人的起征点为月销售额15万元（以一个季度为1个纳税期的，季度销售额为45万元）；小于等于起征点的，免税。国家可以根据经济情况实时进行调整。

（3）纳税人进口货物的，应纳税额=组成计税价格×税率，组成计税价格=关税完税价格+关税+消费税。

（五）增值税的免税

增值税的免税项目包括：①农业生产者销售的自产农产品；②避孕药品和用具；③古旧图书；④直接用于科学研究、科学试验和教学的进口仪器、设备；⑤外国政府、国际组织无偿援助的进口物资和设备；⑥由残疾人的组织直接进口供残疾人专用的物品；⑦销售的自己使用过的物品。

此外，纳税人销售额未达到国务院财政、税务主管部门规定的增值税起征点的，也免征增值税。

案例窗 9-1

二、消费税法律制度

消费税是以特定的消费品和消费行为为征收对象的一种税。我国规范消费税的基本法律规范是《中华人民共和国消费税暂行条例》（以下简称《消费税暂行条例》）。

（一）消费税的纳税人

消费税的纳税人是在中华人民共和国境内生产、委托加工和进口《消费税暂行条例》规定的消费品的单位和个人，以及国务院确定的销售《消费税暂行条例》规定的消费品的其他单位和个人。

（二）消费税的税率

消费税的税率有两种形式：一是比例税率；二是定额税率，即单位税额。消费税税率形式的选择主要根据课税对象的具体情况。其中，对雪茄烟及烟丝、酒精、高档化妆品、鞭炮、焰火、汽车轮胎、贵重首饰及珠宝玉石、摩托车、小汽车、高尔夫球及球具、高档手表、游艇、木制一次性筷子、实木地板等采用比例税率，税率自3%~56%不等。黄酒、啤酒、成品油采用定额税率。卷烟和白酒实行从价定率和从量定额复合计税办法征收。自2015年2月1日起，将电池、涂料列入消费税征收范围，在生产、委托加工和进口环节征收，适用税率均为4%。自2016年1月1日起，对铅蓄电池按4%税率征收消费税；对无汞原电池、金属氢化物镍蓄电池（又称氢镍蓄电池或镍氢蓄电池）、锂原电池、锂离子蓄电池、太阳能电池、燃料电池和全钒液流电池免征消费税。对施工状态下挥发性有机物含量低于420克/升（含）的涂料免征消费税。此外，对于每辆零售价130万元（不含增值税）及以上的超豪华小汽车，除进口或生产环节依法征收消费税外，在零售环节加征10%的消费税。自2022年11月1日起，对电子烟也征收消费税。

拓展阅读9-1

（三）消费税的计征办法

消费税实行从价定率、从量定额或从价定率和从量定额复合计税的办法计算应纳税额。

（1）实行从价定率征收办法征税的消费品，其应纳税额计算公式为：

应纳税额=应税消费品的销售额×比例税率

（2）实行从量定额征收办法征税的消费品，其应纳税额计算公式为：

应纳税额=应税消费品数量×定额税额

（3）实行从价定率和从量定额复合计税的消费品，其应纳税额计算公式为：

应纳税额=销售数量×定额税率+销售额×比例税率

（四）消费税的免税

纳税人（生产、外贸企业）出口应税消费品，免征消费税；国务院另有规定的除外。

三、关税法律制度

关税是由海关根据国家制定的有关法律，以进出关境的货物和物品为征税对象而征收的一种商品税。关税由进口关税和出口关税构成。

（一）关税的纳税人

关税的纳税人包括进口中国准许进口的货物的收货人、出口中国准许出口的货物的发货人和中国准许进出境物品的所有人。

（二）关税的税率

关税税率分为进口税率和出口税率，其税率由我国进出口税则规定，并根据相关法律和实际情况修改。

我国进口关税设置最惠国税率、协定税率、特惠税率、普通税率、关税配额税率等税率。最惠国税率适用原产于与我国共同适用最惠国待遇条款的WTO成员的进口货物，或原产于与我国签订相互给予最惠国待遇条款的双边贸易协定的国家或地区的进口货物，以及原产于我国境内的进口货物。协定税率适用原产于我国参加的含有关税优惠条款的区域性贸易协定的有关缔约方的进口货物。特惠税率适用原产于与我国签订特殊优惠关税协定的国家或地区的进口货物。普通税率适用于原产于前述国家或地区以外的其他国家或地区的进口货物，以及原产地不明的进口货物。按照国家规定实行关税配额管理的进口货物，关税配额内的，适用关税配额税率；关税配额外的，按其适用税率的规定执行。

我国出口税为一栏税率，即出口税率。国家仅对少数资源性产品及易于竞相杀价、盲目进口、需要规范出口秩序的半制成品征收出口关税。适用出口税率的出口货物有暂定税率的，应当适用暂定税率。

（三）关税的计征办法

进出口货物关税，以从价计征、从量计征或者国家规定的其他方式征收。

从价计征的计算公式为：

$$应纳关税额=应税进（出）口货物数量\times单位完税价格\times税率$$

从量计征的计算公式为：

$$应纳关税额=应税进（出）口货物数量\times单位货物税额$$

复合税应纳税额的计算公式为：

$$应纳关税额=应税进（出）口货物数量\times单位货物税额+应税进（出）口货物数量\times单位完税价格\times税率$$

第三节　所得税法律制度

所得税又称所得课税、收益税，指国家对法人、自然人和其他经济组织在一定时期内的各种所得征收的一类税收。目前我国的所得税主要有企业所得税和个人所得税。

一、企业所得税法律制度

企业所得税是以企业取得的生产经营所得和其他所得为征税对象所征收的一种税。我国规范企业所得税的基本法律规范是《中华人民共和国企业所得税法》。

（一）企业所得税的纳税人

企业所得税的纳税义务人是指在中华人民共和国境内的企业和其他取得收入的组织；但个人独资企业和合伙企业除外。企业分为居民企业和非居民企业。

1.居民企业

居民企业是指依法在中国境内成立，或者依照外国（地区）法律成立但实际管理机构在中国境内的企业，包括各类企业和有生产经营或其他所得的其他组织。

2.非居民企业

非居民企业是指依照外国（地区）法律成立且实际管理机构不在中国境内，但在中国境内设立机构、场所的或者在中国境内未设立机构、场所但有来源于中国境内所得的企业。

（二）企业所得税的征税对象

企业所得税的征税对象是指企业的生产经营所得、其他所得和清算所得。

1.居民企业的征税对象

居民企业应就来源于中国境内、境外的所得作为征税对象。所得包括销售货物所得、提供劳务所得、转让财产所得、股息红利等权益性投资所得、利息所得、租金所得、特许权使用费所得、接受捐赠所得和其他所得。

2.非居民企业的征税对象

非居民企业在中国境内设立机构、场所的，应当就其所设机构、场所取得的来源于中国境内的所得，以及发生在中国境外但与其所设机构、场所有实际联系的所得，缴纳企业所得税。非居民企业在中国境内未设立机构、场所的，或者虽设立机构、场所，但取得的所得与其所设机构、场所没有实际联系的应当就其来源于中国境内的所得缴纳企业所得税。

上述所称实际联系是指非居民企业在中国境内设立的机构、场所拥有的据以取得所得的股权、债权，以及拥有、管理、控制据以取得所得的财产。

（三）企业所得税的税率

企业所得税实行比例税率，具体参见拓展阅读9-2。

拓展阅读9-2

（四）应纳税额的计算

企业的应纳税所得额乘以适用税率，减除法律规定关于税收优惠减免和抵免的税额后的余额，为应纳税额。国务院为支持小微企业发展，已经多次实施减税降费措施，降低其所得税负担。

应纳税所得额=收入总额-不征税收入-免税收入-各项扣除-允许弥补的以前年度亏损

二、个人所得税法律制度

个人所得税是对个人（自然人）取得的各项应税所得征收的一种税。我国规范个人所得税的基本法律规范是《中华人民共和国个人所得税法》。

（一）个人所得税的纳税人

个人所得税的纳税人有两类：①居民纳税人，是指在中国境内有住所或者无住所而一个纳税年度内在中国境内居住累计满183天的个人，其境内外所得皆须依法缴纳个人所得税。②非居民纳税人，是指在中国境内无住所或者无住所而一个纳税年度内在中国境内居住累计不满183天的个人，其境内所得须依法缴纳个人所得税。

（二）个人所得税的征税对象

个人所得税的征税对象是个人取得的应税所得，具体包括：①工资、薪金所得；②劳务报酬所得；③稿酬所得；④特许权使用费所得；⑤经营所得；⑥利息、股息、红利所得；⑦财产租赁所得；⑧财产转让所得；⑨偶然所得。

居民取得的①至④项所得被称为综合所得，按照纳税年度合并计算个人所得税；非居民取得的①至④项所得，按月或者按次分项计算个人所得税。纳税人取得的⑤至⑨项所得，依法分别计算个人所得税。

（三）个人所得税的税率

个人所得税的税率有超额累进税率和比例税率。综合所得适用3%～45%的7级超额累进税率（见表9-1）；经营所得适用5%～35%的5级超额累进税率（见表9-2）；利息、股息、红利所得，财产租赁所得，财产转让所得和偶然所得，适用比例税率，税率为20%。

（四）应纳税额的计算

(1) 居民个人综合所得，以每一纳税年度的收入额减除费用6万元以及专项扣除、专项附加扣除和依法确定的其他扣除后的余额，为应纳税所得额。其计算公式为：

应纳税额=应纳税所得额×适用税率

表9-1 个人所得税税率表（综合所得适用）

级　数	全年应纳税所得额	税率（%）
1	不超过36 000元的部分	3
2	超过36 000元至144 000元的部分	10
3	超过144 000元至300 000元的部分	20
4	超过300 000元至420 000元的部分	25
5	超过420 000元至660 000元的部分	30
6	超过660 000元至960 000元的部分	35
7	超过960 000元的部分	45

表9-2 个人所得税税率表（经营所得适用）

级　数	全年应纳税所得额	税率（%）
1	不超过30 000元的部分	5
2	超过30 000元至90 000元的部分	10
3	超过90 000元至300 000元的部分	20
4	超过300 000元至500 000元的部分	30
5	超过500 000元的部分	35

上述专项扣除包括居民个人按照国家规定的范围和标准缴纳的基本养老保险、基本医疗保险、失业保险等社会保险费和住房公积金等；专项附加扣除，包括子女教育、继续教育、大病医疗、住房贷款利息或者住房租金、赡养老人等支出，具体范围、标准和实施步骤由国务院确定，并报全国人民代表大会常务委员会备案。专项扣除及专项附加扣除会随社会经济的发展而调整。

劳务报酬所得、稿酬所得、特许权使用费所得以收入减除20%的费用后的余额为收入额。稿酬所得的收入额减按70%计算。

另外，居民个人从中国境外取得的所得，可以从其应纳税额中抵免已在境外缴纳的个人所得税税额，但抵免额不得超过该纳税人境外所得依照本法规定计算的应纳税额。

（2）非居民个人的工资、薪金所得，以每月收入额减除费用5 000元后的余额为应纳税所得额；劳务报酬所得、稿酬所得、特许权使用费所得，以每次收入额为应纳税所得额。

（3）经营所得，以每一纳税年度的收入总额减除成本、费用以及损失后的余额为应税所得额。其计算公式为：

应纳税所得额=收入总额-（成本+费用+损失）

应纳税额=应纳税所得额×适用税率

（4）财产租赁所得，每次收入不超过4 000元的，减除费用800元；4 000元以上的，减除20%的费用，其余额为应纳税所得额。

（5）财产转让所得，以转让财产的收入额减除财产原值和合理费用后的余额，为应纳税所得额。

应纳税额=应纳税所得额×适用税率

（6）利息、股息、红利所得和偶然所得，以每次收入额为应纳税所得额。

应纳税额=应纳税所得额×适用税率

（五）个人所得税的减免税

1.减税

有下列情形之一的，经批准可以减征个人所得税：残疾、孤老人员和烈属的所得；因严重自然灾害造成重大损失的；其他经国务院财政部门批准减税的。

2.免税

下列各项个人所得，免纳个人所得税：①省级人民政府、国务院部委和中国人民解放军军以上单位，以及外国组织、国际组织颁发的科学、教育、技术、文化、卫生、体育、环境保护等方面的奖金；②国债和国家发行的金融债券利息；③按照国家统一规定发给的补贴、津贴；④福利费、抚恤金、救济金；⑤保险赔款；⑥军人的转业费、复员费、退役金；⑦按照国家统一规定发给干部、职工的安家费、退职费、基本养老金或者退休费、离休费、离休生活补助费；⑧依照有关法律规定应予免税的各国驻华使馆、领事馆的外交代表、领事官员和其他人员的所得；⑨中国政府参加的国际公约、签订的协议中规定免税的所得；⑩国务院规定的其他免税所得。

第四节　财产、行为与资源税法律制度

根据我国税法的规定，我国现行的税种除了流转税、所得税以外，还有财产税、行为税和资源税。

一、财产税法律制度

财产税是对纳税人拥有或支配的财产额所征收的一种税。我国开征的财产税主要有房产税和契税。

（一）房产税

房产税是以房产为征税对象，依据房产价格或房产租金收入向房屋产权所有人征收的税。

1.纳税人

房产税以在征税范围内的房屋产权所有人为纳税人。其中：①产权属国家所有的，由经营管理单位纳税；产权属集体和个人所有的，由集体单位和个人纳税。②产权出典的，由承典人纳税。③产权所有人、承典人不在房屋所在地的，由房产代管人或者使用人纳税。④产权未确定及租典纠纷未解决的，亦由房产代管人或者使用人纳税。⑤无租使用其他房产的问题。纳税单位和个人无租使用房产管理部门、免税单位及纳税单位的房产，应由使用人代为缴纳房产税。

外商投资企业、外国企业和外国人经营的房产不适用房产税。

2.征税范围

《中华人民共和国房产税暂行条例》规定，房产税在城市、县城、建制镇和工矿区征收。其中：①城市是指经国务院批准设立的市。城市的征税范围为市区、郊区和市辖县县城，不包括农村。②县城是指县人民政府所在地。③建制镇是指经省、自治区、直辖市人民政府批准设立的建制镇。建制镇的征税范围为镇人民政府所在地，不包括所辖的行政村。④工矿区是指工商业比较发达、人口比较集中，符合国务院规定的建制镇标准，但尚未设立镇建制的大中型工矿企业所在地。开征房产税的工矿区须经省、自治区、直辖市人民政府批准。

3.税率

我国现行房产税采用的是比例税率。由于房产税的计税依据分为从价计征和从租计征两种形式，所以房产税的税率也有两种：一种是依据房产计税余值计税的，税率为1.2%；另一种是依据房产租金收入计税的，税率为12%。自2008年3月1日起，对个人出租住房，不区分用途，按4%的税率征收房产税；对企事业单位、社会团体以及其他组织按市场价格向个人出租用于居住的住房，减按4%的税率征收房产税。

4.应纳税额

（1）从价计征是按房产的原值减除一定的比例后的余值计征（减除一定比例是省、自治区、直辖市人民政府规定的10%~30%的减除比例），其计算公式为：

应纳税额=应税房产原值×（1−扣除比例）×1.2%

（2）从租计征是按房产的租金收入计征，其计算公式为：

应纳税额=租金收入×12%（或4%）

（二）契税

契税是以所有权发生转移变动的不动产为征税对象，向产权承受人征收的一种财产税。

1.纳税人

契税的纳税人是在我国境内转移土地、房屋权属过程中的产权承受单位和个人。

2.征税范围

征税范围为转移土地、房屋权属的行为，主要包括：①土地使用权出让；②土地使用权转让，包括出售、赠与、互换；③以作价投资（入股）、偿还债务、划转、奖励方式转移土地、房屋的权属。但上述①②不包括农村集体土地承包经营权的转移。

3.税率

《契税法》规定，契税实行幅度比例税率，税率幅度为3%~5%。关于具体执行税率，考虑到我国经济发展不平衡，各地经济水平差异较大的实际情况，由各省、自治区、直辖市人民政府针对不同主体、地区、类型，在规定的幅度内，根据本地区的实际情况确定。

4.计税依据

（1）土地使用权出让、出售、房屋买卖，计税依据为土地、房屋权属转移合同的成交价格，包括应交付的货币以及实物、其他经济利益对应的价款。

（2）土地使用权赠与、房屋赠与以及其他没有价格的转移土地、房屋权属行为，计税依据为税务机关参照土地使用权出售、房屋买卖的市场价格依法核定的价格。

（3）土地使用权互换、房屋互换，计税依据为所互换的土地使用权、房屋的价格的差额。

纳税人申报的成交价格、互换价格差额明显偏低且无正当理由的，由税务机关依照《税收征收管理法》的规定核定。

5.应纳税额

应纳税额的计算公式为：

应纳税额=计税依据×适用税率

二、行为税法律制度

行为税是以纳税人的某些特定行为为征税对象的税种。

（一）印花税

印花税是对在我国境内书立应税凭证、进行证券交易的单位和个人征收的一种税。除证券交易外，印花税由纳税人按规定应税的比例和定额自行购买并粘贴印花税票，即完成纳税义务。

1.印花税的纳税人

印花税的纳税人是在我国境内书立、领受、使用属于征税范围内所列凭证的单位和个人，包括各类企事业单位、机关、团体、部队，以及中外合资经营企业、中外合作经营企业、外资企业和其他经济组织及其在华机构等单位和个人，以及证券交易的出让方。证券交易是指转让在依法设立的证券交易所、国务院批准的其他全国性证券交易场所交易的股票和以股票为基础的存托凭证。

2.征税范围

印花税的征税范围包括借款合同、融资租赁合同、买卖合同、承揽合同、建设工程合同、运输合同、技术合同、租赁合同、保管合同、仓储合同、财产保险合同以及产权转移书据、营业账簿（仅限资金账簿）、证券交易等。

3.税率

现行印花税采用5档比例税率。比例税率具体为：1‰（租赁合同、保管合同、仓储合同、财产保险合同和证券交易）、0.5‰（土地使用权出让书据、土地使用权及房屋等建筑物和构筑物所有权转让书据以及股权转让书据）、0.3‰（买卖合同、承揽合同、建设工程合同、运输合同以及商标专用权、著作权、专利权、专有技术使用权转让书据）、0.25‰（营业账簿）和0.05‰（借款合同、融资租赁合同）。

4.计税依据

《印花税法》规定的印花税的计税依据为：①应税合同的计税依据，为合同所列的金额，不包括列明的增值税税款；②应税产权转移书据的计税依据，为产权转移书据所列的金额，不包括列明的增值税税款；③应税营业账簿的计税依据，为账簿记载的实收资本（股本）、资本公积合计金额；④证券交易的计税依据，为成交金额。

如果应税合同、产权转移书据未列明金额，印花税的计税依据按照实际结算的金额确定。如果无实际结算金额，则按照书立合同、产权转移书据时的市场价格确定；依法应当执行政府定价或者政府指导价的，按照国家有关规定确定。证券交易无转让价格的，按照办理过户登记手续时该证券前一个交易日收盘价计算确定计税依据；无收盘价的，按照证券面值计算确定计税依据。

5.应纳税额

（1）按比例税率计算应纳税额的计算方法为：

应纳税额=计税金额×适用税率

（2）按定额税率计算应纳税额的计算方法为：

应纳税额=凭证数量×单位税额

6.印花税的免征

下列凭证免征印花税：①应税凭证的副本或者抄本；②依照法律规定应当予以免税的外国驻华使馆、领事馆和国际组织驻华代表机构为获得馆舍书立的应税凭证；③中国人民解放军、中国人民武装警察部队书立的应税凭证；④农民、家庭农场、农民专业合作社、农村集体经济组织、村民委员会购买农业生产资料或者销售农产品书立的买卖合同和农业保险合同；⑤无息或者贴息借款合同、国际金融组织向中国提供优惠贷款书立的借款合同；⑥财产所有权人将财产赠与政府、学校、社会福利机构、慈善组织书立的产权转移书据；⑦非营利性医疗卫生机构采购药品或者卫生材料书立的买卖合同；⑧个人与电子商务经营者订立的电子订单。

（二）车船税

车船税是指在中国境内的车辆、船舶的所有人或者管理人按照《中华人民共和国车船税法》（以下简称《车船税法》）应缴纳的一种税。

（1）车船税的纳税人，为在我国境内属于《车船税法》所附车船税税目税额表规定的车辆、船舶的所有人或者管理人。管理人是指对车船具有管理使用权，不具有所有权的单位和个人。

（2）车船税的征税范围，即车辆、船舶。此处的车辆、船舶是指：①依法应当在车船登记管理部门登记的机动车辆和船舶；②依法不需要在车船登记管理部门登记的在单位内部场所行驶或者作业的机动车辆和船舶。

（3）税率。车船税采用定额税率，即对征税的车船规定单位固定税额。车船税确定税额总的原则是：①排气量小的车辆税负轻于排气量大的车辆；②载人少的车辆税负轻于载人多的车辆；③自重小的车辆税负轻于自重大的车辆；④小吨位船舶的税负轻于大吨位船舶。由于车辆与船舶的行驶情况不同，车船税的税额也有所不同。

（4）应纳税额。乘用车依排气量从小到大递增税额；客车按照核定载客人数递增税额，以辆为单位征收；货车及其他车辆按照整备质量以吨为单位征收，挂车按货车税额的50%计算；摩托车以辆为单位征收。机动船舶的应纳税额为净吨位乘以适用税额，拖船、非机动驳船按机动船舶税额的50%计算；游艇则按艇身长度乘以每米应纳税额计税。

车辆的具体适用税额由省、自治区、直辖市人民政府依照车船税税目税额表规定的税额幅度和国务院的规定确定。船舶的具体适用税额由国务院在车船税税目税额表规定的税额幅度内确定。

(5) 车船税的免征。以下项目免征车船税：①捕捞、养殖渔船；②军队、武装警察部队专用车船；③警用车船；④悬挂应急救援专用号牌的国家综合性消防救援车辆和国家综合性消防救援专用船舶；⑤依照法律规定应当予以免税的外国驻华使领馆、国际组织驻华代表机构及其有关人员的车船。

拓展阅读9-3

(三) 车辆购置税

车辆购置税是以在中国境内购置规定的车辆为征税对象，在特定的环节向车辆购置者征收的一种税。

1.纳税人

车辆购置税纳税人是指在我国境内购置规定的应当征税的车辆（以下简称应税车辆）的单位和个人。所称购置，包括购买、进口、自产、受赠、获奖或者以其他方式取得并自用应税车辆的行为。

2.征收范围

车辆购置税的具体征税范围为：①汽车，包括各类汽车；②摩托车（排气量超过150毫升），包括轻便摩托车、两轮摩托车、三轮摩托车；③电车，包括无轨电车、有轨电车；④挂车，包括全挂车、半挂车；⑤农用运输车，包括三轮农用运输车、四轮农用运输车。

3.税率

车辆购置税的税率为10%。

4.应纳税额

应纳税额的计算公式如下：

应纳税额=应税车辆计税价格×税率

根据《中华人民共和国车辆购置税法》，应税车辆的计税价格按照下列规定确定：①纳税人购买自用应税车辆的计税价格，为纳税人实际支付给销售者的全部价款，不包括增值税税款；②纳税人进口自用应税车辆的计税价格，为关税完税价格加上关税和消费税；③纳税人自产自用应税车辆的计税价格，按照纳税人生产的同类应税车辆的销售价格确定，不包括增值税税款；④纳税人以受赠、获奖或者其他方式取得自用应税车辆的计税价格，按照购置应税车辆时相关凭证载明的价格确定，不包括增值税税款。

(四) 环境保护税

环境保护税是以在中国境内进行污染物的违法、超标排放的单位为征税对象的一种税。

1.纳税人

在中华人民共和国领域以及管辖的其他海域，直接向环境排放应税污染物的企业、事业单位和其他生产经营者为环境保护税的纳税人。

2.征收范围

应税污染物是指《中华人民共和国环境保护税法》所附环境保护税税目税额表、应税污染物和当量值表规定的大气污染物、水污染物、固体废物和噪声。

有下列情形之一的，不属于直接向环境排放污染物，不缴纳相应污染物的环境保护税：①企业、事业单位和其他生产经营者向依法设立的污水集中处理、生活垃圾集中处理场所排放应税污染物的；②企业、事业单位和其他生产经营者在符合国家和地方环境保护标准的设施、场所贮存或者处置固体废物的。

依法设立的城乡污水集中处理、生活垃圾集中处理场所超过国家和地方规定的排放标准向环境排放应税污染物的，应当缴纳环境保护税。企业、事业单位和其他生产经营者贮存或者处置固体废物不符合国家和地方环境保护标准的，应当缴纳环境保护税。

3.计税依据

应税污染物的计税依据，按照下列方法确定：①应税大气污染物按照污染物排放量折合的污染当量数确定；②应税水污染物按照污染物排放量折合的污染当量数确定；③应税固体废物按照固体废物的排放量确定；④应税噪声按照超过国家规定标准的分贝数确定。

应税大气污染物、水污染物的污染当量数，以该污染物的排放量除以该污染物的污染当量值计算。污染当量是指根据污染物或者污染排放活动对环境的有害程度以及处理的技术经济性，衡量不同污染物对环境污染的综合性指标或者计量单位。同一介质相同污染当量的不同污染物，其污染程度基本相当。

4.应纳税额

环境保护税应纳税额按照下列方法计算：

应税大气污染物、水污染物的应纳税额=污染当量数×具体适用税额

应税固体废物的应纳税额=固体废物排放量×具体适用税额

应税噪声的应纳税额=超过国家规定标准的分贝数对应的具体适用税额

拓展阅读9-4

三、资源税法律制度

资源税是为了保护自然资源、保证自然资源的有序开采和高效利用而设置的一种税。

（一）纳税人

资源税的纳税人是指在中华人民共和国领域及管辖海域开发应税资源的单位和个人。单位和个人以应税产品投资、分配、抵债、赠与、以物易物等，视同销售，应按规定计算缴纳资源税。但进口的矿产品和盐不征收资源税，出口相关应税产品不免征或退还已纳资源税。

（二）征税范围

资源税的征税范围由《中华人民共和国资源税法》所附资源税税目税率表确定。

（三）税率

资源税的税目、税率，依照资源税税目税率表执行。该表中规定实行幅度税率的，其具体适用税率由省、自治区、直辖市人民政府统筹考虑该应税资源的品位、开采条件以及对生态环境的影响等情况，在该表规定的税率幅度内提出，报同级人民代表大会常务委员会决定，并报全国人民代表大会常务委员会和国务院备案。该表中规定征税对象为原矿或者选矿的，应当分别确定具体适用税率。

拓展阅读9-5

（四）应纳税额

资源税可以从价计征，也可以从量计征。具体计征方式由省、自治区、直辖市人民政

府提出，报同级人民代表大会常务委员会决定，并报全国人民代表大会常务委员会和国务院备案。实行从价计征的，应纳税额按照应税资源产品的销售额乘以具体适用税率计算。实行从量计征的，应纳税额按照应税产品的销售数量乘以具体适用税率计算。如果应税产品为矿产品，则包括原矿和选矿产品。

（五）资源税的免征与减征

免征资源税的情况：一是开采原油以及在油田范围内运输原油过程中用于加热的原油、天然气；二是煤炭开采企业因安全生产需要抽采的煤成（层）气。

资源税减征的情况：一是从低丰度油气田开采的原油、天然气，减征20%资源税；二是高含硫天然气、三次采油和从深水油气田开采的原油、天然气，减征30%资源税；三是稠油、高凝油，减征40%资源税；四是从衰竭期矿山开采的矿产品，减征30%资源税。

此外，由省、自治区、直辖市人民政府提出具体办法，报同级人民代表大会常务委员会决定，并报全国人民代表大会常务委员会和国务院备案，可以决定有下列情形之一的免征或减征资源税：一是纳税人开采或者生产应税产品过程中，因意外事故或者自然灾害等原因遭受重大损失；二是纳税人开采共伴生矿、低品位矿、尾矿。

第五节　税收征收管理法

税收征收管理法简称税收征管法，是调整征税机关在税款的征收和税务管理过程中所发生的社会关系的法律规范的总称。我国现行的税收征管法包括《税收征收管理法》《中华人民共和国税收征收管理法实施细则》。

一、税收征管法的法律适用

（一）客体适用

凡依法由税务机关征收的各种税收的征收管理，均适用税收征管法。耕地占用税、契税、牧业税征收管理的具体办法，由国务院另行制定。关税及海关代征的增值税、消费税的征收管理，适用其他法律、法规的规定。

（二）主体适用

1.税务行政主体——税务机关

我国税务机关是指各级税务局、税务分局、税务所和省以下税务局的稽查局。稽查局专司偷税、逃避追缴欠税、骗税、抗税案件的查处。上述规定明确了税收征收管理的行政主体（执法主体）。

2.税务行政管理相对人——纳税人、扣缴义务人和其他有关单位

根据《税收征收管理法》的规定，纳税人、扣缴义务人和其他有关单位是税务行政管理的相对人，是《税收征收管理法》的适用主体，必须按照《税收征收管理法》接受税务管理，享受合法权益。

3.有关单位和部门

《税收征收管理法》第五条规定："地方各级人民政府应当依法加强对本行政区域内税收征收管理工作的领导或者协调，支持税务机关依法执行职务，依照法定税率计算税额，依法征收税款。各有关部门和单位应当支持、协助税务机关依法执行职务。"因而包括地方各级人民政府在内的有关单位和部门也是《税收征收管理法》的适用主体。

二、税务管理

税务管理是国家及其税务机关，依据客观经济规律和税收分配特点，对税收分配的全过程进行决策、计划、组织、监督和协调，以保证税收职能得以实现的一种管理活动。

税务管理主要包括税务登记、账簿和凭证管理、纳税申报等内容。

（一）税务登记

税务登记又称纳税登记，是指税务机关根据税法规定，对纳税人的生产经营活动进行登记管理的一项基本制度。税务登记是税务机关对纳税人实施税收管理的首要环节和基础工作，是征纳双方法律关系成立的依据和证明，也是纳税人必须依法履行的义务。

（1）从事生产、经营的纳税人应当自领取营业执照之日起30日内，向生产、经营地或者纳税义务发生地的主管税务机关申报办理税务登记，如实填写税务登记表，并按照税务机关的要求提供有关证件、资料。

（2）扣缴义务人应当自扣缴义务发生之日起30日内，向所在地的主管税务机关申报办理扣缴税款登记，领取扣缴税款登记证件；税务机关对已办理税务登记的扣缴义务人，可以只在其税务登记证件上登记扣缴税款事项，不再发给扣缴税款登记证件。

（3）纳税人税务登记内容发生变化的，应当自市场监督管理部门或者其他机关办理变更登记之日起30日内，持有关证件向原税务登记机关申报办理变更税务登记；纳税人税务登记内容发生变化，不需要到市场监督管理部门或者其他机关办理变更登记的，应当自发生变化之日起30日内，持有关证件向原税务登记机关申报办理变更税务登记。

（4）纳税人发生解散、破产、撤销以及其他情形，依法终止纳税义务的，应当在向市场监督管理部门或者其他机关办理注销登记前，持有关证件向原税务登记机关申报办理注销税务登记；按照规定不需要在市场监督管理部门或者其他机关办理注销登记的，应当自有关机关批准或者宣告终止之日起15日内，持有关证件向原税务登记机关申报办理注销税务登记。

（5）纳税人因住所、经营地点变动，涉及改变税务登记机关的，应当在向市场监督管理部门或者其他机关申请办理变更或者注销登记前或者住所、经营地点变动前，向原税务登记机关申报办理注销税务登记，并在30日内向迁达地税务机关申报办理税务登记。

（6）纳税人被市场监督管理部门吊销营业执照或者被其他机关予以撤销登记的，应当自营业执照被吊销或者被撤销登记之日起15日内，向原税务登记机关申报办理注销税务登记；纳税人在办理注销税务登记前，应当向税务机关结清应纳税款、滞纳金、罚款，缴销发票、税务登记证件和其他税务证件。

（7）从事生产、经营的纳税人到外县（市）临时从事生产、经营活动的，应当持税务登记证件副本和所在地税务机关填开的外出经营活动税收管理证明，向营业地税务机关报验登记，接受税务管理。从事生产、经营的纳税人外出经营，在同一地累计超过180天的，应当在营业地办理税务登记手续。

（二）账簿和凭证管理

《税收征收管理法》第十九条规定："纳税人、扣缴义务人按照有关法律、行政法规和国务院财政、税务主管部门的规定设置账簿，根据合法、有效凭证记账，进行核算。"所以，纳税人和扣缴义务人都必须根据合法、有效的凭证进行账务处理。纳税人建立的会计信息系统应当符合国家有关规定，并能正确、完整核算其收入或者所得。

从事生产、经营的纳税人应当自领取营业执照或者发生纳税义务之日起15日内设置账簿。扣缴义务人应当自税收法律、行政法规规定的扣缴义务发生之日起10日内，按照所代扣、代收的税种，分别设置代扣代缴、代收代缴税款账簿。

纳税人使用计算机记账的，应当在使用前将会计信息系统的会计核算软件、使用说明书及有关资料报送主管税务机关备案。

纳税人、扣缴义务人会计制度健全，能够通过计算机正确、完整计算其收入和所得或者代扣代缴、代收代缴税款情况的，其计算机输出的完整的书面会计记录，可视同会计账簿。

纳税人、扣缴义务人会计制度不健全，不能通过计算机正确、完整计算其收入和所得或者代扣代缴、代收代缴税款情况的，应当建立总账及与纳税或者代扣代缴、代收代缴税款有关的其他账簿。

（三）纳税申报

纳税申报是指纳税人、扣缴义务人为了履行纳税义务，就纳税事项向税务机关提出书面申报的一种法定手续。

（1）纳税人必须依照法律、行政法规规定或税务机关依照法律、行政法规的规定确定的申报期限、申报内容如实办理纳税申报，报送纳税申报表、财务会计报表以及税务机关根据实际需要要求纳税人报送的其他纳税资料。扣缴义务人必须依照法律、行政法规规定或者税务机关在依照法律、行政法规的规定确定的申报期限、申报内容如实报送代扣代缴、代收代缴税款报告表以及税务机关根据实际需要要求扣缴义务人报送的其他有关资料。

（2）纳税人、扣缴义务人可以直接到税务机关办理纳税申报或者报送代扣代缴、代收代缴税款报告表，也可以按照规定采取邮寄、数据电文或者其他方式办理上述申报、报送事项。

（3）纳税人、扣缴义务人不能按期办理纳税申报或者报送代扣代缴、代收代缴税款报告表的，经税务机关核准，可以延期申报。经核准延期办理规定的申报、报送事项的，应当在纳税期内按照上期实际缴纳的税额或者税务机关核定的税额预缴税款，并在核准的延期内办理税款结算。

三、税款征收

税款征收是指税务机关依照法律、行政法规的规定将纳税人应纳的税款组织入库的一系列活动的总称。

（一）代扣代缴、代收代缴税款制度

扣缴义务人应依照法律、行政法规的规定履行代扣、代收税款的义务。对法律、行政法规没有规定负有代扣、代收税款义务的单位和个人，税务机关不得要求其履行代扣、代收税款义务。同时，扣缴义务人依法履行代扣、代收税款义务时，纳税人不得拒绝。纳税人拒绝的，扣缴义务人应当及时报告税务机关处理。此外，税务机关应按照规定付给扣缴义务人代扣、代收手续费。

（二）税收滞纳金征收制度

纳税人未按照规定期限缴纳税款的，扣缴义务人未按照规定期限解缴税款的，税务机关除责令限期缴纳外，从滞纳税款之日起，按日加收滞纳税款5‱的滞纳金。

（三）税收保全制度

税收保全措施是指税务机关对可能由于纳税人的行为或者某种客观原因，致使以后税款的征收不能保证或难以保证的案件，采取限制纳税人处理或转移商品、货物或者其他财产的措施。

《税收征收管理法》第三十八条规定，税务机关有根据认为从事生产、经营的纳税人有逃避纳税义务行为的，可以在规定的纳税期之前，责令限期缴纳应纳税款；在限期内发现纳税人有明显转移、隐匿其应纳税的商品、货物以及其他财产或者应纳税的收入的迹象的，税务机关可以责成纳税人提供纳税担保。如果纳税人不能提供纳税担保，经县以上税务局（分局）局长批准，税务机关可以采取下列税收保全措施：①书面通知纳税人开户银行或者其他金融机构冻结纳税人的金额相当于应纳税款的存款；②扣押、查封纳税人的价值相当于应纳税款的商品、货物或者其他财产。纳税人在规定的限期内缴纳税款的，税务机关必须立即解除税收保全措施；限期期满仍未缴纳税款的，经县以上税务局（分局）局长批准，税务机关可以书面通知纳税人开户银行或者其他金融机构从其冻结的存款中扣缴税款，或者依法拍卖或变卖所扣押、查封的商品、货物或者其他财产，以拍卖或者变卖所得抵缴税款。个人及其所扶养家属维持生活必需的住房和用品，不在税收保全措施的范围之内。

（四）税收强制执行制度

税收强制执行措施是指税务机关在采取一般税收管理措施无效的情况下，为了维护国家依法征税的权力所采取的一种强行征收税款的手段。

《税收征收管理法》第四十条规定，从事生产、经营的纳税人、扣缴义务人未按照规定的期限缴纳或者解缴税款，纳税担保人未按照规定的期限缴纳所担保的税款，由税务机关责令限期缴纳，逾期仍未缴纳的，经县以上税务局（分局）局长批准，税务机关可以采取下列强制执行措施：①书面通知其开户银行或者其他金融机构从其存款中扣缴税款；②扣押、查封、依法拍卖或者变卖其价值相当于应纳税款的商品、货物或其他财产，以拍卖或者变卖所得抵缴税款。税务机关采取强制执行措施时，对上述纳税人、扣缴义务人、纳税担保人未缴纳的滞纳金同时强制执行。个人及其所扶养家属维持生活必需的住房和用品，不在强制执行措施的范围之内。

税务机关将扣押、查封的商品、货物或其他财产变价抵缴税款时，应当交由依法成立

的拍卖机构拍卖，或者交由商业企业按照市场价格收购，国家禁止自由买卖的物品应当交由有关单位按照国家规定价格收购。

税务机关采取税收强制执行措施时，必须坚持告诫在先的原则，即纳税人未按照规定的期限缴纳税款的，应当发出“限期缴纳税款通知书”，先行告诫，责令限期缴纳，在逾期仍不缴纳时，再采取强制执行措施。

学思践悟

国家税务总局2022年法治政府建设情况报告（节选）

2022年，税务总局党委坚持以习近平新时代中国特色社会主义思想为指导，全面贯彻党的二十大精神，深入贯彻习近平法治思想，深刻领悟“两个确立”的决定性意义，增强“四个意识”、坚定“四个自信”、做到“两个维护”，始终在思想上、政治上、行动上同以习近平同志为核心的党中央保持高度一致，按照中共中央、国务院印发的《法治政府建设实施纲要（2021—2025年）》（以下简称《纲要》）和中共中央办公厅、国务院办公厅印发的《关于进一步深化税收征管改革的意见》（以下简称《意见》）的部署要求，扎实推进税收法治建设，更好发挥和拓展提升税收在国家治理中的基础性、支柱性、保障性作用，为全面推进中国式现代化贡献力量。

一、深入学习贯彻党的二十大精神，以习近平法治思想引领税收法治建设

（1）坚持和加强党对税收法治建设工作的领导。税务总局党委牢记税务机关政治属性，扛牢税务法治建设主体责任，确保税收法治建设始终在党的领导下沿着正确的方向前进。以高度的政治自觉接受中央巡视，扎实做好“自查整改、对照整改、深化整改”三篇文章，税收法治建设形成了重要实践和制度成果。

（2）深入学习宣传贯彻党的二十大精神。税务总局党委将学习宣传贯彻党的二十大精神作为首要政治任务来抓，第一时间传达学习，组织培训，并对税务系统学习宣传贯彻作出全面部署。在全系统开展“税收现代化服务中国式现代化”大讨论并取得丰富成果。聚焦服务全面依法治国，深入落实税收法定原则，推进科学完备的税收法治体系更加健全。

（3）全面贯彻习近平法治思想。组织各级税务机关认真学习习近平法治思想，深刻领会、准确把握习近平法治思想的深刻内涵与核心要义，切实将习近平法治思想学习成果转化为推进税收法治建设的思路与方法，扎实推进依法行政。深入落实《意见》，推出72项高含金量改革举措，圆满完成2022年“攻坚之年”全部任务，深化税收征管改革取得明显阶段性成效。

二、依法全面履行税收职能，更好发挥税收作用

（1）坚决落实系列税费支持政策。认真贯彻落实党中央、国务院决策部署，创造性采取“快退税款、狠打骗退、严查内错、欢迎外督、持续宣传”五措并举工作策略，确保税费支持政策快准稳好落实落地。2022年，新增减税降费及退税缓税缓费超过4.2万亿元，其中，办理留抵退税2.46万亿元，超过2021年全年办理规模的3.8倍，为助企纾难解困、稳住宏观经济大盘、保持经济运行在合理区间作出积极贡献。

（2）依法履行组织收入职责。坚持依法依规征税收费，坚决防止征收“过头税费”，2022年组织税费收入31.4万亿元（未扣除出口退税，下同）。其中，税收收入为16.1万亿元，圆满完成了税费收入任务，为国家治理提供了坚实的财力保障。

（3）持续改善税收营商环境。连续第9年开展“便民办税春风行动”，全面落地121条便民服务举措，税费缴纳便利度连续3年成为政务环境评价中满意度最高的事项。全面实行税务行政许可事项清单管理，进一步提升税务行政许可标准化、规范化、便利化水平。加强国际税收合作，我国的税收协定网络已覆盖112个国家和地区。成功主办金砖国家税务局长会议，我国智能化的个税汇算清缴入选“金砖税务最佳实践”首批案例。协助举办第三届“一带一路”税收征管合作论坛，深度参与G20/OECD包容性框架，应对经济数字化税收挑战，有力维护我国税收利益，积极推动国际共识达成。

三、完善税费法律规范体系，筑牢税收法治根基

（1）持续推动落实税收法定原则。积极推动相关税收立法，十三届全国人大常委会第三十八次会议首次审议增值税法草案，其他税种立法工作正在有序推进；积极配合有关部门加快推进税收征管法、发票管理办法等法律、法规修订工作；积极会同财政部等有关部门，及时研究完善配套行政法规、部门规章和规范性文件。

（2）着力推动健全社会保险费和非税收入征管制度。积极推动各省税务局制发社保费征管操作规程和缴费服务指引，实现省域内社保费征管服务工作统一规范，不断健全社保费征管法制体系；健全非税收入征管规程，持续推进非税收入管理法治化建设，为税务部门职能作用拓展提升提供法治保障。

（3）不断提升税务规范性文件管理水平。严格落实《优化营商环境条例》《税务规范性文件制定管理办法》，不断提升税务规范性文件合法性审核、合规性评估和权益性审核等工作水平。加强税务规范性文件备案审查，对各省税务机关报送税务总局备案的税务规范性文件，实现接收、登记、审查、反馈全流程信息化管理。

资料来源　国家税务总局．国家税务总局2022年法治政府建设情况报告［EB/OL］．［2023-12-27］．https://www.chinatax.gov.cn/chinatax/n810214/c102374/c102386/c5192091/content.html.

问题思考：

（1）如何理解法治政府建设在依法治税中的重要性？

（2）为什么要完善税收法律规范体系？

关键术语

税收（revenue）　税法（law of tax）　增值税（added-value tax）　消费税（consumption tax）　所得税（income tax）　房产税（house duty）　资源税（resources tax）　税务管理（tax management）　税款征收（tax collection）

基础训练

一、单选题

1.根据企业所得税法律制度的规定，下列各项中，不属于企业所得税纳税人的是（　　）。

A.国有企业　　B.外商投资企业　　C.个人独资企业　　D.股份制企业

2.下列各项中，不符合房产税纳税义务人规定的是（　　）。

A.房屋产权属于集体的，由集体单位缴纳

B.房屋产权出典的，由出典人缴纳

C.房屋产权纠纷未解决的，由代管人或使用人缴纳

D.房屋产权属于国家所有的，由经营管理的单位缴纳

3.下列各项中，属于个人所得税居民纳税人的是（　　）。

A.在中国境内无住所，居住也不满1年的个人

B.在中国境内无住所且不居住的个人

C.在中国境内无住所，而在境内居住超过6个月不满1年的个人

D.在中国境内有住所的个人

4.某化工企业为增值税一般纳税人。202×年4月销售一批化妆品，取得不含税销售收入70 000元。已知该化妆品适用消费税税率为30%。该化工企业4月应缴纳的消费税税额为（　　）。

A.21 000元　　B.22 200元　　C.24 570元　　D.25 770元

5.我国增值税的低税率为（　　）。

A.3%　　B.7%　　C.13%　　D.17%

6.根据增值税法律制度的规定，以下单位或者个人中，不属于增值税纳税人的是（　　）。

A.进口固定资产设备的企业　　B.销售商品房的公司

C.零售杂货的个体户　　D.生产销售家用电器的公司

二、多选题

1.在城市、县城、建制镇和工矿区范围内，依据城镇土地使用税法律、法规的规定，下列应该计算缴纳城镇土地使用税的有（　　）。

A.国有企业生产经营用地　　B.私营企业拥有土地使用权的办公用地

C.外商投资企业的仓库用地　　D.公园自用的土地

2.个人取得下列所得可以减免个人所得税的有（　　）。

A.军人的转业费　　B.个人取得保险赔款

C.孤老人员的所得　　D.国家发行的金融债券利息

3.下列各项中，属于企业不征税收入的有（　　）。

A.财政拨款

B.依法收取并纳入财政管理的行政事业性收费

C.政府性基金

D.符合规定条件的非营利组织的收入

4.根据消费税法律制度的规定，对部分应税消费品实行从量定额和从价定率相结合的复合计税办法。下列各项中，属于实行复合计税方法的消费品有（　　）。

A.卷烟　　B.烟丝　　C.成品油　　D.白酒

5.根据增值税的规定，纳税人销售下列货物适用13%税率的有（　　）。

A.自来水　　B.天然气　　C.图书　　D.汽油

三、简答题

1.简述税收的概念和特征。

2.税法的基本原则是什么？

3.税法的要素有哪些？

4.目前我国流转税包括哪些主要税种？

5.企业所得税中的居民企业和非居民企业分别指的是什么？

6.个人所得税的应税所得包括哪些？

四、实务题

某食品厂主要经营糕点加工制作，兼营小食品加工，为增值税一般纳税人。2023年7月，市税务局收到群众举报信函，反映该食品厂有严重偷税行为，即对其纳税情况进行了检查。税务稽查人员在检查企业产成品账时，发现企业的库存产成品余额高达680余万元，几乎是该企业11个月的销售额，这个库存量对于糕点食品行业来说极不正常。税务稽查人员检查了企业的内部往来账目，其中有一账户为“应付账款——车间业务”。该账户的余额在贷方，而且额度常在850万~950万元之间浮动。经查，截至2023年6月底，该企业利用“应付账款——车间业务”账户共隐匿销售收入1 600.1万元，不含税销售额为998万元；非独立核算部门实现的不含税销售收入为33.65万元。以上两项合计隐匿不含税销售额为1 031.65万元。市税务局认定该食品厂行为构成偷税，并作出以下处理：要求该食品厂补缴增值税，并处以所偷税款1倍的罚款。

问题：

（1）企业的销售收入应该在何时缴纳增值税？

（2）该食品厂利用内部往来账目调节销售收入的行为应如何处理？

第十章　工业产权法律制度

学习目标

◆ 重点掌握工业产权及其特征，商标的概念、特征及种类，我国商标注册的申请和审批条件及程序，专利权的概念及特征，专利权的主体与客体，专利权的授予条件。

◆ 掌握商标注册人的权利与义务、商标侵权行为及其处理程序、专利侵权行为及专利纠纷处理。

◆ 了解商标法的立法发展、加强商标权保护的重要性、专利法的立法发展、专利保护救济程序。

第一节　工业产权法概述

工业产权是知识产权最重要的组成部分。知识产权（intellectual property）是涉及知识成果和知识价值的一种权利，是自然人、法人和其他组织对其科学技术、文化艺术、工商经贸等领域里创造的精神财富所依法享有的专有权。简要地说，是人们对通过脑力劳动创造出来的智力成果和知识财产所依法享有的权利。现代知识产权理论认为，知识产权的范围由版权、工业产权和其他知识产权（主要是指科技成果权，其中尤其是技术秘密类技术成果权）三部分组成。

一、工业产权的概念及特征

（一）工业产权的概念

工业产权是人们对应用于商品生产和流通领域的、依靠脑力劳动所创造的显著标记和发明创造依法拥有的专有权。按其客体的性质不同，工业产权可被分为发明创造专有权和显著标记专用权这两大类权利。我国所称的工业产权主要是指商标权和专利权。

（二）工业产权的特征

工业产权与民法领域的物权和债权相比，具有下列法律特征：

（1）专有性。一项工业产权由依法取得该项工业产权的单位或者个人专有（包括占有、使用、收益和处分等），排斥他人为生产经营目的利用工业产权。非经专有权人同意，任何单位和个人不得使用该项工业产权，否则即构成侵权行为；但是法律另有规定的除外。

（2）地域性。一项工业产权在一个国家经过批准获得专有权后，其所有人的专有权效力仅限于该国领土范围内，超出该国的地域，不发生法律效力。如果想在他国取得法律保护，必须依照该他国法律规定履行必要的程序，经批准后获得该国的工业产权。

（3）时间性。工业产权作为一种智力成果，如果给予永久保护，则不利于社会的共同进步，因此各国的工业产权法均为其设置了一定的期限，即工业产权的有效保护期。法律一般规定保护期限届满，工业产权的专有权即告结束，成为任何单位或者个人都可以使用的社会财富。

（4）行政授权性。工业产权一般不能自动生成，要由国家专门的机关依专门的法律、特定的程序，通过申请、核准的方式来确认，获得权利证书者为权利人。

二、工业产权立法的发展

我国对工业产权的保护在改革开放之后进入了崭新阶段，1982年通过《商标法》（1993年、2001年、2013年、2019年修正），1984年通过《专利法》（1992年、2000年、2008年、2020年修正），1991年发布《企业名称登记管理规定》（2012年、2020年修订），1993年通过《反不正当竞争法》（2017年修订，2019年修正），1997年公布《中华人民共和国植物新品种保护条例》（2013年、2014年修订），2001年通过《集成电路布图设计保护条例》，基于这一系列法律、法规，我国建立了较为健全的国内工业产权立法体系。

自19世纪末开始，工业产权法律保护日趋国际化。1883年，11个国家在巴黎签订了《巴黎公约》。《商标国际注册马德里协定》（以下简称《马德里协定》）签订于1891年。这两个国际公约经过多次修改，参加的国家越来越多。我国也不断参加知识产权保护的国际公约，1980年加入《建立世界知识产权组织公约》，1985年加入《巴黎公约》，1989年加入《马德里协定》，1994年加入《专利合作公约》。随着2001年我国加入世贸组织，《与贸易有关的知识产权协定》开始在我国适用，我国在更大范围内承担起相应的国际义务。

第二节　商标法律制度

一、商标法概述

（一）商标与注册商标

商标的使用具有悠久的历史。商标是商品生产者、经营者和服务提供者将自己生产、销售的商品和提供的服务与他人生产、销售的商品和提供的服务区别开来的一种标记。这种标记通常由文字、图形、数字、三维标志及颜色组合表示，置于商品表面或其包装上、服务场所及服务说明书上。《商标法》第八条规定："任何能够将自然人、法人或者其他组织的商品与他人的商品区别开的标志，包括文字、图形、字母、数字、三维标志、颜色组合和声音等，以及上述要素的组合，均可以作为商标申请注册。"商标使用人为使所用商标获得法律保护，可向商标主管机关申请注册，取得商标专用权，此时的商标成为注册商标。商标专用权不容侵犯。

商标具有以下作用：区别商品、服务的标示作用；对商品和服务质量的监督作用；商品和服务的广告作用；国际贸易中的竞争和保护作用。

（二）商标的种类

商标种类繁多，分类的标准不同，商标的种类即存在差别。这里仅介绍主要的商标分类。

1.按商标构成要素分类

（1）文字商标，是指仅用文字构成的商标，包括中国汉字和少数民族文字、外国文字和阿拉伯数字或以各种不同字组合的商标。

（2）图形商标，是指仅用图形构成的商标，其中又分为：①记号商标，是指用某种简单符号构成图案的商标。②几何图形商标，是以较抽象的图形构成的商标。③自然图形商标，是以人物、动植物、自然风景等自然的物象为对象所构成的图形商标。有的是以实物照片构成商标，有的则是经过加工提炼、概括与夸张等手法进行处理的自然图形构成商标。

（3）字母商标，是指用拼音文字或注音符号的最小书写单位，包括拼音文字、外文字母（如英文字母、拉丁字母）等所构成的商标。

（4）数字商标，是指用阿拉伯数字、罗马数字或者中文大写数字所构成的商标。

（5）三维标志商标，又称立体商标，是指用具有长、宽、高三种度量的三维立体物标志构成的商标标志。它与我们通常所见的表现在一个平面上的商标图案不同，是以一个立体物质形态出现，这种形态可能出现在商品的外形上，也可以表现在商品的容器或其他地方。

（6）颜色组合商标，是指由两种或两种以上的颜色排列、组合而成的商标。文字、图案加颜色所构成的商标，不属颜色组合商标，属一般的组合商标。

（7）组合商标，是指由两种或两种以上成分相结合构成的商标，也称复合商标。

（8）声音商标，也叫音响商标，是指以音符编成的一组音乐或以某种特殊声音作为商品或服务的商标。在我国，以声音标志申请商标注册的，应当在申请书中予以声明，提交符合要求的声音样本；以五线谱或者简谱对申请用作商标的声音加以描述，并附加文字说明；无法以五线谱或者简谱描述的，应当以文字加以描述；商标描述与声音样本应当一致；需说明声音商标的使用方式。

2.按商标使用者分类

（1）商品商标，就是商品的标记，是商标的最基本表现形式。通常所称的商标主要是指商品商标。商品商标又可分为商品生产者的产业商标和商品销售者的商业商标。①产业商标又称制造商标、工业商标、生产商标，是指明确表示商品生产者的商标，是企业主要的使用形式。②商业商标，又称销售商标、推销商标，是指销售者（经营者）为了销售商品而使用的商标。这种商标的重点是宣传商品销售者，而不是商品生产者。

（2）服务商标，是指用来与其他同类服务项目相区别的标志。如航空、导游、保险和金融、邮电、饭店、电视台等单位使用的标志，就是服务商标。

（3）集体商标，是指以团体、协会或者其他组织名义注册，供该组织成员在商事活动中使用，以表明使用者在该组织中的成员资格的标志。

3.按商标用途分类

（1）证明商标，是指由对某种商品或者服务具有监督能力的组织所控制，而由该组织以外的单位或者个人使用于其商品或者服务，用以证明该商品或者服务的原产地、原料、制造方法、质量或其他特定品质的标志，如绿色食品标志、真皮标志、纯羊毛标志、电工标志等。

（2）备用商标，也称贮藏商标，是指同时或分别在相同商品或者类似商品上注册几个商标，注册后不一定马上使用，而是先贮藏起来，待需要时再使用。注册备用商标，从商标战略角度主要有三种考虑：一是某商品虽然没投产，但一旦投产，就可及时使用，而不会影响产品销售；二是为了保证名牌商标信誉，一旦由于某种原因，商品质量达不到要求，就可使用备用商标（副标）暂时代替；三是万一砸了牌子，可以及时换上备用商标。

（3）防御商标，是指驰名商标所有者为了防止他人在不同类别的商品上使用其商标，而在非类似商品上将其商标分别注册。此种商标一般难以注册，但一经注册，不因其闲置不用而被国家商标主管机关撤销。

（4）联合商标，是指同一商标所有人在相同或类似商品上注册的几个相同或者近似的商标，有的是文字近似，有的是图形近似。这种相互近似的商标注册后，不一定都使用，其目的是防止他人仿冒或注册，从而更有效地保护自己的商标。联合商标以其中的一个商标为主，称其为主商标或正商标。因联合商标作用和功能的特殊性，其中的某个商标闲置不用，不会被国家商标主管机关撤销。由于联合商标相互近似的整体作用，因此联合商标不得跨类分割使用或转让。

4. 按商标注册与否分类

（1）注册商标，是指经商标使用人按照法定手续向国家知识产权局商标局（以下简称商标局）申请注册，经过审核后准予注册取得商标专用权的商标。不以使用为目的的恶意商标注册申请将会被商标局驳回。

（2）未注册商标，是指未经过商标注册而在商品或服务上使用的商标。

（三）我国的商标立法

我国比较系统的商标立法发生在明末清初，中华人民共和国成立后一直有专门的商标立法。《商标法》是于1982年8月23日被通过，于1983年3月1日开始实施的，并进行了几次修正。《商标法》的立法宗旨主要是规范商标管理，保护商标专用权，促使生产、经营者保证商品和服务的质量，维护商标信誉，保障消费者和生产经营者的利益，促进社会主义市场经济的健康有序发展。2019年修正后的《商标法》加大了对侵权行为的处罚力度；增加了关于恶意注册、商标中介机构代理违法行为的禁止性规定及处罚规定等。

二、商标的注册

（一）商标注册的申请

商标注册申请人应当按照规定的商品分类表填报使用商标的商标类别和商品名称，提出注册申请。商标申请等有关文件，可以是书面方式或者数据电文方式。

1. 商标注册申请的原则

（1）自愿注册与强制注册相结合的原则。绝大部分商品基本采取自愿注册商标的原则。但是，国家规定必须使用注册商标的商品，必须申请商标注册；未经核准注册的，不得在市场销售，即部分商品采取强制注册原则。此类商品一般涉及人身安全和健康，如人用药品和烟草制品。

（2）一标多类原则。商标注册申请人可以通过一份申请就多个类别的商品申请注册同一商标。注册商标需要在核定使用范围之外的商品上取得商标专用权的，应当另行提出注册申请。商标局对一件商标注册申请在部分指定商品上予以驳回的，申请人可以将该申请中初步审定的部分申请分割成另一件申请，分割后的申请保留原申请的申请日期。

（3）申请在先与使用在先原则。两个或者两个以上的商标注册申请人，在同一种商品或者类似商品上，以相同或者近似的商标申请注册的，初步审定并公告申请在先的商标；同一天申请的，各申请人应当自收到商标局通知之日起30日内提交其申请注册前在先使用该商标的证据，商标局初步审定并公告使用在先的商标。同日使用或者均未使用的，各申请人可以自收到商标局通知之日起30日内自行协商，并将书面协议报送商标局；不愿协商或者协商不成的，商标局通知各申请人以抽签的方式确定一个申请人，驳回其他人的注册申请。已通知未参加抽签的，视为放弃申请。

（4）商标使用原则。注册商标的主要目的是使用，所以不鼓励为了投机、恶意抢注去注册商标。《商标法》第四条规定“不以使用为目的的恶意商标注册申请，应当予以驳回”，从而确立了商标注册申请人的使用义务，有利于打击恶意申请商标注册、恶意诉讼等行为。

（5）优先权原则。①国际优先权。《商标法》第二十五条规定：商标注册申请人自其商标在外国第一次提出商标注册申请之日起6个月内，又在中国就相同商品以同一商标提出商标注册申请的，依照该外国同中国签订的协议或者共同参加的国际条约，或者按照相互承认优先权的原则，可以享有优先权。依照上述规定要求优先权的，应当在提出商标注册申请的时候提出书面声明，并且在3个月内提交第一次提出的商标注册申请文件的副本；未提出书面声明或者逾期未提交商标注册申请文件副本的，视为未要求优先权。②国内优先权。《商标法》第二十六条规定：商标在中国政府主办的或者承认的国际展览会展出的商品上首次使用的，自该商品展出之日起6个月内，该商标的注册申请人可以享有优先权。依照上述规定要求优先权的，应当在提出商标注册申请的时候提出书面声明，并且在3个月内提交展出其商品的展览会名称、在展出商品上使用该商标的证据、展出日期等证明文件；未提出书面声明或者逾期未提交证明文件的，视为未要求优先权。

（6）诚信原则。当事人申请商标注册、商标代理人在商标代理事务中都需遵循诚信原则；否则，将承担相应的法律责任，商标注册申请也将被驳回。申请商标注册不得有下列不诚信、应予禁止的行为：①属于《商标法》第四条规定的不以使用为目的恶意申请商标注册的。②属于《商标法》第十三条规定，复制、模仿或者翻译他人驰名商标的。③属于《商标法》第十五条规定，代理人、代表人未经授权申请注册被代理人或者被代表人商标的；基于合同、业务往来关系或者其他关系明知他人在先使用的商标存在而申请注册该商标的。④属于《商标法》第三十二条规定，损害他人现有的在先权利或者以不正当手段抢先注册他人已经使用并有一定影响的商标的。⑤以欺骗或者其他不正当手段申请商标注册的。⑥其他违反诚信原则，违背公序良俗，或者有其他不良影响的。

2.商标注册申请的条件

（1）申请人的条件。从事生产经营活动并对其商品或者服务需要取得商标专用权的自然人、法人或者其他组织都可以成为商标注册申请人，包括外国人和外国企业。两个以上的自然人、法人或者其他组织可以共同向商标局申请注册同一商标，共同享有和行使该商标专用权。申请人申请商标注册或者办理其他商标事宜，可以自行办理，也可以委托依法设立的商标代理机构办理；但外国申请者在中国申请商标注册和办理其他商标事宜的，应委托国家认可的具有商标代理资格的组织代理。

（2）商标注册的法定条件。

①合法性，是指商标不得违反《商标法》及其他法律规范的要求。在我国，不具有合法性的商标不仅不能取得注册，而且禁止作为未注册商标使用。《商标法》第十条规定：下列标志不得作为商标使用：同中华人民共和国的国家名称、国旗、国徽、国歌、军旗、军徽、军歌、勋章等相同或者近似的，以及同中央国家机关的名称、标志、所在地特定地点的名称或者标志性建筑物的名称、图形相同的；同外国的国家名称、国旗、国徽、军旗等相同或者近似的，但经该国政府同意的除外；同政府间国际组织的名称、旗帜、徽记等相同或者近似的，但经该组织同意或者不易误导公众的除外；与表明实施控制、予以保证的官方标志、检验印记相同或者近似的，但经授权的除外；同“红十字”“红新月”的名称、标志相同或者近似的；带有民族歧视性的；带有欺骗性，容易使公众对商品的质量等特点或者产地产生误认的；有害于社会主义道德风尚或者有其他不良影响的。县级以上行政区划的地名或者公众知晓的外国地名，不得作为商标。但是，地名具有其他含义或者作为集体商标、证明商标组成部分的除外；已经注册的使用地名的商标继续有效。

②显著性，又称识别性，即商标使用在商品和服务上时，能与其他商品和服务相区别，让消费者感受到它与商品或服务的特定出处有关。根据《商标法》，不得作为商标注册的标志有：仅有本商品的通用名称、图形、型号的；仅直接表示商品的质量、主要原料、功能、用途、重量、数量及其他特点的；其他缺乏显著特征的。但这些标志经过使用取得显著特征，并便于识别的，可以作为商标注册。如两面针是两面针牙膏的主要构成原料，但“两面针”这一商标通过使用而具有了显著性，使得一般公众可以直接将“两面针”牌牙膏与其生产者对应起来，所以“两面针”可以成为注册商标。以三维标志申请注册商标的，仅由商品自身的性质产生的形状、为获得技术效果而需有的商品形状或者使商品具有实质性价值的形状，不得注册。

③非冲突性。《商标法》第九条明确规定，申请注册的商标，不得与他人在先取得的合法权利相冲突。在先权利既包括在先商标，也包括其他在先权利。其他在先权利一般包括姓名权，肖像权，著作权，外观设计专利权，企业名称及字号权，知名商品特有的名称、包装及装潢权等。

案例窗10-1

3.商标注册的申请

申请商标注册，应当依照公布的商品分类表按类申请，填报申请表。每一件商标注册申请应当向商标局提交商标注册申请书1份、商标图样1份；以颜色组合或者着色图样申请商标注册的，应当提交着色图样，并提交黑白稿1份；不指定颜色的，应当提交黑白图样。

商标注册申请等有关文件，可以以书面方式或者数据电文方式提出。申请人用药品商标注册，应当附送卫生行政部门发给的证明文件。申请卷烟、雪茄烟和有包装烟丝的商标注册，应当附送国家烟草主管机关批准生产的证明文件。申请国家规定必须使用注册商标的其他商品的商标注册，应当附送有关主管部门的批准证明文件。同时，商标注册申请人的名义与所提交的身份证明文件应当一致。

商标注册的申请日期，以商标局收到申请文件的日期为准。当事人直接递交的，以递交日为准；邮寄的，以寄出的邮戳日为准；通过邮政企业以外的快递公司递交的，以快递企业收寄日为准。符合优先权原则的，可以享有优先权，以优先权日为申请日。申请手续齐备并按照规定填写申请文件的，编定申请号，发给受理通知书；申请手续不齐备或者未按照规定填写申请文件的，予以退回，申请日期不予保留。

注册商标需要改变其标志的，应当重新提出注册申请。

（二）商标注册的审查与核准

1.初步审定并公告

申请注册的商标，凡符合《商标法》有关规定的，由商标局初步审定，予以公告。审查过程中可以要求申请人作出说明或者修正。初步审定包括进行形式审查和实质审查。形式审查主要审查商标注册申请是否具备法定条件和手续。实质审查是对申请注册的实质内容进行审查。公告的目的是向社会公众征集意见，防止侵犯他人商标权及其他权利，有利于正确核准申请注册的商标。

2.驳回与复审

申请注册的商标，凡不符合《商标法》有关规定或者同他人在同一种商品或类似商品上已经注册的或者初步审定的商标相同或近似的，由商标局驳回申请，不予公告。商标中有商品的地理标志，而该商品并非来源于该标志所标示的地区，误导公众的，不予注册并禁止使用；但是，已经善意取得注册的继续有效。地理标志是指标示某商品来源于某地区，该商品的特定质量、信誉或者其他特征主要由该地区的自然因素或者人文因素所决定的标志。对驳回申请、不予公告的商标，商标局应当书面通知商标注册申请人。商标注册申请人不服的，可以自收到通知之日起15日内向商标评审委员会申请复审，商标评审委员会应当自收到申请之日起9个月内作出决定，并书面通知申请人；有特殊情况需要延长的，经国务院相关部门批准，可以延长3个月。当事人对商标评审委员会的决定不服的，可以自收到通知之日起30日内向人民法院起诉。

3.异议、复审与发证

自公告之日起3个月内，在先权利人、利害关系人认为申请注册的商标违反《商标法》相关规定的，或者任何人认为违反《商标法》第四条、第十条、第十一条、第十二条、第十九条第四款规定的，可以向商标局提出异议。公告期满无异议的，予以核准注册，发给商标注册证，并予公告。对初步审定公告的商标提出异议的，商标局应当听取异议人和被异议人陈述事实和理由，经调查核实后，自公告期满之日起12个月内作出是否准予注册的决定，并书面通知异议人和被异议人。有特殊情况需要延长的，经国务院相关部门批准，可以延长6个月。

商标局作出准予注册决定的，发给商标注册证，并予公告。异议人不服的，可以依照《商标法》第四十四条、第四十五条向商标评审委员会请求宣告该注册商标无效。

商标局作出不予注册决定，被异议人不服的，可以自收到通知之日起15日内向商标评审委员会申请复审。商标评审委员会应当自收到申请之日起12个月内作出复审决定，并书面通知异议人和被异议人。有特殊情况需要延长的，经国务院知识产权管理部门批准，可以延长6个月。被异议人对商标评审委员会的决定不服的，可以自收到通知之日起30日内向人民法院起诉。人民法院应当通知异议人作为第三人参加诉讼。

异议法定期限届满，当事人对商标局作出的驳回申请决定、不予注册决定不申请复审或者对商标评审委员会作出的复审决定不向人民法院起诉的，驳回申请决定、不予注册决定或者复审决定生效。

经审查异议不成立而准予注册的商标，商标注册申请人取得商标专用权的时间自初步审定公告3个月期满之日起计算。自该商标公告期满之日起至准予注册决定作出前，对他人在同一种或者类似商品上使用与该商标相同或近似的标志的行为不具有追溯力；但是，因该使用人的恶意给商标注册人造成的损失，应当给予赔偿。

（三）商标注册无效宣告

已经注册的商标，违反《商标法》第四条、第十条、第十一条、第十二条、第十九条第四款规定的，或者是以欺骗手段或者其他不正当手段取得注册的，由商标局宣告该注册商标无效；其他单位或者个人可以请求商标评审委员会宣告该注册商标无效。商标局作出宣告注册商标无效的决定，应当书面通知当事人；当事人不服的，可以在规定的期限内申请复审，对复审决定不服的，可自收到通知之日起30内向法院起诉。其他单位或者个人请求商标评审委员会宣告注册商标无效的，商标评审委员会应限期依法作出维持商标或者宣告注册商标的裁定，并书面通知当事人；当事人不服的，可自收到通知之日起30内向法院起诉。

已经注册的商标，违反《商标法》第十三条第二款和第三款、第十五条、第十六条第一款、第三十条、第三十一条、第三十二条规定的，自商标注册之日起5年内，在先权利人或者利害关系人可以请求商标评审委员会宣告该注册商标无效。对恶意注册的，驰名商标所有人不受5年的时间限制。商标评审委员会收到宣告注册商标无效的申请后，应当书面通知有关当事人，并限期作出维持注册商标或者宣告注册商标无效的裁定，并书面通知当事人；当事人不服的，可自收到通知之日起30日内向法院起诉。

案例窗 10-2

三、商标注册人的权利和义务

（一）商标注册人的权利

1.商标专用权

（1）商标专用权的内容。商标专用权是指注册商标的所有人对其注册商标享有的独占使用权，具体内容体现在两个方面：

一是商标使用权，即商标注册人有权在其注册核准范围内使用注册商标并获取合法的经济利益，以及商标注册人有利用注册商标进行相应的广告宣传的权利。商标的使用是指将商标用于商品、商品包装或者容器以及商品交易文书上，或者将商标用于广告宣传、展览以及其他商业活动等中，用于识别商品或服务来源的行为。

二是禁止使用权，即权利人有权排除任何其他人在相同或类似的商品或服务项目上，使用与其注册商标相同或近似的商标。

（2）商标专用权的限制。注册商标中含有的本商品的通用名称、图形、型号，或者直接表示商品的质量、主要原料、功能、用途、重量、数量及其他特点，或者含有的地名，商标注册人无权禁止他人正当使用。

三维标志注册商标中含有的商品自身的性质产生的形状、为获得技术效果而需有的商品形状或者使商品具有实质性价值的形状，商标注册人无权禁止他人正当使用。

商标注册人申请商标注册前，他人已经在同一种商品或者类似商品上先于商标注册人使用与注册商标相同或者近似并有一定影响的商标的，商标注册人无权禁止该使用人在原使用范围内继续使用该商标，但可以要求其附加适当区别标识。

2.商标转让权和使用许可权

注册商标的转让是指商标所有人在法律允许的范围内，将其注册商标转让给他人，自己不再享有该注册商标的专用权。转让注册商标的，转让人和受让人应当签订转让协议，并共同向商标局提出申请。受让人应当保证使用该注册商标的商品质量。转让注册商标的，商标注册人对其在同一种商品上注册的近似的商标，或者在类似商品上注册的相同或近似的商标，应当一并转让。对容易导致混淆或者有其他不良影响的转让，商标局不予核准，书面通知申请人并说明理由。转让注册商标经核准后，予以公告。受让人自公告之日起享有商标专用权。

注册商标的使用许可是注册商标所有人通过签订使用许可合同，许可他人使用其注册商标，其实质是商标使用权的转让，所有权仍归属于许可人（商标注册人）。使用许可的形式可以是独占、排他或普通许可。许可人应当监督被许可人使用其注册商标的商品质量；被许可人应当保证使用该注册商标的商品质量。经许可使用他人注册商标的，必须在使用该注册商标的商品上标明被许可人的名称和商品产地。许可他人使用其注册商标的，许可人应当将其商标使用许可报商标局备案，由商标局公告。商标使用许可未经备案不得对抗善意第三人。

3.请求保护权

当自己的注册商标专用权受到侵害时，商标注册人有权要求国家机关予以保护。

（二）商标注册人的义务

商标注册人应该承担下列义务：

（1）商标注册人应当按照规定正确使用其注册商标。使用注册商标应当标明“注册商标”字样或者标明注册标记“注”或“®”。在商品上不便标明的，应当在商品包装或者说明书以及其他附着物上标明。商标注册人应该在核准的范围内使用其注册商标：一是不得将注册商标使用在未经核准使用的商品或服务项目上；二是不得自行改变注册商标的标志。

（2）商标注册人必须保证使用注册商标的商品或服务的质量，保护广大消费者的利益。

（3）商标注册人依法可以变更、转让、许可他人使用其注册商标，且必须符合法定程序要求。

四、商标管理

国家知识产权局商标局主管全国商标注册和管理工作。地方各级市场监督管理部门是地方各级商标管理机关。各级市场监督管理部门应当通过商标管理，制止欺骗消费者的行为，督促商标权利人、使用人和市场其他经营者遵循诚信原则。商标使用人应当对其使用商标的商品质量负责。质量保证义务与质量监督责任相关条款的规定充分体现了维护市场秩序和消费者利益的法律宗旨。

1.注册商标的管理

国家规定必须使用注册商标的商品，必须申请商标注册；未经核准注册的，不得在市场销售。商标注册人在使用注册商标的过程中，自行改变注册商标、注册人名义、地址或者其他注册事项的，由地方市场监督管理部门责令限期改正；期满不改正的，由商标局撤销其注册商标。注册商标成为其核定使用的商品的通用名称或者没有正当理由连续3年不使用的，任何单位或者个人都可以向商标局申请撤销该注册商标。商标局应当自收到申请之日起9个月内作出决定；有特殊情况需要延长的，经国务院相关管理部门批准，可以延长3个月。

注册商标被撤销、被宣告无效或者期满不再续展的，自撤销、宣告无效或者注销之日起1年内，商标局对与该商标相同或者近似的商标注册申请，不予核准。

2.未注册商标的管理

未注册商标也可在市场上使用，但不受法律的有效保护。使用未注册商标也要符合相关法律规定。使用未注册商标必须在商品上标明企业名称和地址，否则不得在市场上销售。《商标法》第五十二条规定：将未注册商标冒充注册商标使用的，或者使用未注册商标违反本法第十条规定的，由地方市场监督管理部门予以制止，限期改正，并可以予以通报。违法经营额5万元以上的，可以处违法经营额20%以下的罚款；没有违法经营额或者违法经营额不足5万元的，可以处1万元以下的罚款。该法第五十三条规定：违反本法第十四条第五款规定的，由地方市场监督管理部门责令改正，处10万元罚款。

3.外贸商标的管理

外贸商标是一个特殊的领域，涉及进出口业务，受到商标局和外贸主管部门的重视。商务部和国家市场监督管理总局负责对全国对外贸易商标工作的管理、监督、指导工作。各地方外贸主管部门、各地方市场监督管理部门负责对本行政区域内的对外贸易商标工作进行管理、监督、指导。对外贸易经营者享有相应权利并承担相应义务，如使用和自主处置其注册商标的权利；商标管理和使用合法的义务；经注册商标所有人同意并签订商标许可使用合同，方可使用他人注册商标的义务等。

4.商标的企业管理

随着我国市场经济的逐步建立和快速发展，企业的商标法治观念和商标意识明显增强。商标主管机关对企业的商标管理和建设十分重视。企业要逐步建立和完善商标机制，需从几个方面入手：企业的领导和有关人员要提高商标意识；能够恰当地运用商标策略，发展生产，开拓市场；建立和完善企业的商标工作制度；拥有训练有素的商标工作人员。

五、商标权的法律保护

（一）注册商标专用权的续展与变更

注册商标的有效期为10年，自核准注册之日起计算。注册商标有效期满，需要继续使用的，商标注册人应当在期满前12个月内按照规定办理续展手续；在此期间未能办理的，可以给予6个月的宽展期。每次续展注册的有效期为10年，自该商标上一届有效期满次日起计算。期满未办理续展手续的，注销其注册商标，商标专用权便丧失。

注册商标需要变更注册人的名义、地址或者其他注册事项的，应当提出变更申请并依法变更。

（二）商标侵权行为及其处理

《商标法》第五十六条规定："注册商标的专用权，以核准注册的商标和核定使用的商品为限。"这表明了商标注册人行使商标权的范围。侵权人侵害商标注册人的权利应承担相应的法律责任。

1.商标侵权行为的认定

《商标法》第五十七条规定，有下列行为之一的，均属侵犯注册商标专用权：①未经商标注册人的许可，在同一种商品上使用与其注册商标相同的商标的。②未经商标注册人的许可，在同一种商品上使用与其注册商标近似的商标，或者在类似商品上使用与其注册商标相同或近似的商标，容易导致混淆的。③销售侵犯注册商标专用权的商品的。④伪造、擅自制造他人注册商标标识或者销售伪造、擅自制造的注册商标标识的。⑤未经商标注册人同意，更换其注册商标并将该更换商标的商品又投入市场的（反向假冒）。⑥故意为侵犯他人商标专用权行为提供便利条件，即为侵犯他人商标专用权提供仓储、运输、邮寄、印制、隐匿、经营场所、网络商品交易平台等，帮助他人实施侵犯商标专用权行为的。⑦给他人的注册商标专用权造成其他损害的。

案例窗10-3

2.商标侵权责任的归责原则

商标侵权行为的认定与民法中对侵权行为的认定是有区别的。除法律另有规定外，不以主观过错作为侵权构成要件。

3.商标侵权行为的处理

有《商标法》第五十七条所列侵犯注册商标专用权行为之一，引起纠纷的，由当事人协商解决；不愿协商或者协商不成的，商标注册人或者利害关系人可以向人民法院起诉，也可以请求市场监督管理部门处理。

商标注册人或者利害关系人有证据证明他人正在实施或者即将实施侵犯其注册商标专用权的行为，如不及时制止将会使其合法权益受到难以弥补的损害的，可以依法在起诉前向人民法院申请采取责令停止有关行为和财产保全的措施。为制止侵权行为，在证据可能灭失或者以后难以取得的情况下，商标注册人或者利害关系人可以依法在起诉前向人民法院申请保全证据。人民法院接受申请后，必须在48小时内作出裁定；裁定采取保全措施的，应当立即开始执行。人民法院可以责令申请人提供担保，申请人不提供担保的，驳回申请。申请人在人民法院采取保全措施后15日内不起诉的，人民法院应当解除保全措施。

市场监督管理部门处理时，认定侵权行为成立的，责令立即停止侵权行为，没收、销毁侵权商品和主要用于制造侵权商品、伪造注册商标标识的工具，违法经营额5万元以上的，可以处违法经营额5倍以下的罚款；没有违法经营额或者违法经营额不足5万元的，可以处25万元以下的罚款。对5年内实施两次以上商标侵权行为或者有其他严重情节的，应当从重处罚。

销售不知道是侵犯注册商标专用权的商品，能证明该商品是自己合法取得并说明提供者的，由市场监督管理部门责令停止销售，可不承担赔偿责任。能证明该商品是自己合法取得的情形包括：①有供货单位合法签章的供货清单和货款收据且经查证属实或者供货单位认可的；②有供销双方签订的进货合同且经查证已真实履行的；③有合法进货发票且发票记载事项与涉案商品对应的；④其他能够证明合法取得涉案商品的情形。

对侵犯商标专用权的赔偿数额的争议，当事人可以请求进行处理的市场监督管理部门调解，也可以依照《中华人民共和国民事诉讼法》（以下简称《民事诉讼法》）向人民法院起诉。经市场监督管理部门调解，当事人未达成协议或者调解书生效后不履行的，当事人可以依照《民事诉讼法》向人民法院起诉。侵犯商标专用权的赔偿数额，按照权利人因被侵权所受到的实际损失确定；如难以确定的，可以按照侵权人因侵权所获得的利益确定；如果上述两项都难以确定的，参照该商标许可使用费的倍数合理确定。对恶意侵犯商标专用权，情节严重的，可以在按照上述方法确定数额的1倍以上5倍以下确定赔偿数额。赔偿数额应当包括权利人为制止侵权行为所支付的合理开支。上述方法都难以确定的，由人民法院根据侵权行为的情节判决给予500万元以下的赔偿。

对侵犯注册商标专用权的行为，市场监督管理部门有权依法查处；涉嫌犯罪的，应当及时移送司法机关依法处理。未经商标注册人许可，在同一种商品上使用与其注册商标相同的商标，构成犯罪的，除赔偿被侵权人的损失外，依法追究刑事责任。伪造、擅自制造他人注册商标标识或者销售伪造、擅自制造的注册商标标识，构成犯罪的，除赔偿被侵权人的损失外，依法追究刑事责任。销售明知是假冒注册商标的商品，构成犯罪的，除赔偿被侵权人的损失外，依法追究刑事责任。商标犯罪之最高刑期可至10年。

案例窗10-4

商标代理机构如果违反《商标法》，损害相关当事人利益或有不法行为，也应承担相应法律责任。

（三）驰名商标及其保护

1.驰名商标的认定

我国于2003年出台的《驰名商标认定和保护规定》（2014年修订），界定驰名商标为在中国为相关公众所熟知的商标。相关公众包括与使用商标所标示的某类商品或者服务有关的消费者，生产前述商品或者提供服务的其他经营者以及经销渠道中所涉及的销售者和相关人员等。驰名商标是根据当事人的请求，由商标评审委员会或者人民法院作为处理涉及商标案件需要认定的事实进行认定的。《商标法》第十三条第一款规定："为相关公众所熟知的商标，持有人认为其权利受到侵害时，可以依照本法规定请求驰名商标保护。"

驰名商标的认定一般应当考虑以下因素：①相关公众对该商标的知晓程度；②该商标使用的持续时间；③该商标的任何宣传工作的持续时间、程度和地理范围；④该商标作为驰名商标受保护的记录；⑤该商标驰名的其他因素。

案例窗10-5

2.驰名商标的保护

我国法律对驰名商标的保护主要体现在以下方面：

（1）赋予驰名商标注册人特别期限的排他权，即商标注册人发现他人已经注册的商标违反《商标法》的规定，或者是以欺骗手段取得注册，并侵犯商标注册人的合法权益的，可以请求有关机构裁定撤销该注册商标。排他权行使的期限是法律规定的特定期限。但是，如果侵犯的对象是驰名商标，可以不受法定年期限的限制，随时可以向执法机关提出异议，如《商标法》第四十五条之规定。

（2）驰名商标的注册可以获得特殊照顾。如《商标法》规定，不具有显著性的商标不得注册，但这种规定不适用于驰名商标的注册，因为驰名本身就构成了显著性。法律还允许驰名商标注册联合商标和防御商标。

（3）通过不予注册禁止使用来保护。《商标法》第十三条规定："就相同或者类似商品申请注册的商标是复制、模仿或者翻译他人未在中国注册的驰名商标，容易导致混淆的，不予注册并禁止使用。就不相同或者不相类似商品申请注册的商标是复制、模仿或者翻译他人已经在中国注册的驰名商标，误导公众，致使该驰名商标注册人的利益可能受到损害的，不予注册并禁止使用。"

此外，《商标法》对驰名商标的使用作了限制性规定，即生产经营者不得将驰名商标字样用于商品、商品包装或者容器上，或者用于广告宣传、展览以及其他商业活动中。

（四）商标权的国际保护

商标权的国际保护主要通过一些各国签署的条约和协定得以保证。这些条约和协定确立了各缔约方应普遍遵循的商标权保护的基本原则和规定，积极促进了各国间的合作，推动了商标权国际保护的发展。

1.《巴黎公约》

除了国民待遇原则和优先权原则之外，《巴黎公约》就商标保护有一些专门的规定，包括以下条款：各国保护的独立性；驰名商标的保护；国徽、官方检验印章和政府间组织徽记的禁用；商标的转让；服务商标的保护；原样保护原则；禁止未经所有人授权以代理人或代表人名义的注册；使用商标的商品的性质；集体商标；厂商名称的保护；不正当竞争；商标、厂商名称、虚假标记、不正当竞争的救济手段及在某些国际展览会中的临时保护。

2.《与贸易有关的知识产权协定》

《与贸易有关的知识产权协定》有3项基本原则：国民待遇原则、最惠国待遇原则、透明度原则。该协定有关商标和地理标志的专门规定共有2节10条，分别涉及可保护客体、授予的权利、保护期限、关于使用的要求、其他要求、许可和转让、地理标志的保护、对葡萄酒和烈酒地理标志的额外保护、国际谈判、例外。

3.《马德里协定》

为了克服商标逐一国家注册所带来的不便，《马德里协定》于1891年4月14日在西班牙马德里签订。这份协定是多边国际条约，其宗旨是在协定成员间建立商标国际注册的体系。中国于1989年10月4日正式成为其成员。

按照该协定规定，任何一个缔约方的自然人或法人在所属国办理了某一商标注册后，如果又要求该商标在其他缔约方获得保护，则可以向设在日内瓦的国际局申请国际注册。国际局收到申请即予以公告，并通知申请人要求给予保护的各缔约方，被要求保护的缔约方接到通知后，有权在1年内对是否给予保护作出决定。如果在1年期限内未向国际局提出驳回在该缔约方注册的声明，则该商标即被视为已在该国核准注册，并得到法律保护。

4.《商标注册用商品和服务国际分类尼斯协定》

该协定于1957年6月15日在法国尼斯签订，于1961年4月8日生效。中国于1994年5月5日加入该协定，并于同年8月9日生效。该协定的宗旨是建立一个共同的商标注册用商品和服务国际分类体系，并保证其实施。该分类体系包括：①分类表，视需要附加注释。②按字母顺序排列的商品和服务表，并标明每个商品和服务项目所属类别。采用该分类体系有利于统一各国在办理商标注册时的商品和服务的分类口径，有利于国际商标合作和相互受理商标注册，对于发展商标国际注册是必要的。

5.《商标法条约》

1994年10月，世界知识产权组织（WIPO）在日内瓦主持召开外交会议，并签署《商标法条约》（TLT），目的是制定统一的国际标准，简化、协调各方有关商标的行政程序，使商标注册体系更加方便当事人，促进缔约方间商标权的相互保护。2006年3月，各缔约方在充分考虑通信技术迅猛发展的基础上，对TLT的部分条款进行了修订并签署《商标法新加坡条约》（Singapore Treaty on the Law of Trademarks，STLT）。

《商标法新加坡条约》对《商标法条约》的修订主要涉及4个方面：一是扩展了条约的适用范围，使条约不仅适用于含视觉标志的商标，还可适用于由嗅觉及听觉标志构成的商标；二是进一步规范了通过电子方式向商标局提交或传送文件的规则；三是增加了商标申请人、注册持有人或其他利害关系人未遵守期限时的救济措施；四是增加了商标使用许可的备案规则。此外，《商标法新加坡条约》确定建立"缔约方大会"机制，邀请缔约方及政府间组织参加会议，并根据实际情况及时、合理地修改条约内容。

依照《商标法新加坡条约》的相关条款，经10个缔约方（包括国家和政府间组织）批准后该条约即可生效。我国政府于2007年签署该条约，随着2008年12月澳大利亚的加入，该条约已经于2009年3月生效。

第三节 专利法律制度

一、专利法概述

（一）专利和专利法的概念

在法律上，专利即指专利权，是国家专利主管机构根据法律规定的条件和程序，授予申请人在一定期限内对其发明创造所享有的独占实施权。从发明创造的角度讲，专利是符合专利权授予条件并取得了专利权的发明创造成果。有时"专利"一词指记载有发明创造内容并公开了的专利证书。

专利法是调整确认发明创造所有权和利用发明创造过程中所产生的各种社会关系的法律规范的总称，是专门解决发明创造的归属和利用问题的法律。

（二）专利法的发展

专利制度起源于中世纪的欧洲。第二次世界大战以后，随着科学技术的飞速发展和国际经济技术交流的日益扩大，专利法日趋完善，专利保护进入国际化阶段，其标志就是国际专利条约的签订及国际专利组织的建立。

我国"专利"一词出自汉代实行的盐铁专营制度，其实质是一种官商垄断的商业经营制度，与现代专利制度相去甚远。虽然我国有着灿烂悠久的历史，但真正对专利予以法律保护比发达国家足足滞后了两百余年。中国的第一部专利法是1984年3月12日通过的

《专利法》（1992年、2000年、2008年、2020年修正）；《中华人民共和国专利法实施细则》（以下简称《专利法实施细则》）于2001年6月15日公布，于2001年7月1日起实行，于2002年、2010年、2023年修订。

二、专利权的主体与客体

专利权是专利权人对其创造的智力成果依法享有的专有权利。

（一）专利权的主体

1.发明人或设计人

发明人或设计人是独立的不从属于任何单位的对发明创造的实质性特点作出创造性贡献的人。《专利法》第六条第二款规定："非职务发明创造，申请专利的权利属于发明人或者设计人；申请被批准后，该发明人或者设计人为专利权人。"在完成发明创造的过程中，只负责组织工作的人、为物质技术条件的利用提供方便的人或者从事其他辅助工作的人，不是发明人或者设计人。两个以上单位或者个人合作完成的发明创造、一个单位或者个人接受其他单位或个人委托所完成的发明创造，除另有协议的以外，申请专利的权利属于完成或者共同完成的单位或个人；申请被批准后，申请的单位或者个人为专利权人。

专利申请权经当事人订立书面合同可以转让，并经专利局登记公告后生效，受让人依法取得对该项发明创造的申请权和专利权。中国单位或者个人向外国人、外国企业或外国其他组织转让专利申请权或者专利权的，应当依照有关法律、行政法规的规定办理手续。

综上，发明人或设计人、共同发明人或设计人及合法受让人，均有权提出申请并取得专利权。

2.拥有职务发明的单位

职务发明创造是指执行本单位的任务或者主要利用本单位的物质技术条件所完成的发明创造，具体包括：①在本职工作中作出的发明创造；②履行本单位交付的本职工作之外的任务所作出的发明创造；③退休、调离原单位后或者劳动人事关系终止后1年内作出的，与其在原单位承担的本职工作或者原单位分配的任务有关的发明创造。本单位包括临时工作单位。主要利用本单位的物质技术条件，是指本单位的资金、设备、零部件、原材料或者不对外公开的技术信息和资料等。

职务发明创造的专利申请权属于该单位；申请被批准后，该单位为专利权人。对于利用本单位的物质技术条件所完成的发明创造，单位与发明人或者设计人订有合同，对专利申请权和专利权的归属作出约定的，从其约定。《专利法》第十五条、第十六条明确规定：被授予专利权的单位应当对职务发明创造的发明人或者设计人给予奖励；发明创造专利实施后，根据其推广应用的范围和取得的经济效益，对发明人或者设计人给予合理的报酬。国家鼓励被授予专利权的单位实行产权激励，使发明人或设计人合理分享创新收益，其方式主要有股权、期权、分红等；如无上述方式奖励，则被授予专利权的单位应自公告授予专利权之日起3个月内发给发明人或设计人奖金，一项发明专利的奖金最低不少于4 000元，一项实用新型专利或者外观设计最低不少于1 500元。此外，发明人或者设计人在专利文件中有署名权，专利权人有专利标识权。

案例窗 10-6

3.外国自然人或法人

在中国有经常居所或者营业所的，享有与我国单位及个人同样的待遇，申请专利可以自己办理，也可以委托代理人代理。在中国没有经常居所或者营业所的外国人、外国企业或者外国其他组织在中国申请专利和办理其他专利事务的，不得自己办理，应当委托依法设立的专利代理机构办理。适用条件是依照其所属国同中国签订的协议，相互允许对方自然人和组织在本国申请专利；共同参加某项国际条约，条约中有可到其他国家申请专利的规定；依照互惠原则，其所属国允许我国自然人及组织在该国申请专利。

（二）专利权的客体

专利权的客体，即专利法的保护对象，是依法申请并取得专利权的发明创造。

1.基本类型

《专利法》所称的发明创造，包括发明、实用新型和外观设计。

（1）发明是指对产品、方法或者其改进所提出的新的技术方案。它是人们利用自然规律通过脑力劳动创造出的前所未有的东西。发明不是发现，发现是人们对客观存在的自然现象及规律的一种认识与揭示。发明一般分为产品发明和方法发明。产品发明是指以有形形式出现的一切发明，既可以是一个独立的产品，也可以是一个产品的一个部件或附件，细分为物品发明、物质发明和材料发明。方法发明是指与某种活动有关的发明，细分为制造产品方法的发明、其他方法的发明，如制造某种物品的工艺方法、通信方法等。

（2）实用新型是指对产品的形状、构造或者其结合所提出的适于实用的新的技术方案。《专利法》规定，实用新型只适用于产品，不适用于方法。同时，产品必须具有一定的形状和构造。形状是指可以从外部观察到的产品的确定的空间立体外形；构造则是指组件或部件的连接或结合。因此，方法和没有固定形态的产品，不能用实用新型予以保护。实用新型是创造性较低的小发明，弥补了因创造性条件不足不能获得发明专利保护的缺陷，审批程序比较简单，申请实用新型保护也是对产品进行保护的一种有效方式。

（3）外观设计是指对产品的整体或者局部的形状、图案或者其结合以及色彩与形状、图案的结合所作出的富有美感并适于工业应用的新设计。其特点如下：①以产品作为载体，必须与物品有关。离开了具体产品的单纯美术作品，不属于《专利法》意义上的外观设计。②应是产品形状、图案和色彩的设计。形状、图案和色彩三者很难独立存在，在很多情况下是这三者的结合。③适于在工业上应用。这是对外观设计的工业实用性方面的要求。④能产生美感，具有可见性，给人们一种美的视觉感受，必须是肉眼可以直接看到的。美感是一种带有主观色彩的条件，因人而异，对这一条件的掌握具有较大的差别。

2.不能依《专利法》授予专利权的情形

通常有两类主题被排除在《专利法》保护之外。一类是违反国家法律、社会公德、妨害公共利益的发明创造；另一类是科学领域内非发明创造性的智力成果。《专利法》第二十五条规定对下列各项不授予专利：①科学发现；②智力活动的规则和方法；③疾病的诊断和治疗方法；④动物和植物品种；⑤原子核变换方法以及用原子核变换方法获得的物质；⑥对平面印刷品的图案、色彩或者二者的结合作出的主要起标识作用的设计。但对第④项所列产品的生产方法，可以依照《专利法》授予专利权。

3.专利保护客体范围的扩张

根据《专利审查指南》，从自然界分离或者提取的基因或者片段、功能性的计算机程序都可以申请专利保护。现代社会随着互联网技术和电子商务的飞速发展，传统的商业经营方法与互联网相结合运用在电子商务中形成商业方法软件。美国、日本、欧盟等已将商业方法软件作为专利保护客体，对世界各国的专利制度产生了深远影响。

三、授予专利权的条件

（一）授予发明、实用新型专利权的条件

授予专利权的发明和实用新型，应当具备新颖性、创造性和实用性。在专利法中，这三个条件被称为授予专利权的实质条件。

1.新颖性

《专利法》规定，新颖性是指该发明或者实用新型不属于现有技术（现有技术是指申请日以前在国内外为公众所知的技术），也没有任何单位或者个人就同样的发明或者实用新型在申请日以前向国务院专利行政部门提出过申请，并记载在申请日以后公布的专利申请文件或者公告的专利文件中。

（1）判断标准。

①时间范围：一项发明或实用新型，只有在申请日或优先权日（申请人要求享有优先权的）前没有公开过，即没有他人就相同主题向专利局提出过专利申请，并记载在以后公布的专利申请文件中才具有新颖性。

②地域范围：《专利法》采用国际通用的绝对新颖性标准，即一项发明或实用新型从未在国内外为公众所知，包括从未在出版物上公开发表过、公开使用过或者公开销售过等。

③公开形式：一项发明或实用新型必须是从未以任何形式（口头、书面、使用或其他形式如展览、演示等）为社会公众所知，才不会丧失新颖性。

（2）不丧失新颖性的例外。发明人、设计人或者发明创造的其他所有人由于某些正当原因在申请日（或优先权日）前公开其发明创造以及第三人通过合法或不合法的手段从上述人那里得到的发明创造，不经其同意而公开的，在一定期限内申请专利的，不丧失新颖性。根据《专利法》第二十四条，申请专利的发明创造在申请日以前6个月内，有下列情形之一的，不丧失新颖性：①在国家出现紧急状态或者非常情况时，为公共利益目的首次公开的；②在中国政府主办或者承认的国际展览会（承认的国际展览会是指国际展览公约规定的在国际展览局注册或者其认可的国际展览会）上首次展出的；③在规定的学术会议或者技术会议（指国务院有关主管部门或者全国性学术团体组织召开的学术会议或者技术会议，以及国务院有关主管部门认可的由国际组织召开的学术会议或者技术会议）上首次发表的；④他人未经申请人同意而泄露其内容的。

申请专利的发明创造如有上述②或③种情形的，申请人应当在提出专利申请时声明，并自申请日起2个月内，提交有关有关发明创造已经展出或者发表，以及展出或者发表日期的证明文件。申请专利的发明创造如有①或④种情形的，国务院专利行政部门认为必要时，可以要求申请人在指定期限内提交证明文件。

2.创造性

创造性是指同申请日以前已有的技术相比，该发明有突出的实质性特点和显著的进步，该实用新型有实质性特点和进步。

突出的实质性特点是指申请专利的发明同申请日（或优先权日）以前的技术相比具有本质的区别，或者说具有区别技术特征。申请专利的技术方案必须是经过创造性构思获得的结果，它超越了发明所属技术领域中一般技术人员的技术水平，表现在有了质的突破或飞跃。显著的进步是指申请专利的发明同申请日（或优先权日）以前的技术相比具有良好的效果，如该发明克服了现有技术的缺点与不足，或者使技术具有新的功能与用途，或者表现在发明所代表的新技术发展趋势等方面。

实用新型的创造性和发明的创造性相比，只有程度上的不同，并无实质区别，即对实用新型创造性的要求低于对发明创造性的要求，只需具有实质性特点和进步。由于《专利法》规定对实用新型专利申请不进行实质审查，对实用新型创造性的判断，只有在专利权无效宣告程序中才会具体涉及。

3.实用性

实用性是指该发明或者实用新型能够制造或者使用，并且能够产生积极效果。“实用”一词的主要意义在于能够在产业上利用并创造实际利益。

产业不仅包括传统工业，还包括社会生活的其他领域，如农业、林业、交通运输业、美容业等，即每一个适于授予发明创造专利的有组织的技术领域。如果申请专利的发明或实用新型是一种产品，该产品必须能在产业中制造，并解决相应技术问题。如果申请专利的发明是一种方法，该方法必须能在产业中使用，并且解决相应技术问题。

能够产生积极效果是指发明或实用新型制造或使用后，与现有技术相比具有的有益效果，主要包括能够产生积极的社会效果、技术效果、经济效果。

（二）授予外观设计专利权的条件

外观设计要求具有新颖性和原创性，富于美感。《专利法》第二十三条规定：“授予专利权的外观设计，应当不属于现有设计；也没有任何单位或者个人就同样的外观设计在申请日以前向国务院专利行政部门提出过申请，并记载在申请日以后公告的专利文件中。”所以，外观设计专利也必须具备新颖性。授予专利权的外观设计与现有设计或者现有设计特征的组合相比，应当具有明显区别，就是必须具有原创性，这与发明、实用新型的创造性要求相似。授予专利权的外观设计不得与他人在申请日以前已经取得的合法在先权利相冲突（如著作权、商标权、姓名权、肖像权等）。此外，外观设计必须是应用在工业品的外表上的，因此不能脱离产品独立存在，要与产品融为一体，富于美感。

案例窗 10-7

四、专利的申请与审批

（一）专利的申请

1.专利申请的原则

（1）单一性原则。除《专利法》有例外规定的外，一件专利申请不能要求保护两项以上的不同发明创造；如就两项以上的发明创造提出申请要求保护，须就两项以上发明创造单独提出分案申请。

《专利法》第九条规定："同样的发明创造只能授予一项专利权。但是，同一申请人同日对同样的发明创造既申请实用新型专利又申请发明专利，先获得的实用新型专利权尚未终止，且申请人声明放弃该实用新型专利权的，可以授予发明专利权。"《专利法》第三十一条第一款规定："一件发明或者实用新型专利申请应当限于一项发明或者实用新型。属于一个总的发明构思的两项以上的发明或者实用新型，可以作为一件申请提出。"如锁与钥匙、插头与插座等，可以作为一件申请提出。其适用条件是，上述发明或实用新型应当在技术上相互关联，包含一个或者多个相同或者相应的特定技术特征。其中，特定技术特征是以每一项发明或者实用新型作为整体，对现有技术作出贡献的技术特征。《专利法》第三十一条第二款规定："一件外观设计专利申请应当限于一项外观设计。同一产品两项以上的相似外观设计，或者用于同一类别并且成套出售或者使用的产品的两项以上外观设计，可以作为一件申请提出。"同一类别是指产品属于分类表中同一小类，成套出售或者使用的产品的设计构思相同，通常由两件以上各自独立的产品组成。其中，每件产品都有独立的特性和使用价值，而各件产品组合在一起又能体现出其组合使用的价值，并且习惯上是同时出售、同时使用的，如咖啡壶与咖啡杯、桌布与餐巾等。将两项以上外观设计作为一件申请提出的，应当将各项外观设计顺序编号标在每件使用外观设计产品的视图名称之前。

（2）先申请原则。《专利法》第九条规定："两个以上的申请人分别就同样的发明创造申请专利的，专利权授予最先申请的人。"这明确了以申请日作为授予专利权判断标准，国务院专利行政部门收到专利申请文件之日为申请日。如果申请文件是邮寄的，以寄出的邮戳日为申请日。申请日的确定对专利申请具有重大意义，它是发明创造新颖性、创造性判断的时间标准，也是专利权期限的起算之日。

（3）优先权原则。《专利法》明确了优先权原则：①外国优先权。申请人自发明或者实用新型在外国第一次提出专利申请之日起12个月内，或者自外观设计在外国第一次提出专利申请之日起6个月内，又在中国就相同主题提出专利申请的，依照该外国同中国签订的协议或者共同参加的国际条约，或者依照相互承认优先权的原则，可以享有优先权。②本国优先权。申请人自发明或者实用新型在中国第一次提出专利申请之日起12个月内，或者自外观设计在中国第一次提出专利申请之日起6个月内，又向国务院专利行政部门就相同主题提出专利申请的，可以享有优先权。申请人要求优先权的，应当在申请的时候提出书面声明，并提交第一次提出的专利申请文件的副本。提交副本的期限为：发明、实用新型专利为第一次提出申请之日起16个月内；外观设计专利为第一次申请之日起3个月内。申请人未提出书面声明或者逾期未提交专利申请文件副本的，视为未要求优先权。

申请人在一件专利申请中，可以要求一项或者多项优先权。要求多项优先权的，该申请的优先权期限从最早的优先权日起计算。申请人按照《专利法》办理要求优先权手续的，应当在书面声明中写明第一次提出专利申请（以下简称在先申请）的申请日、申请号和受理该申请的国家；书面声明中未写明在先申请的申请日和受理该申请的国家的，视为未提出声明。要求外国优先权的，申请人提交的在先申请文件副本应当经原受理机关证明；提交的证明材料中，在先申请人的姓名或者名称与在后申请的申请人姓名或者名称不一致的，应当提交优先权转让证明材料。要求本国优先权的，申请人提交的在先申请文件副本应当由国务院专利行政部门制作。

申请人要求本国优先权，在先申请是发明专利申请的，可以就相同主题提出发明或者实用新型专利申请；在先申请是实用新型专利申请的，可以就相同主题提出实用新型或者发明专利申请。但是，提出后一申请时，在先申请的主题有下列情形之一的，不得作为要求本国优先权的基础：①已经要求外国优先权或者本国优先权的；②已经被授予专利权的；③属于按照规定提出的分案申请的。

申请人要求本国优先权的，其在先申请自后一申请提出之日起即视为撤回，但外观设计专利申请人要求以发明或者实用新型专利申请作为本国优先权基础的除外。

在中国没有经常居所或者营业所的申请人，申请专利或者要求外国优先权的，国务院专利行政部门认为必要时，可以要求其提供下列文件：①国籍证明；②申请人是企业或者其他组织的，其营业所或者总部所在地的证明文件；③申请人的所属国，承认中国单位和个人可以按照该国国民的同等条件，在该国享有专利权、优先权和其他与专利有关的权利的证明文件。

2.专利申请的文件

专利申请应当使用中文以书面形式或者国务院专利行政部门规定的其他形式办理，必须依法提交各种申请文件，且提交时必须使用专利局规定的格式，由申请人签名或盖章。以书面形式申请专利的，应当向国务院专利行政部门提交申请文件一式两份。以国务院专利行政部门规定的其他形式申请专利的，应当符合规定的要求。申请人委托专利代理机构向国务院专利行政部门申请专利和办理其他专利事务的，应当同时提交委托书，写明委托权限。申请人有两人以上且未委托专利代理机构的，除请求书中另有声明的外，以请求书中指明的第一申请人为代表人。

（1）请求书。《专利法实施细则》第十九条规定，发明、实用新型或者外观设计专利申请的请求书应当写明下列事项：①发明、实用新型或者外观设计的名称；②申请人是中国单位或者个人的，其名称或者姓名、地址、邮政编码、统一社会信用代码或者身份证件号码；申请人是外国人、外国企业或者外国其他组织的，其姓名或者名称、国籍或者注册的国家或者地区；③发明人或者设计人的姓名；④申请人委托专利代理机构的，受托机构的名称、机构代码以及该机构指定的专利代理师的姓名、专利代理师资格证号码、联系电话；⑤要求优先权的，申请人第一次提出专利申请的申请日、申请号以及原受理机构的名称；⑥申请人或者专利代理机构的签字或者盖章；⑦申请文件清单；⑧附加文件清单；⑨其他需要写明的有关事项。

（2）申请发明、实用新型专利的说明书及其摘要、权利要求书等文件。说明书应当对发明或者实用新型作出清楚、完整的说明，以所属技术领域的技术人员能够实现为准，必要的时候，应当有附图，是对技术内容进行具体说明的陈述性书面文件。摘要不具有法律效力，应当简要说明发明或者实用新型的技术要点。摘要应当写明发明或者实用新型专利申请所公开内容的概要，即写明发明或者实用新型的名称和所属技术领域，并清楚地反映所要解决的技术问题、解决该问题的技术方案的要点以及主要用途。

权利要求书应当以说明书为依据，清楚、简要地限定要求专利保护的范围，是专利申请文件的核心部分。在专利权授予后，权利要求书就是确定发明、实用新型专利权保护范围的依据，也是判断他人是否侵权的依据，具有法律效力。权利要求书应当说明发明或者实用新型的技术特征，清楚、简要地表述请求保护的范围。权利要求书有几项权利要求的，应当用阿拉伯数字顺序编号。

依赖遗传资源完成的发明创造，申请人应当在专利申请文件中说明该遗传资源的直接来源和原始来源；申请人无法说明原始来源的，应当陈述理由。

（3）申请外观设计专利提交的其他文件。除请求书外，申请外观设计专利还应该提交该外观设计的图片或者照片以及对该外观设计的简要说明等文件。外观设计的图片或者照片显示的形状、图案和色彩为外观设计要求保护的范围。外观设计的简要说明应当写明使用该外观设计的产品的设计要点、请求保护色彩、省略视图等情况。

申请人可以在被授予专利权之前随时撤回其专利申请。申请人撤回专利申请的，应当向国务院专利行政部门提出声明，写明发明创造的名称、申请号和申请日。申请人也可以对其专利申请文件进行修改，但是对发明和实用新型专利申请文件的修改不得超出原说明书和权利要求书记载的范围，对外观设计专利申请文件的修改不得超出原图片或者照片表示的范围。

（二）专利申请的审查与批准

1.专利审批制度的类型

各国的制度都规定，在专利申请提出后，必须经过政府主管部门的审核才能授予专利权。但审核内容不尽相同，大体形成了三种主要制度：

（1）登记制。其只对专利申请文件进行形式审查，包括申请文件是否完备、填写方式是否符合要求、申请人是否履行了法定的申请手续（如申请费是否缴纳）等。只要形式要求得到满足，即予以登记，授予专利权。

（2）审查制。其不仅对专利申请文件是否符合形式要求进行审核，而且对申请专利的技术进行实质审查。

（3）延迟审查制。其兼有以上两种制度的优点。专利申请提出后，首先进行形式审查，审查合格后，自申请日起满规定期限予以公布。申请公布后到颁发专利证书的这段时间，对发明给予临时保护，防止第三人不当利用。自申请日起一定时间内，申请人要求实质审查的，才进行实质审查。申请人逾期不提出实质审查要求的，视为撤回其申请。我国对发明专利申请即实行延迟审查制。

2.我国专利申请的审批程序

（1）发明专利的审批程序。

①初步审查。国务院专利行政部门收到发明或者实用新型专利申请的请求书、说明书（实用新型必须包括附图）和权利要求书，或者外观设计专利申请的请求书和外观设计的图片或者照片及简要说明后，应当明确申请日、给予申请号，并通知申请人。初步审查的内容大体如下：申请手续是否完备；必备的各种证件是否完备；申请人是否具有资格；申请专利的发明创造是否属于不授予专利权的范围。国务院专利行政部门应当将审查意见通知申请人，要求其在指定期限内陈述意见或者补正；申请人期满未答复的，其申请被视为撤回。申请人陈述意见或者补正后，国务院专利行政部门仍然认为不符合规定的，应当予以驳回。

②公开申请。国务院专利行政部门收到发明专利申请后，经初步审查认为符合本法

要求的，自申请日起满18个月，即行公布。国务院专利行政部门可以根据申请人的请求早日公布其申请。早期公开的法律效果是申请公布后该发明便成为公开的技术，任何第三人不能就该发明在我国取得专利权；申请公布后，申请人享有临时保护权。任何人不得使用其发明创造，如经申请人同意，申请人可以要求实施其发明的单位或者个人支付适当的费用。我国采用在《发明专利公报》上登载申请公布的内容的方式对申请予以公开。

③请求实质审查。发明专利申请自申请日起3年内，国务院专利行政部门可以根据申请人随时提出的请求，对其申请进行实质审查；申请人无正当理由逾期不请求实质审查的，该申请即被视为撤回。发明专利的申请人请求实质审查的时候，应当提交在申请日前与其发明有关的参考资料。发明专利已经在外国提出过申请的，国务院专利行政部门可以要求申请人在指定期限内提交该国为审查其申请进行检索的资料或者审查结果的资料；无正当理由逾期不提交的，该申请即被视为撤回。

④实质审查。只有通过实质审查的发明才能获得发明专利权。申请人可以在法定期间申请实质审查，国务院专利行政部门认为必要时，也可自行对发明专利申请进行实质审查。实质审查的内容主要包括：申请专利的发明是否符合发明专利权的授予条件，即是否具有新颖性、创造性和实用性；申请是否符合专利申请的单一性原则；申请优先权的，优先权要求能否成立；说明书、权利请求书是否符合规定。

⑤批准授权。发明专利申请经实质审查没有发现驳回理由的，由国务院专利行政部门作出授予发明专利权的决定，国务院专利行政部门发出授予专利权的通知后，申请人应当自收到通知之日起2个月内办理登记手续。申请人按期办理登记手续的，国务院专利行政部门应当授予专利权，颁发专利证书（申请人获得专利保护权的法律文书），并予以登记公告。期满未办理登记手续的，视为放弃取得专利权的权利。发明专利权自公告之日起生效。

⑥驳回与复审。国务院专利行政部门对发明专利申请进行实质审查后，认为不符合《专利法》规定的，应当通知申请人，要求其在指定的期限内陈述意见或者修改其申请内容；无正当理由逾期不答复的，该申请即被视为撤回。

依照《专利法》第四十一条向国务院专利行政部门请求复审的，应当提交复审请求书，说明理由，必要时还应当附具有关证据。专利申请人对国务院专利行政部门驳回申请的决定不服的，可以自收到通知之日起3个月内向国务院专利行政部门请求复审。国务院专利行政部门复审后，作出决定，并通知专利申请人。专利申请人对国务院专利行政部门的复审决定不服的，可以自收到通知之日起3个月内向人民法院起诉。

（2）实用新型、外观设计专利的审批程序。

实用新型和外观设计专利申请经初步审查没有发现驳回理由的，由国务院专利行政部门作出授予实用新型专利权或者外观设计专利权的决定，发给相应的专利证书，同时予以登记和公告。实用新型专利权和外观设计专利权自公告之日起生效，即实行登记制，不需进入实质审查程序。

如申请被驳回，申请人对驳回申请的决定不服的，可以自收到通知之日起3个月内，向国务院专利行政部门请求复审。专利申请人对复审决定不服的，同样可以自收到通知之日起3个月内向人民法院起诉。

五、专利权的保护

（一）专利权的期限、终止与无效

1.专利权的期限及补偿

《专利法》第四十二条规定：发明专利权的期限为20年，实用新型专利权的期限为10年，外观设计专利权的期限为15年，均自申请日起计算。此处的申请日不包括优先权日，即对享有优先权的专利申请，其保护期仍自申请人在中国提出专利申请之日起计算。

专利权保护期限的补偿是为了更好保护发明人的创造性、积极性而增加专利保护期限的措施。需要补偿的，专利权人应当自公告授予专利权之日起3个月内向国务院专利行政部门提出。目前《专利法》主要有两方面的规定：

（1）不合理延迟授予专利的期限补偿。自发明专利申请日起满4年，且自实质审查请求之日起满3年后授予发明专利权的，国务院专利行政部门应专利权人的请求，就发明专利在授权过程中的不合理延迟给予专利权期限补偿，但由申请人引起的不合理延迟除外。

（2）新药上市保护期补偿。对在中国获得上市许可的新药相关发明专利，国务院专利行政部门应专利权人的请求给予专利权期限补偿。补偿期限不超过5年，新药批准上市后总有效专利权期限不超过14年。如该新药有多项专利，仅能就一项专利申请专利权期限补偿；同样，如一项专利涉及多个新药的，仅能就一个新药申请专利权期限补偿。

2.专利权的终止

专利权的终止是指专利权因某种法定事由而导致其效力的消灭。其中又分为正常终止（专利权保护期限届满）和非正常终止（专利权保护期限届满前终止）。有下列情形之一的，专利权在期限届满前终止：①没有按照规定缴纳年费的；②专利权人以书面声明放弃其专利权的。专利权在期限届满前终止的，由国务院专利行政部门登记和公告。

3.专利权的无效

自国务院专利行政部门公告授予专利权之日起，任何单位或者个人认为该专利权的授予不符合《专利法》有关规定的，可以请求国务院专利行政部门宣告该专利权无效。国务院专利行政部门对宣告专利权无效的请求应当及时审查和作出决定，并通知请求人和专利权人。宣告专利权无效的决定，由国务院专利行政部门登记和公告。对国务院专利行政部门宣告专利权无效或者维持专利权的决定不服的，可以自收到通知之日起3个月内向人民法院起诉。人民法院应当通知无效宣告请求程序的对方当事人作为第三人参加诉讼。

宣告无效的专利权视为自始即不存在。宣告专利权无效的决定，对在宣告专利权无效前人民法院作出并已执行的专利侵权的判决、调解书，已经履行或者强制执行的专利侵权纠纷处理决定，以及已经履行的专利实施许可合同和专利权转让合同，不具有追溯力。但是因专利权人的恶意给他人造成的损失，应当给予赔偿。专利权人或者专利权转让人不返还专利侵权赔偿金、专利使用费、专利权转让费，明显违反公平原则的，应当全部或者部分返还。无效宣告制度的设置，是为了纠正专利行政部门对不符合专利法规定条件的发明创造授予专利权的错误决定，以维护专利权授予的公正性。

案例窗10-8

（二）专利实施的特别许可

1.指定实施与开放许可

《专利法》第四十九条规定："国有企业事业单位的发明专利，对国家利益或者公共利益具有重大意义的，国务院有关主管部门和省、自治区、直辖市人民政府报经国务院批准，可以决定在批准的范围内推广应用，允许指定的单位实施，由实施单位按照国家规定向专利权人支付使用费。"

《专利法》第五十条规定："专利权人自愿以书面方式向国务院专利行政部门声明愿意许可任何单位或者个人实施其专利，并明确许可使用费支付方式、标准的，由国务院专利行政部门予以公告，实行开放许可。就实用新型、外观设计专利提出开放许可声明的，应当提供专利权评价报告。专利权人撤回开放许可声明的，应当以书面方式提出，并由国务院专利行政部门予以公告。开放许可声明被公告撤回的，不影响在先给予的开放许可的效力。"任何单位或者个人都可书面通知并依专利权人通知要求支付专利许可费后实施开放许可专利。开放许可实施期间，对专利权人缴纳专利年费相应给予减免。开发许可条件下，经过协商，许可方可以给予被许可方普通许可，但不得就该专利给予独占或排他许可。如果当事人因开放许可发生纠纷，可以通过协商、国务院专利行政部门调解或者诉讼解决。

专利权有下列情形之一的，专利权人不得对其实行开放许可：①专利权处于独占或者排他许可有效期限内的；②专利申请权或者专利权发生纠纷，或者被裁定采取保全措施，相关权利被中止情形的；③ 没有按照规定缴纳年费的；④专利权被质押，未经质权人同意的；⑤其他妨碍专利权有效实施的情形。

2.专利实施强制许可及其法定种类

专利实施强制许可是指国家专利主管机构，不经专利权人同意，许可有关单位或个人实施其专利的一种强制性法律手段，其目的是防止专利权人滥用其权利，维护国家和公众利益。《专利法》第五十三条至五十六条对强制许可作了详细的分类。有下列情形之一的，国务院专利行政部门根据具备实施条件的单位或者个人的申请，可以给予实施发明专利或者实用新型专利的强制许可：①专利权人自专利权被授予之日起满3年，且自提出专利申请之日起满4年，无正当理由未实施或者未充分实施其专利的。未充分实施其专利，是指专利权人及其被许可人实施其专利的方式或者规模不能满足国内对专利产品或者专利方法的需求。②专利权人行使专利权的行为被依法认定为垄断行为，为消除或者减少该行为对竞争产生的不利影响的。

此外，在国家出现紧急状态或者非常情况时，或者为了公共利益目的，国务院专利行政部门可以给予实施发明专利或者实用新型专利的强制许可；为了公共健康目的，对取得专利权的药品，国务院专利行政部门可以给予制造并将其出口到符合中华人民共和国参加的有关国际条约规定的国家或者地区的强制许可。

一项取得专利权的发明或者实用新型比前已经取得专利权的发明或者实用新型具有显著经济意义的重大技术进步，其实施又有赖于前一发明或者实用新型的实施的，国务院专利行政部门根据后一专利权人的申请，可以给予实施前一发明或者实用新型的强制许可。在该种情形下，国务院专利行政部门根据前一专利权人的申请，也可以给予实施后一发明或者实用新型的强制许可。例如，甲拥有一项节能热水器的发明专利权，乙对此加以改进后获得重大技术进步，并取得新的专利权，但是专利之实施有赖于甲的专利之实施，双方又未能达成实施许可协议。根据专利法律制度的规定，甲可以申请实施乙之专利的强制许可，乙可以申请实施甲之专利的强制许可。

强制许可涉及的发明创造为半导体技术的，其实施限于公共利益目的和《专利法》第五十三条第二项规定（被依法认定为垄断行为，为消除或者减少该行为对竞争产生的不利影响）的情形。除依照《专利法》第五十三条第二项、第五十五条给予的强制许可外，即除了被认定构成垄断行为或者为了公共健康目的之外，强制许可的实施应当主要为了供应国内市场。

3.专利实施强制许可的处理

（1）提供证据。因专利权人在法定期限内未实施或充分实施其专利（未实现其经济社会价值）或者前后技术关联而申请强制许可的单位或个人应当提供证据，证明其以合理的条件请求专利权人许可其实施专利，但未能在合理的时间内获得许可。

（2）通知、登记和公告。国务院专利行政部门作出的给予实施强制许可的决定，应当及时通知专利权人，并予以登记和公告。给予实施强制许可的决定，应当根据强制许可的理由规定实施的范围和时间。取得实施强制许可的单位或者个人不享有独占的实施权，并且无权允许他人实施。强制许可的理由消除且不再发生时，国务院专利行政部门应当根据专利权人的请求，经审查后作出终止实施强制许可的决定。

（3）支付使用费。取得实施强制许可的单位或者个人应当付给专利权人合理的使用费，或者依照中华人民共和国参加的有关国际条约的规定处理使用费问题。付给使用费的，其数额由双方协商；双方不能达成协议的，由国务院专利行政部门裁决。专利权人对国务院专利行政部门关于实施强制许可的决定不服的，专利权人和取得实施强制许可的单位或者个人对国务院专利行政部门关于实施强制许可的使用费的裁决不服的，可以自收到通知之日起3个月内向人民法院起诉。

（三）专利权的法律保护

1.专利权的保护范围

发明或者实用新型专利权的保护范围以其权利要求的内容为准，说明书及附图在必要时可以用于解释权利要求，需要有书面说明。外观设计专利申请文件中没有权利要求书和说明书，只有体现外观设计的图片或照片及简要说明，因此，其专利权的保护范围以表示在图片或者照片中的该产品的外观设计为准，简要说明可以用于解释图片或者照片所表示的该产品的外观设计。

2.专利侵权行为

（1）专利侵权行为的认定。

《专利法实施细则》规定，属于假冒他人专利的行为主要包括以下几种：①在未被授予专利权的产品或者其包装上标注专利标识，专利权被宣告无效后或者终止后继续在产品或者其包装上标注专利标识，或者未经许可在产品或者产品包装上标注他人的专利号，以及销售上述产品的。②在产品说明书等材料中将未被授予专利权的技术或者设计称为专利技术或者专利设计，将专利申请称为专利，或者未经许可使用他人的专利号，使公众将所涉及的技术或者设计误认为是专利技术或者专利设计。③伪造或者变造专利证书、专利文件或者专利申请文件。④其他使公众混淆，将未被授予专利权的技术或者设计误认为是专利技术或者专利设计的行为。

假冒专利的，除依法承担民事责任外，由负责专利执法的部门责令改正并予公告，没收违法所得，可以并处违法所得5倍以下的罚款；没有违法所得的，可以处25万元以下的罚款；构成犯罪的，依法追究刑事责任。

案例窗 10-9

（2）不视为侵犯专利权的行为。

有下列情形之一的，不视为侵犯专利权：①专利产品或者依照专利方法直接获得的产品，由专利权人或者经其许可的单位、个人售出后，使用、许诺销售、销售、进口该产品的。②在专利申请日前已经制造相同产品、使用相同方法或者已经做好制造、使用的必要准备，并且仅在原有范围内继续制造、使用的。③临时通过中国领陆、领水、领空的外国运输工具，依照其所属国同中国签订的协议或者共同参加的国际条约，或者依照互惠原则，为运输工具自身需要而在其装置和设备中使用有关专利的。④专为科学研究和实验而使用有关专利的。⑤为提供行政审批所需要的信息，制造、使用、进口专利药品或者专利医疗器械的，以及专门为其制造、进口专利药品或者专利医疗器械的。

第⑤项是Bolar例外，在保障公众的利益，以便公众容易获得药品和医疗器械，保护公众利益和人民生命健康方面有突出的意义。

为生产经营目的使用、许诺销售或者销售不知道是未经专利权人许可而制造并售出的专利侵权产品，能证明该产品合法来源的，不承担赔偿责任。

3.专利侵权纠纷的处理

（1）专利侵权纠纷的处理方式。

未经专利权人许可，实施其专利，即侵犯其专利权，引起纠纷的，由当事人协商解决；不愿协商或者协商不成的，专利权人或者利害关系人可以向人民法院起诉，也可以请求管理专利工作的部门处理。管理专利工作的部门处理时，认定侵权行为成立的，可以责令侵权人立即停止侵权行为，当事人不服的，可以自收到处理通知之日起15日内依照《中华人民共和国行政诉讼法》向人民法院起诉；侵权人期满不起诉又不停止侵权行为的，管理专利工作的部门可以申请人民法院强制执行。

专利侵权纠纷涉及新产品制造方法的发明专利的，制造同样产品的单位或者个人应当提供其产品制造方法不同于专利方法的证明。专利侵权纠纷涉及实用新型专利或者外观设计专利的，人民法院或者管理专利工作的部门可以要求专利权人或者利害关系人出具由国务院专利行政部门对相关实用新型或者外观设计进行检索、分析和评价后作出的专利权评价报告，作为审理、处理专利侵权纠纷的证据。在专利侵权纠纷中，被控侵权人有证据证明其实施的技术或者设计属于现有技术或者现有设计的，不构成侵犯专利权。

负责专利执法的部门根据已经取得的证据，对涉嫌假冒专利行为进行查处时有权采取相关措施：①询问有关当事人，调查与涉嫌违法行为有关的情况；②对当事人涉嫌违法行为的场所实施现场检查；③查阅、复制与涉嫌违法行为有关的合同、发票、账簿以及其他有关资料；④检查与涉嫌违法行为有关的产品，对有证据证明是假冒专利的产品，可以查封或者扣押。管理专利工作的部门应专利权人或者利害关系人的请求处理专利侵权纠纷时，可以采取前款第①②④项所列措施。

（2）专利侵权赔偿及诉前措施。

①赔偿数额的确定。侵犯专利权的赔偿数额按照权利人因被侵权所受到的实际损失或者侵权人因侵权所获得的利益确定；权利人的损失或者侵权人获得的利益难以确定的，参照该专利许可使用费的倍数合理确定。对故意侵犯专利权，情节严重的，可以在按照上述方法确定数额的1倍以上5倍以下确定赔偿数额。权利人的损失、侵权人获得的利益和专利许可使用费均难以确定的，人民法院可以根据专利权的类型、侵权行为的性质和情节等因素，确定给予3万元以上500万元以下的赔偿。赔偿数额还应当包括权利人为制止侵权行为所支付的合理开支。

②财产保全。专利权人或者利害关系人有证据证明他人正在实施或者即将实施侵犯专利权、妨碍其实现权利的行为，如不及时制止将会使其合法权益受到难以弥补的损害的，可以在起诉前依法向人民法院申请采取财产保全、责令作出或停止有关行为的措施。申请人提出申请时，应当提供担保；不提供担保的，驳回申请。人民法院应当自接受申请之时起48小时内作出裁定；有特殊情况需要延长的，可以延长48小时。裁定责令作出或停止有关行为的，应当立即执行。当事人对裁定不服的，可以申请复议一次；复议期间不停止裁定的执行。申请人自人民法院采取责令作出或停止有关行为的措施之日起15日内不起诉的，人民法院应当解除该措施。申请有错误的，申请人应当赔偿被申请人因停止有关行为所遭受的损失。

③证据保全。为了制止专利侵权行为，在证据可能灭失或者以后难以取得的情况下，专利权人或者利害关系人可以在起诉前依法向人民法院申请保全证据。人民法院采取保全措施，申请人应提供担保；申请人不提供担保的，驳回申请。人民法院应当自接受申请之时起48小时内作出裁定；裁定采取保全措施的，应当立即执行。申请人自人民法院采取保全措施之日起15日内不起诉的，人民法院应当解除该措施。

4.其他规定

申请专利的发明创造涉及国家安全或者重大利益需要保密的，按照国家有关规定办理。我国单位或者个人将其在国内完成的发明创造向外国申请专利的，应当遵守《专利法》第十九条第一款的规定："任何单位或者个人将在中国完成的发明或者实用新型向外国申请专利的，应当事先报经国务院专利行政部门进行保密审查。保密审查的程序、期限等按照国务院的规定执行。"对违反规定未报经保密审查向外国申请专利的发明或者实用新型，在中国申请专利的，不授予专利权。违反《专利法》第十九条的规定向外国申请专利，泄露国家秘密的，由所在单位或者上级主管机关给予行政处分；构成犯罪的，依法追究刑事责任。侵夺发明人或者设计人的非职务发明创造专利申请权和规定的其他权益的，由所在单位或者上级主管机关给予行政处分。管理专利工作的部门不得参与向社会推荐专利产品等经营活动。

管理专利工作的部门违反规定的，由其上级机关或者监察机关责令改正，消除影响，有违法收入的予以没收；情节严重的，对直接负责的主管人员和其他直接责任人员依法给予行政处分。从事专利管理工作的国家机关工作人员以及其他有关国家机关工作人员玩忽职守、滥用职权、徇私舞弊，构成犯罪的，依法追究刑事责任；尚不构成犯罪的，依法给予行政处分。

拓展阅读10-1

（四）专利权的国际保护

1.《巴黎公约》

《巴黎公约》是国际工业产权领域的第一个公约，至今仍发挥着重大影响力。此条约于1883年3月在法国巴黎签订，自签订以来经过数次修订，目前大多数国家适用的是1967年的斯德哥尔摩文本。我国于1985年3月19日正式成为该公约的成员。截至2024年1月，加入该公约的国家约有180个。

《巴黎公约》规定了几项重要原则，作为成员工业产权立法应当遵循的共同准则：

（1）国民待遇原则。公约任何成员的国民，在保护工业产权方面，应在其他成员内享有各该国法律现在或今后给予各该国国民的各种利益；公约所特别规定的权利不得受到任何侵害。他们只要遵守该国国民应遵守的条件和手续，即应受到与该国国民同样的保护，并在他们的权利遭到任何侵害时，同样依法予以纠正。非成员的国民，在一个成员的领土内有住所或有真实、有效的工商企业的，都应享有与成员国民同样的待遇。

（2）优先权原则。申请人或其权利合法继承人已在一个成员国内正式提出专利申请，在规定的期限内又就同一发明创造向其他成员提出申请，享有优先权，即将首次申请日作为有效申请日。

（3）专利权独立原则。所谓独立，是指一个成员授予申请人的发明创造专利，与其他国家就同一发明创造所授予的专利是相互独立的，即互不干涉。这是各国主权原则的体现。

2.《与贸易有关的知识产权协定》

《与贸易有关的知识产权协定》是关贸总协定乌拉圭回合谈判的最后文件之一，自1995年1月1日起生效。我国在2001年已加入世界贸易组织，该协议对我国已发生效力。

该协议除适用《巴黎公约》规定的国民待遇外，其自身也规定了国民待遇。另外，该协议规定了最惠国待遇原则：关于知识产权的保护，一个成员给予任何其他国家的国民的任何利益、优惠、特权或者豁免，均应立即无条件地给予所有其他成员的国民。协议所述的专利，仅指发明专利，不要求各成员保护实用新型。而对工业品外观设计，允许各成员用工业产权法保护，或者用著作权法予以保护，这与《巴黎公约》的规定一致。

3.世界知识产权组织

世界知识产权组织根据1967年7月在斯德哥尔摩签订的《建立世界知识产权组织公约》成立。该组织于1970年成立，于1974年成为联合国的一个专门机构，总部设在日内瓦。截至2021年1月，参加该组织的成员有193个。我国于1980年6月成为该组织成员。

成立世界知识产权组织的目的是促进世界范围内的知识产权保护，保证成员之间的合作。世界知识产权组织的任务主要是：鼓励缔结新的国际条约；协调各成员知识产权立法；给予发展中国家以法律、技术援助；收集、传播信息情报；办理国际注册及成员之间的其他行政合作事宜。

4.《专利合作条约》

为了避免在许多国家审查和再审查发明，《专利合作条约》（PCT）于1970年签订。《专利合作条约》的方法是申请人可以在一个国家递交一项“国际申请”，该申请递交给在日内瓦的世界知识产权组织，并且由一个指定的主要审查局来审查，由该局作出检索报告，然后传递给所有那些申请人希望获得专利的国家。每个成员在由主要审查局作出的检索报告的基础上进行最后的分析，并授予专利。

《专利合作条约》是国际专利制度的一大成就。它仍然不允许由一个机构授予一项“国际专利”，但它为不同国家审查和再审查申请节省了时间。

在未来的专利制度下，国家和地区的知识产权局将变成服务组织，它们不仅会通过注册专利权来为研发活动提供支持，更会为获得专利文件中含有的技术和商业信息提供加强保护的途径。

学思践悟

全面开启知识产权强国建设新征程（节选）

党的二十大报告指出：“完善科技创新体系。坚持创新在我国现代化建设全局中的核心地位。”这要求深化科技体制改革，加强知识产权法治保障，形成支持全面创新的基础制度。知识产权事业是党和国家事业的有机组成部分，在新时代作为国家发展战略性资源和国际竞争力核心要素的作用更加凸显。实施知识产权强国战略，必须坚持以习近平新时代中国特色社会主义思想为指导，全面贯彻党的二十大精神，为有力支撑社会主义现代化强国建设作出应有贡献。

2023年是全面贯彻落实党的二十大精神的开局之年，也是实施知识产权强国建设纲要和“十四五”规划承上启下的重要一年。国家知识产权局将牢牢把握党对知识产权事业的全面领导，把学习宣传贯彻党的二十大精神作为首要政治任务抓紧抓实，深入开展学习贯彻习近平新时代中国特色社会主义思想主题教育，不折不扣落实习近平总书记关于加强知识产权工作的重要论述精神和党中央、国务院决策部署，深刻领悟“两个确立”的决定性意义，增强“四个意识”、坚定“四个自信”、做到“两个维护”，以机构改革为新的起点，奋发有为从头越，奋力开启新征程，加快推进知识产权强国建设，努力开创知识产权事业发展新局面。

全面提升知识产权工作法治化水平，夯实知识产权法治基础。强化知识产权制度供给，更好发挥法治固根本、稳预期、利长远的基本保障作用。加快推进《专利法实施细则》、《商标法》及其实施条例、《集成电路布图设计保护条例》的修改完善，推进地理标志专门立法。完成《专利审查指南》适应性修改，积极推进实用新型制度改革，做好我国加入《海牙协定》后的审查管理，全面融入全球外观设计体系。加快建立大数据、人工智能、基因技术等新领域新业态知识产权保护规则，探索构建数据知识产权登记制度，服务经济创新发展。

全面加强对国家战略的支撑和协同，更好服务国家大局。有力服务国家关键核心技术攻关和产业链、供应链安全稳定，深入开展知识产权促进强链护链行动，使知识产权贯穿科技研发、技术转化和利益分配全链条，构建重点领域关键核心技术“专利池”，推动更多中国专利成为国际标准必要专利，促进提升产业链、供应链韧性和安全性。瞄准国家科技创新体系对知识产权的关键需求，完善关键核心技术领域专利政策，加强自主知识产权创造储备。更好支撑国家区域和行业发展战略实施，围绕国家区域战略部署，深入推进知识产权强国建设示范工作，“一省一策”共建知识产权强省，打造区域知识产权高地，促进东、中、西部地区知识产权工作协调发展，加强与国家行业战略的协同，助力产业转型升级、高质量发展。

全面强化知识产权保护，支撑国际一流营商环境建设。深入贯彻落实《关于强化知识产权保护的意见》及其推进计划，高标准建设国家知识产权保护示范区，进一步构建知识产权大保护工作格局。加强知识产权源头保护，建立以国家需求和用户满意为导向的知识产权审查管理体制机制，深化知识产权审查理念更新、技术革新、工作创新，持续提高审查质量和效率。从审查授权、行政执法、司法保护、仲裁调解、行业自律、公民诚信等方面，强化知识产权保护体系建设，推进全链条保护。健全行政保护与司法保护衔接机制，加强与最高人民法院、最高人民检察院、司法部、公安部、国家市场监督管理总局等部门的工作协同。加强商标、专利执法专业指导，出台相关标准和规范。推动制定技术出口知识产权对外转让政策，切实维护知识产权领域国家安全。

全面提高知识产权转移转化效益，服务现代化经济体系建设。完善知识产权转移转化体制机制，推进国有知识产权权益分配改革，完善知识产权市场化运营机制，着力抓好知识产权质押融资、专利转化专项行动、专利开放许可等工作，促进产业知识产权综合运用。完善专利导航工作机制，积极发挥专利导航在科技创新、区域发展、产业政策、政府投资等重大经济科技活动中的重要作用。提高创新主体知识产权管理效能，深入实施专利质量提升工程、商标品牌战略、地理标志运用促进工程，大力培育专利密集型产业，充分发挥知识产权转移转化对实体经济高质量发展的支撑作用。深入开展专利技术强农、商标品牌富农、地理标志兴农，助力乡村振兴。

全面优化知识产权服务，促进创新成果更好惠及人民。完善知识产权公共服务体系，推动知识产权公共服务标准化、规范化、便利化。加强知识产权信息化、智能化基础设施建设，加快建立全国一体化知识产权数字服务平台，深入推进“互联网+”政务服务，实现“零跑路”以及“一网通办”“一站式”服务。推动知识产权服务业高质量发展，持续加大对代理行业违法违规行为的打击力度，引导知识产权服务向专业化、国际化和高水平方向发展，促进知识产权服务业与区域产业融合发展、协调联动。

全面推进知识产权国际合作，服务高水平对外开放。以我国与世界知识产权组织合作50周年为契机，加强高层外交，在更高水平上参与全球知识产权治理。积极推动完善知识产权国际规则体系，参与新领域、新业态知识产权国际规则与标准制定。积极参与经贸相关的多双边知识产权谈判，对接国际高标准经贸规则。深化“一带一路”知识产权合作，建立中国与中亚国家知识产权合作机制，共同建设创新之路。深度参与小多边合作，扎实推进双边合作，拓展专利审查高速路，深化与各方交流。加强知识产权海外维权援助，切实维护我国企业海外利益。

资料来源 申长雨. 全面开启知识产权强国建设新征程 [N]. 学习时报，2023-04-26（A1，A3）.

问题思考：如何认识工业产权法在知识产权全国建设中的作用？

关键术语

注册商标（registered trademark） 商标法（trademark law） 商标注册（trademark registration） 专用权（exclusive right） 商标侵权（trademark infringement） 专利权（patent right） 发明（invention） 新颖性（novelty） 创造性（inventiveness） 专利侵权（patent infringement）

基础训练

一、单选题

1.下列可以被核准注册为商标的是（　　）。

A.最亮牌灯泡　B.补血牌营养液　C.巧妙牌手表　D.钢铁牌汽车

2.《商标法》规定商标的构成要素是（　　）

A.文字、图形、字母、数字、气味、三维标志

B.文字、图形、字母、数字、音乐、三维标志

C.文字、图形、字母、数字、三维标志、颜色组合、声音

D.文字、图形、字母、数字、声响组合、三维标志

3.根据《专利法》，下列各项中不能成为专利申请人的是（　　）。

A.工作人员退休后1年内所完成的，与其在原单位承担的本职工作有关的发明创造

B.职务发明创造的单位

C.发明人的合法继承人

D.完成发明创造的无民事行为能力人

4.A公司为研究开发某项产品技术，成立了以李某为负责人的研究开发小组，王某负责采购工作，张某负责后勤服务工作，李某攻破技术难题并发明了该技术的产品制造方法。该产品制作的发明人是（　　）。

A.A公司　B.李某　C.王某　D.张某

5.申请专利的发明和实用新型在法定期限内，在参加中国政府主办的国际展览会上首次展出，不丧失新颖性。该法定期限是（　　）。

A.申请日以前的2个月内　B.申请日以前的3个月内

C.申请日以前的5个月内　D.申请日以前的6个月内

6.某国有独资企业技术科的技术人员张某，经过长年的技术攻关，发明了一套能够大幅度提高现有机器运行效率的辅助设备，并取得了专利权。根据规定，该企业对其给予的

奖金应不低于（ ）。

A.5 000元　B.3 000元　C.500元　D.1 000元

7.下列注册商标申请，（ ）应依法予以核准注册。

A.甲公司以“红十字会”的标识为医药产品的注册商标的申请

B.乙公司注册商标申请图案与美国国旗相似，但美国政府并不知道

C.丙公司申请的注册商标图案有害于社会主义道德风尚

D.丁公司申请以“白雪”作为其雪糕的注册商标

8.转让注册商标的，转让人和受让人应当签订转让协议，并共同向商标局提出申请。受让人（ ）享有商标专用权。

A.自转让协议签订之日起　B.自双方向商标局提出申请之日起

C.自商标局核准之日起　D.自商标局公告之日起

9.下列情形中可以授予专利权的是（ ）。

A.科学发现　B.智力活动的规则和方法

C.动物和植物品种　D.疾病的诊断和治疗机械

10.202×年6月1日，国家知识产权局收到了甲公司递交的一项方法发明专利申请，6月5日收到乙公司相同方法的发明专利申请，乙公司的申请是邮寄的，邮戳日为6月1日。根据《专利法》，该项专利应授予（ ）。

A.首先完成该方法的当事人　B.首先使用该方法的当事人

C.甲公司　D.由甲、乙公司协商确定的申请人

二、多选题

1.申请专利的发明创造在申请日前6个月内不丧失新颖性的情形包括（ ）。

A.在中国政府主办或者承认的国际展览会上首次展出的

B.在国务院有关主管部门或者全国性学术团体组织召开的学术、技术会议上首次发表的

C.申请人在国内外学术刊物上首次发表的

D.承担保密义务的他人未经申请人同意而泄露其内容的

2.某地市场监督管理局在审查某皮革制品厂拟使用在其生产的皮制品上的商标时，发现其中有不符合法律规定的商标，该商标不包括（ ）。

A.千里牌商标　B.七匹狼牌商标　C.羊皮牌商标　D.耐斯牌商标

3.下列发明人或者设计人作出的发明创造，属于职务发明创造的有（ ）。

A.某纺织研究所的科研人员张某利用本单位的资金、设备，发明了一种新型充电器

B.某汽车研究所研究员李某退休后2年，发明了与其在职时从事工作相关的一项新型汽车点火器

C.某高校化学教师王某为履行学校领导交办的一项临时任务，发明了一种新型电光源

D.某政府官员刘某利用自身物质条件和业余时间，发明了一项新型船用柴油机，但刘某2年前在某船舶动力研究所从事船用柴油机的研发

4.外观设计是指对产品的某些方面所作出的富有美感并适用于工业的新设计。这些方面包括（ ）。

A.形状　　B.构造　　C.图案　　D.色彩

5.下列关于专利权无效宣告的表述中，正确的有（　　）。

A.自专利被授予专利权之日起，任何单位或者个人认为该专利权的授予不符合《专利法》有关规定的，可以请求专利复审委员会宣告该专利权无效

B.宣告专利权无效的决定，由国务院专利行政部门登记和公告

C.对专利复审委员会宣告专利权无效或者维持专利权的决定不服的，可以自收到通知之日起3个月内向人民法院起诉

D.宣告无效的专利权自宣告之日起不再发生效力

6.根据《专利法》，可以给予专利实施强制许可的情况包括（　　）。

A.国家因抗震救灾需要，急需使用某项挖掘技术专利的

B.为治疗H1N1流感而研制出来的取得专利权的特效药

C.甲在2020年5月取得某项技术专利权的授权，该项技术是其在2019年3月申请的，截至2023年6月，甲仍未对该专利权进行充分的实施，且无正当的理由

D.乙取得的技术专利权并行使的行为在中国市场上给同类产品造成极大的冲击，已被依法认定为垄断行为

7.根据《专利法》，下列各项中，应当宣告专利权无效的情形有（　　）。

A.授予专利权的发明创造不符合《专利法》规定的授予专利权的实质性条件

B.专利权人以书面形式放弃其专利权的

C.授予专利权的发明创造不符合先申请原则和单一性原则的

D.专利权人没有按照规定缴纳年费的

8.下列有关注册商标的期限和续展的叙述，不正确的有（　　）。

A.注册商标的有效期为10年，自核准注册之日起计算

B.注册商标有效期满后，应在期满前3个月内申请续展注册

C.在期满前未提出申请的，可以给予6个月的宽展期

D.每次续展注册的有效期为15年

9.根据《专利法》，下列各项中，不授予专利权的有（　　）。

A.甲发明了仿真伪钞机　　B.乙发明了一种糖尿病治疗方法

C.丙发现了某植物新品种　　D.丁发明了某植物新品种的生产方法

10.商标局接受了一批商标注册申请，经审查，应当依法驳回（　　）的商标注册申请。

A.美利坚合众国牌果汁　　B.奥林匹克牌运动衣

C.兰花牌味精　　D.红新月牌健身器

三、简答题

1.商标注册申请的条件包括哪些？

2.简述我国的商标注册审批程序。

3.商标注册人的权利与义务体现在哪些方面？

4.试述商标侵权行为及商标权的保护。

5.专利权具有什么特征？

6.试述《专利法》规定的专利权客体。

7.授予专利权的条件包括哪些?

8.简述我国专利申请的审批程序。

9.试述专利侵权行为及专利权的保护。

四、实务题

1.甲服装公司的“Spirit”注册商标被商标局认定为驰名商标。乙服装商行在其销售的服装产品中均使用带有“Spirit”字样的标签和外包装袋。甲服装公司认为乙服装商行的上述行为侵犯了“Spirit”注册商标专用权，并依法向人民法院起诉。

问题:

(1) 乙服装商行的行为是否构成侵权? 为什么?

(2) 假设“Spirit”商标是未注册的驰名商标，某公司将“Spirit”商标用在保健食品上，是否构成侵权? 为什么?

(3) 在侵权人因侵权所获得的利益或者被侵权人因被侵权所受到的损失均难以确定的情况下，人民法院应如何确定侵权赔偿的数额?

2.某药品生产单位委托甲科研所开发一项新的药品生产工艺，双方未就开发过程中完成的发明创造的归属作出过约定。研究员A受科研所指派去该单位攻关。A利用了该单位按约定提供的研究设备和技术资料完成了新工艺的开发，并发明了一种新的生产方法。A欲就该项发明创造提出专利申请。药品生产单位提出异议，认为该项发明创造使用了本单位的设备和资料，所以应与A共同享有专利申请权；授予专利权后，专利权归双方共同享有。A提出专利是一种无形资产，新生产方法是其头脑中的构思，专利申请权和专利权当然归其本人所有。

问题:

(1) 该项发明创造的专利申请权和专利权应当归谁? 为什么?

(2) 该生产方法被授予专利权后，A有什么权利?

(提示：根据《专利法》第六条、第八条、第十六条、第十七条解答)

第十一章　证券法

学习目标

◆ 重点掌握证券发行的条件及发行规则、证券上市交易的条件及交易规则、上市公司收购及其种类、收购的具体程序规则。

◆ 掌握证券及证券法的概念和特征、证券的种类、上市公司信息公开制度、禁止的证券交易行为、各类证券机构的设立及职责。

◆ 了解证券发行审核的制度、证券法的基本原则、证券市场。

第一节　证券法概述

相对于其他市场而言，证券市场是风险较高的金融市场，尤其需要完善法律规范和制度建设。但我国的证券市场发展较晚，证券法制体系仍须继续完善。

一、证券法的概念与特征

（一）证券法的概念

证券法是调整证券发行、交易以及国家对证券市场监督管理过程中所发生的社会关系的法律规范的总称。证券法有广义狭义之分，本章仅限于狭义，即《证券法》。该法于1998年12月29日被通过，2004年、2013年、2014年修正，2005年、2019年修订。国务院相关部门还出台了众多的证券市场管理法规，各交易所也有自己的数量更多的规范证券市场的各类规则。

（二）证券法的特征

1.既调整纵向法律关系，又调整横向法律关系

证券法调整两方面的法律关系：一是纵向法律关系，即国家对证券市场的监督管理关系，主要有国家证券监督管理机构对证券业所实施的各项监管行为而形成的具有强制性的社会关系、以证券业协会进行自律监管为主要表现形式的证券自律监管关系。二是横向法律关系，主要包括发行人与投资者之间的证券发行关系、证券承销关系、证券交易关系、证券公司与客户之间的关系、证券公司与发行人和上市公司之间的保荐关系、证券交易所与其会员及上市公司之间的民事关系、证券服务机构与发行人（上市公司）之间的证券委托服务关系、证券交易的结算关系等。

2. 既是实体法，又是程序法

证券法是实体法，规定了证券法律行为主体的权利与义务及其范围，包括发行人、证券商、投资者及其他主体的权利与义务规范、投资者保护规范、证券法律责任规范等；同时它是程序法，规定了权利实现和义务履行的步骤和过程，包括证券的发行、上市、交易程序，发行人信息公开和持续公开程序，证券商和证券交易场所的设立程序等。因此，证券法是实体法和程序法相结合的综合性规范。

3. 是强制性规范法

证券代表特定的可流通的财产与权利，只有以国家强制力保证严格实施，才能有效抑制证券欺诈等违法行为，稳定社会经济秩序，保护广大投资者。因此，证券法强调对社会公众利益的保护，要求行为者必须遵循法律规定，履行法定义务，而完全排除当事人适用法律的选择权。

4. 是具有国际性因素的国内法

与其他法律一样，证券法也是由一国立法机关依照法定程序制定的，因而证券法属国内法。但证券市场的发展具有其自身的规律性，加之国际经济的交流和融合，国际化和统一化的趋势已成为世界经济的一个特点，各国证券法中共有的、规律性的内容日趋增多。《证券法》第二条第四款规定："在中华人民共和国境外的证券发行和交易活动，扰乱中华人民共和国境内市场秩序，损害境内投资者合法权益的，依照本法有关规定处理并追究法律责任。"该条规定是我国证券法国际性的重要体现。

二、证券法的调整范围

证券法的调整范围因各国证券种类的不同而异，但差别不大。证券法一般调整证券发行与交易行为。

（一）调整的证券种类

证券一般又称有价证券，是指发行人依照法律、行政法规的规定，经批准签发的表示一定财产权的凭证。证券有广义和狭义之分。广义的证券包括：①财物证券，如提货单；②货币证券，如用作支付工具的票据；③资本证券，如股票和债券。狭义的证券仅指资本证券。

《证券法》调整的证券限于资本证券。《证券法》第二条规定："在中华人民共和国境内，股票、公司债券、存托凭证和国务院依法认定的其他证券的发行和交易，适用本法；本法未规定的，适用《中华人民共和国公司法》和其他法律、行政法规的规定。政府债券、证券投资基金份额的上市交易，适用本法；其他法律、行政法规另有规定的，适用其规定。资产支持证券、资产管理产品发行、交易的管理办法，由国务院依照本法的原则规定。"由此，《证券法》调整的证券主要包括股票、债券、存托凭证、基金券、认股权证等。

1. 股票

股票是股份有限公司发行的、用以表彰投资者的股东身份和权益的投资证券。股票可以分为以下种类：

（1）普通股和优先股。依股东的权利与义务的不同，股票可分为普通股和优先股。普通股是享有普通权利、承担普通义务的股份，是股份的最基本形式。优先股是享有优先权的股份。公司对优先股的股利须按约定的股利率支付，不受公司盈利大小的影响，当年可供分配股利的利润不足以按约定的股利率支付优先股利的，由以后年度可供分配股利的利润补足。在公司进行清算时，优先股股东先于普通股股东取得公司剩余财产。但优先股参与公司决策管理等权利受到限制，且不参与公司红利分配。

（2）国有股、法人股和社会公众股。国有股包括国家股和国有法人股。国家股是指有权代表国家投资的政府部门或机构以国有资产投入公司形成的股份或依法定程序取得的股份；国有法人股是指具有法人资格的国有企业、事业及其他单位以其依法占用的法人资产向独立于自己的股份有限公司出资形成或依法定程序取得的股份。法人股是指企业法人或具有法人资格的事业单位和社会团体，以其依法可经营的资产向公司投资所形成的股份。社会公众股是我国证券市场上各类合格的投资者以其合法资金购买股份有限公司向社会公开发行的股票而形成的股份。

（3）内资股和外资股。按投资者是以人民币认购和买卖还是以外币认购和买卖股票划分，股票可分为内资股和外资股。内资股一般是需要以人民币认购和买卖的股票；外资股一般是以外币认购和买卖的股票。外资股主要有境内上市外资股和境外上市外资股。境内上市外资股一般标B股；境外上市外资股一般以境外上市地的英文名称中的第一个字母命名，其中包括在纽约上市的N股、在新加坡上市的S股、在伦敦上市的L股等。

2.债券

债券是政府、金融机构、公司、企业等为筹集资金而向投资者发行的，约定在一定期限内还本付息的有价证券，包括公司债券、政府债券、企业债券和金融债券等。

3.存托凭证

存托凭证是指由存托人签发、以境外证券为基础在中国境内发行、代表境外基础证券权益的证券。

4.基金券

基金券或称基金受益凭证是证券投资基金发给投资者，用以记载投资者所持基金单位数的凭证。具有证券属性的基金主要指证券投资基金，而不包括私募股权基金。证券基金的优势是实行专家理财，风险小于股票。公开或非公开募集资金设立证券投资基金的，由基金管理人管理，基金托管人托管，为基金份额持有人的利益进行证券投资活动。基金券主要由《证券投资基金法》调整。

5.认股权证

认股权证是由股份有限公司发行，授予持有人在限定期限内以一定价格购买一定数量的该公司增资发行股票的选择权凭证。认股权证是购买股票的权利凭证，它本身不是股份证明书，凭证持有人不具有股东资格，不享有股东权利。

（二）调整的行为种类或市场范围

证券法既调整证券发行，也调整证券交易行为，因此，证券法既调整发行市场，也调整交易市场。

证券发行是指发行人以筹集资金为目的，向投资者出售代表一定权利的有价证券的活动。证券发行活动形成发行市场，称证券发行市场。证券交易是指对依法发行的证券进行买卖的行为。证券交易活动形成证券交易市场。

三、证券法的基本原则

证券法的基本原则是贯穿证券法始终的、证券市场上各类主体都必须遵守的一般行为准则规范。

1.保护投资者合法权益的原则

《证券法》将保护投资者的合法权益作为"立法宗旨"，充分体现了保护投资者合法权益的原则。

2.公开、公平、公正原则

《证券法》第三条规定："证券的发行、交易活动，必须遵循公开、公平、公正的原则。"公开原则是要求证券发行、证券交易活动中的所有制度、规范、行为必须公开，对凡是涉及与证券有关的一切真实情况都必须予以公开，以便使每一个投资者都能知悉。公开原则是证券发行、证券交易制度的核心。公平原则是指所有证券市场参与者的法律地位都是平等的，不论证券市场主体的大小、强弱，都应一视同仁，其合法权益受到同样的保护。公正原则是指证券监管机构和司法机关履行职责时，都应一视同仁，严格依法进行。公正原则是证券发行、证券交易稳定、合法、有序的保障；在确定公正原则时，也应注重效率。

3.自愿、有偿、诚信原则

《证券法》第四条规定："证券发行、交易活动的当事人具有平等的法律地位，应当遵守自愿、有偿、诚实信用的原则。"自愿原则是指证券市场的参与者依据自己的意愿参与证券的发行和交易，他人不得干涉。有偿原则是指当事人按照等价有偿原则进行证券发行、交易的活动。诚信原则是指证券市场主体在证券发行、证券交易活动中，不得弄虚作假、欺骗他人，应当实事求是地履行自己的诺言，恪守信用。

4.合法原则

证券发行、交易活动必须遵守法律、行政法规；禁止欺诈、内幕交易和操纵证券交易市场的行为。证券发行、交易的一切活动必须遵照法律、法规的规定进行，合法的证券行为才受法律的保护。严禁证券欺诈、内幕交易和操纵市场的违法行为发生。各国对证券市场的欺诈行为都给予严厉的打击。

5.集中统一监管与行业自律监管相结合原则

国务院证券监督管理机构依法对全国证券市场实行集中统一监督管理。国务院证券监督管理机构根据需要可以设立派出机构，按照授权履行监督管理职责。中国证券业协会、证券交易所也负有相应的监管责任。在注册制下，交易所对公司上市融资以及再融资、上市公司规范运行等的监管责任更重。

四、证券市场

证券市场是一国金融市场的重要组成部分，按照不同标准可以分为不同类型。证券市场在我国社会经济发展中具有越来越重要的地位。

（一）证券市场的概念和分类

证券市场是指证券发行与交易的场所。

（1）按照市场的职能，证券市场分为发行市场和交易市场。证券发行市场又称一级市场，是发行新证券的市场，证券发行人通过证券发行市场将已获准公开发行的证券第一次销售给投资者，以获取资金；证券交易市场又称二级市场，是对已发行的证券进行买卖、转让交易的场所。

（2）按照交易的对象，证券市场可以分为股票市场、债券市场、基金市场和衍生证券市场。基金市场是基金证券发行和流通的市场。

（3）按照组织形式，证券市场分为场内市场（集中交易市场）和场外市场。场内市场是由证券交易所开设，以提供有价证券竞价买卖的场所；场外市场则主要指店头市场，亦即柜台市场，是指交易所集中交易之外的交易市场。

（4）我国证券市场种类繁多，主要分为主板市场、创业板市场、科创板市场和新三板市场等。主板突出“大盘蓝筹”特色，重点支持业务模式成熟、经营业绩稳定、规模较大、具有行业代表性的优质企业。创业板深入贯彻创新驱动发展战略，适应发展更多依靠创新、创造、创意的大趋势，主要服务成长型创新创业企业，支持传统产业与新技术、新产业、新业态、新模式深度融合。科创板面向世界科技前沿、面向经济主战场、面向国家重大需求，优先支持符合国家战略、拥有关键核心技术、科技创新能力突出、主要依靠核心技术开展生产经营、具有稳定的商业模式、市场认可度高、社会形象良好、具有较强成长性的企业。新三板市场是指北京证券交易所的股票公开挂牌交易的市场，主要服务于创新型中小企业。

（二）证券市场的主体和交易对象

证券市场的主体包括证券发行人、投资者、中介机构、交易场所，以及自律性组织和监管机构。发行人是在证券市场上发行证券的单位，一般有企业、金融机构和政府部门。投资者是证券市场上证券的购买者，也是资金的供给者。投资者有个人投资者和机构投资者。个人投资者可以自己直接买卖证券，也可以通过证券经纪人买卖证券。机构投资者是指有资格进行证券投资的法人单位。中介机构主要是指证券经营机构、资产评估机构、会计师事务所、律师事务所等。交易场所是进行证券交易的场所，有场内交易市场和场外交易市场两种。自律性组织和监管机构是对证券市场进行监督管理的机构。自律性组织包括证券交易所、证券业协会等，主要是在本所或本行业内实行自我监管。监管机构是代表政府对证券市场进行监督管理的机构，在我国为中国证监会及其派出机构。

证券市场的交易对象是有关金融工具。金融工具主要包括股票、公司债券、企业债券、基金和国债等。另外，证券市场的交易对象包括一些证券衍生产品，如股票期货、股票期权、债券期货、债券期权等，这些现在由《期货和衍生品法》来调整。

（三）证券市场的功能

证券市场的功能是指证券市场对经济发展所产生的影响。持续性的证券交易市场对于证券发行具有重要意义。因为它不仅给证券变现创造了必要的市场条件，使持有证券的投资人可以随时出售证券，收回投资并获得收益，也使投资者通过这一市场获得证券投资机会。

证券市场的功能表现在：①证券市场是筹集资金和吸收公众投资的重要桥梁；②证券市场是合理配置市场资源的重要手段；③证券市场是预测经济趋势、提供必要商情的重要场所；④证券市场是政府货币政策的重要依托。[①]

同时，证券法规不完善、证券市场管理不当会导致投机欺诈盛行，加剧社会矛盾，并加剧经济波动。

五、投资者保护制度

投资者是指为证券市场提供资金并购买相关证券的自然人、法人及非法人组织。《证券法》根据财产状况、金融资产状况、投资知识和经验、专业能力等因素，把投资者分为普通投资者和专业投资者。专业投资者的判断标准由中国证监会规定。普通投资者达到专业投资者标准可以成为专业投资者；反之，亦然。

证券公司在保护投资者方面有适当性管理义务。证券公司向投资者销售证券、提供服务时，应当按照规定充分了解投资者的基本情况、财产状况、金融资产状况、投资知识和经验、专业能力等相关信息；如实说明证券、服务的重要内容，充分揭示投资风险；销售、提供与投资者上述状况相匹配的证券、服务。投资者在购买证券或者接受服务时，应当按照证券公司明示的要求提供前款所列真实信息。拒绝提供或者未按照要求提供信息的，证券公司应当告知其后果，并按照规定拒绝向其销售证券、提供服务。证券公司违反适当性管理规定导致投资者损失的，应当承担相应的赔偿责任。

根据《证券法》规定，普通投资者与证券公司发生纠纷的，证券公司应当证明其行为符合法律、行政法规以及国务院证券监督管理机构的规定，不存在误导、欺诈等情形。证券公司不能证明的，应当承担相应的赔偿责任；该规定并未将适用情形限定在“诉讼纠纷”，所以即使在非诉讼纠纷（如调解）的场合，证券公司也应承担规定的举证责任。

《证券法》还就成立投资者保护机构进行了专门规定。我国的投资者保护机构主要职能包括以下方面：

（1）代理权征集，即上市公司董事会、独立董事、持有1%以上有表决权股份的股东或者依照法律、行政法规或者国务院证券监督管理机构的规定设立的投资者保护机构，可以作为征集人，自行或者委托证券公司、证券服务机构，公开请求上市公司股东委托其代为出席股东会，并代为行使提案权、表决权等股东权利。但征集人应当披露征集文件，上市公司应当予以配合。禁止以有偿或者变相有偿的方式公开征集股东权利。

（2）证券纠纷调解。投资者与发行人、证券公司等发生纠纷的，双方可以向投资者保护机构申请调解。普通投资者与证券公司发生证券业务纠纷，普通投资者提出调解请求的，证券公司不得拒绝。

（3）证券支持诉讼，即投资者保护机构对损害投资者利益的行为，可以依法支持投资者向人民法院提起诉讼。

（4）股东派生诉讼。如果发行人的董事、监事、高级管理人员执行公司职务时违反法

① 李东方．证券法学［M］．北京：中国政法大学出版社，2007：12.

律、行政法规或者公司章程的规定给公司造成损失，发行人的控股股东、实际控制人等侵犯公司合法权益给公司造成损失，投资者保护机构持有该公司股份的，可以为公司的利益以自己的名义向人民法院提起诉讼，其持股比例和持股期限不受《公司法》规定的限制。

（5）代表人诉讼。投资者提起虚假陈述等证券民事赔偿诉讼时，诉讼标的是同一种类，且当事人一方人数众多的，可以依法推选代表人进行诉讼。投资者保护机构受50名以上投资者委托，可以作为代表人参加诉讼，并为经证券登记结算机构确认的权利人依照前款规定向人民法院登记，但投资者明确表示不愿意参加该诉讼的除外。

此外，《证券法》规定了先行赔付制度，即发行人因欺诈发行、虚假陈述或者其他重大违法行为给投资者造成损失的，发行人的控股股东、实际控制人、相关的证券公司可以委托投资者保护机构，就赔偿事宜与受到损失的投资者达成协议，予以先行赔付。先行赔付后，可以依法向发行人以及其他连带责任人追偿。

第二节　证券发行与承销

证券发行是证券交易的前提，是发行主体与投资主体的重要活动。

一、证券发行

证券发行是指经审核符合条件的发行人按照一定程序、以相同条件将有关证券发售给投资者的行为。

（一）证券发行方式

证券发行方式按不同的标准可分为以下几类：

（1）按证券的发行是否要通过承销机构，可分为直接发行与间接发行。

直接发行是指证券发行人无须通过证券经营机构的承销而直接与证券购买人签订购买合同。

间接发行是指证券发行人并不直接与证券购买人发生关系，而是通过证券经营机构承销进行发行。

按照《证券法》，股票发行必须采取间接发行的方式；债券的发行，特别是企业债券的发行，则可选择采取直接发行方式或间接发行方式。

（2）按发行对象的不同，可分为公开发行与非公开发行。

公开发行是指证券发行人以相同条件向不特定的任何社会公众和组织或向200个以上的特定对象所进行的证券发行。有下列情形之一的，为公开发行：①向不特定对象发行证券；②向特定对象发行证券累计超过200人，但依法实施员工持股计划的员工人数不计算在内；③法律、行政法规规定的其他发行行为。

非公开发行是指仅以不超过200个特定的投资者为募集资金对象而进行的证券发行。非公开发行证券，不得采用广告、公开劝诱和变相公开方式，否则即属于公开发行。

（3）按证券发行时间的不同，可分为设立发行与增资发行。

设立发行发生在股份有限公司设立之时，又称首次发行。

增资发行是公司成立之后发行股票的行为。增资发行的方式有：①向原有股东送股；②向原有股东配售；③向不特定社会公众发行新股。

（二）证券发行制度

发行审核指主管机关依法对发行人提交的发行证券的申请作出是否准予发行的制度。关于发行审核，国际上主要有两种体制：

（1）注册制，又称申报制或形式审查制，是指证券监管机构对发行人发行证券，事先不作实质审查，仅对申请文件进行形式审查，发行者在申报申请文件以后的一段时间内，若准予注册，即可发行证券。完备、科学的证券法律和法规体系是注册制的基础，信息披露是注册制的核心，还必须加大对欺诈发行的打击力度，注册制才会成功。发行人提供的材料必须是正式的、真实的、可靠的、全面的。根据《证券法》第九条的规定："公开发行证券，必须符合法律、行政法规规定的条件，并依法报经国务院证券监督管理机构或者国务院授权的部门注册。未经依法注册，任何单位和个人不得公开发行证券。"目前，我国资本市场证券发行全部实施注册制。

（2）核准制，又称实质审查制，即发行者发行证券，不仅要真实公开全部的可供认购者判断的资料，并且要符合若干实质条件。

（三）证券发行条件及规则

依《证券法》规定，注册制下公开发行证券，需要符合一定的标准。

1.公开发行股票的条件

根据《证券法》第十二条，公司首次公开发行新股，应当符合的条件包括：①具备健全且运行良好的组织机构；②具有持续经营能力；③最近3年财务会计报告被出具无保留意见审计报告；④发行人及其控股股东、实际控制人最近3年不存在贪污、贿赂、侵占财产、挪用财产或者破坏社会主义市场经济秩序的刑事犯罪；⑤经国务院批准的国务院证券监督管理机构规定的其他条件。

上市公司发行新股，应当符合经国务院批准的国务院证券监督管理机构规定的条件，具体管理办法由国务院证券监督管理机构规定。公开发行存托凭证的，应当符合首次公开发行新股的条件以及国务院证券监督管理机构规定的其他条件。

《首次公开发行股票注册管理办法》（2023年版）第十到十三条对上述条件进行了细化，主要包括：

（1）发行人是依法设立且持续经营3年以上的股份有限公司，具备健全且运行良好的组织机构，相关机构和人员能够依法履行职责。有限责任公司按原账面净资产值折股整体变更为股份有限公司的，持续经营时间可以从有限责任公司成立之日起计算。

（2）发行人会计基础工作规范，财务报表的编制和披露符合企业会计准则和相关信息披露规则的规定，在所有重大方面公允地反映了发行人的财务状况、经营成果和现金流量，最近3年财务会计报告由注册会计师出具无保留意见的审计报告。发行人内部控制制度健全且被有效执行，能够合理保证公司运行效率、合法合规和财务报告的可靠性，并由注册会计师出具无保留结论的内部控制鉴证报告。

（3）发行人业务完整，具有直接面向市场独立持续经营的能力：①资产完整，业务及人员、财务、机构独立，与控股股东、实际控制人及其控制的其他企业间不存在对发行人构成重大不利影响的同业竞争，不存在严重影响独立性或者显失公平的关联交易。②主营业务、控制权和管理团队稳定，首次公开发行股票并在主板上市的，最近3年内主营业务和董事、高级管理人员均没有发生重大不利变化；首次公开发行股票并在科创板、创业板上市的，最近2年内主营业务和董事、高级管理人员均没有发生重大不利变化；首次公开发行股票并在科创板上市的，核心技术人员应当稳定且最近2年内没有发生重大不利变化；发行人的股份权属清晰，不存在导致控制权可能变更的重大权属纠纷，首次公开发行股票并在主板上市的，最近3年实际控制人没有发生变更；首次公开发行股票并在科创板、创业板上市的，最近2年实际控制人没有发生变更。③不存在涉及主要资产、核心技术、商标等的重大权属纠纷，重大偿债风险，重大担保、诉讼、仲裁等或有事项，经营环境已经或者将要发生重大变化等对持续经营有重大不利影响的事项。

(4) 发行人生产经营符合法律、行政法规的规定，符合国家产业政策。最近3年内，发行人及其控股股东、实际控制人不存在贪污、贿赂、侵占财产、挪用财产或者破坏社会主义市场经济秩序的刑事犯罪，不存在欺诈发行、重大信息披露违法或者其他涉及国家安全、公共安全、生态安全、生产安全、公众健康安全等领域的重大违法行为。董事、监事和高级管理人员不存在最近3年内受到中国证监会行政处罚，或者因涉嫌犯罪正在被司法机关立案侦查或者涉嫌违法违规正在被中国证监会立案调查且尚未有明确结论意见等情形。

案例窗11-1

2.公开发行公司债券的条件

债券发行的条件参见本教材第三章“公司法律制度”。发行公司债券必须依照《证券法》报经国务院授权的部门注册。发行人必须向该审批部门提交《证券法》规定的申请文件和该部门规定的有关文件，主要包括：①公司营业执照；②公司章程；③公司债券募集办法；④国务院授权的部门或者国务院证券监督管理机构规定的其他文件。依照《证券法》规定聘请保荐人的，还应当报送保荐人出具的发行保荐书。

3.发行注册

发行人董事会、股东会应就相关股票发行上市事宜作出决议。发行人申请首次公开发行股票并上市，应当按照中国证监会有关规定制作注册申请文件，依法由保荐人保荐并向交易所申报。交易所收到注册申请文件，在5个工作日内作出是否受理的决定。受理后，未经中国证监会或交易所同意，不得改动。从申报之日起，相关责任人即承担相应法律责任。

交易所设立独立的审核部门，将根据不同板块的发行上市标准对发行人进行审核。认为发行人符合发行条件和信息披露要求的，将审核意见、发行人注册申请文件及相关资料报中国证监会注册。

中国证监会在交易所收到注册申请文件之日起，同步关注发行人是否符合国家产业政策和板块定位。中国证监会收到交易所审核意见及相关资料后，基于交易所审核意见，依法履行发行注册程序，在20个工作日内对发行人的注册申请作出予以注册或者不予注册的决定。中国证监会的予以注册决定，自作出之日起1年内有效，发行人应当在注册决定有效期内发行股票，发行时点由发行人自主选择。

中国证监会作出予以注册决定后、发行人股票上市交易前，发行人应当持续符合发行条件，发现可能影响本次发行的重大事项的，中国证监会可以要求发行人暂缓发行、上市；相关重大事项导致发行人不符合发行条件的，应当撤销注册。中国证监会撤销注册后，股票尚未发行的，发行人应当停止发行；股票已经发行尚未上市的，发行人应当按照发行价并加算银行同期存款利息返还股票持有人。

拓展阅读11-1

发行人首次公开发行股票，应当按照《证券法》等相关法律和法规规定披露信息。

二、证券承销

证券承销是指证券承销机构以一定方式在法定或约定时间内销售发行人公开发行的证券，并由此收取承销费用的行为。

（一）证券承销的方式

发行人向不特定对象发行的证券，法律、行政法规规定应当由证券公司承销的，发行人应当同证券公司签订承销协议。证券承销业务采取代销或者包销方式。证券代销是指证券公司代发行人发售证券，在承销期结束时，将未售出的证券全部退还给发行人的承销方式。证券包销是指证券公司将发行人的证券按照协议全部购入或者在承销期结束时将售后剩余证券全部自行购入的承销方式。

代销与包销的最大不同之处在于：代销为一般的委托代理关系，是在法定或约定的期限内不能完成证券发售任务时，余额退还发行人的证券承销方式。包销包括全额包销和余额包销。余额包销是指证券公司在相关的时间内不能全部售出发行证券的，自己买下全部余额，向发行人支付证券发行款的行为；全额包销是指承销商一次购进全部证券，然后自行或委托中间商出售给投资大众，并支付发行人全部款项的行为。

（二）承销协议的内容

证券公司承销证券，须与证券发行人签订代销或包销协议。该协议的主要条款包括：①当事人的名称、住所及法定代表人姓名；②代销、包销证券的种类、数量、金额及发行价格；③代销、包销的期限及起止日期；④代销、包销的付款方式及日期；⑤代销、包销的费用和结算方式；⑥违约责任；⑦国务院证券监督管理机构规定的其他事项。

此外，承销协议应包括双方当事人所约定的其他内容。

（三）证券承销的规则

公开发行证券的发行人有权依法自主选择承销的证券公司。证券公司承销证券，应当对公开发行募集文件的真实性、准确性、完整性进行核查；发现有虚假记载、误导性陈述或者重大遗漏的，不得进行销售活动；已经销售的，必须立即停止销售活动，并采取纠正措施。证券公司承销证券过程中禁止下列行为：①进行虚假的或者误导投资者的广告宣传或者其他宣传推介活动；②以不正当竞争手段招揽承销业务；③其他违反证券承销业务规定的行为。如有上述行为，给其他证券承销机构或者投资者造成损失的，应当依法承担赔偿责任。

向不特定对象发行证券时，发行人也可以聘请由主承销商和参与承销商组成的承销团进行承销。证券代销、包销的期限最长不得超过90天。

证券公司在代销、包销期内，对所代销、包销的证券应当保证先行出售给认购人，证券公司不得为本公司预留所代销的证券和预先购入并留存所包销的证券。股票发行采用代销方式，代销期限届满，向投资者出售的股票数量未达到拟公开发行股票数量70%的，为发行失败。发行人应当按照发行价并加算银行同期存款利息返还股票认购人。公开发行股票，代销、包销期限届满，发行人应当在规定的期限内将股票发行情况报国务院证券监督管理机构备案。

三、欺诈发行股票和债券的刑事处罚

股票发行制度的成功依赖法律制度的完善，股票发行注册制尤甚。为打击股票、债券发行者的违法行为，《刑法》对此专门进行了规定：

（1）在招股说明书、认股书、公司和企业债券募集办法等发行文件中隐瞒重要事实或者编造重大虚假内容，发行股票或者公司和企业债券、存托凭证或者国务院依法认定的其他证券，数额巨大、后果严重或者有其他严重情节的，处5年以下有期徒刑或者拘役，并处或者单处罚金；数额特别巨大、后果特别严重或者有其他特别严重情节的，处5年以上有期徒刑，并处罚金。

（2）控股股东、实际控制人组织、指使实施上述（1）项行为的，处5年以下有期徒刑或者拘役，并处或者单处非法募集资金金额20%以上1倍以下罚金；数额特别巨大、后果特别严重或者有其他特别严重情节的，处5年以上有期徒刑，并处非法募集资金金额20%以上1倍以下罚金。

单位犯上述（1）（2）项行为的，对单位判处非法募集资金金额20%以上1倍以下罚金，并对其直接负责的主管人员和其他直接责任人员，依照（1）项的规定处罚。

第三节　证券交易及其信息公开

《证券法》对证券交易有较严格的规定，并禁止非法交易行为。信息公开是减少非法交易的重要手段。

一、证券交易的含义及一般规则

证券交易是指对已发行并被投资者认购的证券进行转让、买卖的活动。证券交易一般分为两种形式：一是上市交易，是指证券在证券交易所集中交易挂牌买卖。经批准在证券交易所内登记买卖的证券，被称为上市证券；证券能在证券交易所上市交易的公司，被称为上市公司。二是上柜交易，是指公开发行但未达上市标准的证券在证券柜台交易市场买卖。

《证券法》对证券交易的一般规则进行了详细规定，主要包括：

（1）证券交易当事人依法买卖的证券，必须是依法发行并交付的证券。非依法发行的证券，不得买卖。依法发行的证券，法律对其转让期限有限制性规定的，在限定的期限内不得买卖。

（2）公开发行的证券，应当在依法设立的证券交易所上市交易或者在国务院批准的其他全国性证券交易场所转让。非公开发行的证券，可以在证券交易所、国务院批准的其他全国性证券交易场所、按照国务院规定设立的区域性股权市场转让。证券在证券交易所上市交易，应当采用公开的集中交易方式或者国务院证券监督管理机构批准的其他方式。

（3）证券交易场所、证券公司和证券登记结算机构的从业人员，证券监督管理机构的工作人员，以及法律、行政法规规定禁止参与股票交易的其他人员，在任期或者法定限期内，不得直接或者以化名、借他人名义持有、买卖股票或者其他具有股权性质的证券，也不得收受他人赠送的股票或者其他具有股权性质的证券。任何人在成为所列上述人员时，其原已持有的股票必须依法转让。

（4）证券交易场所、证券公司、证券登记结算机构、证券服务机构及其工作人员应当依法为投资者的信息保密，不得非法买卖、提供或者公开投资者的信息，也不得泄露所知悉的商业秘密。

（5）为证券发行出具审计报告或者法律意见书等文件的证券服务机构和人员，在该证券承销期内和期满后6个月内，不得买卖该证券。除上述规定外，为发行人及其控股股东、实际控制人，或者收购人、重大资产交易方出具审计报告或者法律意见书等文件的证券服务机构和人员，自接受委托之日起至上述文件公开后5日内，不得买卖该证券。实际开展上述有关工作之日早于接受委托之日的，自实际开展上述有关工作之日起至上述文件公开后5日内，不得买卖该证券。

（6）《证券法》第四十四条规定：①上市公司、股票在国务院批准的其他全国性证券交易场所交易的公司持有5%以上股份的股东、董事、监事、高级管理人员，将其持有的该公司的股票或者其他具有股权性质的证券在买入后6个月内卖出，或者在卖出后6个月内又买入，由此所得收益归该公司所有，公司董事会应当收回其所得收益。但是，证券公司因购入包销售后剩余股票而持有5%以上股份，以及有国务院证券监督管理机构规定的其他情形的除外。②上述①项所称董事、监事、高级管理人员、自然人股东持有的股票或者其他具有股权性质的证券，包括其配偶、父母、子女持有的及利用他人账户持有的股票或者其他具有股权性质的证券。③公司董事会不按照①项规定执行的，股东有权要求董事会在30日内执行。公司董事会未在上述期限内执行的，股东有权为了公司的利益以自己的名义直接向人民法院提起诉讼。④公司董事会不按照①项的规定执行的，负有责任的董事依法承担连带责任。

拓展阅读11-2

二、证券上市交易的条件

证券上市是指证券交易所依据一定的标准承认并接纳发行人的有价证券在证券交易所市场上交易，进行自由公开买卖的行为。

法律允许上市的证券主要有股票、股权证、债券和证券投资基金等。除政府公债等豁免证券按主管机关通知，可直接于证券交易所买卖外，其余证券上市必须满足法定条件，由其发行人提出申请，经证券交易所审查，主管机关核准后，才能上市。

（一）股票上市条件

1.股票上市的条件

申请证券上市交易，应当向证券交易所提出申请，由证券交易所依法审核同意，并由双方签订上市协议；应当符合证券交易所上市规则规定的上市条件。如《上海证券交易所股票上市规则》规定，境内发行人申请首次公开发行股票并在本所上市，应当符合下列条件：

（1）符合《证券法》、中国证监会规定的发行条件。

（2）发行后的股本总额不低于5 000万元。

（3）公开发行的股份占公司股份总数的25%以上；公司股本总额超过4亿元的，公开发行股份的比例为10%以上。

（4）市值及财务指标符合本规则规定的标准。境内发行人申请在本所上市，市值及财务指标应当至少符合下列标准中的一项：①最近3年净利润均为正，且最近3年净利润累计不低于1.5亿元，最近一年净利润不低于6 000万元，最近3年经营活动产生的现金流量净额累计不低于1亿元或营业收入累计不低于10亿元；②预计市值不低于50亿元，且最近一年净利润为正，最近一年营业收入不低于6亿元，最近3年经营活动产生的现金流量净额累计不低于1.5亿元；③预计市值不低于80亿元，且最近一年净利润为正，最近一年营业收入不低于8亿元。上述所称净利润以扣除非经常性损益前后的孰低者为准，净利润、营业收入、经营活动产生的现金流量净额均指经审计的数值。上述所称预计市值是指股票公开发行后按照总股本乘以发行价格计算出来的发行人股票名义总价值。

（5）本所要求的其他条件。

《深圳证券交易所股票上市规则》也有类似的规定。

2.股票上市的程序

下面以《上海证券交易所股票上市规则》为例对股票上市程序等作简要介绍。该规则1.3条规定："发行人申请股票及其衍生品种在本所上市的，应当经本所审核并由中国证监会作出予以注册决定。发行人首次公开发行股票或者存托凭证在本所上市的，应当在上市前与本所签订上市协议，明确双方的权利、义务和其他事项。"其具体为：

（1）上市申请。发行人首次公开发行股票后，应及时向证券交易所提出股票上市申请，并提交下列文件：①上市申请书。②中国证监会予以注册的决定。③首次公开发行结束后发行人全部股票已经中国证券登记结算有限责任公司上海分公司登记的证明文件；④首次公开发行结束后会计师事务所出具的验资报告；⑤发行人、控股股东、实际控制人、董事、监事和高级管理人员等根据本所相关规定要求出具的证明、声明及承诺；⑥首次公开发行后至上市前，按规定新增的财务资料和有关重大事项的说明（如适用）；⑦本所要求的其他文件。

（2）证券交易所作出决定。证券交易所收到发行人提交的符合交易规则要求的全部上市申请文件后5个交易日内，作出是否同意上市的决定。出现特殊情况时，证券交易所可以暂缓作出决定。

（3）签订上市协议。证券交易所同意发行人的上市申请后，申请人应与证券交易所签订上市协议。

（4）上市公告。发行人应当于其股票上市前5个交易日内，在指定的媒体或者证券交易所网站上披露下列文件：①上市公告书；②公司章程；③证券交易所要求的其他文件。

（5）挂牌交易。在公开上市公告书后，申请上市的股票将根据证券交易所安排和上市公告书披露的上市日期挂牌交易，直至该股票丧失上市条件。

3.股票终止上市

股票终止上市也称股票退市，是因为上市公司不再符合上市交易的条件或者出现其他原因导致主动退出上市交易，包括强制退市和主动退市。

主动退市的情况比较少见，主要有几种情况，如上市公司主动向交易所提出申请退市或者转市（转到其他交易市场交易）、上市公司因收购等导致公司股本总额或股权分布不再符合上市条件、上市公司因合并不再具有独立主体资格、上市公司股东会决议解散等。主动退市的股票不进入退市整理期交易，完成相关公告程序即可摘牌；同时，不一定进入全国股转系统交易，可以选择其他交易场所交易。

强制退市分为重大违法类强制退市、交易类强制退市、财务类强制退市、规范类强制退市等情形。其中，重大违法退市主要有两种情况：①上市公司存在欺诈发行、重大信息披露违法或者其他严重损害证券市场秩序的重大违法行为，且严重影响上市地位，其股票应当被终止上市的情形；②上市公司存在涉及国家安全、公共安全、生态安全、生产安全和公众健康安全等领域的违法行为，情节恶劣，严重损害国家利益、社会公共利益，或者严重影响上市地位，其股票应当被终止上市的情形。另外几种退市情况比较复杂，具体就是不符合交易所规定的财务指标、交易指标或者公司运行存在影响挂牌交易的各类缺陷等，具体退市标准由交易所规定。

上市公司终止上市的程序由交易所具体规定。

（二）可转换公司债券上市条件

公司申请其可转换债券上市交易，在向证券交易所提出申请时应提交下列文件：①上市申请书；②按照有关规定编制的上市公告书；③发行结束后经会计师事务所出具的验资报告；④受托管理协议；⑤证券交易所要求的其他文件。

上市公司应当在向不特定对象发行的可转换公司债券等证券上市至少3个交易日前，在符合条件的媒体披露下列文件和事项：①上市公告书；②本所要求的其他文件和事项。可转换公司债券上市交易申请经证券交易所审核同意后，签订上市协议的公司除应当公告有关文件外，还应将其申请文件置备于指定场所供公众查阅。

可转换债券不再符合上市条件或者上市规则规定的其他情形的，交易所可依法终止其上市；交易所决定终止其上市的，应及时公告并报中国证监会备案。

三、禁止的证券交易行为

《证券法》公正原则的立法宗旨就在于通过法律手段禁止内幕交易、操纵证券市场、传播虚假信息、证券欺诈等行为，保证投资者在证券市场获得公平、公正的待遇。

（一）禁止内幕交易

内幕交易是指发行证券公司的董事、监事、高级管理人员等内部人员及其他市场相关人员，直接或间接利用其地位、职务之便利或控制关系，获取发行人尚未公开的、对其证券价格有重大影响的信息，自己或通过他人进行证券交易，从中牟利或避免损失的行为。

1.内幕人员

内幕人员即证券交易内幕信息的知情人，主要指下列人员：①发行人及其董事、监事、高级管理人员；②持有公司5%以上股份的股东及其董事、监事、高级管理人员，公司的实际控制人及其董事、监事、高级管理人员；③发行人控股或者实际控制的公司及其董事、监事、高级管理人员；④由于所任公司职务或者因与公司业务往来可以获取公司有关内幕信息的人员；⑤上市公司收购人或者重大资产交易方及其控股股东、实际控制人、董事、监事和高级管理人员；⑥因职务、工作可以获取内幕信息的证券交易场所、证券公司、证券登记结算机构、证券服务机构的有关人员；⑦因职责、工作可以获取内幕信息的证券监督管理机构的工作人员；⑧因法定职责对证券的发行、交易或者对上市公司及其收购、重大资产交易进行管理可以获取内幕信息的有关主管部门、监管机构的工作人员；⑨国务院证券监督管理机构规定的可以获取内幕信息的其他人员。

2. 内幕信息

证券交易活动中，涉及发行人的经营、财务或者对该发行人证券的市场价格有重大影响的尚未公开的信息，被称为内幕信息。

发生可能对上市公司、股票在国务院批准的其他全国性证券交易场所交易的公司的股票交易价格产生较大影响的重大事件，投资者尚未得知时，公司应当立即将有关该重大事件的情况向国务院证券监督管理机构和证券交易场所报送临时报告，并予公告。属于该类内幕信息的，主要是《证券法》第八十条规定的重大事件：①公司的经营方针和经营范围的重大变化；②公司的重大投资行为，公司在一年内购买、出售重大资产超过公司资产总额30%，或者公司营业用主要资产的抵押、质押、出售或者报废一次超过该资产的30%；③公司订立重要合同、提供重大担保或者从事关联交易，可能对公司的资产、负债、权益和经营成果产生重要影响；④公司发生重大债务和未能清偿到期重大债务的违约情况；⑤公司发生重大亏损或者重大损失；⑥公司生产经营的外部条件发生的重大变化；⑦公司的董事、1/3以上监事或者经理发生变动，董事长或者经理无法履行职责；⑧持有公司5%以上股份的股东或者实际控制人持有股份或者控制公司的情况发生较大变化，公司的实际控制人及其控制的其他企业从事与公司相同或者相似业务的情况发生较大变化；⑨公司分配股利、增资的计划，公司股权结构的重要变化，公司减资、合并、分立、解散及申请破产的决定，或者依法进入破产程序、被责令关闭；⑩涉及公司的重大诉讼、仲裁，股东会、董事会决议被依法撤销或者宣告无效；⑪公司涉嫌犯罪被依法立案调查，公司的控股股东、实际控制人、董事、监事、高级管理人员涉嫌犯罪被依法采取强制措施；⑫国务院证券监督管理机构规定的其他事项。

此外，《证券法》第八十一条规定了发生可能对上市交易公司债券价格产生较大影响的重大事件也会构成内幕信息。

证券交易内幕信息的知情人或者非法获取内幕信息的人，在内幕信息公开前，不得买卖该公司的证券或者泄露该信息，或者建议他人买卖该证券。

案例窗11-2

（二）禁止操纵证券市场

操纵证券市场的行为是指行为人背离市场自由竞价和供求关系原则，以各种不正当的手段，影响或者意图影响证券市场价格或者证券交易量，制造证券市场假象，以引诱他人参与证券交易，为自己谋取不正当利益或者转嫁风险的行为。

操纵证券市场的行为实质上是一种对不特定人的欺诈行为。操纵者利用非法手段，使投资者产生投资决策失误，并以此获利。为了保护投资者的利益，维持证券交易公正、合理进行，必须严格禁止操纵市场行为。

《证券法》规定，操纵证券市场的手段主要有：①单独或者通过合谋，集中资金优势、持股优势或者利用信息优势联合或者连续买卖；②与他人串通，以事先约定的时间、价格和方式相互进行证券交易；③在自己实际控制的账户之间进行证券交易；④不以成交为目的，频繁或者大量申报买入、卖出证券并撤销申报；⑤利用虚假或者不确定的重大信息，诱导投资者进行证券交易；⑥对证券、发行人公开作出评价、预测或者投资建议，同时进行反向证券交易；⑦以其他手段操纵证券市场，如利用在其他相关市场的活动操纵证券市场。

操纵证券，影响证券交易价格或者证券交易量，情节严重的，处5年以下有期徒刑或者拘役，并处或者单处罚金；情节特别严重的，处5年以上10年以下有期徒刑，并处罚金。操纵证券市场行为给投资者造成损失的，应当依法承担赔偿责任。

（三）禁止传播虚假信息

禁止任何单位和个人编造、传播虚假信息或者误导性信息，扰乱证券市场。禁止证券交易所、证券公司、证券登记结算机构、证券服务机构及其从业人员，证券业协会、证券监督管理机构及其工作人员，在证券交易活动中作出虚假陈述或者信息误导。

证券交易信息主要通过各种传播媒介来进行传播，其影响面广，且往往具有一定的权威性。因此，各种传播媒介在传播有关证券信息时，必须做到真实、客观，不得利用传播媒介误导投资者。

（四）禁止损害客户利益

在证券交易中，禁止证券公司及其从业人员从事下列损害客户利益的行为：①违背客户的委托为其买卖证券；②不在规定时间内向客户提供交易的确认文件；③未经客户的委托，擅自为客户买卖证券，或者假借客户的名义买卖证券；④为牟取佣金收入，诱使客户进行不必要的证券买卖；⑤其他违背客户真实意思表示，损害客户利益的行为。

违反上述规定给客户造成损失的，应当依法承担赔偿责任。

《证券法》还规定，在证券交易中，禁止出借自己的证券账户或者借用他人的证券账户从事证券交易；禁止资金违规流入股市；禁止投资者违规利用财政资金、银行信贷资金买卖证券。

四、上市公司信息公开

《证券法》对上市公司信息公开有比较严格的要求，从上市公司招股开始就要求披露相关信息，有的甚至要求在招股前应进行相关信息预先披露。

（一）信息公开的含义

信息公开又称信息披露，是证券发行人按照法定要求将自身财务、经营等情况向证券管理部门和证券交易所报告，并向投资人公告的活动。信息公开制度是规定信息公开披露的内容、时间、方式、程序等事项的法律规范。信息公开制度是监管证券市场的重要手段，是证券市场贯彻公开原则的具体体现。

证券发行时的信息公开被称为初次公开或发行公开，发行信息披露的文件主要有招股说明书、招股说明书摘要、招股说明书（申报稿）等；证券上市时及上市后的信息公开被称为持续公开或继续公开，信息公开的义务人主要是上市公司。我们这里主要讨论后者。

（二）信息公开的标准

（1）真实性，是指要求公开的信息内容必须符合上市公司的实际经营状况，不得有任何虚假记载。强调真实性原则，是用投资判断依据的真实性来促进投资判断活动的公平性。

（2）准确性，是指要求公司在公开信息时必须确切表明其含义，其内容不得使人产生误解，不得有误导性陈述，使投资者难以通过其陈述获得准确的信息。

（3）完整性，是指必须将能够影响证券市场价格的重大信息都予以公开，不能有重大遗漏，不能将法定事项部分或全部不予以记载，或者未予以公开。对于投资者整体来说，上市公司将各种影响股票市场价格的重大信息都予以公开，是投资判断正确性和公平性的前提条件。在防止内幕交易方面，完整性原则具有更为重要的作用。

（4）及时性。信息越新，其利用价值也就越高；反之，陈旧的信息可能因环境的变化而变得毫无利用价值。信息披露的及时性要求披露义务人在定时的信息披露中披露最新的信息，在有重大事件发生而可能影响证券的投资价值时，披露义务人应迅速行动，及时披露相关信息。

（5）易解性，即上市公司公开披露的信息应让不具有多少专业技能的普通公众投资者能够较容易并准确理解；所以要求披露人尽量以明确、浅显的语言来表述相关信息，尽可能通俗易懂。

案例窗 11-3

（三）持续信息公开的内容

1.定期报告

（1）中期报告。股票或者公司债券上市交易的公司，应当在每一会计年度的上半年结束之日起2个月内，向国务院证券监督管理机构和证券交易所提交记载以下内容的中期报告，并予公告：①公司财务会计报告和经营情况；②涉及公司的重大诉讼事项；③已发行的股票、公司债券变动情况；④提交股东大会审议的重要事项；⑤国务院证券监督管理机构规定的其他事项。

（2）年度报告。股票或者公司债券上市交易的公司，应当在每一会计年度结束之日起4个月内，向国务院证券监督管理机构和证券交易所提交记载以下内容的年度报告，并予公告：①公司概况；②公司财务会计报告和经营情况；③董事、监事、经理及其他高级管理人员的简介及持股情况；④已发行的股票、公司债券情况，包括持有公司股份最多的前10名股东名单和持股数额；⑤公司的实际控制人；⑥国务院证券监督管理机构规定的其他事项。

（3）季度报告。上市公司在第一季度和第三季度结束后1个月内应依法公开披露其季度报告，其中，第一季度报告不得在上一年度年度报告之前公告。季度报告非强制披露，属公司自愿披露。

2.临时报告

发生可能对上市公司股票、债券交易价格产生较大影响的重大事件，投资者尚未得知时，上市公司应当立即将有关该重大事件的情况向国务院证券监督管理机构和证券交易所报送临时报告，并予公告，说明事件的起因、目前的状态和可能产生的法律后果。

上述所称重大事件除前述《证券法》第八十条规定的事件外，还包括《证券法》第八十一条规定的对债券交易价格产生较大影响的重大事件：①公司股权结构或者生产经营状况发生重大变化；②公司债券信用评级发生变化；③公司重大资产抵押、质押、出售、转让、报废；④公司发生未能清偿到期债务的情况；⑤公司新增借款或者对外提供担保超过上年末净资产的20%；⑥公司放弃债权或者财产超过上年末净资产的10%；⑦公司发生超过上年末净资产10%的重大损失；⑧公司分配股利，作出减资、合并、分立、解散及申请破产的决定，或者依法进入破产程序、被责令关闭；⑨涉及公司的重大诉讼、仲裁；⑩公司涉嫌犯罪被依法立案调查，公司的控股股东、实际控制人、董事、监事、高级管理人员涉嫌犯罪被依法采取强制措施；⑪国务院证券监督管理机构规定的其他事项。

（四）信息公开的义务及监督管理

国务院证券监督管理机构对信息披露义务人的信息披露行为进行监督管理。证券交易场所有义务对相关信息披露义务人的信息披露行为进行监督，督促其依法及时、准确地披露信息。

依法披露的信息，应当在证券交易场所的网站和符合国务院证券监督管理机构规定条件的媒体发布，同时将其置备于公司住所、证券交易场所，供社会公众查阅。

发行人的董事、高级管理人员应当对证券发行文件和定期报告签署书面确认意见。发行人的监事会应当对董事会编制的证券发行文件和定期报告进行审核并提出书面审核意见。监事应当签署书面确认意见。发行人的董事、监事和高级管理人员应当保证发行人及时、公平地披露信息，所披露的信息真实、准确、完整。董事、监事和高级管理人员无法保证证券发行文件和定期报告内容的真实性、准确性、完整性或者有异议的，应当在书面确认意见中发表意见并陈述理由，发行人应当披露。发行人不予披露的，董事、监事和高级管理人员可以直接申请披露。

信息披露义务人披露的信息应当同时向所有投资者披露，不得提前向任何单位和个人泄露；但法律、行政法规另有规定的除外。任何单位和个人不得非法要求信息披露义务人提供依法需要披露但尚未披露的信息。任何单位和个人提前获知的前述信息，在依法披露前应当保密。

信息披露义务人未按照规定披露信息，或者公告的证券发行文件、定期报告、临时报告及其他信息披露资料存在虚假记载、误导性陈述或者重大遗漏，致使投资者在证券交易中遭受损失的，信息披露义务人应当承担赔偿责任；发行人的控股股东、实际控制人、董事、监事、高级管理人员和其他直接责任人员，以及保荐人、承销的证券公司及其直接责任人员，应当与发行人承担连带赔偿责任，但是能够证明自己没有过错的除外。

（五）违规或不披露重要信息的刑事处罚

《刑法》对违规披露或不披露重要信息的犯罪行为规定了严厉的处罚措施：

（1）依法负有信息披露义务的公司、企业向股东和社会公众提供虚假的或者隐瞒重要事实的财务会计报告，或者对依法应当披露的其他重要信息不按照规定披露，严重损害股东或者其他人利益，或者有其他严重情节的，对其直接负责的主管人员和其他直接责任人员，处5年以下有期徒刑或者拘役，并处或者单处罚金；情节特别严重的，处5年以上10年以下有期徒刑，并处罚金。

（2）上述（1）项规定的公司、企业的控股股东、实际控制人实施或者组织、指使实施（1）项行为的，或者隐瞒相关事项导致（1）项规定的情形发生的，依照（1）项的规定处罚。

犯上述（1）（2）项罪的控股股东、实际控制人是单位的，对单位判处罚金，并对其直接负责的主管人员和其他直接责任人员，依照（1）项的规定处罚。

第四节　上市公司收购

上市公司收购是上市公司做大做强的重要手段，但由于上市公司是公众公司，影响公众投资者的利益，所以《证券法》对此有较详细的规定。

一、上市公司收购的概念与种类

上市公司收购是指当事人为取得或巩固对某一上市公司的控制权而购入该公司发行在外的股份的行为。实施收购行为的人被称为收购人，收购目标公司被称为被收购公司，也叫目标公司。上市公司收购的形式多种多样，依不同的标准可分为不同的类型。

1.全面收购和部分收购

根据收购要约中对收购所要达到的持股总数有无要求，上市公司收购可分为全面收购和部分收购。全面收购的收购要约中没有对持股总量的要求；部分收购的收购要约中有对持股总数的要求，并对受要约人的应约股份按比例购入。

2.自愿收购和强制收购

根据收购是否为法律强制性义务，上市公司收购可以分为自愿收购和强制收购。自愿收购是投资者及其一致行动人持有一个上市公司的股份达到一定比例时，自主决定通过发出收购要约以增持目标公司股份。要约人按照自己的收购意愿发出收购要约，并按照在要约中确定的收购价格购入应约人的股份。强制收购是投资者及其一致行动人持有一个上市公司的股份达到法定数额时，强制其向目标公司同类股票的全体股东发出公开收购要约，表示愿意以收购要约中的条件购买该上市公司的股份。

3.场内收购和场外收购

根据收购是否在证券交易所内进行，上市公司收购可分为场内收购和场外收购。凡是在证券交易所内上市的目标公司的收购，被称为场内收购；反之，则被称为场外收购。场外收购必须经国务院证券监督管理机构特别批准方可进行。

此外，上市公司收购根据收购者发出收购要约前是否与目标公司沟通，可分为友好收购和敌意收购；根据收购所要控制的目标和采取的方式不同，可分为直接收购和间接收购；根据收购价格的确定方式不同，可分为协议收购、公开收购和自由竞价收购；根据收购的代价不同，可分为现金收购和股权交换等。

二、上市公司收购的一般规则

《证券法》在上市公司收购的方式、持股披露、强制要约等方面都有详细规定，当事人必须认真履行相应的义务。

1.收购方式

《证券法》规定上市公司收购可以采取要约收购、协议收购及其他合法方式。

要约收购是指当投资者持有一个上市公司的股份达到一定比例时，如果进行收购，则应向目标公司的所有股东发出收购上市公司全部或部分股份的要约，并按收购要约收购目标公司股份的一种收购方式。[①]

协议收购是指收购人通过与上市公司的管理层或者目标公司的股东反复磋商，达成协议，并按照协议所规定的收购条件、收购价格、收购期限以及其他规定事项，收购上市公司股份的收购方式。

2.持股披露规则

《证券法》中有关上市公司收购的规定，借鉴了各国立法的经验，并结合我国的实际情况，规定了持股披露制度，具体有以下两方面的内容：

（1）通过证券交易所的证券交易，投资者持有或者通过协议、其他安排与他人共同持有一个上市公司已发行的有表决权股份达到5%时，应当在该事实发生之日起3日内，向国务院证券监督管理机构、证券交易所作出书面报告，通知该上市公司，并予以公告，在上述期限内不得再行买卖该上市公司的股票，但国务院证券监督管理机构规定的情形除外。公告的具体内容有：①持股人的名称、住所；②持有的股票的名称、数额；③持股达到法定比例或者持股增减变化达到法定比例的日期、增持股份的资金来源；④在上市公司中拥有表决权的股份变动的时间及方式。

（2）投资者持有或者通过协议、其他安排与他人共同持有一个上市公司已发行的有表决权股份达到5%后，其所持该上市公司已发行的有表决权股份比例每增加或者减少5%，应当依照规定进行报告和公告，在该事实发生之日起至公告后3日内，不得再行买卖该上市公司的股票，但国务院证券监督管理机构规定的情形除外。

投资者持有或者通过协议、其他安排与他人共同持有一个上市公司已发行的有表决权股份达到5%后，其所持该上市公司已发行的有表决权股份比例每增加或者减少1%，应当在该事实发生的次日通知该上市公司，并予公告。

3.强制要约规则

强制投资者发出收购要约的条件是：①投资者持有或者通过协议、其他安排与他人共同持有一个上市公司已发行的股份达到30%。②投资者控制上市公司已经发行股份总数的30%，是通过证券交易所的证券交易产生或通过协议产生的。③投资者继续收购上市公司的股份。

投资者应依法向被收购的上市公司的所有股东发出收购要约，不能只向被收购的上市公司的部分股东发出收购要约。收购上市公司部分股份的，应当约定被收购的上市公司股东承诺出售的股份数额超过预定收购的股份数额的，收购人按比例进行收购。

---

① 汪鑫．金融法学［M］．北京：中国政法大学出版社，2007：197.

三、上市公司收购程序

要约收购是收购方向目标公司股东发出收购要约而进行的收购，它是上市公司收购的一种最常见、最典型的方式。

（一）要约收购的程序

1.聘请财务顾问，制作并报送上市公司收购报告书

收购人进行上市公司收购，应当聘请符合《证券法》规定的专业机构担任财务顾问，否则不得收购上市公司。

依照《证券法》发出收购要约，收购人必须公告上市公司收购报告书，并载明下列事项：①收购人的名称、住所；②收购人关于收购的决定；③被收购的上市公司名称；④收购目的；⑤收购股份的详细名称和预定收购的股份数额；⑥收购期限、收购价格；⑦收购所需资金额及资金保证；⑧公告上市公司收购报告书时持有被收购公司股份数占该公司已发行的股份总数的比例。

2.收购要约的期限和效力

收购要约约定的收购期限不得少于30日，并不得超过60日。在收购要约确定的承诺期限内，收购人不得撤销其收购要约。收购人需要变更收购要约的，应当及时公告，载明具体变更事项，且不得存在下列情形：①降低收购价格；②减少预定收购股份数额；③缩短收购期限；④国务院证券监督管理机构规定的其他情形。

收购要约提出的各项收购条件，适用于被收购公司的所有股东，这体现了证券市场的公平原则。上市公司发行不同种类股份的，收购人可以针对不同种类股份提出不同的收购条件。

3.终止上市交易与强制收购

收购期限届满，被收购公司股权分布不符合证券交易所规定的上市交易要求的，该上市公司的股票应当由证券交易所依法终止上市交易；其余仍持有被收购公司股票的股东，有权向收购人以收购要约的同等条件出售其股票，收购人应当收购。收购行为完成后，被收购公司不再具备股份有限公司条件的，应当依法变更企业形式。

（二）协议收购的程序

协议收购是一种善意收购。在我国目前的上市公司购并中，协议收购是最常采用的方式，但《证券法》对协议收购的规定较为简单。

采取协议收购方式的，收购人可以依照法律、行政法规的规定同被收购公司的股东以协议方式进行股权转让。以协议方式收购上市公司时，达成协议后，收购人必须在3日内将该收购协议向国务院证券监督管理机构及证券交易所作出书面报告，并予以公告。在公告前不得履行收购协议。采取协议收购方式的，协议可以临时委托证券登记结算机构保管协议转让的股票，并将资金存放于指定的银行。

（三）收购结束公告

在上市公司收购中，收购人持有的被收购的上市公司的股票，在收购行为完成后的18个月内不得转让。收购行为完成后，收购人与被收购公司合并，并将该公司解散的，被解散公司的原有股票由收购人依法更换。收购行为完成后，收购人应当在15日内将收购情况报告国务院证券监督管理机构和证券交易所，并予以公告。

上市公司分立或者被其他公司合并，应当向国务院证券监督管理机构报告，并予以公告。

第五节 证券交易所

证券发行和交易都必须在一定的场所进行，证券交易所就是这样的场所。证券交易所必须依法设立，并承担法律所赋予的职责。

一、证券交易所的概念和特征

证券交易所（以及国务院批准的其他全国性证券交易场所）是为证券集中交易提供场所和设施，组织和监督证券交易，实行自律管理的法人。我国证券交易所具有如下特征：一是它属于会员制事业法人，依法独立享有民事权利和承担民事义务；二是它为证券的集中竞价交易提供场所，本身不从事任何证券的买卖；三是它履行或者设定严格的证券上市、交易规则，在法定权限内对证券上市人、会员等进行监督；四是它应当依法定条件设立；五是名称中必须标明证券交易所字样。

证券交易所的组织形式主要有两种：公司制证券交易所和会员制证券交易所。公司制证券交易所是指依照《公司法》《证券法》等特别法规，由股东共同出资设立的，采取有限责任公司或股份有限公司形式的证券交易所。会员制证券交易所是由会员构成的社团（事业）法人。我国1990年11月26日设立的上海证券交易所和1991年4月11日设立的深圳证券交易所均属会员制证券交易所。

二、证券交易所的功能

1.保证证券交易的连续性

在证券交易所里，由于各类证券品种都是公开挂牌交易，因此在开市期间，投资人可以随时买进、卖出证券，从而可以变现，减少价格涨落过甚的市场风险，使整个证券市场连续、平衡发展。

2.形成公平的交易价格

由于实行集中竞价，证券交易价格根据证券的供求关系确定，因此通过公开和竞争的方式产生的交易价格，较为公平合理。证券竞价交易采用集合竞价和连续竞价两种方式。集合竞价是指对一段时间内接受的买卖申报一次性集中撮合的竞价方式。连续竞价是指对买卖申报逐笔连续撮合的竞价方式。

3.为证券交易各方提供优质服务

证券交易所为证券交易各方提供场地设施和各种服务，如通信系统、电脑设备，办理证券的结算、过户等，使证券交易各方能迅速、便捷地完成各项证券交易活动。

4.维护证券市场秩序

证券交易所是管理和控制整个证券市场的第一线自律性监管机构。它通过制定和执行交易所的交易规则和交易制度，控制市场风险，处分违规者，从而达到维护市场秩序的目的。

三、证券交易所的设立和组织机构

证券交易所的设立和解散由国务院决定。设立证券交易所必须制定章程，且章程的制定和修改必须经国务院证券监督管理机构批准。证券交易所的章程规定的是证券交易所的根本性问题。

实行会员制的证券交易所设理事会、监事会。理事会由7~13人组成，是证券交易所的决策机构，对会员大会负责；设理事长1人，可设副理事长1~2人，理事长是证券交易所法定代表人。理事长不得兼任总经理。证券交易所设总经理1人，由国务院证券监督管理机构任免。《上海证券交易所章程》规定总经理的职权为：①执行会员大会和理事会决议，并向其报告工作；②主持证券交易所的日常工作；③拟订并组织实施证券交易所工作计划；④拟订证券交易所年度财务预算、决算方案；⑤审定业务细则及其他制度性规定；⑥审定除取消会员资格以外的其他纪律处分；⑦审定除应当由理事会审定外的其他财务管理事项；⑧理事会授予和本章程规定的其他职权。

四、证券交易所的业务范围及职能

上海证券交易所、深圳证券交易所的业务范围及职能主要包括：①提供证券集中交易的场所、设施和服务；②制定和修改证券交易所的业务规则；③按照国务院及中国证监会规定，审核证券公开发行上市申请；④审核、安排证券上市交易，决定证券终止上市和重新上市等；⑤提供非公开发行证券转让服务；⑥组织和监督证券交易；⑦组织实施交易品种和交易方式创新；⑧对会员进行监管；⑨对证券上市交易公司及相关信息披露义务人进行监管，提供网站供信息披露义务人发布依法披露的信息；⑩对证券服务机构为证券发行上市、交易等提供服务的行为进行监管；⑪设立或者参与设立证券登记结算机构；⑫管理和公布市场信息；⑬开展投资者教育和保护；⑭法律、行政法规规定的以及中国证监会许可、授权或者委托的其他职能。

第六节　证券公司、证券登记结算机构及证券服务机构

证券公司、证券登记结算机构及证券服务机构是重要的证券中介机构，是证券市场的重要参与者，它们必须依法成立，并在限定的业务范围内从事经营活动。

一、证券公司

证券公司是指由中国证监会批准依《公司法》设立的在证券市场上经营证券业务的金融机构。证券公司有证券有限责任公司和证券股份有限公司两种。证券公司的设立应符合法律、法规对证券经营机构的特定条件规定，这些特定条件包括资本、人员、场地和管理制度等方面。

（一）设立证券公司的条件

设立证券公司须经国务院证券监督管理机构批准，且应具备以下条件：①有符合法律、行政法规规定的公司章程；②主要股东及公司的实际控制人具有良好的财务状况和诚信记录，最近3年无重大违法违规记录；③有符合《证券法》规定的公司注册资本；④董事、监事、高级管理人员、从业人员符合《证券法》规定的条件；⑤有完善的风险管理与内部控制制度；⑥有合格的经营场所、业务设施和信息技术系统；⑦法律、行政法规和经国务院批准的国务院证券监督管理机构规定的其他条件。

证券公司设立申请获得批准的，申请人应当在规定的期限内向公司登记机关申请设立登记，领取营业执照。证券公司应当自领取营业执照之日起15日内，向国务院证券监督管理机构申请经营证券业务许可证。未取得经营证券业务许可证，证券公司不得经营证券业务。

（二）证券公司的业务范围及注册资本

证券公司可以经营的业务范围包括：①证券经纪；②证券投资咨询；③与证券交易、证券投资活动有关的财务顾问；④证券承销与保荐；⑤证券融资融券；⑥证券做市交易；⑦证券自营；⑧其他证券业务。

经营不同业务的证券公司所要求的注册资本是不同的。证券公司经营上述①至③项业务的，注册资本最低限额为人民币5 000万元；经营④至⑧项业务之一的，注册资本最低限额为人民币1亿元；经营④至⑧项业务中两项以上的，注册资本最低限额为人民币5亿元。证券公司的注册资本应当是实缴资本。

（三）从业人员的要求与限制

证券公司从事证券业务的人员应当品行良好，具备从事证券业务所需的专业能力。因违法行为或者违纪行为被开除的证券交易场所、证券公司、证券登记结算机构、证券服务机构的从业人员和被开除的国家机关工作人员，不得招聘为证券公司的从业人员。

《证券法》第一百二十四条规定，下列人员不得担任证券公司的董事、监事、高级管理人员：①因违法行为或者违纪行为被解除职务的证券交易场所、证券登记结算机构的负责人或者证券公司的董事、监事、高级管理人员，自被解除职务之日起未逾5年；②因违法行为或者违纪行为被吊销执业证书或者被取消资格的律师、注册会计师或者其他证券服务机构的专业人员，自被吊销执业证书或者被撤销资格之日起未逾5年。

国家机关工作人员和法律、行政法规规定的禁止在公司中兼职的其他人员，不得在证券公司中兼任职务。

二、证券登记结算机构

证券登记结算机构为证券交易提供集中的登记、存管与结算服务，是不以营利为目的的法人。设立证券登记结算机构必须经国务院证券监督管理机构批准。

（一）证券登记结算机构的设立条件

设立证券登记结算机构应当具备下列条件：①自有资金不少于人民币2亿元；②具有证券登记、存管和结算服务所必需的场所和设施；③国务院证券监督管理机构规定的其他条件。

证券登记结算机构的名称中应当标明证券登记结算字样。

（二）证券登记结算机构的职能

证券登记结算机构的职能包括：①证券账户、结算账户的设立；②证券的存管和过户；③证券持有人名册登记；④证券交易的清算和交收；⑤受发行人的委托派发证券权益；⑥办理与上述业务有关的查询、信息服务；⑦国务院证券监督管理机构批准的其他业务。

（三）证券登记结算机构的责任

（1）在证券交易所或者国务院批准的其他全国性证券交易场所交易的证券，应当全部存管在证券登记结算机构。证券登记结算机构不得挪用客户的证券。

（2）证券登记结算机构应当保证证券持有人名册和登记过户记录真实、准确、完整，不得伪造、篡改、毁坏，并依法为证券持有人保密。

（3）证券登记结算机构应当具有必备的服务设备和完善的数据安全保护措施，建立健全的业务、财务和安全防范等管理制度，建立完善的风险管理系统，以保证业务的正常进行。

（4）证券登记结算机构应当妥善保存登记、存管和结算的原始凭证。重要的原始凭证的保存期不少于20年。

（5）证券登记结算机构应当设立证券结算风险基金，并存入指定银行的专门账户，实行专项管理。结算风险基金用于因技术故障、操作失误、不可抗力造成的证券登记结算机构的损失。

（6）投资者委托证券公司进行证券交易，应当通过证券公司申请在证券登记结算机构开立证券账户。证券登记结算机构应当按照规定为投资者开立证券账户。

三、证券服务机构

证券服务机构是指证券发行与交易过程中提供专业服务的会计师事务所、律师事务所以及从事证券投资咨询、资产评估、资信评级、财务顾问、信息技术系统服务的证券服务机构。其从事相关业务时应当勤勉尽责、恪尽职守，按照相关业务规则为证券的交易及相关活动提供服务。

（一）证券投资咨询机构

证券投资咨询机构是指专门从事对大量证券信息资料进行系统分析、向证券投资者提供咨询服务的机构。其形式是证券投资咨询有限责任公司。从事证券投资咨询服务业务，应当经国务院证券监督管理机构核准；未经核准，不得为证券的交易及相关活动提供服务。

证券投资咨询业务是指从事证券投资咨询业务的机构及其投资咨询人员为投资人提供证券分析、预测或者建议等直接或者间接有偿咨询服务的活动。证券投资咨询机构及其从业人员从事证券服务业务不得有下列行为：①代理委托人从事证券投资；②与委托人约定分享证券投资收益或者分担证券投资损失；③买卖本证券投资咨询机构提供服务的证券；

④法律、行政法规禁止的其他行为。如有上述行为，给投资者造成损失的，应当依法承担赔偿责任。

（二）证券服务机构的职责

（1）证券服务机构应当妥善保存客户委托文件、核查和验证资料、工作底稿以及与质量控制、内部管理、业务经营有关的信息和资料，任何人不得泄露、隐匿、伪造、篡改或者毁损。上述信息和资料的保存期限不得少于10年，自业务委托结束之日起算。

（2）证券服务机构为证券的发行、上市、交易等证券业务活动制作、出具审计报告及其他鉴证报告、资产评估报告、财务顾问报告、资信评级报告或者法律意见书等文件，应当勤勉尽责，对所依据的文件资料内容的真实性、准确性、完整性进行核查和验证。其制作、出具的文件有虚假记载、误导性陈述或者重大遗漏，给他人造成损失的，应当与委托人承担连带赔偿责任；但是能够证明自己没有过错的除外。

此外，《证券法》就证券业协会、证券监督管理机构、法律责任等作了详细的规定，但限于篇幅，不再赘述。

学思践悟

活跃资本市场 完善分红机制（节选）

党的二十大报告提出："以中国式现代化全面推进中华民族伟大复兴。"学习贯彻党的二十大精神，对中国资本市场而言，建设中国特色现代资本市场就是新征程上的使命任务。坚持和加强党的全面领导，坚持服务实体经济这个着力点，坚持完善资本市场基础制度，坚持守牢风险底线，坚持人民立场，这五个方面既是中国资本市场发展的宝贵经验，也是下一步建设好、发展好中国特色现代资本市场的五大原则。

中国证监会2023年年中工作座谈会指出，中国证监会系统要切实把思想和行动统一到党中央对形势的科学判断和决策部署上来，从投资端、融资端、交易端等方面综合施策，协同发力，确保党中央大政方针在资本市场领域不折不扣落实到位。

就投资端而言，分红回报作为衡量上市公司治理质量和价值创造能力的重要指标，与投资者的回报感获得感紧密关联，相关制度是投资端改革的重要一环。

常态化分红的机制安排，是价值投资、长期投资、理性投资的理念反映，有助于提升投资者的持股回报和信心，活跃资本市场，吸引更多长期资金进入市场，形成良性循环。作为资本市场投资端改革的重要一环，招商证券认为接下来分红回报机制的完善或从以下方面发力：

一是调整细化现有分红机制。实践表明，现行的现金分红与再融资挂钩的分红机制，作为一种"半强制分红政策"，确实存在"监管悖论"的局限性。半强制分红政策难以强制"铁公鸡"公司分红，反而迫使了那些不宜分红的高成长、有再融资需求的公司进行派现，也在一定程度上导致了部分上市公司的应付式分红或形式化分红，降低了分红的真实性和质量。同时，现金分红与再融资挂钩的政策或刺激了上市公司过度依赖股权融资，有再融资动机的公司也较容易通过管理甚至是操纵股利政策来满足监管要求。

注册制改革的目的在于进一步开放和深化中国的资本市场，强化市场主体的自主性和责任性，减少行政干预和审批环节，提高市场效率和增强市场活力。未来可能调整现金分红与再融资挂钩的分红机制，在加强对上市公司分红的引导和监督的同时，可以探讨参考如美国实施多年的累积盈余税制度，将公司的留存盈余作为强制现金分红制度的标准，推动形成清晰明确和稳定持续的上市公司分红政策。

二是实施不同行业的差异化分红政策。不同的公司经营状况不同，所处行业也可能存在差异，所有上市公司采用统一标准进行现金分红，或者要求有融资需求的公司达到一定的分红比率才能进行融资的规定并不一定符合所有股东的利益。近年来，A股上市的企业以战略性新兴产业居多，其处于高速发展期，部分还承担起事关国家安全的战略使命，对资金的需求较高。若一味地要求其高比例现金分红，无疑会阻碍其进一步发展壮大。

现行的《上市公司监管指引第3号——上市公司现金分红》虽提出成长期、成熟期等不同发展阶段的上市公司实施差异化的分红方式，但并未对成长期、成熟期给出明确划分标准，也没有对重大资金支出安排的规模作出定义。下一步的分红机制或将通过可操作的量化标准，如结合企业所处行业、研发投入等指标，制定更明确的差异化分红要求，既推动成熟稳定、盈利能力强、现金流充裕的行业加强股东回报，也能更好支持处于战略性新兴产业的企业发展壮大，提升服务国家重大战略的质效。

三是优化股利税收政策。中国股利的征税标准实行的是差别化税率。目前征收标准按照持股期限的不同而有所区别：持股超过1年得到的红利，免征收个人所得税；持股1个月至1年所得红利的个人所得税税率为10%；持股1个月以内所得红利的个人所得税税率为20%。

差异化的股利税率旨在鼓励证券市场中出现长期稳定的投资者，然而在中国证券市场资本利得无须缴税的背景下，现金分红相较资本利得不具备节税优势。从实践来看，当前的股利税收政策难以真正起到鼓励长线投资、抑制短期投机行为的作用。在投资端改革中，股利税收政策或存在改革空间。一方面，股利税收政策进一步细化条款，相对增大节税优势，激励投资者长期持股；另一方面，为鼓励投资者将所得股息再投入到上市公司或其他有利于经济增长的领域，扩大资本市场的融资功能，也可能出台股息再投资优惠政策。

四是强化投资者监督救济。股东享有分红权，但是对于上市公司股东分红权遭受侵害该如何保护并没有细化的规定，而在资本多数决原则下，大股东掌握着分红决策的话语权，中小股东的分红权极易遭受侵害。投资端改革的目的是优化投资者结构，引导和激励各类投资者合理参与市场，增强市场流动性和活跃度，保护投资者权益和信心，形成良好的市场文化和氛围。

建立上市公司股东强制分红诉讼制度、明确独立董事在分红决定中的责任等或将成为改革方向，以增强投资者特别是中小投资者对上市公司分红决策的参与度和影响力，保障其在分红过程中的知情权、表决权和救济权。

五是健全信息披露制度。信息披露制度的完善有助于增强市场的透明度，使投资者能够更好地理解和评估投资风险。现行的现金分红政策对取消现金分红或变更现金分红数额，仅提出“确有必要”“详细论证”等，缺乏清晰的规定，投资者对分红信息的依据不足。未来，信息披露制度或也将进一步完善分红信息披露的内容、形式、频次和渠道，增强分红信息的真实性、准确性、完整性和及时性，方便投资者获取和分析分红信息，作出合理的投资决策。

资料来源　周汇. 活跃资本市场　完善分红机制［J］. 证券市场周刊，2023（32）：14-16.

问题思考：要建设金融强国，除分红制度外，还需要从哪些方面进一步完善证券法治化建设？

关键术语

证券（security）　证券法（securities law）　股票（stock）　债券（bond）　证券承销（securities underwriting）　证券交易（exchange of securities）　要约收购（tender offer）

基础训练

一、单选题

1.根据《证券法》，股票发行的销售期限不得超过（　　）日。

A.15　　B.30　　C.60　　D.90

2.从事证券服务的机构服务过程中形成的信息和资料保存期限不得少于（　　）。

A.1年　　B.5年　　C.10年　　D.20年

3.为股票发行出具审计报告、资产评估报告或法律意见书等文件的专业机构和人员，在该股票承销期内和期满后不得买卖该种股票的时间是（　　）。

A.1个月内　　B.3个月内　　C.6个月内　　D.1年内

4.根据《证券法》，上市公司向国务院证券监督管理机构和证券交易场所报送年度报告并予公告的时间为（　　）。

A.每一会计年度结束之日起1个月内　　B.每一会计年度结束之日起3个月内

C.每一会计年度结束之日起4个月内　　D.每一会计年度结束之日起6个月内

5.某公司在其招股说明书中所列的募集资金用途为收购一条制药生产线。股票发行上市后，该上市公司发现该项目市场前景欠佳，遂决定取消该项目，将所募资金用于其他项目。根据《证券法》，上述行为须经（　　）批准。

A.国务院证券监督管理机构　　B.原投资项目审批机构

C.公司股东会　　D.公司董事会

6.《证券法》规定，证券交易所的设立与解散的决定权在（　　）。

A.国务院　　B.国务院证券监督管理机构

C.财政部　　D.中国人民银行

7.某股份有限公司拟申请发行可转换公司债券。该公司净资产额为5亿元，3年前该公司曾发行可转换债券尚有1.5亿元未转成股票。该公司此次发行可转换公司债券额最多不得超过（　　）。

A.10 000万元　　B.3 000万元　　C.5 000万元　　D.8 000万元

8.投资者收购上司公司股份需要发出收购要约的，其收购要约的期限不得少于（　　）。

A.30日　　B.60日　　C.90日　　D.120日

9.股票在证券交易所挂牌交易，应当采用公开的交易方式，具体为（　　）。

A.价格优先　　B.时间优先　　C.集中竞价　　D.纸面交易

二、多选题

1.《证券法》所指的证券主要包括（　　）。

A.股票　　B.债券

C.汇票　　D.国务院确定的其他证券

2.下列属于证券市场主体的是（　　）。

A.证券投资者　　B.证券登记结算机构

C.证券交易的服务机构　　D.证券公司和上市公司

3.收购人需要变更收购要约的，应当及时公告，载明具体变更事项，且不得存在下列（　　）情形。

A.降低收购价格

B.减少预定收购股份数额

C.缩短收购期限

D.国务院证券监督管理机构规定的其他情形

4.下列行为属于虚假陈述行为的是（　　）。

A.会计师事务所在审计报告中未能如实说明发行人的负债情况

B.证券经营机构在上市公告书中作出错误的说明

C.证券经营机构不按国家有关法规和证券交易场所业务规则的规定处理证券买卖委托

D.发行人或者发行代理人将证券出售给投资者时未向其提供招股说明书

5.依照有关规定，股份有限公司公开发行股票，将其股票在证券交易所上市交易，（　　）是必须公开披露的信息。

A.招股说明书　　B.上市公告书

C.定期报告　　D.占公司20%的董事发生变动

6.根据《证券法》，下列选项中，属于知悉证券交易内幕信息的知情人员的有（　　）。

A.发行股票公司的控股股东的高级管理人员

B.持有公司5%以上股份的股东

C.国务院证券监督管理机构的工作人员

D.参与证券上市交易有关业务活动的中介机构工作人员

7.股票和债券的主要相同之处为（　　）。

A.股票和债券的持有人都是股东　　B.股票和债券都有收益权

C.持有股票和债券都要承担一定风险　　D.股票和债券在一定范围内都可以流通

三、简答题

1.简述证券和证券法的概念。

2.试述证券发行的制度。

3.试述证券交易的禁止行为。

4.试述股票上市的条件和信息公开制度。

5.试述上市公司收购的概念、收购规则和收购程序。

6.简述证券交易所的业务范围和职能。

四、实务题

甲公司是一家上市公司。2023年3月18日，该公司通过交易所公开竞价买入持有另一家上市公司乙公司2.8%的股份。A公司和B公司是甲公司投资的两家控股企业，在3月28日所持有的乙公司的股票份额也已经分别达到1.1%和1.23%。之后，3家公司继续秘密买进乙公司的股票。至4月9日，甲公司持有乙公司的股票份额已达5.01%，而A公司与B公司持有乙公司的股票份额则分别达到4.9%和3.83%。4月10日，甲公司扫货（不管股价多高，一概买入），同时作出其持股比例已超过5%的公告，并据此要求乙公司召开临时股东会，重新选举公司包括董事长在内的管理层。

问题：

（1）依照《证券法》，甲公司应何时进行公告？

（2）对于甲公司的违规收购行为，依照《证券法》应如何予以处罚？

（3）如果甲公司已合法地持有乙公司10%的股份，并计划继续收购乙公司的股票，最终达到乙公司已发行的股份的30%并继续收购，将会产生什么法律后果？

第十二章　票据法

学习目标

◆ 重点掌握票据的概念及特征，票据行为的概念及特征，票据行为的有效条件，票据行为的代理，票据权利及其取得和种类，票据抗辩权，汇票、本票和支票的具体规定。

◆ 掌握票据的分类，票据的功能，票据法的概念与特征，票据的瑕疵、丧失及补救。

◆ 了解票据法的立法发展。

第一节　票据法概述

票据与人们的商业活动关系密切。其是违法犯罪率高的领域，需要法律规范人们的行为。

一、票据的含义

票据一词有广义与狭义之分。广义的票据指各种商业实务中所使用的表彰财产权的书面凭证，包括钞票、发票、提单、仓单、保单、车票、船票、机票、债券、股票、借据、汇票、本票、支票等。票据法上的票据仅指狭义的票据，即指出票人依法签发的，约定由本人或委托他人在见票时或者在票载日期到来时无条件支付确定的金额给收款人或持票人的一种有价证券。

二、票据的特征

1.票据的完全有价证券性

完全有价证券是指票据权利与票据证券同时发生、转移和消灭。票据权利的产生以作成票据为必要；票据权利的转移以交付票据为必要；票据权利的行使以持有并提示票据为必要。

2.票据的金钱性

票据的发生和存在都是以支付一定金钱为目的和内容，并且是唯一目的与内容。票据的持票人享有向票据上的债务人请求支付票载金额的请求权和追索权，这种付款请求权和追索权本质上都是债权。

3.票据的无因性

票据法理论上的无因性，指的是票据只要符合票据法规定的形式要件，票据权利就产生，其效力原则上不受产生票据的原因关系（如买卖、租赁、雇佣等合同关系）的影响。

票据原因关系的无效、撤销和消灭对于票据的效力不产生影响。

拓展阅读 12-1

4.票据的要式性

票据是依票据法签发的有价证券，其制作、转让、保证及承兑的方式等，票据法都有明确的规定，票据行为必须严格按照票据法规定的要素和款式作成，才能产生票据法上的效力。

5.票据的文义性

根据票据法理论，票据上的一切权利和义务，只能按照票据上记载的文义来确定。在票据上签章者都应依票据所载文义承担责任。

6.票据的流通性

流通是票据的重要特征，是票据所采取之最高原则。票据法之一切制度，无不以此原则为出发点。转让时无须由让与人或者受让人通知票据债务人；票据权利转让后，原则上新的持票人不承受前手在票据上的瑕疵。

三、票据的分类

（一）法律上的分类

《票据法》第二条第二款规定："本法所称票据，是指汇票、本票和支票。"所以，在法律上，我国的票据分为汇票、本票和支票。

（二）学理上的分类

1.自付票据与委托票据

这是依据出票人是否直接付款所进行的分类。自付票据是指出票人本人直接对票据无条件付款的票据，如本票。委托票据是指出票人本人不直接承担付款义务，而是委托他人并在票据上加以记载，由该他人承担无条件付款义务的票据，如汇票、支票。

2.信用票据与支付票据

这是依据票据的不同功能所进行的分类。支付票据是指见票即付并只能由银行或者其他金融机构支付的票据，支票属于典型的支付票据。信用票据是依靠出票人的信用而签发的在出票日后的指定日期才能支付票据金额的票据，如汇票、本票。

3.记名票据、无记名票据及指示式票据

这是依据票据是否记载权利人的名称或姓名进行的分类。记名票据是指在票据上明确记载权利人的名称的票据。无记名票据是指在票据上不记载收款人的名称，或者把权利人记作持票人或来人等字样的票据。指示式票据是指在票据上记载的收款人的姓名或名称之后，还附加记载"或其指定之人"的票据。

4.即期票据与远期票据

这是依据票据上所记载的到期日的不同所进行的分类。即期票据是指持票人得随时提示付款，由出票人见票付款的票据。远期票据是指在票据上记载将来某个日期为到期日，付款人在该日期到来时才付款的票据。

四、票据的功能

票据的功能众多，但概括起来主要包括以下几类：

（1）支付功能。这是票据最基本的原始功能之一，票据具有代表定额货币代替现金支付的功能。这是适应贸易活动中支付方便安全的需要而产生的。汇票、本票、支票都具有这一功能，支票是单纯的支付工具。

（2）汇兑功能，是指票据具有异地输送资金的作用。付款人只需要将一定金额之票据交付或寄给收款人，即可达到隔地或同地异处运送一定资金的目的。本票、支票都具有这一作用。在我国，票据的汇兑功能主要是通过汇票来实现的。

（3）信用功能，是指票据的出票人可以使用未来可期待取得的资金签发票据，即将未来可取得资金的信用能力转变为当前的支付能力。票据的信用功能主要体现在远期票据上。

（4）流通功能，是指基于票据流通转让的属性，票据权利依背书或交付而随意转让，自由流通，不受民法中有关债权让与规定的限制，可以节约商品流通环节中的货币资金。

（5）融资功能，是指票据当事人可以通过票据转让或贴现来筹集资金。票据当事人可以利用票据调度资金，功能主要通过票据的转让和贴现来实现。

（6）支付结算功能，是指当事人可以通过签发、转让、承兑、议付票据结清相互之间的资金关系。使用票据进行结算，手续既方便又安全。复杂的结算则可通过各国普遍建立的票据交换制度来完成。

五、票据法

（一）票据法的概念与特征

1.票据法的概念

票据法是调整票据关系以及与票据关系有关的其他社会关系的法律规范的总称。票据法有广义、狭义之分。广义的票据法又称实质票据法，是指一切有关票据的法律规范。狭义的票据法是指主要规范票据关系并以“票据法”命名的法律、法规以及实施细则。

2.票据法的特征

（1）强行性。票据法虽然属于民法的特别法或部门法，但其对于民法中的任意规范采用较少，票据法中的规定几乎都是强行性规定，赋予选择的自由空间很小。

（2）技术性。票据法的规范更多考虑的是方便交易、繁荣市场的技术上的要求，而较少受不同国家、不同民族的思想文化传统和伦理道德的影响，是一种技术性较强的规范。

（3）私法兼具公法性。票据法作为民商法的特别法，调整的是平等主体之间因票据而产生的社会关系，理当属于私法的范畴；但其也规定了大量的公法性规范，体现了票据法的公法性特征。

（4）国内法兼具国际性。票据法虽然属于国内法，但具有较强的国际统一性。各国的票据立法都尽可能地与国际票据规则相接轨，内容上日渐趋同，票据法也因而成为国际统一化程度最高的法律。

（5）实体法兼具程序性。票据法属于实体法，但同时有许多程序性规定。票据的运作注重程序，许多规定都体现了票据法严格的程序性要求。

（二）我国票据立法的发展

我国历史上很早就有了类似于票据的汇兑支付工具，但受封建社会重农抑商制度的制约，在很长一段历史时期内，票据的实践一直未能得到制度化和法律化。

清朝末年，西方银行带来了西方的票据制度，并逐步取代了我国原有的钱庄及票据制度。1929年，中国诞生了历史上第一部票据法——《票据法》。1930年，国民政府又公布了《票据法实施法》，共20条。

中华人民共和国成立后，废除了包括1929年《票据法》在内的之前所有法律，在此后的相当长时期内，一直用行政办法来管理票据，对票据的使用进行严格的限制。1995年5月10日，第八届全国人民代表大会常务委员会第十三次会议通过《中华人民共和国票据法》（以下简称《票据法》），于1996年1月1日起实施；于2004年8月28日进行了第一次修正。

第二节 票据行为

一、票据行为的概念、特征和种类

（一）票据行为的概念

票据行为有广义与狭义之分。狭义的票据行为是指票据关系人以发生票据债权和债务关系为目的的要式法律行为，主要包括出票、背书、承兑、参加承兑、保证、保付。广义的票据行为是指以票据上权利与义务关系的发生、变更或消灭为目的而为的法律行为，除了包括上述狭义的票据行为外，还包括付款、参加付款、见票、划线、涂销等。

（二）票据行为的特征

（1）要式性。票据行为具有严格的法定行为方式，票据法对每种票据行为都规定了必要的方式，不允许当事人自由决定或变更，否则票据不生成法律效力，票据因此被称为要式证券。票据行为的要式性有利于票据的安全流通。

（2）文义性，是指票据行为的内容完全以票据所载文字为准，即使文字记载与实际情况不一致，仍然能发生票据上的法律效力。

（3）无因性，是指票据行为一旦成立，就与其赖以产生的基础关系（票据原因关系、票据资金关系、票据预约关系）完全分离，该基础关系有效与否甚至存在与否都不会影响票据行为的效力。

（4）独立性，是指依法成立的各个票据行为，分别依其在票据上所记载的文义独立发生效力，不受其他票据行为的影响。

（5）连带性，是指同一票据上的各种票据行为人均对持票人承担连带责任。由于票据行为具有独立性和无因性，这就使持票人的权利实现受到影响，因此票据法规定了连带原则，以保护持票人的票据债权。

（三）票据行为的种类

《票据法》规定了出票、背书、保证、承兑4种票据行为。本教材另介绍了由承兑衍生的参加承兑和保付。

1. 出票

出票是指出票人依照法定款式作成票据并交付于收款人的行为，是创设票据权利的原始行为。它包括作成和交付两种行为。作成就是出票人按照法定款式制作票据，在票据上记载法定内容并签章。交付是指根据出票人本人的意愿将其交给收款人的行为，不是出于出票人本人意愿的行为。如偷窃票据，不能被称作交付，因而也不能被称作出票行为。

2. 背书

背书是指持票人通过在票据背面的书写将票据权利转让给他人的行为。票据的特点在于流通性。票据转让的主要方法是背书，当然除此之外还有单纯交付。背书是转让票据权利的行为，票据一经背书转让，票据上的权利也随之转让给被背书人。

案例窗 12-1

3. 保证

保证是指除票据债务人以外的第三人为担保票据债务的履行、以负担同一内容的票据债务为目的的一种附属票据行为。保证适用于汇票和本票，不适用于支票。

4. 承兑

承兑是指汇票的付款人承诺负担票据债务的行为。承兑为汇票所独有。汇票的出票人和付款人之间是一种委托关系。出票人签发汇票，并不等于付款人就一定付款，持票人为确定汇票到期时能得到付款，在汇票到期前向付款人进行承兑提示。如果付款人签名承兑，那么他对汇票的到期付款承担责任；否则，持票人有权对其提起诉讼。

5. 参加承兑

参加承兑是指票据的预备付款人或票据债务人以外的第三人，为了特定票据债务人的利益，代替承兑人进行承兑的票据行为。它一般是在汇票得不到承兑，付款人或承兑人死亡、逃亡或因其他原因无法承兑，付款人或承兑人被宣告破产的情况下发生。

6. 保付

保付指支票的付款人向持票人承诺负绝对付款责任的附属票据行为。支票一旦经付款人保付，在支票上注明“照付”或“保付”字样，并经签名后，付款人便负绝对付款责任；不论出票人在付款人处是否有资金，或者即使出票人撤回付款委托，付款人仍须按规定付款。

二、票据行为的有效要件

票据行为作为一种法律行为，必须同时具备实质有效要件与形式有效要件。

（一）票据行为的实质有效要件

1. 票据行为人具有票据能力

票据行为人的票据能力包括票据权利能力和票据行为能力，是《民法典》有关当事人民事权利能力和民事行为能力法律规定在票据法上的具体体现，这里不再赘述。

2. 意思表示真实

意思表示是民事法律行为的必备要素，也是票据行为不可缺少的要件。由于票据行为具有文义性、无因性等特征，票据行为在对意思表示真实的具体适用上又有一定的特殊性，即以行为的外观来确定票据行为的效力。票据法强调对行为人的意思表示作客观、规范的解释，只要在外观上足以使人相信行为人的意思表示是真实的，票据行为就是有效的。

3.票据行为的合法性

票据行为的合法性分为内容合法与形式合法两个方面。这里的票据行为合法，只要求票据行为的形式合法。

（二）票据行为的形式有效要件

1.票据必须以书面形式作成

票据法上所讲的书面形式，有其严格而具体的含义，不仅要求票据行为必须在特定的纸张上进行，而且对文字字体及书写笔墨等都有明确而具体的规定。

2.票据行为人必须在票据上签章

尽管不同的票据行为的内容不同，但签章是票据法对每一种票据行为所作的共同的强制性要求，票据签章是各种票据行为生效的必备要件。出票人在票据上的签章不符合规定的，票据无效。

承兑人、保证人在票据上的签章不符合规定的，或者无民事行为能力人、限制民事行为能力人在票据上签章的，其签章无效，但不影响其他符合规定签章的效力。

背书人在票据上的签章不符合规定的，其签章无效，但不影响其前手符合规定签章的效力。

3.票据行为必须符合法定的款式

票据行为的款式是指票据行为的记载事项。票据法对各种票据行为的记载事项都有具体的要求，票据行为必须依票据法的要求记载相关事项，才能产生法律效力。票据法规定的记载事项由于其效力不同，可分为必要记载事项、可以记载事项、不得记载事项及记载不产生票据法上的效力的事项。

（1）必要记载事项又可分为绝对必要记载事项和相对必要记载事项。绝对必要记载事项，即依票据法非记载不可的事项，如缺其一则票据无效。相对必要记载事项是指依票据法应该记载的事项。但如果在票据上不作记载，法律另有补充规定，票据不因此而无效。

（2）可以记载事项又称任意记载事项，是根据票据法规定，可由当事人按其意愿任意记载的事项，这些事项一旦记载，则产生票据法上的效力，如不得转让等。

（3）不得记载事项又称有害事项，是指按票据法规定，不得在票据上记载的事项。这类事项分两种：一是该类记载无效的事项。该事项记载无效，票据仍然有效。二是使票据无效的事项。这些事项记载后，整个票据无效。如附条件支付的记载，票据即归无效。

（4）记载不产生票据法上的效力的事项是指票据上记载了票据法规定以外的事项，如签发票据的原因和用途、收款人银行账号等。这种事项的记载不发生票据法上的效力，但不影响民法上的效力。

4.票据行为人必须交付票据

所谓交付，是指票据行为人将记载完毕的票据交给相对人持有。有效的票据行为，除了行为人以书面在票据上记载法定事项并签章外，还需要将票据交付相对人。

三、票据行为的代理

票据行为的代理与《民法典》上的代理原理相同。

（一）票据行为的代理的概念和构成要件

票据行为的代理是指代理人在代理权限范围内，在票据上载明本人（被代理人）的名称或姓名及为本人代理的意思，以本人名义实施票据行为并在票据上签章，从而对本人直接发生票据法上的效力的行为。

票据行为的代理有效构成要件包括：①代理人依法享有代理权并在代理权限范围内行使代理权；②代理人行使代理权必须在票据上明示本人（被代理人）的名义；③代理人行使代理权必须在票据上表明为本人代理的意思；④代理人必须在票据上签章。

（二）无权代理、越权代理和表见代理

1.无权代理

无权代理是指行为人没有代理权，在票据上明示本人（被代理人）的名义，表明自己为被代理人代理的意思并签章的行为。无权代理的后果由代理人自行承担。

2.越权代理

越权代理是指代理人虽有代理权，但其超越代理权限范围而为的票据行为。在我国，《票据法》第五条第二款规定："代理人超越代理权限的，应当就其超越权限的部分承担票据责任。"

3.表见代理

如表见代理成立，持票人可以自由选择，依民法理论主张本人承担授权人的义务，本人不得以无权代理为由对抗持票人；持票人也可以根据票据法关于无权代理的规定，直接请求行为人承担票据义务，行为人不得以表见代理成立而主张抗辩。不过，持票人（善意第三人）依法对其中任何一方主张票据权利并获得给付后，不得再向另一方追究责任。

第三节　票据当事人的权利

一、票据权利

（一）票据权利的概念、种类和特征

1.票据权利的概念和种类

票据权利是指持票人向票据债务人或关系人请求支付一定金额的权利。其包括付款请求权和追索权。

（1）付款请求权是指持票人向票据主债务人或者票据关系人请求支付票据金额的权利。这是票据上的第一次权利，票据主债务人只有基于消灭时效才能免除其票据责任。

（2）追索权是指当票据到期得不到付款，或者在到期日前得不到承兑，或者在到期日前由于其他法定原因使票据可能得不到承兑或者付款时，持票人在保全票据权利的基础上，向付款人以外的票据债务人请求支付票据金额及其他法定款项的权利。

2.票据权利的特征

票据权利的特征主要包括：①票据权利是票据持票人向票据债务人或关系人行使的一

种权利；②票据权利是一种单纯的金钱给付请求权；③票据权利是双重请求权（付款请求权和追索权）；④票据权利是无因性权利。

（二）票据权利的取得

1.票据权利的原始取得

（1）出票取得票据权利，是指持票人基于出票人的出票取得票据，实现了对票据的占有，原始取得了票据权利。

（2）善意取得票据权利。善意取得是指票据受让人依票据法所规定的票据转让方式，善意地从无处分权人手中取得票据，从而享有票据权利的一种法律制度。票据的善意取得必须同时具备下列条件：①持票人必须是从无处分票据权利的人手中取得票据；②持票人必须是依票据法上规定的票据转让方式（背书或者交付）取得票据；③持票人取得票据时必须是善意的，无恶意或重大过失；④持票人必须是给付了相应对价而取得票据。

2.票据权利的继受取得

（1）票据法上的继受取得。持票人按照票据法上规定的背书或者交付方式，从有权处分票据人处受让票据权利，或者票据保证人因履行票据义务而取得票据权利，或者是被追索人因清偿债务而取得票据权利。

（2）一般民商法上的继受取得。持票人按照一般民商法的普通债权的转让、继承、赠与、企业合并等方式取得票据，同时取得票据权利。

（三）票据权利的行使、保全和消灭

票据权利的行使是指票据权利人请求票据义务人履行票据义务的行为。票据权利的保全是指票据权利人为防止票据权利的丧失而实施的一切行为。

票据权利的行使和保全方法通常有提示票据、依法取证。提示票据是指在票据法规定的期间内，现实地向票据债务人或关系人出示票据，请求其履行票据债务（承兑或支付票据金额），是行使请求权的前提。依法取证是指依法取得相关的证据证明持票人曾经依法行使票据权利而遭到拒绝或者根本无法行使票据权利。

票据权利的消灭是指票据权利由于一定法定事由的出现失去法律效力。这些事实主要有付款、拒绝付款、记载事项的更改、时效期间经过、保全手续欠缺、民法上规定的债权消灭等。

二、利益偿还请求权

利益偿还请求权是指当票据权利因时效届满或者手续欠缺而消灭时，票据的持票人享有的请求票据的出票人或者承兑人在其所受利益限度内予以偿还的权利。《票据法》第十八条规定：“持票人因超过票据权利时效或者因票据记载事项欠缺而丧失票据权利的，仍享有民事权利，可以请求出票人或者承兑人返还其与未支付的票据金额相当的利益。”

利益偿还请求权的成立需具备的要件是：①必须有合格的权利行使人。②票据上的权利曾有效存在过。③票据权利必须是因时效期限届满或欠缺保全手续而消灭。④出票人或者承兑人只在其因持票人的票据权利丧失而实际享有的利益限度之内负偿还责任。

持票人行使利益偿还请求权，不以持有票据并提示票据为必要，但应提供证明自己能够行使该权利的所有事实。利益偿还请求权的诉讼时效适用《民法典》的一般规定。利益偿还请求权行使的结果是完全地消灭票据权利和票据法上的权利。

三、票据抗辩权

（一）票据抗辩权的概念和特征

票据抗辩权是指票据债务人享有的依法对票据债权人拒绝履行票据债务的权利。其具体包括以下含义：①票据抗辩权是票据债务人所享有的一种权利；②票据债务人行使票据抗辩权以不履行票据债务为目的；③票据债务人行使票据抗辩权必须存在法定的抗辩事由；④票据债务人行使抗辩权必须符合票据法的规定。

（二）票据抗辩权的类型

票据债务人行使票据抗辩权的类型，也称票据抗辩法定事由或原因，是指法律规定票据债务人可以对票据的持票人进行抗辩的依据。其可分为物的抗辩和人的抗辩两大类。

1.物的抗辩

物的抗辩又称绝对的抗辩或客观的抗辩，是指基于票据本身的事由（票据存在瑕疵）而进行的抗辩。票据债务人可以对一切持票人行使，该抗辩权并不因为持票人的不同而有所影响，权利行使只和票据本身这个物相关。根据抗辩权人范围的不同，物的抗辩可分为：

（1）一切票据债务人可以对一切债权人行使的抗辩。其具体可分为：①欠缺票据上应记载事项或记载了票据上不得记载的事项而使票据无效的抗辩。②票据上记载的到期日未到或票据上记载的付款地点与持票人请求付款的地点不符而对权利人可以行使的抗辩。③票据应依法付款或依法提存而使票据权利消灭的抗辩。④票据因人民法院作除权判决而使票据权利失效的抗辩。

（2）特定的票据债务人可以对一切债权人行使的抗辩。特定的票据债务人是指有效票据上某一不合法行为的直接相对人。有下列情形之一的，特定的票据债务人可以行使抗辩权：①签章人为民事行为能力欠缺者；②无权代理和越权代理；③票据伪造、变造；④票据权利的行使和保全手续欠缺；⑤票据权利因时效期限届满而消灭；⑥对不得转让的票据背书转让的。

2.人的抗辩

人的抗辩又称相对的抗辩或主观的抗辩，是指特定的票据债务人基于票据本身之外（票据无瑕疵）的原因对特定的票据债权人的抗辩。这种抗辩是基于当事人之间的特定关系而产生的，一旦持票人发生变更，就不得再进行抗辩。人的抗辩包括：

（1）一切票据债务人可以对特定的票据债权人行使的抗辩，包括以下情形：①持票人欠缺或丧失受偿能力；②持票人取得票据时为恶意；③持票人欠缺形式上、实质上的受领资格的抗辩。

（2）特定票据债务人可向特定的票据债权人行使的抗辩，包括以下情形：①票据原因关系不合法或不存在或消灭；②欠缺对价；③直接当事人之间特别约定的情势出现；④票据债务已经清偿、抵销或免除而未载于票据上，可对直接当事人抗辩；⑤票据欠缺交付。

（三）票据抗辩权行使的限制

票据抗辩权行使的限制是指票据法对票据债务人不得对特定的持票人行使抗辩权的规定。在票据抗辩中，物的抗辩是客观的、绝对的，是基于票据自身或票据上记载的债务人自身的原因而发生的，不存在对物的抗辩进行限制的问题。票据抗辩权的行使限制主要是指对人的抗辩的限制。

案例窗 12-2

第四节　票据的瑕疵、丧失及补救

一、票据的瑕疵

票据的瑕疵是指票据上存在影响票据权利与义务关系的行为。其主要包括票据伪造、变造与涂销。

（一）票据伪造

1.票据伪造的概念及构成要件

票据伪造是指假冒他人的名义或虚构他人名义在票据上进行票据行为并签章的行为。构成票据伪造行为必须具备以下要件：①伪造者所为的行为在形式上符合票据行为的要件。②伪造者必须假冒他人名义或虚构他人名义在票据上签章，即未得到他人的授权而以他人名义在票据上签章。

2.票据伪造的法律后果

（1）对票据伪造人的法律后果。票据伪造人没有在票据上真正签名或盖章，因而其不承担票据责任，但承担其他法律责任（刑事责任、损害赔偿责任）。

（2）对被伪造人的法律后果。由于被伪造人自己并没有亲自或依法委托他人在票据上签章，既不承担任何票据责任，也不用对任何人承担其他法律责任。

（3）对票据上真正签章人的法律后果。当票据上既有伪造的签章又有其他真实的签章时，伪造的签章不影响真实的签章的效力，真实的签章人应对自己所为的票据行为承担票据义务，这是因为票据行为具有独立性。

（4）对票据付款人的法律后果。根据《票据法》第五十七条及《支付结算办法》第十七条，付款人或代理付款人在付款时，只要按照法律规定对票据上的签章及各项记载事项进行了通常的审查，不存在恶意及重大过失的情形，那么即使其未能辨认出票据上有伪造的签章而付了款，这一付款行为也是有效的。付款人及其代理付款人以恶意或者有重大过失付款的，应当自行承担责任。

（5）对票据持票人的法律后果。善意取得伪造票据的持票人，对伪造人以及被伪造人均不能主张票据权利，对真实签章的票据债务人仍然可以主张完全的票据权利。

（二）票据变造

1.票据变造的概念与构成要件

票据变造是指没有合法变更权限的人所为的变更除签章以外的其他票据记载事项的行

为。构成票据变造行为必须具备以下几个要件：①变造票据必须是没有变更权限的人所为的行为。②票据变造必须是以被变造的票据合法存在为前提。③票据变造必须是变更票据签章以外的其他事项的行为。

2.票据变造的法律后果

（1）对票据变造人的法律后果。如果票据变造人本来就是票据上的行为人，在票据上有其签章，那么该变造人应当按其变造后的票据记载事项承担票据义务，并承担变造票据的刑事责任、民事责任；如果票据变造人在票据上没有签章，则不负有票据上的义务，但应当承担刑事责任、民事责任。

（2）对票据上其他签章人的法律后果。在变造之前签章的人，对变造前的原记载事项负责；在变造之后签章的人，对变造后的记载事项负责；不能辨别是在票据被变造之前还是之后签章的，视为在变造之前签章。

（3）对票据持票人的法律后果。善意取得变造票据的持票人，可以向票据债务人主张完全的票据权利，依其取得票据时记载的文义行使票载金额的请求权。

案例窗 12-3

（4）对票据付款人的法律后果。票据变造对票据付款人的法律后果与票据伪造对票据付款人的法律后果基本相同。

（三）票据涂销

1.票据涂销的概念及构成要件

票据涂销是指采用某些方法，涂抹或消除票据上的签名或其他记载事项的行为。票据涂销应具备以下要件：票据涂销应是有涂销权人故意所为的行为；票据涂销仅限于对票据上记载事项的涂抹和消除行为。

2.票据涂销的效力

（1）权利人故意涂销的后果。有涂销权的人故意涂销的，被涂销部分的记载事项失去票据记载效力，被涂销部分的票据权利自然消灭。

（2）权利人非故意涂销的后果。权利人的非故意涂销行为不影响票据权利的行使。

（3）非权利人涂销的后果。非权利人的涂销行为，无论行为人主观故意或非故意，均不影响票据权利。

二、票据丧失及其补救

（一）票据丧失的概念及构成要件

票据丧失是指持票人并非出于自己的本意而丧失对票据的占有，简称失票。票据丧失又分为票据的绝对丧失与票据的相对丧失。前者是指票据的物质形态已经发生了根本性的变化，作为一张票据已不存在，也称票据的灭失，如烧毁、腐烂。后者是指票据只是脱离了真正权利人的占有，而在物质形态上并没有发生根本性的变化，作为一张票据仍然存在，只是原来的持票人丧失了对票据的占有，如票据遗失、被盗、被抢。

票据丧失的构成要件：①必须有持票人丧失对票据的占有的事实；②持票人丧失票据是由其意志以外的原因造成的；③持票人所丧失的票据上的票据权利必须有效存在。

（二）票据丧失的法律后果

票据作为完全有价证券，无论是绝对丧失还是相对丧失，都将导致票据权利人无法行使票据权利的法律后果。但是，票据的绝对丧失与相对丧失的风险不同。

（三）票据丧失的补救

1.票据绝对丧失后的补救

票据绝对丧失后，不可能为他人取得占有，票据权利人无法再恢复占有，票据权利人可以向人民法院提出确认之诉。权利人只需提供证据证明其所享有的票据权利及有关票据灭失的事实。管辖人民法院作出裁定确认以后，即可以在票据未到期时，请求原出票人签发新票据，或者票据已到期时，凭人民法院的裁定向票据付款人或其他票据债务人行使付款请求权或追索权。

2.票据相对丧失后的补救

大量的票据丧失的事例属于票据相对丧失的情况。票据本身并未毁灭，仍然可以流通，也有可能被善意第三人取得。票据权利人相对丧失其票据以后，主要是失去了行使票据权利的依据。为防止票据金额被他人冒领，防止票据通过流通转至善意第三人之手，同时为了恢复行使票据权利的依据，票据权利人可以采取相应的补救措施。我国票据相对丧失的补救措施分为挂失止付、公示催告和提起诉讼。

（1）挂失止付是指在票据丧失时，失票人将丧失票据的情况通知付款人，并请求付款人停止付款，接受挂失止付的付款人在票据款项未被他人取得的情况下，决定暂停支付的一种失票补救措施。这是我国传统商事习惯上对票据丧失的一种补救方法。

①挂失止付的适用范围。只有当依法可以挂失止付的票据丧失时才可以挂失止付。《支付结算办法》第四十八条规定："已承兑的商业汇票、支票、填明'现金'字样和代理付款人的银行汇票以及填明'现金'字样的银行本票丧失，可以由失票人通知付款人或者代理付款人挂失止付。未填明'现金'字样和代理付款人的银行汇票以及未填明'现金'字样的银行本票丧失，不得挂失止付。"

②挂失止付的程序。失票人应当及时向票据的付款人或代理付款人发出书面通知，并要求通知书记载相关事项。接受挂失止付通知书的付款人或者代理付款人在收到挂失止付通知书后，应当进行核查。如果查明该票据确未付款，应当立即停止付款。如果该票据在此之前已经付款，付款人或代理付款人不再接受挂失止付；但付款人或者代理付款人以恶意或者重大过失付款的除外。

③挂失止付的效力。票据的付款人或者代理付款人接受了失票人提交的挂失止付通知书后，应当立即停止付款。任何持票人在挂失止付有效期内请求付款，都不得支付，否则责任自负。如果付款人或代理付款人在收到挂失止付通知书之日起12日内没有收到人民法院的止付通知书，自第13日起，挂失止付通知书失效，付款人或代理付款人向持票人付款，不再承担责任。

（2）公示催告既是票据法中的一种失票救济制度，又是民事诉讼法中的一种诉讼程序。作为票据法中的失票救济制度，是指在票据丧失后，失票人向人民法院提出申请，请求人民法院依法定程序作出宣告票据无效的判决，从而使票据权利与票据本身相分离，失票人可以依据人民法院判决请求票据付款人支付票据金额的一种权利救济制度。

①公示催告适用的范围。《票据法》对此没有明确规定；依《民事诉讼法》第二百二十九条，公示催告只适用于按规定可以背书转让的票据。

②公示催告的程序见本教材第十四章第二节的相关内容。

（3）提起诉讼。票据诉讼是指票据丧失后，失票人在票据权利时效期限届满以前向人民法院提起的请求人民法院责令票据债务人支付票据金额的诉讼。

票据丧失后，在票据权利时效期限届满以前，失票人可以向出票人提供担保，请求其补发票据；如果出票人拒绝补发，失票人则可以出票人为被告，向出票人住所地或者票据支付地的基层人民法院提起诉讼。票据丧失后，在票据权利时效期限届满以前，失票人也可以向票据的付款人或者承兑人提供担保，请求其付款；如果票据的付款人或者承兑人拒绝付款，则失票人可以付款人或承兑人为被告，向付款人或者承兑人住所地或者票据支付地的基层人民法院提起诉讼。失票人在上述两种情况下所提起的票据诉讼，人民法院应当对失票人所提供的担保进行审查，如果认为担保适当（担保金额相当于票据载明的金额），则应判令出票人补发票据或判令付款人、承兑人承担付款义务；如果认为担保不适当，则应判令失票人重新提供担保或补足担保。

案例窗 12-4

第五节　汇　票

一、汇票的概念和特征

1.汇票的概念

汇票是指由出票人签发的，委托付款人在见票时或者在指定日期无条件支付确定金额给收款人或者持票人的票据。

2.汇票的特征

（1）汇票是委付票据。汇票的出票人并不是汇票的付款人，而是另行委托他人作为付款人支付汇票金额。就这一点而言，汇票与支票相同，与本票不同。

（2）汇票是信用票据。汇票既可以是见票即付的即期汇票，也可以是记载将来某个日期为付款日的远期汇票。

（3）汇票设有承兑制度。承兑是汇票特有的制度，是远期汇票的付款人承诺在汇票到期日无条件支付汇票金额的票据行为。汇票之所以需要设立承兑制度，是由汇票的性质决定的。

二、汇票的类型（学理上的分类）

1.即期汇票与远期汇票

这是根据汇票上记载的到期日的不同所进行的分类。即期汇票是指以汇票的出票日为到期日，持票人可以随时请求付款人对汇票付款，付款人见票即付的汇票。远期汇票是指汇票上记载了将来的某个日期为付款日，在这一日期到来之前，持票人不得提示付款的汇票。

依据出票人对票据付款日期的不同记载，远期汇票又分为定日付款的汇票、出票后定期付款的汇票和见票后定期付款的汇票。

2. 记名汇票、指示汇票与无记名汇票

这是根据汇票对权利人记载方式的不同所进行的分类。记名汇票是指出票人在汇票上明确记载了收款人的姓名或名称的汇票，也称抬头汇票。指示汇票是指出票人在汇票上不仅明确记载了收款人的姓名或名称，而且附加了“或其指定人”字样的汇票。无记名汇票是指出票人没有在汇票上记载收款人的姓名或名称，或者将其记载为持票人或来人的汇票。

3. 一般汇票与变式汇票

这是根据当事人的资格是否兼任而进行的分类。一般汇票是指汇票的三方基本当事人分别由不同的主体充当、互不兼任的汇票。变式汇票是指某一主体兼任两个或两个以上汇票基本当事人的汇票。

4. 国内汇票与涉外汇票

这是根据汇票是否具有涉外因素所进行的分类。国内汇票是指不具有涉外因素的汇票，即汇票上的全部当事人均为中国人，且票据上的全部行为都发生在中国境内的汇票。涉外汇票是指具有涉外因素的汇票，即票据的当事人中有外国人或票据行为中有的发生在我国领域外的汇票。

5. 光票与跟单汇票

这是根据汇票的承兑或付款是否要求跟附单据所进行的分类。光票是指无须附带任何商业单据，付款人或承兑人仅依汇票本身即可付款或承兑的汇票。跟单汇票又称押汇汇票或信用汇票，是指必须附带与交易有关的商业单据才能获得承兑或付款的汇票。

三、票据法中的汇票种类

1. 银行汇票

银行汇票是由出票银行签发的，由其在见票时按照实际结算金额无条件支付给收款人或者持票人的票据。根据银行汇票的用途，银行汇票可分为现金银行汇票和转账银行汇票。

2. 商业汇票

商业汇票是由出票人签发的，委托付款人在指定日期无条件支付确定的金额给收款人或者持票人的票据。根据承兑人的不同，商业汇票可分为银行承兑汇票和商业承兑汇票。银行承兑汇票是收款人开出并经银行等金融机构承兑的汇票。商业承兑汇票可以由收款人或付款人签发，由付款人承兑。

案例窗 12-5

四、汇票的出票

（一）汇票出票的概念

汇票出票是指出票人签发票据并将其交付给收款人的票据行为。这一概念包括如下含义：汇票的出票是出票人创设汇票的基本票据行为；汇票出票的内容表现为一种无条件支付的委托；汇票的出票由作成汇票和交付汇票两部分构成，即先要制作好汇票，然后将汇票交付给相对人持有。

（二）汇票出票的款式

汇票出票的款式也称为汇票出票的格式，是指汇票的出票人按照票据法的规定，在汇票上应为或可为的各种记载。

（1）汇票出票的绝对必要记载事项，是指出票时必须在汇票上进行记载，如有欠缺，则汇票无效的事项。《票据法》第二十二条规定了汇票的绝对必要记载事项，分别是表明“汇票”的字样、无条件支付的委托、确定的金额、付款人名称、收款人名称、出票日期、出票人签章。

（2）汇票出票的相对必要记载事项，主要包括付款日期、付款地和出票地。

（3）汇票出票的可记载事项，又称汇票出票的任意记载事项。《票据法》主要规定了两项可记载事项：禁止转让的文句和有关汇票支付货币单位的约定条款。

（4）汇票出票的其他记载事项，包括记载不产生票据法上的效力的事项、记载本身无效的事项、记载使汇票无效的事项。

（三）汇票出票的效力

1.对出票人的效力

汇票的出票使出票人成为汇票上的义务人，其义务的内容是对其签发的汇票能够获得承兑和付款承担担保责任，当汇票不获承兑或者付款时承担清偿责任。

2.对收款人的效力

出票人作成汇票并将汇票实际交付给收款人后，收款人便取得了汇票上的权利，包括付款请求权和追索权。

3.对付款人的效力

即期汇票的出票，使付款人成为汇票的债务人，负有对汇票付款的义务。而远期汇票的情况大不相同：付款人仅因出票而取得一种地位或资格，即取得对汇票进行承兑和付款的资格；出票行为是单方行为，付款人并不因此而有付款义务，只有在其对汇票进行承兑后，付款人才成为汇票上的主债务人。

五、汇票的背书

（一）背书的概念、特征和性质

1.背书的概念和特征

背书是指持票人以转让汇票权利或者将一定的汇票权利授予他人行使为目的，在汇票背面或者粘单上记载有关事项并签章，然后将汇票交付被背书人的一种附属的票据行为。背书具有以下特征：

（1）背书是一种附属的票据行为。汇票的背书必须以汇票的出票行为为前提，出票是基本的票据行为，背书是附属的票据行为，只能在已经作成并交付的汇票上才能进行背书。

（2）背书是由持票人所为的票据行为。背书行为的目的是将汇票权利转让给他人或将一定的汇票权利授予他人行使，只有汇票权利的享有者（持票人）才能进行背书行为。

（3）背书是以转让汇票权利或者将一定的票据权利授予他人行使为目的的票据行为。持票人进行背书行为的主要目的在于转让票据权利。但也有例外，《票据法》允许以将一定的汇票权利授予他人行使为目的进行背书。

（4）背书是一种要式行为。《票据法》对背书的形式有严格的要求，必须由背书人在汇票的背面或者粘单上记载有关事项并签章，然后将作成的汇票交付给被背书人。

2.背书的性质

背书是一种附属的票据行为，是一种有相对人的单方法律行为。它具有债权让与的性质、保证的性质和所有权取得的性质。

（二）背书的种类

根据背书的目的不同，汇票的背书可分为转让背书与非转让背书两大类。

1.转让背书

转让背书是指持票人以转让汇票权利为目的而为的背书。转让背书以背书是否存在特殊性为标准，可进一步分为一般转让背书与特殊转让背书。

一般转让背书是指持票人为转让汇票权利，按照票据法的规定进行背书行为，无论在背书人方面、背书的记载事项方面，还是在被背书人方面都不存在任何特殊情况，一经作成即产生背书法律效力的背书。按照记载方式的不同，一般转让背书可以再分为完全背书与空白背书。

特殊转让背书是指持票人为转让汇票权利而为的在某些方面存在特殊情形的背书。依背书的特殊性不同，特殊转让背书可进一步分为限制背书、回头背书和期后背书。

2.非转让背书

非转让背书是指持票人为了将汇票上的一定权利授予他人行使而为的背书。依背书目的不同，非转让背书可进一步分为委托收款背书与质押背书。

（三）背书的款式

1.背书的绝对必要记载事项

背书的绝对必要记载事项是指背书人在背书时必须予以记载的事项。《票据法》规定背书的绝对必要记载事项有背书人名称和被背书人名称。

2.背书的相对必要记载事项

背书的相对必要记载事项是指背书人应当在背书时予以记载，但如果没有记载也不影响背书的效力，其内容按法律规定进行推定。《票据法》规定的背书的相对必要记载事项有两项：一是表明背书类型的文句；二是背书日期。

3.背书的可记载事项

背书的可记载事项又称背书的任意记载事项，是指法律没有规定必须记载，背书人依自己的意志决定记载与否，一旦记载即产生票据法上的效力的事项。按《票据法》，这类事项只有一项，就是“不得转让”字样的记载。

4.记载不产生票据法上的效力的事项

这类事项不属于票据法规定的背书的应当记载事项，但是票据法也不禁止背书人记载，如果背书人在背书时记载了这种事项，也不因此影响背书的效力，只是这一记载不产生票据法上的效力。按照《票据法》，记载不产生票据法上的效力的事项只有一项，就是有关背书附条件的记载。

5.记载使背书行为无效的事项

这类事项也称禁止记载事项或有害记载事项，是指票据法规定背书人不得记载，一旦记载，将导致背书行为无效的事项。根据《票据法》，这类事项有两项：一是将汇票金额部分转让的记载；二是将汇票金额分割转让的记载。

（四）背书的连续

背书连续是指在票据转让中，转让汇票的背书人与受让汇票的被背书人在汇票上的签章依次前后衔接。如果背书不连续，付款人可以拒绝向持票人付款；否则，付款人自行承担责任。

（五）背书的效力

转让背书与非转让背书因为目的不同，所以其产生的法律效力也不同。从一般转让背书来看，主要产生如下效力：权利转移效力、权利担保效力、权利证明效力和切断抗辩效力。

此外，票据当事人可以在票据背书中进行特别的内容记载，对背书转让加以一定的限制，因而构成限制背书。限制背书实际上是对背书人担保责任或被背书人权利加以限制的背书。主要的限制背书有出票人的限制背书、背书人的限制背书、回头背书、分别背书、部分背书、期后背书、质押背书、附条件背书等。

案例窗 12-6

第六节　本票与支票

一、本票

（一）本票的概念和特征

本票是由出票人签发的，承诺自己在见票时无条件支付确定的金额给收款人或者持票人的票据。《票据法》中所称的本票，特指银行本票，是由银行签发的，承诺自己在见票时无条件支付确定的金额给收款人或者持票人的票据。

本票作为票据的一种，具有票据的共同特征，与汇票、支票及其他国家的本票相比，具有以下特征：是自付票据；没有承兑制度；当事人为两方；出票人为主债务人。《票据法》第七十三条第二款规定："本法所称本票，是指银行本票。"第七十七条规定："本票的出票人在持票人提示见票时，必须承担付款的责任。"可见我国的本票仅限于见票即付的银行本票。

（二）本票的分类

《票据法》所规定的本票只有银行本票，因此，我国尚不承认商业本票。银行本票的主要类型有：

（1）定额银行本票与不定额银行本票。这是以本票上记载的金额是否固定为标准对银行本票所进行的分类。定额银行本票的金额已由本票的印制部门事先印制于本票正面，签发时不必再另行填写；不定额银行本票则并未印有本票金额，由出票银行根据当事人的约定在出票时按规定填写。

（2）现金银行本票与转账银行本票。这是以付款方式为标准对银行本票所进行的分类。用于转账的，是转账银行本票；用于支取现金的，是现金银行本票。

（三）本票不同于汇票的法律规定

1.本票的出票

本票的出票是指出票银行根据企业或者个人的申请，依法签发本票并将其交付给收款人的票据行为。

（1）本票出票的款式。

①绝对必要记载事项。《票据法》第七十五条规定了本票的绝对必要记载事项：表明“本票”的字样，即本票文句；无条件支付的承诺，即支付文句；确定的金额；收款人名称；出票日期；出票人签章。

②相对必要记载事项。《票据法》第七十六条规定了付款地与出票地两项相对必要记载事项。

③可以记载的事项。出票人可以在本票上记载“不得转让”字样，记载这一内容的本票不得转让。

④记载不产生票据法上的效力的事项。这是由出票人记载的票据法规定以外的事项。依《票据法》，这些事项不产生票据法上的效力，但若符合其他法律的规定，则可产生其他法律上的效力。这类事项的记载也适用于《票据法》对汇票的规定。

⑤不得记载事项。这是指依票据法，行为人不应当记载在票据上的事项，包括记载本身无效的事项和记载使票据无效的事项。

（2）本票出票的效力。

①对出票人的效力。本票出票的效力在于使出票人成为本票的付款人或者主债务人，负有无条件支付本票金额的绝对付款义务，这一义务只能因时效期限届满而消灭，在时效期限内，出票人的付款义务始终存在，即使持票人未在法定提示付款期限内进行提示，也不影响出票人的付款义务。

②对收款人的效力。本票的出票行为成立后，使本票上记载的收款人取得本票的付款请求权和追索权。

案例窗12-7

2.本票的付款

（1）本票的付款人。本票为自付证券，出票人就是付款人，不存在另外的付款人，因此本票的持票人只能向出票人或其代理付款人进行付款提示，而不能向其他人提示付款。

（2）本票的付款期限。《票据法》第七十八条规定，本票自出票日起，付款期限最长不得超过2个月。持票人不在此期限内提示付款，则丧失对出票人以外的前手的追索权。

（四）本票准用汇票的法律规定

《票据法》第八十条规定：“本票的背书、保证、付款行为和追索权的行使，除本章有规定外，适用本法第二章有关汇票的规定。本票的出票行为，除本章规定外，适用本法第二十四条关于汇票的规定。”

（1）本票出票对于汇票的准用。本票的基本当事人只有出票人与收款人双方，因此在出票的记载事项上与汇票存在较大差别，对汇票的准用较少。《票据法》对于本票的绝对应当记载事项和相对应当记载事项作出了特别规定，并同时规定其他事项准用关于汇票的规定。

（2）本票背书对于汇票的准用。《票据法》中的本票与汇票均限于记名本票与记名汇票，都必须以背书方式进行转让，其转让方式并无差别，因此，《票据法》对于本票的背书没有作出任何规定，完全准用对于汇票背书的法律规定。

（3）本票保证对于汇票的准用。本票也可以由债务人以外的第三人充当保证人，《票据法》对本票的保证没有作出特别规定，应当适用该法第二章第四节关于汇票保证的规定。

（4）本票付款对于汇票的准用。本票作为自付证券，在付款人以及付款提示期限方面，与作为委托证券的汇票存在一定差异，《票据法》对本票的提示付款期限也作出了特别的规定。除此之外，本票的付款均适用法律对于汇票付款的规定。

（5）本票追索权对于汇票的准用。《票据法》对于本票的追索权没有作出特别规定，应当适用关于汇票追索权的法律规定。

二、支票

（一）支票的概念和特征

支票是由出票人签发的，委托办理支票存款业务的银行或者其他金融机构在见票时无条件支付确定的金额给收款人或者持票人的票据。

支票作为票据的一种，具有所有票据所共有的特征，与汇票和本票相比，还具有自己的特征：支票的付款人仅限于银行及其他金融机构；支票是见票即付的票据；支票没有承兑制度；支票的出票人与付款人之间必须存在资金关系。

（二）支票的分类

《票据法》根据支付方式的不同，将支票分为普通支票、现金支票、转账支票与划线支票。普通支票是指支票上未印制“现金”或“转账”字样，持票人依法可以请求付款人以现金方式付款，也可以请求付款人以转账方式付款的支票。现金支票是指支票上印制有“现金”字样，持票人依法只能请求付款人以现金方式付款的支票。转账支票是指支票上印制有“转账”字样，持票人依法只能请求付款人以转账方式付款的支票。划线支票是指在支票正面划两道平行线的支票，只能委托银行代收票款入账，以及只能用于转账，不能支取现金。

（三）支票不同于汇票的制度

1.支票的出票

支票的出票是指由出票人作成支票并将其交付给收款人的行为。

（1）支票出票的款式。

①绝对必要记载事项。其包括：表明“支票”字样，即支票文句；无条件支付的委托，即支付文句；确定的金额；付款人名称；出票日期；出票人签章。

②相对必要记载事项。其有付款地和出票地两项。

③可以记载事项。出票人可以在支票上记载“不得转让”字样，此时支票不得转让；出票人可以依双方约定在支票上记载支付的货币种类，则在付款时应以支票上记载的货币支付。

④记载不产生票据法上的效力的事项。支票的记载不产生票据法上的效力的事项适用对汇票的法律规定。

⑤不得记载事项。这是指依票据法规定，行为人不应当记载在票据上的事项，包括记载本身无效的事项和记载使票据无效的事项。

（2）支票出票人与付款人之间的资金关系。支票与汇票同属于委托票据，但是支票与汇票不同的是，支票的出票人必须与其委托的付款人之间存在一定的资金关系。也正是这种资金关系的存在，才使付款人不必经过承兑而负有付款义务。

《票据法》第八十七条规定：“支票的出票人所签发的支票金额不得超过其付款时在付款人处实有的存款金额。出票人签发的支票金额超过其付款时在付款人处实有的存款金额的，为空头支票。禁止签发空头支票。”

（3）支票出票的效力。

①对出票人的效力。支票出票对出票人而言，使其承担了担保支票付款的义务。

②对付款人的效力。支票出票对付款人而言，使其承担了见票付款的义务。

③对收款人或持票人的效力。支票出票后，收款人或持票人取得票据权利，有权在法定提示付款期间内向付款人请求付款并受领支票金额；如果付款人拒绝付款，则收款人或持票人依法取得追索权；收款人或持票人也有权依法对支票进行转让。

2.支票的付款

（1）支票的付款提示期限。《票据法》第九十一条第一款规定了支票的提示付款期限：支票的持票人应当自出票日起10日内提示付款；异地使用的支票，其提示付款的期限由中国人民银行另行规定。

（2）支票付款的程序。支票付款人对支票的审查，有两点与汇票、本票不同：一是审查出票人在支票上的签章是否与其预留银行的签章相符；银行与出票人约定使用支付密码的，并审查支付密码是否正确。二是付款人在付款时应当审查支票是否为空头支票。只有出票人在付款人处的存款足以支付支票金额时，付款人才于持票人提示付款的当日足额付款。

（四）支票准用汇票的法律规定

《票据法》第九十三条规定：“支票的背书、付款行为和追索权的行使，除本章有规定外，适用本法第二章有关汇票的规定。支票的出票行为，除本章规定外，适用本法第二十四条、第二十六条关于汇票的规定。”

（1）支票的出票对于汇票的准用。根据《票据法》第九十三条，支票的出票对汇票的准用内容有两条，即《票据法》第二十四条和第二十六条。

（2）支票背书对于汇票的准用。《票据法》规定的支票既包括记名支票，也包括无记名支票，因此其转让既可以通过背书方式进行，也可以通过直接交付的方式进行。

（3）支票的付款对于汇票的准用。支票的付款，除了付款提示期限，付款人对出票人的印鉴、密码、是否为空头支票的审查以及付款程序以外，均可准用汇票付款的法律规定。

（4）支票追索权对于汇票的准用。《票据法》对于支票的追索权并未作出具体规定，而是在第九十三条规定，适用汇票追索权的规定。

（5）关于支票的保证。国外票据法中一般均有关于支票保证的规定。《票据法》在支票一章既没有就支票的保证作出单独规定，也没有准用条款，一般可理解为我国支票不适用保证制度。

案例窗12-8

关键术语

票据行为（bill act） 票据权利（right of bill） 票据抗辩（pleading of negotiable instrument） 汇票（bill of exchange） 本票（promissory note） 支票（cheque） 追索权（recourse） 出票（draw a bill） 承兑（acceptance）

基础训练

一、单选题

1.下列付款方式中，适用于支票的付款方式是（　　）。

A.见票即付　　B.见票后定期付款　　C.定日付款　　D.出票后定期付款

2.下列选项中，属于票据权利消灭的情形有（　　）。

A.持票人对前手的再追索权，自清偿日或者被提起诉讼之日起1个月未行使

B.持票人对前手的追索权，在被拒绝承兑或者被拒绝付款之日起3个月未行使

C.持票人对支票出票人的权利，自出票日起3个月未行使

D.持票人对本票出票人的权利，自票据出票日起2年未行使

3.下列有关汇票的表述中，正确的是（　　）。

A.汇票未记载收款人名称的，可由出票人授权补记

B.汇票未记载付款日期的，为出票后10日内付款

C.汇票未记载出票日期的，汇票无效

D.汇票未记载付款地的，以出票人的营业场所、住所或经常居住地为付款地

4.如果持票人将出票人禁止背书的汇票转让，则在汇票不获承兑时，下列有关出票人票据责任的表述中正确的是（　　）。

A.出票人不负任何票据责任

B.出票人仍须对善意持票人负偿还票款的责任

C.出票人与背书人对善意持票人负偿还票款的连带责任

D.出票人与背书人、持票人共同负责

5.对背书人记载“不得转让”字样的汇票，其后手再背书转让的，将产生的法律后果是（　　）。

A.该汇票无效

B.该背书转让无效

C.背书人对后手的被背书人不承担保证责任

D.背书人对后手的被背书人承担保证责任

6.下列情况中，汇票持票人可以行使追索权的是（　　）。

A.前手破产　　B.承兑人破产

C.前手以外的背书人破产　　D.保证人破产

7.202×年4月7日甲向乙签发一张本票，乙持票后将该本票背书给丙，丙又背书给丁。丁于6月9日向甲提示付款，因手续欠缺，未得到付款。丁可以向（　　）行使追索权。

A.甲　　B.乙

C.丙　　D.甲、乙、丙中的任何一人、数人和全体

8.根据《票据法》，伪造票据者，（　　）。

A.承担票据责任　　B.承担付款责任

C.不承担法律责任　　D.不承担票据责任

二、多选题

1.下列事项中，汇票必须记载的有（　　）。

A.确定的金额　　B.必须或不得提示承兑

C.无条件支付的委托　　D.利息及利率

2.下列各项中，持票人丧失对其前手行使追索权的情形有（　　）。

A.见票后定期付款的持票人自出票日起1个月内没有向付款人提示承兑

B.见票即付的汇票的持票人自出票日起1个月内没有向付款人提示付款

C.定日付款的汇票的持票人自票据到期日起10日内没有向承兑人提示付款

D.银行本票的持票人自出票日起1个月内没有付款提示付款

3.下列情况中，属于票据伪造的有（　　）。

A.甲以乙的名义出票

B.甲以乙的名义在票据上更改付款日期

C.甲以乙的名义在票据上更改票据金额

D.甲以乙的名义在票据上签章背书

4.失票人向人民法院提起诉讼以补救票据权利的，诉讼被告可以是下列选项中的（　　）。

A.付款人　　B.背书人　　C.出票人　　D.保证人

5.下列有关付款请求权的表述中不正确的有（　　）。

A.付款请求权的行使与票据当事人之间交付票据的原因行为无关

B.付款请求权是向票据上载明的付款人或持票人向其前手行使的权利

C.持票人不能请求付款人支付多于票据上确定的金额，但可以请求付款人支付少于票据上确定的金额

D.持票人只有在向付款人提供票据原件时才能请求付款

6.名流公司将其持有的一张以光明公司为出票人和付款人、自己为收款人的商业汇票背书赠与希望工程。汇票到期后，希望工程办公机构向光明公司提示付款，被拒绝，理由是名流公司与光明公司之间的合同已被撤销，则（　　）。

A.付款人有权拒付票款，因为持票人系无偿取得票据，其票据权利不优于前手

B.付款人有权拒付票款，因为基础合同撤销即意味着该汇票关系终止

C.付款人无权拒付票款，因为持票人为善意取得票据者

D.付款人无权拒付票款，因为希望工程属于社会公益事业，应予特别保护

7.根据《票据法》，在票据代理中，如果代理人超越代理权限，则（　　）。

A.票据代理无效

B.在权限范围内的代理行为继续有效

C.超越代理权限的部分由被代理人承担票据责任

D.超越代理权限的部分由代理人承担票据责任

8.下列票据中，不得进行挂失止付的有（　　）。

A.未记载付款人的票据

B.绝对应记载事项不全的票据

C.无法确定付款人及其代理付款人的票据

D.票据权利时效期间届满的票据

三、简答题

1.简述票据的概念及特征。

2.票据主要有哪些功能?

3.票据权利包括哪些内容?

4.简述票据行为的无权代理。

5.试述票据善意取得原理。

6.试述票据伪造的概念和法律后果。

7.试述票据变造的概念和法律后果。

8.试述票据行为的有效要件。

9.试述票据抗辩权及行使的限制。

10.简述票据丧失的后果及补救方法。

四、实务题

丁某、袁某、姜某均系个体经营者。丁某因从袁某处进货而拖欠袁某8万余元货款，袁某又因借贷而拖欠姜某8万元，现离借款到期日还有4个月。袁某在征得姜某、丁某同意后，决定以汇票结清他们之间的债权和债务关系，袁某是出票人，丁某是付款人，姜某是收款人，票据金额为8万元，出票后4个月付款。丁某与袁某之间汇票结算后的尾数使用现金了结，姜某拿到汇票后便找丁某进行承兑。此后，姜某在从某食品厂进货时，将汇票背书转让给了食品厂。食品厂接收汇票时距到期日还有近3个月，遂又决定用该汇票采购原材料。采购员薛某携带已在票据背书栏签有本单位公章的汇票外出时不慎将其丢失。薛某将丢失汇票的情况反映给食品厂，食品厂立即向丁某办理了挂失止付的手续，但未采取其他措施。该丢失汇票被邓某捡到，邓某发现票据背面的最后一次背书未记载被背书人，便喜出望外地签了名，然后持汇票到某音响设备公司购置了一套价值8万元的音响设备，并将汇票背书后交给了音响设备公司，音响设备公司未进行票据的转让。现汇票到期，音响设备公司持汇票请求丁某付款，丁某以汇票已经挂失止付为由拒绝付款。音响设备公司只好追索并对所有前手发出通知，食品厂接到通知后提出自己是票据权利人，音响设备公司的票据权利有缺陷，请求返还票据，双方发生争议，诉至人民法院。

问题：

(1) 音响设备公司有无票据权利?为什么?

(2) 音响设备公司对所有前手发出追索通知的做法是否妥当?为什么?

(3) 丁某作为承兑人能否以挂失止付为由拒绝付款?为什么?

第十三章　劳动与社会保险法律制度

学习目标

◆重点掌握劳动合同的订立、履行、解除，劳动争议的解决，社会保险的主要内容。

◆掌握就业服务的有关规定，工时、工资制度的主要内容，劳动关系的建立与终止。

◆了解我国劳动立法的状况，劳动法的调整范围、适用范围，劳动就业的概念，职业培训、就业援助的主要内容，违反劳动法、社会保险法的法律责任。

第一节　劳动法律制度

一、劳动法概述

（一）劳动法的含义

劳动法是调整劳动关系以及与劳动关系密切联系的其他社会关系的法律规范的总称。各国学者公认英国议会1802年通过的《学徒健康与道德法》为劳动法产生的标志。我国的劳动法体系包括《劳动法》、《中华人民共和国劳动合同法》（以下简称《劳动合同法》）、《中华人民共和国就业促进法》（以下简称《就业促进法》）、《中华人民共和国劳动争议调解仲裁法》（以下简称《劳动争议调解仲裁法》）。

根据《劳动法》第二条、《劳动合同法》第二条规定，我国境内的企业、个体经济组织、民办非企业单位等组织（以下简称用人单位）与劳动者建立劳动关系都适用劳动法。但国家机关、事业组织、社会团体中的非合同劳动关系，现役军人服役、家庭雇佣保姆、自然人用工以及在农村集体经济组织中形成的劳动关系，不属于劳动法的调整范围。

（二）劳动法的调整对象

劳动法的基本调整对象是劳动关系。此外，劳动法调整与劳动关系密切联系的其他社会关系。

劳动关系是劳动者与用人单位在劳动过程中发生的社会关系。它是劳动者在运用劳动能力实现劳动过程中与劳动力使用者发生的社会关系。劳动法调整的劳动关系具有如下特征：①劳动关系是在实现劳动的过程中发生的社会关系。②劳动关系的当事人一方是劳动者，另一方是用人单位。③劳动关系兼有人身关系和财产关系的双重属性。劳动者向用人单位提供劳动力，实际就是将其人身在一定限度内交给用人单位支配，因而劳动关系具有人身属性；同时，用人单位要向劳动者支付劳动报酬，因此劳动关系也是一种财产关系。④劳动关系兼有平等关系和隶属关系的属性。双方当事人在确立、变更或终止劳动关系时，是依照平等、自愿、协商原则进行的，因而劳动关系具有平等的属性。但劳动关系一经确立，劳动者就从属于用人单位，成为用人单位的职工，须听从用人单位的指挥和调遣，双方形成管理与被管理、支配与被支配的关系，所以又有隶属关系的性质。

劳动法调整的其他社会关系主要指与劳动关系的发生、变更、消灭有密切联系，并影响到劳动关系本身的社会关系。其主要包括：①劳动力管理关系；②劳动力配置服务关系；③社会保险关系；④工会活动关系；⑤监督劳动法律执行关系；⑥劳动争议处理关系。

（三）劳动法律关系

劳动法律关系是指劳动法主体之间在实现劳动过程中依据劳动法律规范所形成的权利和义务关系。它包括劳动关系以及与劳动关系密切联系的其他社会关系经由劳动法律调整后所形成的法律关系。

劳动法律关系的特征体现在以下方面：①劳动法律关系是“任意”与“强制”相结合的法律关系；②劳动法律关系是“平等”与隶属相结合的法律关系；③劳动法律关系是体现“实质平等”的法律关系，如对劳动者实行倾斜保护；④劳动法律关系在内容上具有不对称性。劳动法律关系对用人单位的权利限制较多，对劳动者的权利保护较多。

1.劳动法律关系的主体

劳动者和用人单位是劳动关系的参加者，也是劳动法律关系最重要的主体。劳动者是指达到法定年龄、具有劳动能力，以从事某种社会劳动获取的收入为主要生活来源的公民。用人单位是指依法招用和管理劳动者，并按法律规定或合同约定向劳动者提供劳动条件、劳动保护和支付劳动报酬的劳动组织。

2.劳动法律关系的内容

劳动法律关系的内容是指劳动法律关系主体依据劳动法律规范所享有的权利和承担的义务。劳动者的权利主要有：①取得劳动报酬权；②休息休假权；③获得劳动安全卫生保护权；④接受职业技能培训权；⑤享受社会保险和福利权；⑥结社权与集体协商权；⑦提请劳动争议处理权。劳动者的基本义务主要有：①完成劳动。劳动法律关系一旦成立，劳动者就必须一方面向用人单位提供实际劳动，另一方面完成一定的工作任务。②提高职业技能。③执行劳动安全卫生规程。④遵守劳动纪律和职业道德。⑤法律规定的其他义务，如依法履行劳动合同的义务，保密义务，参加社会保险、缴纳保险费的义务。

用人单位的基本权利是：①合理组织调配权；②劳动报酬分配权；③劳动奖惩权；④辞退职工权。用人单位的义务是：①给付义务，即用人单位向劳动者支付劳动报酬或劳务费的义务；②保护义务，是指用人单位负有保护劳动者生命、健康、人身权利、民主管理权利、宗教信仰等方面的义务；③附随义务，是指在劳动过程中，为了用人单位的利益或者劳动过程的正常进行而产生的义务。

3.劳动法律关系的客体

劳动法律关系的客体是指劳动法律关系主体之间的权利、义务所共同指向的对象。其包括特定的行为和财物。特定行为包括：①劳动行为，是指劳动者在社会劳动过程中支出体力和脑力的行为。劳动行为是劳动法律关系最重要的客体。②劳动中介服务行为。③劳动管理行为，是指劳动管理主体依法对劳动工作进行计划、组织、协调、监督的行为。④劳动争议仲裁与诉讼行为。

二、劳动就业服务

劳动就业指具有劳动能力的公民在法定劳动年龄内，自愿从事有一定劳动报酬或经营收入的活动。劳动者要就业就必须通过一定的方式与生产资料相结合，并通过这种结合实现劳动过程，以获取劳动报酬或经营收入。劳动就业包括正规就业、非正规就业、自主就业等形式。

国家尽责地把扩大就业放在经济社会发展的突出位置，实施积极的就业政策，坚持劳动者自主择业、市场调节就业、政府促进就业的方针，多渠道扩大就业，逐步实现社会就业比较充分的目标。《就业促进法》对国家和各级政府在促进就业的职责方面作了较详尽的规定。党的二十大报告指出：“实施就业优先战略。”

劳动就业服务是就业服务主体为劳动力供需双方提供的一系列服务活动的总称。通过劳动就业服务，劳动者与用人单位便于沟通信息，使双方当事人能够更好地进行双向选择，以实现劳动者的顺利就业。

（一）劳动就业服务的内容

1.就业与失业登记

就业登记是指用人单位招用人员后，应当自录用之日起30日内，到当地公共就业服务机构办理登记手续。用人单位招用劳动者和与劳动者终止或解除劳动关系，都应当到当地公共就业服务机构备案并登记。就业登记由各级劳动就业管理中心、街道劳动保障事务所和公共职业介绍机构承办。就业登记可以规范用工行为，保护劳动者的合法权益。

在法定劳动年龄内，有劳动能力及有就业要求，处于无业状态的城镇常住人员，可以到相关机构进行失业登记，领取失业登记证。失业登记由县级以上地方人力资源和社会保障局指定的职业介绍机构承办；人力资源和社会保障局也可以委托乡镇、街道就业服务站或企业内就业服务机构代办。劳动者进行失业登记时，须持本人身份证件和证明原身份的有关证明；有单位就业经历的，还须持与原单位终止、解除劳动关系或者解聘的证明。登记失业人员凭登记证享受公共就业服务和就业扶持政策；其中符合条件的，按规定申领失业保险金。登记失业人员应当定期向公共就业服务机构报告就业失业状况，积极求职，参加公共就业服务机构安排的就业培训。用人单位与职工终止或者解除劳动关系后，应当于15日内办理登记手续。

2.职业指导

职业指导，即职业介绍机构向劳动力供需双方提供指导、咨询及服务，使当事人实现双向选择的指导性工作。

3.职业介绍

职业介绍是指职业中介机构为满足求职者就业和用人单位招用人员所提供的中介服务以及相关服务的活动。职业中介机构可以从事下列业务：①为劳动者介绍用人单位；②为用人单位和居民家庭推荐劳动者；③开展职业指导、人力资源管理咨询服务；④收集和发布职业供求信息；⑤根据国家有关规定从事互联网职业信息服务；⑥组织职业招聘洽谈会；⑦经劳动保障行政部门核准的其他服务项目。

职业中介机构提供职业中介服务不成功的，应当退还向劳动者收取的中介服务费。

（二）职业培训

职业培训是指在不同程度的普通教育的基础上，对培训对象进行旨在从事某种生产或工作所需的专业技术知识和实际操作技能的教育和训练。其包括从业前培训、学徒培训、在岗培训、转岗培训、转业培训、再就业前培训和其他职业培训。

我国实行学历证书、培训证书和职业资格证书制度。国家职业资格分为初级（五级）、中级（四级）、高级（三级）、技师（二级）、高级技师（一级）。技工学校、职业（技术）学校、就业训练中心及各类职业培训机构的毕（结）业生，必须取得相应的职业资格证书后，方能到技术工作岗位工作。

根据我国相关法律规定，我国公民享有职业培训权，主要包括岗前培训权、在职培训权、专业培训权以及残疾公民的特殊教育培训权。

（三）就业援助

就业援助是就业服务机构通过贯彻落实各项促进就业的扶持政策以及就业服务机构为主的有关部门对就业困难人员的具体帮助，使其实现就业，以增加家庭劳动收入、摆脱贫困为目的的各种支助活动。各级人民政府应建立健全如下方面的就业援助制度：

（1）就业援助的对象，是指因身体状况、技能水平、家庭因素、失去土地等原因难以实现就业，以及连续失业一定时间仍未能实现就业的就业困难人员。

（2）特别规定了对城市零就业家庭的就业援助。零就业家庭是指法定劳动年龄内的家庭人员均处于失业状况的城市居民家庭。县级以上地方人民政府采取多种就业形式，拓宽公益性岗位范围，开发就业岗位，确保城市有就业需求的家庭至少有一人实现就业；同时，规定街道、社区公共就业服务机构在就业援助中的具体职责。

（3）就业援助的措施。①各级人民政府建立健全就业援助制度，采取税费减免、贷款贴息、社会保险补贴、岗位补贴等办法，通过公益性岗位安置等途径，对就业困难人员实行优先扶持和重点帮助。②地方各级人民政府加强基层就业援助服务工作，对就业困难人员实施重点帮助，提供有针对性的就业服务和公益性岗位援助；鼓励和支持社会各方面为就业困难人员提供技能培训、岗位信息等服务。③政府投资开发的公益性岗位，应当优先安排符合岗位要求的就业困难人员。被安排在社区公益性岗位工作的，按照国家规定给予岗位补贴。④各级人民政府采取特别扶助措施，促进残疾人就业，并要求用人单位按照国家规定安排残疾人就业。

（4）规定了对就业压力大的特定地区的扶持。国家鼓励资源开采型城市和独立工矿区发展与市场需求相适应的产业，引导劳动者转移就业。对因资源枯竭或者经济结构调整等原因造成就业困难人员集中的地区，上级人民政府应当给予必要的扶持和帮助。

案例窗13-1

三、劳动合同制度

劳动合同是劳动者与用人单位确立劳动关系、明确双方权利和义务的协议。建立劳动关系应当订立劳动合同。《劳动合同法》规定，订立劳动合同，应当遵循合法、公平、平等自愿、协商一致、诚实信用的原则。

（一）劳动合同的种类

根据不同的标准，劳动合同分为不同类型，以下是比较常用的分类。

根据合同当事人一方人数不同，劳动合同可被分为个人劳动合同和集体劳动合同。个人劳动合同是指用人单位与某一劳动者之间确定劳动关系，明确相互权利和义务的协议。合同的劳动者一方与用人单位都是单一的。通常所讲的劳动合同均指个人劳动合同。集体劳动合同则是工会代表本单位劳动者群体与用人单位之间签订的劳动合同。

按照劳动合同的期限划分，劳动合同可被分为以下几种：

（1）有固定期限的劳动合同，即用人单位和劳动者在订立劳动合同时明确约定合同终止期限的劳动合同。

（2）无固定期限的劳动合同，是指用人单位与劳动者约定无确定终止时间的劳动合同。《劳动合同法》规定，用人单位与劳动者协商一致，可以订立无固定期限劳动合同。有下列情形之一，劳动者提出或者同意续订、订立劳动合同的，除劳动者提出订立固定期限劳动合同外，应当订立无固定期限劳动合同：①劳动者在该用人单位连续工作满10年的；②用人单位初次实行劳动合同制度或者国有企业改制重新订立劳动合同时，劳动者在该用人单位连续工作满10年且距法定退休年龄不足10年的；③连续订立二次固定期限劳动合同，且劳动者没有本法第三十九条和第四十条第一项、第二项规定的情形，续订劳动合同的。另外，用人单位自用工之日起满1年不与劳动者订立书面劳动合同的，视为用人单位与劳动者已订立无固定期限劳动合同。

（3）以完成一定工作为期限的劳动合同，是指用人单位与劳动者约定以某项工作的完成为合同期限的劳动合同。有下列情形之一的，用人单位可选择与劳动者签订以完成一定工作任务为期限的劳动合同：①以完成单项工作任务为期限的劳动合同；②因季节原因临时用工的劳动合同；③其他双方约定的以完成一定工作任务为期限的劳动合同。

（二）劳动合同的订立

劳动合同的订立是指劳动者和用人单位经过充分协商，就合同的主要条款达成一致后签署劳动合同、确立劳动关系的法律行为。劳动合同的订立过程是劳动关系确立的过程，劳动合同的订立也要经过要约和承诺两个阶段。订立劳动合同还须符合前述劳动者与用人单位的条件。

1.劳动合同订立过程中当事人的权利和义务

（1）当事人的知情权。劳动者与用人单位建立劳动关系是对双方权利和义务的重大处分，因而保证劳动合同双方的信息对称是建立公平的劳动关系的重要基础。《劳动合同法》第八条规定："用人单位招用劳动者时，应当如实告知劳动者工作内容、工作条件、工作地点、职业危害、安全生产状况、劳动报酬，以及劳动者要求了解的其他情况；用人单位有权了解劳动者与劳动合同直接相关的基本情况，劳动者应当如实说明。"但对明显与劳动用工无关的信息，如血型、宗教信仰等，当事人有权拒绝回答。

（2）用人单位在招用中的义务。用人单位招用劳动者，不得扣押劳动者的居民身份证和其他证件，不得要求劳动者提供担保或者以其他名义向劳动者收取财物；否则，用人单位将受到相应的处罚。

2.劳动合同的内容

劳动合同的内容是指劳动者与用人单位双方通过平等协商所达成的关于劳动权利和劳动义务的具体条款。其包括必备条款和非必备条款。

（1）劳动合同的必备条款是指法律规定的劳动合同必须具备的不可缺少的内容。《劳动合同法》第十七条规定，劳动合同应当具备以下条款：①用人单位的名称、住所和法定代表人或者主要负责人；②劳动者的姓名、住址和居民身份证或者其他有效身份证件号码；③劳动合同期限；④工作内容和工作地点；⑤工作时间和休息休假；⑥劳动报酬；⑦社会保险；⑧劳动保护、劳动条件和职业危害防护；⑨法律、法规规定应当纳入劳动合同的其他事项。

（2）劳动合同的非必备条款是指劳动者和用人单位之间在必备条款之外，根据双方的具体情况，经过协商认为需要约定的条款。用人单位与劳动者通常可以约定试用期、培训、保守秘密、补充保险和福利待遇等其他事项的非必备条款。

关于试用期问题，《劳动合同法》作了明确规定：劳动合同期限3个月以上不满1年的，试用期不得超过1个月；劳动合同期限1年以上不满3年的，试用期不得超过2个月；3年以上固定期限和无固定期限的劳动合同，试用期不得超过6个月。同一用人单位与同一劳动者只能约定一次试用期。以完成一定工作任务为期限的劳动合同或者劳动合同期限不满3个月的，不得约定试用期。不管约定多长的试用期，试用期都包含在劳动合同期限内。

案例窗 13-2　　案例窗 13-3

（三）劳动合同的效力

劳动合同的效力是指劳动合同的内容对双方当事人的约束力。劳动合同生效的前提是劳动合同成立。合同成立是当事人对合同的内容协商一致并达成合意的状态，是合同订立过程终结的后果。

无效劳动合同是指所订立的劳动合同不符合法定条件，不能发生当事人预期的法律后果的劳动合同。无效劳动合同从订立时起就没有法律约束力。《劳动合同法》第二十六条规定："下列劳动合同无效或者部分无效：（一）以欺诈、胁迫的手段或者乘人之危，使对方在违背真实意思的情况下订立或者变更劳动合同的；（二）用人单位免除自己的法定责任、排除劳动者权利的；（三）违反法律、行政法规强制性规定的。”

全部无效劳动合同是指劳动合同当事人和基本内容不符合法定条件，劳动合同条款全部无效。

部分无效劳动合同是指劳动合同的部分条款不符合法定条件，但是并不影响劳动合同的基本内容，不符合法定条件的那一部分条款无效，其余条款仍有效。

对劳动合同的无效或者部分无效有争议的，由劳动争议仲裁机构或者人民法院确认。

（四）劳动合同的履行与变更

1.劳动合同的履行

劳动合同的履行是指劳动合同当事人依照劳动合同的规定，履行合同规定的义务和行使合同规定的权利的行为。劳动合同的履行应当遵循以下原则：①全面履行原则，是指劳动合同双方当事人都必须严格、全面地依照法律和合同的约定履行自己的义务。②亲自履行原则。劳动关系是具有人身关系性质的社会关系，劳动合同是特定主体之间的合同，这些都要求劳动合同的履行只能在订立合同的特定主体之间进行。劳动法律关系确立后，劳动者不允许请他人代为劳动。③诚实信用原则。劳动合同双方当事人在履行合同过程中应遵循诚实信用原则，根据法律的规定和合同的性质、目的、习惯，履行通知、协助、保密等义务。

《劳动合同法》对劳动合同的履行还作了一些特别规定：①用人单位应当按照劳动合同约定和国家规定，向劳动者及时足额支付劳动报酬。用人单位拖欠或者未足额支付劳动报酬的，劳动者可以依法向当地人民法院申请支付令，人民法院应当依法发出支付令。②用人单位应当严格执行劳动定额标准，不得强迫或者变相强迫劳动者加班。用人单位安排加班的，应当按照国家有关规定向劳动者支付加班费。③劳动者可以拒绝用人单位管理人员违章指挥、强令冒险作业。④用人单位变更名称、法定代表人、主要负责人或者投资人等事项，不影响劳动合同的履行。⑤用人单位发生合并或者分立等情况，原劳动合同继续有效，劳动合同由承继其权利和义务的用人单位继续履行。

2.劳动合同的变更

劳动合同的变更是指在劳动合同履行过程中，因出现法定或约定情况，当事人对已经生效的合同条款进行修改或补充。劳动合同的变更不包括主体的变化。劳动合同的变更主要有以下原因：①订立合同所依据的法律和法规已经废止或修改；②因不可抗力无法履行原合同；③经用人单位与劳动者协商一致依法变更；④当事人一方情况发生变化，需要改变合同内容的，如企业转产、重组或劳动者健康状况发生改变。

（五）劳动合同的解除

劳动合同的解除是指劳动合同订立后尚未全部履行之前，某种原因导致劳动合同一方或双方当事人提前终止劳动关系的法律行为。《劳动法》《劳动合同法》主要规定了劳动合同的法定解除和协商解除两种情况。法定解除是指出现国家法律、法规规定的可以解除劳动合同的情况时，不需当事人双方一致同意，合同效力可以自然终止或单方提前终止。协商解除是指合同双方当事人在双方自愿的情况下，互相协商，在彼此达成一致的基础上提前终止劳动合同的效力。

1.用人单位单方解除劳动合同

(1) 用人单位直接解除劳动合同的情形。《劳动合同法》第三十九条规定:“劳动者有下列情形之一的，用人单位可以解除劳动合同:(一) 在试用期间被证明不符合录用条件的;(二) 严重违反用人单位的规章制度的;(三) 严重失职，营私舞弊，给用人单位造成重大损害的;(四) 劳动者同时与其他用人单位建立劳动关系，对完成本单位的工作任务造成严重影响，或者经用人单位提出，拒不改正的;(五) 因本法第二十六条第一款第一项规定的情形致使劳动合同无效的;(六) 被依法追究刑事责任的。”

(2) 用人单位提前通知解除劳动合同的情形。《劳动合同法》第四十条规定，有下列情形之一的，用人单位提前30日以书面形式通知劳动者本人或者额外支付劳动者1个月工资后，可以解除劳动合同:①劳动者患病或者非因工负伤，在规定的医疗期满后不能从事原工作，也不能从事由用人单位另行安排的工作的;②劳动者不能胜任工作，经过培训或者调整工作岗位，仍不能胜任工作的;③劳动合同订立时所依据的客观情况发生重大变化，致使劳动合同无法履行，经用人单位与劳动者协商，未能就变更劳动合同内容达成协议的。

(3) 用人单位经济性裁员解除劳动合同的情形。《劳动合同法》第四十一条规定，有下列情形之一，需要裁减人员20人以上或者裁减不足20人但占企业职工总数10%以上的，用人单位提前30日向工会或者全体职工说明情况，听取工会或者职工的意见后，裁减人员方案经向劳动行政部门报告，可以裁减人员:①依照企业破产法规定进行重整的;②生产经营发生严重困难的;③企业转产、重大技术革新或者经营方式调整，经变更劳动合同后，仍需裁减人员的;④其他因劳动合同订立时所依据的客观经济情况发生重大变化，致使劳动合同无法履行的。”

用人单位依照上述规定裁减人员，在6个月内重新招用人员的，应当通知被裁减的人员，并在同等条件下优先招用被裁减的人员。

在裁减人员时，企业应当优先留用下列人员:①与本单位订立较长期限的固定期限劳动合同的;②与本单位订立无固定期限劳动合同的;③家庭无其他就业人员，有需要扶养的老人或者未成年人的。

(4) 用人单位解除劳动合同的相关义务。用人单位单方解除劳动合同，应当事先将理由通知工会。用人单位违反法律、行政法规规定或者劳动合同约定的，工会有权要求用人单位纠正。

用人单位应当在解除或者终止劳动合同时出具解除或者终止劳动合同的证明，并在15日内为劳动者办理档案和社会保险关系转移手续。

用人单位违反《劳动合同法》规定解除或者终止劳动合同，劳动者要求继续履行劳动合同的，用人单位应当继续履行;劳动者不要求继续履行劳动合同或者劳动合同已经不能继续履行的，用人单位应当依照《劳动合同法》规定支付赔偿金。

2.劳动者单方解除劳动合同

《劳动合同法》第三十七条规定:劳动者提前30日以书面形式通知用人单位，可以解除劳动合同。劳动者在试用期内提前3日通知用人单位，可以解除劳动合同。

《劳动合同法》第三十八条规定:“用人单位有下列情形之一的，劳动者可以解除劳动合同:(一) 未按照劳动合同约定提供劳动保护或者劳动条件的;(二) 未及时足额支付劳动报酬的；（三）未依法为劳动者缴纳社会保险费的；（四）用人单位的规章制度违反法律、法规的规定，损害劳动者权益的；（五）因本法第二十六条第一款规定的情形致使劳动合同无效的；（六）法律、行政法规规定劳动者可以解除劳动合同的其他情形。用人单位以暴力、威胁或者非法限制人身自由的手段强迫劳动者劳动的，或者用人单位违章指挥、强令冒险作业危及劳动者人身安全的，劳动者可以立即解除劳动合同，不需事先告知用人单位。”

根据上述情况解除劳动合同，劳动者无须支付违约金。

3.用人单位解除劳动合同的限制

《劳动合同法》第四十二条规定，劳动者有下列情形之一的，用人单位不得依照本法第四十条、第四十一条的规定解除劳动合同：①从事接触职业病危害作业的劳动者未进行离岗前职业健康检查，或者疑似职业病病人在诊断或者医学观察期间的；②在本单位患职业病或者因工负伤并被确认丧失或者部分丧失劳动能力的；③患病或者非因工负伤，在规定的医疗期内的；④女职工在孕期、产期、哺乳期的；⑤在本单位连续工作满15年，且距法定退休年龄不足5年的；⑥法律、行政法规规定的其他情形。

4.解除劳动合同的经济补偿

《劳动合同法》第四十六条规定：“有下列情形之一的，用人单位应当向劳动者支付经济补偿：（一）劳动者依照本法第三十八条规定解除劳动合同的；（二）用人单位依照本法第三十六条规定向劳动者提出解除劳动合同并与劳动者协商一致解除劳动合同的；（三）用人单位依照本法第四十条规定解除劳动合同的；（四）用人单位依照本法第四十一条第一款规定解除劳动合同的；（五）除用人单位维持或者提高劳动合同约定条件续订劳动合同，劳动者不同意续订的情形外，依照本法第四十四条第一项规定终止固定期限劳动合同的；（六）依照本法第四十四条第四项、第五项规定终止劳动合同的；（七）法律、行政法规规定的其他情形。”

经济补偿按劳动者在本单位工作的年限，每满1年支付1个月工资的标准向劳动者支付。6个月以上不满1年的，按1年计算；不满6个月的，向劳动者支付半个月工资的经济补偿。这里的月工资是指劳动者在劳动合同解除或者终止前12个月的平均工资。经济补偿的月工资按照劳动者应得工资计算，包括计时工资或计件工资以及奖金、津贴和补贴等货币性收入。用人单位依照《劳动合同法》有关规定应当向劳动者支付经济补偿的，在办结工作交接时支付。用人单位依法终止工伤职工的劳动合同的，除依照《劳动合同法》的规定支付经济补偿外，还应当依照国家有关工伤保险的规定支付一次性工伤医疗补助金和伤残就业补助金。

劳动者月工资高于用人单位所在直辖市、设区的市级人民政府公布的本地区上年度职工月平均工资3倍的，向其支付经济补偿的标准按本地区职工月平均工资3倍的数额支付，向其支付经济补偿的年限最高不超过12年。

5.劳动者需要支付违约金的情形

劳动者需要向用人单位支付违约金的情形主要有两种：一是劳动者违反服务期约定的，应当按照约定向用人单位支付违约金。违约金的数额不得超过用人单位提供的培训费用。用人单位要求劳动者支付的违约金不得超过服务期尚未履行部分所应分摊的培训费用。二是对负有保密义务的劳动者，用人单位可以在劳动合同或者保密协议中与劳动者约定竞业限制条款，并约定在解除或者终止劳动合同后，在竞业限制期限内按月给予劳动者经济补偿。劳动者违反竞业限制约定的，应当按照约定向用人单位支付违约金。但竞业限制的人员限于用人单位的高级管理人员、高级技术人员和其他负有保密义务的人员。竞业限制的范围、地域、期限（不得超过2年）由用人单位与劳动者约定，竞业限制的约定不得违反法律、法规的规定。

案例窗13-4

（六）劳动合同的终止

劳动合同终止是指因劳动合同确定的权利义务关系消亡而致劳动法律关系结束。有下列情形之一的，劳动合同终止：①劳动合同期满的；②劳动者开始依法享受基本养老保险待遇的；③劳动者死亡，或者被人民法院宣告死亡或者宣告失踪的；④用人单位被依法宣告破产的；⑤用人单位被吊销营业执照、责令关闭、撤销或者用人单位决定提前解散的；⑥劳动者达到法定退休年龄的；⑦法律、行政法规规定的其他情形。

拓展阅读13-1

四、工时制度和工资制度

（一）工作时间和休息休假时间

1.工作时间

工作时间是指劳动者为履行劳动义务，在法定期限内应当从事劳动或工作的时间。工作时间是劳动法律关系中的劳动者对用人单位履行劳动义务、从事劳动和工作的时间。工作时间的长度由法律直接规定，或通过集体合同或劳动合同在法定范围内约定。工作时间包括每日工作的小时数、每周工作的天数和小时数。工作日有以下几类：

（1）标准工作日，是指法律规定的国家机关、社会团体、企业、事业单位在正常情况下普遍实行的工作日。我国的标准工时为劳动者每日工作8小时，每周工作40小时。实行计件工作的劳动者，用人单位根据前述工作时间，合理确定其劳动定额和计件报酬标准。

（2）缩短工作日，是指在法定的特殊情况下实行的工作时间少于标准工作日时间的工作日。下列情况可以缩短工作时间：①从事矿山井下、高山、严重有毒有害、特别繁重和过度紧张的体力劳动工人；②从事夜班工作的职工；③哺乳期内的女职工；④未成年工。

（3）延长工作日，是指职工在每个工作日的工作时间超过标准工作日时间长度的工作日制度。加班是典型的延长工作日。用人单位由于生产经营的需要，经与工会和劳动者协商后，可以延长工作时间，一般每日不得超过1小时；因特殊原因需要延长工作时间的，在保障劳动者身体健康的条件下延长工作时间每日不得超过3小时，而且每月累计不得超过36小时。但有下列特殊情况和紧急任务之一的，延长工作时间不受以上限制：①发生自然灾害、事故或者因其他原因，人民的安全健康和国家资产遭到严重威胁，需要紧急处理的；②生产设备、交通运输线路、公共设施发生故障，影响生产和公众利益，必须及时抢修的；③必须利用法定节日或公休假日的停产期间进行设备检修、保养的；④为完成国防紧急任务或者完成上级在国家计划外安排的其他紧急生产任务，以及商业、供销企业在旺季完成收购、运输、加工农副产品紧急任务的。

延长工作日后，应安排补休；无法补休的，应补发工资。补发工资的标准为：①安排劳动者延长工作时间的，支付不低于工资的150%的工资报酬；②休息日安排劳动者工作又不能安排补休的，支付不低于工资的200%的工资报酬；③法定休假日安排劳动者工作的，支付不低于工资的300%的工资报酬。

案例窗13-5

2.休息休假时间

休息休假时间是劳动者在法定工作时间之外由劳动者自由支配的时间。

（1）劳动者的休息时间。《劳动法》规定，劳动者工作日内有相应的间隙休息时间，工作日之间也应有足够的休息时间，用人单位还应保证劳动者每周至少休息1日。

（2）法定节假日，是指全体人民或部分人民的休息日。在法定的节假日，用人单位应安排劳动者休息。全体人民的节假日有元旦、春节、清明节、国际劳动节、端午节、中秋节、国庆节。部分人民的节假日有妇女节、青年节、儿童节、八一建军节。

（3）带薪年休假。《职工带薪年休假条例》规定：职工累计工作已满1年不满10年的，年休假5天；已满10年不满20年的，年休假10天；已满20年的，年休假15天。国家法定休假日、休息日不计入年休假的假期。单位确因工作需要不能安排职工休年休假的，经职工本人同意，可以不安排职工休年休假。对职工应休未休的年休假天数，单位应当按照该职工日工资收入的300%支付年休假工资报酬。但职工有下列情形之一的，不享受当年的年休假：①职工依法享受寒暑假，其休假天数多于年休假天数的；②职工请事假累计20天以上且单位按照规定不扣工资的；③累计工作满1年不满10年的职工，请病假累计2个月以上的；④累计工作满10年不满20年的职工，请病假累计3个月以上的；⑤累计工作满20年以上的职工，请病假累计4个月以上的。

（4）探亲假，是指与父母或配偶分居两地的职工，在一定期限内所享受的一定期限的带薪假期。工作满1年的固定职工，与配偶不住在一起，又不能在公休假团聚的，每年给予一方探亲假1次，假期为30天；未婚职工探望父母，原则上每年给假1次，假期为20天；已婚职工探望父母，每4年给假1次，假期为20天。

（二）工资制度

工资制度是有关工资的组成、协商确定、发放和最低工资制度等一系列制度的总称。工资即劳动报酬，是指职工因履行劳动义务而获得的，由用人单位以法定或约定的方式支付的各种形式的物质补偿。工资的分配应当遵循按劳分配原则，实行同工同酬。工资的种类一般包括计时工资、计件工资、奖金、津贴和补贴、延长工作时间的工资报酬以及特殊情况下支付的工资等。

用人单位可以依法自主确定本单位的工资的分配形式。工资应当以货币形式按月支付给劳动者本人。在我国，工资应当以法定货币支付，不得以实物及有价证券替代货币支付。按月支付是指每月至少应发放一次工资。实行月薪制的单位，工资必须每月发放。实行小时工资制和周工资制的人员，工资也可以按日或周发放。超过企业与职工约定或劳动合同规定的每月支付工资的时间发放工资即为不按月支付。用人单位应足额向劳动者支付工资，不得克扣或者无故拖欠劳动者的工资。"克扣"是指用人单位对履行了劳动合同规定的义务和责任，保质保量完成生产工作任务的劳动者，不支付或未足额支付其工资。但下列情形不属于克扣劳动者工资：①国家的法律、法规中有明确规定的；②依法签订的劳动合同中有明确规定的；③用人单位依法制定并经职代会批准的厂规、厂纪中有明确规定的；④企业工资总额与经济效益相联系，经济效益下浮时，工资必须下浮的，但支付给提供正常劳动职工的工资不得低于当地的最低工资标准；⑤因劳动者请事假等相应减发工资等。

我国还实行最低工资制度。最低工资是指劳动者在法定工作时间内正常履行劳动义务的，应在其所在单位获得的劳动报酬的最低标准。用人单位向劳动者支付的工资不得低于当地最低工资标准。

五、劳动争议的解决

（一）劳动争议的含义及解决途径

劳动争议是指劳动者与用人单位之间因为双方的权利保护和义务履行出现分歧而产生的纠纷。在我国，劳动争议具体指劳动者与用人单位之间在劳动法调整范围内因适用国家法律、法规以及订立、履行、变更、终止和解除劳动合同以及其他与劳动关系直接相联系的问题而引起的纠纷。①

根据《劳动争议调解仲裁法》第二条的规定，劳动争议主要包括五大类：①因确认劳动关系发生的争议；②因订立、履行、变更、解除和终止劳动合同发生的争议；③因除名、辞退和辞职、离职发生的争议；④因工作时间、休息休假、社会保险、福利、培训以及劳动保护发生的争议；⑤因劳动报酬、工伤医疗费、经济补偿或者赔偿金等发生的争议。

解决劳动争议的途径主要有协商、调解、仲裁和诉讼。协商是发生劳动争议时劳动者与用人单位或者劳动者请工会或第三方共同与用人单位协商达成和解协议，以解决争议的活动。

（二）劳动争议调解

1.劳动争议调解的含义

劳动争议发生后，当事人不愿协商、协商不成或者达成和解协议后不履行的，可以向调解组织申请调解。劳动争议调解是指基层群众调解组织对用人单位与劳动者发生的劳动争议，以我国法律和法规为准绳，以协商的方式使双方当事人达成协议，从而消除纠纷的活动。②

2.劳动争议调解组织

根据《劳动争议调解仲裁法》第十条和第十一条的规定，我国的调解组织包括企业劳动争议调解委员会，依法设立的基层人民调解组织，乡镇、街道设立的具有劳动争议调解职能的组织。企业劳动争议调解委员会由职工代表和企业代表组成。职工代表由工会成员担任或者由全体职工推举产生，企业代表由企业负责人指定，企业劳动争议调解委员会主任由工会成员或者双方推举的人员担任。劳动争议调解组织的调解员应当由公道正派、联系群众、热心调解工作，并具有一定法律知识、政策水平和文化水平的成年公民担任。

---

① 程延园．劳动合同法教程［M］．2版．北京：首都经济贸易大学出版社，2014：213．

② 林嘉．劳动法和社会保障法［M］．北京：中国人民大学出版社，2009：263．

3.调解程序及调解的效力

首先，争议当事人应向调解组织提出调解申请。申请可以是书面的，也可以是口头的。如果当事人口头申请，调解组织应当当场记录申请人基本情况、申请调解的争议事项、理由和时间。其次，劳动调解组织开展调解。经调解达成协议的，制作调解书。

调解书由双方当事人签名或盖章，经调解员签名并加盖调解组织印章后生效，对双方当事人具有约束力，当事人应履行。如一方当事人在协议期限内不履行的，另一方当事人可以依法申请仲裁，不能向法院申请强制执行，也就是说调解协议并无强制执行力。

（三）劳动争议仲裁

当事人发生劳动争议，不愿调解、调解不成或者达成调解协议后不履行的，可以向劳动争议仲裁委员会申请仲裁。

1.劳动争议仲裁的含义及机构

劳动争议仲裁是指劳动关系当事人将劳动争议提交劳动争议仲裁委员会，由其对双方的争议进行处理并作出具有约束力的裁决，以解决争议的行为。[①]

我国的劳动争议仲裁机构是劳动争议仲裁委员会。劳动争议仲裁委员会遵循三方原则，由劳动行政部门代表、工会代表和企业方面代表组成。劳动争议仲裁委员会组成人员应当是单数。劳动争议仲裁委员会依法履行下列职责：①聘任、解聘专职或者兼职仲裁员；②受理劳动争议案件；③讨论重大或者疑难的劳动争议案件；④对仲裁活动进行监督。

劳动争议仲裁委员会下设办事机构，负责办理劳动争议仲裁委员会的日常工作。劳动争议仲裁委员会应当设置仲裁员名册，供当事人选择。

2.劳动争议仲裁的管辖与时效

劳动争议由劳动合同履行地或者用人单位所在地的劳动争议仲裁委员会管辖。双方当事人分别向劳动合同履行地和用人单位所在地的劳动争议仲裁委员会申请仲裁的，由劳动合同履行地的劳动争议仲裁委员会管辖。

劳动争议申请仲裁的时效期间为1年。仲裁时效期间从当事人知道或者应当知道其权利被侵害之日起开始计算。劳动争议仲裁时效也可以中止、中断。劳动关系存续期间因拖欠劳动报酬发生争议的，劳动者申请仲裁不受1年的仲裁时效期间的限制；但是，劳动关系终止的，应当自劳动关系终止之日起1年内提出。

3.劳动争议仲裁的程序

（1）申请与受理。

当事人申请劳动争议仲裁应当提交书面申请，并按照被申请人数提交副本。申请书应当载明当事人的相关信息、仲裁请求和所根据的事实与理由、证据与来源，以及证人姓名和住所。书写申请书确有困难的，可以口头申请，由劳动争议仲裁委员会记入笔录，并告知对方当事人。劳动争议仲裁委员会收到仲裁申请之日起5日内，认为符合条件的，应当受理；认为不符合条件的，书面通知申请人不予受理，并说明理由。申请被受理的，劳动争议仲裁委员会应在5日内将副本送达被申请人。被申请人应在10日内向劳动争议仲裁委员会提交答辩书。

---

① 林嘉．劳动法和社会保障法［M］．北京：中国人民大学出版社，2009：265．

（2）开庭与裁决。

劳动争议案件由劳动争议仲裁委员会临时组成的仲裁庭裁决。仲裁庭由3名仲裁员组成，设首席仲裁员。简单案件可由1名仲裁员独任仲裁。仲裁庭应在开庭5日前，将开庭日期、地点书面通知双方当事人。当事人在开庭前3日内依法请求延期开庭，劳动争议仲裁委员会有权决定是否延期。

申请人收到书面通知，无正当理由拒不到庭或者未经仲裁庭同意中途退庭的，可以视为撤回仲裁申请。被申请人收到书面通知，无正当理由拒不到庭或者未经仲裁庭同意中途退庭的，可以缺席裁决。

当事人申请劳动争议仲裁后，可以自行和解；达成和解协议的，可以撤回仲裁申请。仲裁庭在作出裁决前应先调解；如达成调解协议，应制作调解书。由仲裁员签名并加盖劳动争议仲裁委员会印章的调解书送达双方当事人，经双方当事人签收后即发生法律效力。调解不成或者调解书送达前，一方当事人反悔的，仲裁庭应及时作出裁决。仲裁庭裁决劳动争议案件时，其中一部分事实已经清楚，可以就该部分先行裁决。

对于当事人之间权利和义务关系明确、不先予执行将严重影响申请人生活的追索劳动报酬、工伤医疗费、经济补偿或者赔偿金的案件，仲裁庭根据当事人的申请，可以裁决先予执行，移送人民法院执行。

仲裁庭对“追索劳动报酬、工伤医疗费、经济补偿或者赔偿金，不超过当地月最低工资标准12个月金额的争议；因执行国家的劳动标准在工作时间、休息休假、社会保险等方面发生的争议”所作出的裁决是终局裁决，裁决书自作出之日起发生法律效力。但劳动者对上述两类裁决不服的，可以自收到裁决书之日起15日内向人民法院起诉；用人单位不能向法院起诉，只能自收到仲裁裁决书之日起30日内依法向劳动争议仲裁委员会所在地的中级人民法院申请撤销裁决。

当事人对发生法律效力的调解书、裁决书，应当依照规定的期限履行。一方当事人逾期不履行的，另一方当事人可以依照《民事诉讼法》的有关规定向人民法院申请执行。

（四）劳动争议诉讼

诉讼是解决劳动争议的最终程序。对仲裁裁决不服的，除《劳动争议调解仲裁法》另有规定的外，当事人可以向人民法院提起诉讼。《最高人民法院关于审理劳动争议案件适用法律问题的解释（一）》规定，劳动者与用人单位之间发生的下列纠纷，属于劳动争议，当事人不服劳动争议仲裁机构作出的裁决，依法提起诉讼的，人民法院应予受理：①劳动者与用人单位在履行劳动合同过程中发生的纠纷；②劳动者与用人单位之间没有订立书面劳动合同，但已形成劳动关系后发生的纠纷；③劳动者与用人单位因劳动关系是否已经解除或者终止，以及应否支付解除或者终止劳动关系经济补偿金发生的纠纷；④劳动者与用人单位解除或者终止劳动关系后，请求用人单位返还其收取的劳动合同定金、保证金、抵押金、抵押物发生的纠纷，或者办理劳动者的人事档案、社会保险关系等移转手续发生的纠纷；⑤劳动者以用人单位未为其办理社会保险手续，且社会保险经办机构不能补办导致其无法享受社会保险待遇为由，要求用人单位赔偿损失发生的纠纷；⑥劳动者退休后，与尚未参加社会保险统筹的原用人单位因追索养老金、医疗费、工伤保险待遇和其他社会保险待遇而发生的纠纷；⑦劳动者因为工伤、职业病，请求用人单位依法给予工伤保险待遇发生的纠纷；⑧劳动者依据《劳动合同法》第八十五条规定，要求用人单位支付加付赔偿金发生的纠纷；⑨因企业自主进行改制发生的纠纷。

但下列纠纷不属于劳动争议，当事人以劳动争议向法院起诉的，法院不应受理：①劳动者请求社会保险经办机构发放社会保险金的纠纷；②劳动者与用人单位因住房制度改革产生的公有住房转让纠纷；③劳动者对劳动能力鉴定委员会的伤残等级鉴定结论或者对职业病诊断鉴定委员会的职业病诊断鉴定结论的异议纠纷；④家庭或者个人与家政服务人员之间的纠纷；⑤个体工匠与帮工、学徒之间的纠纷；⑥农村承包经营户与受雇人之间的纠纷。

除法律另有规定外，劳动争议案件由用人单位所在地或者劳动合同履行地的基层人民法院管辖；履行地不明的，由用人单位所在地的基层人民法院管辖。

案例窗13-6

第二节　社会保险法律制度

社会保险法是调整社会保险法律关系的法律规范的总称。社会保险法律关系是指用人单位、个人、管理者、服务者等主体之间在参与社会保险活动中所形成的权利和义务关系。《中华人民共和国社会保险法》（以下简称《社会保险法》）对我国社会保险制度进行了系统性规定。社会保险制度是由基本养老保险、基本医疗保险、工伤保险、失业保险、生育保险等保险种类构成的制度体系。

一、基本养老保险法律制度

基本养老保险制度是指依法通过适当的资金来源与待遇支付安排，以保障公民在年老丧失劳动能力时能从基本养老基金中获得稳定生活来源的社会保险制度。[①]我国的基本养老保险由职工基本养老保险、机关事业单位基本养老保险和城乡居民基本养老保险组成。

（一）职工基本养老保险制度

1.职工基本养老保险的覆盖范围

（1）用人单位及其职工。根据《社会保险法》，职工都应参加基本养老保险，由用人单位和职工共同缴纳基本养老保险费。城镇各类企业及其职工、实行企业化管理的事业单位及其职工、社会力量所办学校等民办非企业单位及其职工都应参加职工基本养老保险，这也体现了职工基本养老保险覆盖范围的广泛性。

（2）灵活就业人员。无雇工的个体户、未在用人单位参加基本养老保险的非全日制从业人员及其他灵活就业人员也可以参加职工基本养老保险。

2.职工基本养老保险的制度模式及基金筹集

我国职工基本养老保险实行现收现付和部分积累相结合，是在个人账户基础上实行部

---

① 人力资源和社会保障部．中华人民共和国社会保险法讲座［M］．北京：中国劳动社会保障出版社，2011：21．

分积累的制度。单位缴费进入社会统筹账户，实行现收现付，体现互助共济；个人缴费进入个人账户，实行积累制，体现了个人责任。灵活就业人员全部缴费的一部分依法按比例划入社会统筹账户，一部分划入个人账户。

职工基本养老保险基金由用人单位缴费、个人缴费和政府补贴共同构成，即基本养老保险基金出现支付不足时，由政府给予补贴。

3.职工基本养老保险费的缴纳

（1）单位缴费。目前我国职工基本养老保险单位缴费比例为职工工资总额的16%，全部缴费计入社会统筹账户。工资总额是指用人单位在一定时期（通常为1年）内直接支付给本单位全部职工的劳动报酬的总额。

（2）个人缴费。按规定，职工个人按本人缴费工资的8%缴费，计入个人账户。个人账户资金可以继承。缴费工资即缴费工资基数，指职工本人上一年度月平均工资。月平均工资的计算项目包括工资、奖金、津贴、补贴等收入，但不包括用人单位承担和支付给员工的社会保险费、劳动保护费、福利费、用人单位与职工解除劳动合同时支付的一次性补偿、计划生育费用等。新招职工以起薪当月工资收入作为缴费工资基数。本人月工资低于当地职工月平均工资60%的，按照当地职工月平均工资的60%作为缴费基数；本人月工资高于当地职工月平均工资300%的，按当地职工月平均工资的300%作为缴费基数，超过部分不计入缴费工资基数，也不计入计发养老金的基数。

城镇个体工商户等灵活就业人员按照本地依上年社平工资确定的缴费基数缴费，并允许在60%～300%之间选择适当的缴费基数缴费，缴费比例为20%，其中8%计入个人账户。

4.职工基本养老保险待遇支付

（1）待遇支付的条件。根据《社会保险法》的规定，按月领取基本养老金需要符合两个条件：一是达到法定退休年龄；二是累计缴费满15年。

我国关于法定退休年龄的规定较为复杂：机关事业单位、企业职工的退休年龄是男性满60周岁，女干部满55周岁，女工人满50周岁；从事井下、高温、高空、特别繁重体力劳动或其他有害身体健康工作的，退休年龄为男性满55周岁、女性满45周岁；连续工龄满10年，因病或非因工致残，由医院证明经劳动鉴定委员会确认完全丧失劳动能力的，退休年龄为男性满50周岁、女性满45周岁。

缴费不满15年的，可以缴费至满15年，也可以转入城乡居民基本养老保险。

（2）养老保险待遇。养老保险待遇主要包括：①按月领取基本养老金。②领取丧葬补助金和遗属抚恤金。参加基本养老保险的个人，因病或者非因工死亡的，其遗属可以领取丧葬补助金和抚恤金；但如果因参保人死亡同时符合领取基本养老保险丧葬补助金、工伤保险丧葬补助金和失业保险丧葬补助金条件的，其遗属只能选择领取其中一项。③在未达到法定退休年龄时因病或非因工致残完全丧失劳动能力的，可以领取病残津贴。

案例窗 13-7

案例窗 13-8

（二）机关事业单位基本养老保险制度

我国机关事业单位从2014年10月1日起实施养老保险制度改革，建立独立于机关事业单位的、资金来源多渠道、保障方式多层次、管理服务社会化的机关事业单位养老保险体系，对编制内的工作人员实行社会统筹与个人账户相结合的基本养老保险制度。

机关事业单位工作人员参加基本养老保险前，视同缴费年限期间应当缴纳的基本养老保险费由政府承担。

（三）城乡居民基本养老保险制度

2014年国务院发布《关于建立统一的城乡居民基本养老保险制度的意见》，将新型农村养老保险和城镇居民养老保险两项制度合并实施，在全国建立统一的城乡居民基本养老保险制度。

1.参保范围及养老保险个人账户

年满16周岁（不含在校学生），非国家机关和事业单位工作人员及不属于城镇职工基本养老保险制度覆盖范围的城乡居民，可以在户籍地参加城乡居民基本养老保险。

国家为每个参保人员建立终身记录的养老保险个人账户，个人缴费、地方人民政府对参保人的缴费补贴、集体补助及其他社会经济组织、公益慈善组织、个人对参保人的缴费资助，全部记入个人账户。

2.基金筹集

城乡居民基本养老保险基金由个人缴费、集体补助、政府补贴构成。个人缴费标准为每年100元、200元、300元、400元、500元、600元、700元、800元、900元、1 000元、1 500元、2 000元12个档次，由参保人自主选择缴费档次缴费，多缴多得。省（自治区、直辖市）人民政府可以根据实际情况增设缴费档次，也可以每年调整缴费档次的缴费金额。有能力的集体可以对参保对象给予补助。地方人民政府应当对参保人缴费给予补贴，不同缴费档次补贴标准可以不同，补贴标准也可以每年调整。对重度残疾人等缴费困难群体，地方人民政府为其代缴部分或全部最低标准的养老保险费。

3.养老保险待遇

参加城乡居民基本养老保险的个人，年满60周岁、累计缴费满15年，且未领取国家规定的基本养老保障待遇的，可以按月领取城乡居民基本养老保险待遇。

城乡居民基本养老保险待遇由基础养老金和个人账户养老金构成，支付终身。政府对符合领取城乡居民基本养老保险待遇条件的参保人全额支付基础养老金，其中，中央财政对中西部地区按中央确定的基础养老金标准给予全额补助，对东部地区给予50%的补助。各地政府支付的基础养老金在中央确定的最低标准基础上自行确定，可以每年调整。个人账户养老金的月计发标准，目前为个人账户全部储存额除以139。参保人死亡，个人账户资金余额可以依法继承。

二、基本医疗保险制度

基本医疗保险制度是指国家依法设立的，参保单位和个人按照规定比例缴纳医疗保险费，由医疗保险基金支付参保个人因疾病就医诊疗而产生的规定比例医疗费用的社会保险制度。

（一）职工基本医疗保险

1.职工基本医疗保险的覆盖范围

职工基本医疗保险主要覆盖两类人群：一是在用人单位工作的职工应当参加职工基本医疗保险，由用人单位和职工按照国家规定共同缴纳基本医疗费；二是无雇工的个体工商户、未在用人单位参加职工基本医疗保险的非全日制从业人员以及其他灵活就业人员可以参加职工基本医疗保险，由个人按照国家规定缴纳基本医疗保险费。

2.职工基本医疗保险的筹资方式

职工基本医疗保险费由用人单位和职工共同缴纳。用人单位缴费率控制在职工工资总额的6%左右，职工缴费率一般为其工资收入的2%。各统筹区费率会有所不同。职工个人缴费全部计入个人账户；用人单位缴费全部用于建立统筹基金。

达到法定退休年龄时累计缴费达到国家规定年限的，退休后不再缴纳基本医疗保险费，按规定享受基本医疗待遇；未达到规定缴费年限的，可缴费至国家规定年限。具体缴费年限由各统筹区视情况自定，大致为女性25年、男性30年。

3.医疗保险费用的支付

参保人享受基本医疗保险待遇一般需要符合两个条件：一是参保人员须到定点医疗机构就医、购药或定点零售药店购药；二是参保人员在就医诊疗过程中所产生的医疗费用须符合基本医疗保险药品目录、诊疗项目、医疗服务设施标准的范围和给付标准。

医疗保险基金所支付的费用仅限于符合支付范围的在社会医疗保险统筹基金起付线以上与最高支付限额（封顶线）以下的按比例需要支付的费用部分，而不是全部医疗费用。各统筹区的起付线与封顶线并不相同，不同级别的医疗机构起付线也不相同。起付线以下、封顶线以上的部分诊疗费用由参保人自负。

参保人员医疗费用中应当由基本医疗保险基金支付的部分，由社会保险经办机构与医疗机构、药品经营单位直接结算。

此外，下列医疗费用不纳入基本医疗保险基金支付范围：应当从工伤保险基金中支付的；应当由第三人负担的；应当由公共卫生负担的；在境外就医的。医疗保险费用应由第三人负担，第三人不支付或无法确定第三人的，由基本医疗保险基金先行支付，之后基本医疗保险基金有权向第三人追偿。

4.医疗期

医疗期是指劳动者患病或非因工负伤停止工作、治病休息，用人单位不得因此解除劳动合同的期限。医疗期因劳动者工作年限及在本单位工作时间的不同而长短不同，最长不超过24个月。实际工作年限不足10年的，在本单位工作年限不足5年的为3个月，5年以上的为6个月；实际工作年限10年以上的，在本单位工作年限不足5年的为6个月，5年以上不足10年的为9个月，10年以上不足15年的为12个月，15年以上的为18个月，20年以上的为24个月。重大疾病24个月内不能痊愈的，经用人单位和劳动主管部门批准，可以适当延长医疗期。

企业职工在医疗期内，其病假工资、疾病救济费和医疗待遇按有关规定执行。职工患病或非因工负伤治疗期间，在规定的医疗期内由企业按有关规定支付其病假工资或疾病救济费，病假工资或疾病救济费不能低于当地最低工资标准的80%。

另外，2019年国务院办公厅印发了《关于全面推进生育保险和职工基本医疗保险合并实施的意见》，推进两项保险合并实施。

（二）城乡居民基本医疗保险

2016年，国务院颁布《关于整合城乡居民基本医疗保险制度的意见》，确立了建立统一的城乡居民基本医疗保险制度的基本内容，确立了“六统一”（统一“覆盖范围、筹资政策、保障待遇、医保目录、定点管理、基金管理”）的政策。与城乡居民医保制度配套的还有城乡居民大病医疗保险。

城乡居民基本医疗保险制度覆盖除职工基本医疗保险应参保人员以外的其他所有城乡居民。农民工和灵活就业人员依法参加职工基本医疗保险，有困难的可按照当地规定参加城乡居民基本医疗保险。在筹资方面，各统筹地区存在一定差距，但一般分两档，参保居民可以选择一档缴费标准缴费，财政对每档缴费都给予相应的补助。在待遇支付方面，居民医保住院待遇水平在政策范围内，基金支付的比例稳定在70%左右。

三、工伤保险制度

（一）工伤保险制度概述

工伤保险制度是劳动者在因工受伤或患职业病所致暂时或者永久丧失劳动能力时，或因上述原因死亡，劳动者及其遗属能够从国家、社会得到必要的物质补偿的一种社会保险制度。

工伤保险的投保费用由用人单位承担，职工个人不缴费。国家根据不同行业的工伤风险程度确定行业的差别费率，并根据使用工伤保险基金、工伤发生率等情况在每个行业内确定费率档次。社会保险经办机构根据用人单位使用工伤保险基金、工伤发生率和所属行业费率档次等情况，确定用人单位缴费费率。用人单位缴费基数为职工工资总额。用人单位的缴费是工伤保险基金的主要组成部分。

我国境内的企业、事业单位、社会团体、民办非企业单位、基金会、律师事务所、会计师事务所等组织和有雇工的个体工商户（以下简称用人单位）应当依照《工伤保险条例》规定参加工伤保险，为本单位全部职工或者雇工（以下简称职工）缴纳工伤保险费。我国境内的所有用人单位的职工和个体工商户的雇工，均有依法享受工伤保险待遇的权利。

（二）工伤的认定

职工是否工伤由社会保险行政部门认定。工伤认定包括应当认定为工伤和视同工伤两种类型。根据《工伤保险条例》第十四条规定，职工有下列情形之一的，应当认定为工伤：①在工作时间和工作场所内，因工作原因受到事故伤害的；②工作时间前后在工作场所内，从事与工作有关的预备性或者收尾性工作受到事故伤害的；③在工作时间和工作场所内，因履行工作职责受到暴力等意外伤害的；④患职业病的；⑤因工外出期间，由于工作原因受到伤害或者发生事故下落不明的；⑥在上下班途中，受到非本人主要责任的交通事故或者城市轨道交通、客运轮渡、火车事故伤害的；⑦法律、行政法规规定应当认定为工伤的其他情形。

职工有下列情形之一的，视同工伤：①在工作时间和工作岗位，突发疾病死亡或者在48小时之内经抢救无效死亡的；②在抢险救灾等维护国家利益、公共利益活动中受到伤害的；③职工原在军队服役，因战、因公负伤致残，已取得革命伤残军人证，到用人单位后旧伤复发的。职工有前款①②情形的，按照本条例的有关规定享受工伤保险待遇；职工有前款③情形的，按照本条例的有关规定享受除一次性伤残补助金以外的工伤保险待遇。

根据《社会保险法》规定，职工有下列情形之一导致其在工作中伤亡，不认定为工伤：①故意犯罪；②醉酒或者吸毒；③自残或者自杀；④法律、行政法规规定的其他情形。

（三）工伤保险待遇

1.工伤保险待遇的种类

（1）工伤医疗待遇即工伤职工进行治疗应享受的医疗待遇。其主要包括：①治疗工伤的诊疗费、药费、住院费等医疗费用；②住院伙食补助费、交通食宿费；③康复治疗费；④停工留薪期工资福利待遇。停工留薪期内的原工资福利待遇不变，由所在单位按月支付，期限一般不超过12个月；伤情严重或存特殊情况者，经设区的市级劳动能力鉴定委员会确认，可以延长，但延长不得超过12个月。

（2）安装配置伤残辅助器具。工伤职工因日常生活或就业需要，经劳动能力鉴定委员会确认，可以安装假肢、矫形器、假眼、假牙和配置轮椅等，其费用由工伤保险基金依法支付。

（3）伤残待遇。职工发生工伤，经治疗伤情稳定后仍存在影响劳动能力的，应向劳动能力鉴定机构申请进行劳动能力鉴定，即对劳动功能性障碍程度和生活自理障碍程度的等级进行鉴定。劳动功能性障碍分为10个伤残等级，一级最重，十级最轻。生活自理障碍分为3个等级：完全不能自理、大部分不能自理、部分不能自理。等级不同，享受的工伤保险待遇不同。

伤残待遇包括如下方面：

①生活护理费，即向生活不能自理的工伤职工支付的供其雇佣生活护理人员的补助费用。生活护理费按照生活自理障碍3个等级支付，具体标准分别为统筹地区上年度职工月平均工资的50%、40%或者30%。

②一次性伤残补助金，即从工伤保险基金中按伤残等级支付的一次性伤残补助金。最高一级伤残支付27个月本人工资，最低十级伤残支付7个月本人工资。

③伤残津贴。伤残等级为一至四级的，保留劳动关系，退出工作岗位，由工伤保险基金按月支付伤残津贴；五、六级伤残职工，保留与用人单位的劳动关系，由用人单位安排适当工作，难以安排工作的，由用人单位按月发给伤残津贴。伤残津贴实际金额低于当地最低工资标准的，由用人单位补足差额。

工伤职工符合领取基本养老金条件的，停发伤残津贴，享受基本养老保险待遇。基本养老保险待遇低于伤残津贴的，从工伤保险基金中补足差额。

④一次性工伤医疗补助金和伤残就业补助金。五、六级伤残，经工伤职工本人提出，该职工可以与用人单位解除或者终止劳动关系，由工伤保险基金支付一次性工伤医疗补助金，由用人单位支付一次性伤残就业补助金。七至十级伤残，劳动、聘用合同期满终止，或者职工本人提出解除劳动、聘用合同的，由工伤保险基金支付一次性工伤医疗补助金，由用人单位支付一次性伤残就业补助金。补助的具体标准由省、自治区、直辖市人民政府

规定。

(4) 工亡待遇。职工因工死亡或伤残职工在停工留薪期内因工伤导致死亡的，其近亲属按照下列规定从工伤保险基金领取丧葬补助金、供养亲属抚恤金和一次性工亡补助金：①丧葬补助金为6个月的统筹地区上年度职工月平均工资；②供养亲属抚恤金按照职工本人工资的一定比例发给由因工死亡职工生前提供主要生活来源、无劳动能力的亲属。③一次性工亡补助金标准为上一年度全国城镇居民人均可支配收入的20倍。

2.工伤保险待遇的负担

《社会保险法》规定，因工伤发生的下列费用，按国家规定从工伤保险基金中支付：①治疗工伤的医疗费用和康复费用；②住院伙食补助费；③到统筹地区以外就医的交通食宿费；④安装配置伤残辅助器具所需费用；⑤生活不能自理的，经劳动能力鉴定委员会确认的生活护理费；⑥一次性伤残补助金和一至四级伤残职工按月领取的伤残津贴；⑦终止或者解除劳动合同时应当享受的一次性医疗补助金；⑧因工死亡的，其遗属领取的丧葬补助金、供养亲属抚恤金和因工死亡补助金；⑨劳动能力鉴定费。但下列费用由用人单位支付：①治疗工伤期间的工资福利；②五级、六级伤残职工按月领取的伤残津贴；③终止或者解除劳动合同时，应当享受的一次性伤残就业补助金。

工伤职工有下列情形之一的，停止享受工伤保险待遇：①丧失享受待遇条件的；②拒不接受劳动能力鉴定的；③拒绝治疗的。

职工所在用人单位未依法缴纳工伤保险费，发生工伤事故的，由用人单位支付工伤保险待遇。用人单位不支付的，从工伤保险基金中先行支付，但该部分费用用人单位必须偿还；用人单位不偿还的，社会保险经办机构可以依法追偿。

由第三人造成工伤，第三人不支付工伤医疗费用或者无法确定第三人的，由工伤保险基金先行支付，之后工伤保险基金有权向第三人追偿。

四、失业保险制度

(一) 失业保险及其特点

失业保险是指国家通过立法强制建立失业保险基金，对因失业而暂时中断生活来源的劳动者在法定期间内提供物质帮助，以维持基本生活需要的社会保险制度。

失业保险制度具有以下特点：①申请领取失业保险的人应该是具有劳动能力的失业者。②失业保险的对象为非自愿性失业。③失业保险具有保障失业者失业期间生存和鼓励就业的双重功能。④失业保险待遇给付具有期限性。⑤失业保险具有较强的国家干预性。[①]

(二) 失业保险基金的筹集与支付

我国的失业保险覆盖所有用人单位及其职工。《社会保险法》规定，职工应当参加失业保险，由用人单位和职工依法共同缴纳失业保险费。

失业保险基金在直辖市和设区的市实行全市统筹，其他地区的统筹层次由省、自治区人民政府规定。失业保险基金主要由用人单位及其职工缴费构成，还包括失业保险基金的

① 林嘉．劳动法和社会保障法［M］．北京：中国人民大学出版社，2009：398．

利息、财政补贴、依法纳入失业保险基金的其他资金。一般情况下，用人单位按本单位工资总额的2%、职工按本人工资的1%的比例缴纳失业保险费。但各统筹地区可以根据国家的有关政策降低并确定具体的缴费比例。

根据《社会保险法》的规定，参保人员领取的失业保险金、失业人员参加职工基本医疗保险应当缴纳的基本医疗保险费、失业人员领取失业保险金期间死亡后遗属享受的一次性丧葬补助金和抚恤金都由失业保险基金依法支付；同时，失业人员领取失业金期间接受职业培训、职业介绍的补贴和国务院规定或批准的失业保险有关的其他费用也由失业保险基金支付。

（三）失业保险待遇

1.领取失业保险金的条件

领取失业保险金须符合下列条件：①失业前用人单位和本人已经按照规定缴纳失业保险费累计满1年的；②非因本人意愿中断就业的；③已进行失业登记，并有求职要求的。

2.失业保险金的标准及领取期限

失业保险金的标准由省、自治区、直辖市人民政府确定，不得低于城市居民最低生活保障标准，也不高于当地最低工资标准。各统筹区应建立失业保险金的调整机制。

失业保险金的领取期限为：失业人员失业前用人单位和本人累计缴费满1年不足5年的，领取失业保险金的期限最长为12个月；累计缴费满5年不足10年的，领取失业保险金的期限最长为18个月；累计缴费10年以上的，领取失业保险金的期限最长为24个月。重新就业后再次失业的，缴费时间重新计算，领取失业保险金的期限与前次失业应当领取而尚未领取的失业保险金的期限合并计算，最长不超过24个月。另外，自2019年12月起，对领取失业保险金期满仍未就业且距法定退休年龄不足1年的失业人员，可继续发放失业保险金至法定退休年龄。

失业保险金领取期限自办理失业登记之日起计算。

失业人员在领取失业保险金期间有下列情形之一的，停止领取失业保险金，并同时停止享受其他失业保险待遇：①重新就业的；②应征服兵役的；③移居境外的；④享受基本养老保险待遇的；⑤无正当理由，拒不接受当地人民政府指定部门或者机构介绍的适当工作或者提供的培训的。

3.失业人员参加基本医疗保险

失业人员在领取失业保险金期间，参加职工基本医疗保险的，享受基本医疗保险待遇。失业人员应当缴纳的基本医疗保险费从失业保险基金中支付，个人不缴纳基本医疗保险费。

4.失业人员死亡后的遗属待遇

失业人员在领取失业保险金期间死亡的，参照当地对在职职工死亡的规定，向其遗属发给一次性丧葬补助金和抚恤金。所需资金从失业保险基金中支付。

5.失业保险金的申领程序

（1）用人单位应当及时为失业人员出具终止或者解除劳动关系的证明。

（2）失业人员失业前所在单位，应将失业人员的名单自终止或者解除劳动合同之日起7日内报受理其失业保险业务的经办机构备案，并按要求提供终止或解除劳动合同证明等有关材料。

(3) 失业人员应当持本单位为其出具的终止或者解除劳动关系的证明，及时到指定的公共就业服务机构办理失业登记。

(4) 失业人员凭失业登记证明和个人身份证明，应在终止或者解除劳动合同之日起60日内到受理其单位失业保险业务的经办机构申领失业保险金。

五、社会保险费征缴

(一) 社会保险登记

1.用人单位的社会保险登记

企业办理设立登记时，同步办理社会保险登记。企业以外的参保单位应当自成立之日起30日内，凭营业执照、登记证书或者单位印章，向当地社会保险经办机构申请办理社会保险登记。

2.个人的社会保险登记

用人单位应当自用工之日起30日内为其职工向社会保险经办机构申请办理社会保险登记。自愿参加社会保险的无雇工的个体工商户、未在用人单位参加社会保险的非全日制从业人员以及其他灵活就业人员，也应当向社会保险经办机构申请办理社会保险登记。

用人单位的社会保险登记事项发生变更或者用人单位依法终止的，应当自变更或者终止之日起30日内，到社会保险经办机构办理变更或者注销社会保险登记。

国家建立全国统一的与公民身份号码一致的社会保障号码。

(二) 社会保险费的申报与缴纳

社会保险费由税务部门统一征收。用人单位应当自行申报、按时足额缴纳社会保险费，非因不可抗力等法定事由不得缓缴、减免。职工应当缴纳的社会保险费由用人单位代扣代缴，用人单位应当按月将缴纳社会保险费的明细情况告知本人。

无雇工的个体工商户、未在用人单位参加社会保险的非全日制从业人员以及其他灵活就业人员，可以直接向社会保险费征收机构缴纳社会保险费。

六、社会保险基金管理

除基本医疗保险基金与生育保险基金合并建账及核算外，其他各项社会保险基金按照社会保险险种分别建账，分账核算。社会保险基金执行国家统一的会计制度。社会保险基金专款专用，任何组织和个人不得侵占或者挪用。

基本养老保险基金逐步实行全国统筹，其他社会保险基金逐步实行省级统筹，具体时间、步骤由国务院规定。

社会保险基金存入财政专户，并按统筹层次设立预算，通过预算实现收支平衡。除基本医疗保险基金与生育保险基金预算合并编制外，其他社会保险基金预算按照社会保险项目分别编制。县级以上人民政府在社会保险基金支付不足时，给予补贴。

社会保险基金在保证安全的前提下，按照国务院规定投资运营实现保值增值。但社会保险基金不得违规投资运营，不得用于平衡其他政府预算，不得用于兴建、改建办公场所和支付人员经费、运行费用、管理费用，或者违反法律、行政法规规定挪作其他用途。

案例窗 13-9

拓展阅读 13-2

学思践悟

加快劳动领域重点立法 不断完善我国劳动法律制度（节选）

党的二十大报告深刻阐述了全面依法治国的重大意义，强调在法治轨道上全面建设社会主义现代化国家；同时，提出“加强重点领域、新兴领域、涉外领域立法”“推进多层次多领域依法治理，提升社会治理法治化水平”“健全劳动法律法规，完善劳动关系协商协调机制，完善劳动者权益保障制度，加强灵活就业和新就业形态劳动者权益保障”。这些深刻论述及其丰富内涵为我国劳动法律制度发展明确了目标和方向。

健全劳动法律法规，要求我国的劳动法律制度在中国式现代化发展中不断丰富和完善。一方面，要积极回应经济社会发展带来的劳动关系新情况、新问题，在总结实践经验的基础上，制定新的法律规范，以补齐短板、填补空白；另一方面，要针对现行劳动法律规范中明显落伍于新形势、新情况的内容进行修改或废除，使法律能够永葆生命力，发挥劳动法律制度在新时代构建和谐劳动关系、保障劳动者合法权益、提升社会治理法治化水平方面的重要作用。

党的二十大报告对完善我国劳动法律制度提出了新要求和新任务，加快劳动领域立法主要包括以下重点任务：

一是加快制定劳动基准法。劳动基准法是关于各项劳动条件最低标准的法律规范，主要内容包括最低工资和工资支付、工作时间和休息休假、职业安全卫生、女职工和未成年工特殊保护等。我国自1994年颁布《劳动法》以来，未有实质性修改，部分条款规定过于原则，缺乏可操作性，部分条款已经过时，难以适应经济社会发展需求。此外，对灵活就业和新就业形态劳动者保护不足，应尽快补齐短板，通过制定劳动基准法，进一步规范劳动基准，把灵活就业和新就业形态劳动者纳入劳动基准法保护范围。

二是制定职工民主管理法和集体合同法。职工民主管理是全过程人民民主的重要组成部分，是党和国家推进基层民主建设的基本制度，也是发挥劳动者主人翁精神的重要途径。党的二十大报告指出：“健全以职工代表大会为基本形式的企事业单位民主管理制度，维护职工合法权益。”制定职工民主管理法和集体合同法，能够更好地保障劳动者参与企业民主管理的权利，发挥集体协商、集体合同的功能和作用，推动构建和谐劳动关系。

三是修改《劳动合同法》。《劳动合同法》自2007年颁布实施以来，在提升劳动合同签订率、促进劳动关系法律调整、保护劳动者权益等方面发挥了重要作用，但该法在实施过程中也存在很多争议。该法生效实施已十多年，一些法律条文以及法律适用中存在的问题应作出适时修改，如法律适用的主体和范围、劳动合同订立规则和履行规则的完善、服务期、竞业限制和违约金条款、未订立劳动合同的双倍工资和经济补偿金规定等，使其实施具有更好的法律效果和社会效果。

四是尽快出台新就业形态劳动者职业伤害保险规定。解决新就业形态劳动者职业伤害保障问题关系着他们能否及时获得医疗救治，并维持本人及其家庭基本生活。目前，各地主要采取商业保险的做法，应在国家层面建立新就业形态劳动者职业伤害保险制度，将平台劳动者职业伤害保障总体纳入现行工伤保险体系，并在费率计算、缴费方式、待遇支付、经办管理等方面创新模式，建立适合平台企业特点的职业伤害保险制度。

五是将编纂劳动法典纳入立法规划。《民法典》的颁布标志着我国法典化时代的到来。劳动关系是最基本、最重要的社会关系之一。我国已建立起基本劳动法律制度体系，编纂一部适应中国式现代化发展、具有中国特色的劳动法典具有必要性和可行性，有利于促进劳动法律体系化、规范化、科学化发展，更好发挥劳动法律在构建和谐劳动关系、保护劳动者合法权益方面的功能和作用。

资料来源 林嘉. 加快劳动领域重点立法 不断完善我国劳动法律制度［N］. 工人日报，2023-02-06（7）.

问题思考：

（1）在今后的工作中如何践行劳动法律和法规？

（2）如何利用劳动法律和法规维护劳动者和用人单位的利益？

关键术语

劳动法（labor law） 劳动者（laborer） 劳动关系（labor relation） 就业（employment） 失业（unemployment） 劳动合同（contract of labor） 调解（mediation） 劳动仲裁（labor arbitration） 基本养老保险（basic pension insurance） 基本医疗保险（basic medical insurance） 工伤保险（work-related injury insurance）

基础训练

一、单选题

1.用人单位招用劳动者的下列情形中，符合法律规定的是（　　）。

A.兴华超市与刚满15周岁的初中毕业生小章签订劳动合同

B.伟星公司以只招男性为由拒绝录用应聘者李女士从事会计工作

C.雪山公司设立的分公司已领取营业执照，该分公司与张某订立劳动合同

D.路运公司要求李某提供5 000元保证金后才与其订立劳动合同

2.2023年8月1日，A公司向程某发出书面录用通知。8月6日，张某到A公司上班。8月10日，A公司与张某签订劳动合同，约定劳动合同期限为3年，试用期为3个月。A公司与张某劳动关系建立的时间为（ ）。

A.2023年8月1日 B.2023年8月6日 C.2023年8月10日 D.2023年10月1日

3.小李在某餐厅工作已有5年零3个月，月工资为5 000元。随着人工智能的发展，该餐厅决定引入新型机器人取代小李的工作岗位，招揽更多的顾客。餐厅多次找小李协商，要求解除劳动合同。小李思索后同意解除，但是要求餐厅向其支付经济补偿。餐厅所在地的最低月工资标准为3 500元，小李可以主张的经济补偿金为（ ）元。

A.17 500 B.25 000 C.27 500 D.19 250

4.甲公司为员工王某支付培训费用5万元，约定服务期为2年。1年后，王某以甲公司自其入职之日起从未按照合同约定提供劳动保护为由，向甲公司提出解除劳动合同的要求。根据劳动合同法律制度的规定，下列说法正确的是（ ）。

A.王某违反了服务期的约定

B.甲公司可以要求王某支付5万元的违约金

C.甲公司可以要求王某支付2.5万元的违约金

D.王某无须支付违约金

5.202×年5月，甲公司安排职工张某于15日（周五）延长工作2小时，于16日（周六）加班1天，之后安排其补休1天。已知，甲公司实行标准工时制，张某的日工资为480元。计算甲公司应支付张某5月份最低加班工资的下列算式中，正确的是（ ）。

A.480÷8×150%×2+480×150%×1 B.480÷8×200%×2

C.480÷8×200%×2+480×200%×1 D.480÷8×150%×2

6.根据社会保险法律制度的规定，下列关于职工基本养老保险个人账户的表述中不正确的是（ ）。

A.个人账户记账利息计征利息税

B.参保职工死亡后，其个人账户中的余额可以全部依法继承

C.个人账户不得提前支取

D.职工按照国家规定缴纳的基本养老保险费记入个人账户

7.根据社会保险法律制度的规定，职工出现伤亡的下列情形中，应当认定为工伤的是（ ）。

A.在下班途中受到本人负主要责任交通事故伤害的

B.因本人故意犯罪导致在工作中伤亡的

C.在工作时间和工作岗位突发疾病72小时后死亡的

D.工作时间前在工作场所内，从事与工作有关的预备性工作受到事故伤害的

8.根据社会保险法律制度的规定，在医疗期内，除劳动者有特殊情形外，用人单位不得解除或者终止劳动合同。下列选项中，不属于该特殊情形的是（ ）。

A.严重失职，营私舞弊，给用人单位造成重大损失

B.严重违反用人单位的规章制度

C.被依法追究行政责任

D.在试用期期限被证明不符合录用条件

9.根据社会保险法律制度的规定，下列关于失业保险的表述中，不正确的是（　　）。

A.用人单位应当及时为失业人员出具终止或者解除劳动关系的证明，并将失业人员的名单自终止或者解除劳动关系之日起10日内报受理其失业保险业务的经办机构备案

B.失业人员应当持本单位为其出具的终止或者解除劳动关系的证明，及时到指定的公共就业服务机构办理失业登记

C.失业人员凭失业登记证明和个人身份证明，到社会保险经办机构办理领取失业保险金的手续

D.重新就业后再次失业的，缴费时间重新计算

10.根据社会保险法律制度的规定，下列关于社会保险费征缴与管理的表述中不正确的是（　　）。

A.企业以外的缴费单位应当自成立之日起45日内，向当地社会保险经办机构申请办理社会保险登记

B.用人单位应当自用工之日起30日内为其职工向社会保险经办机构申请办理社会保险登记

C.社会保险基金专款专用，任何组织和个人不得侵占或者挪用

D.社会保险基金不得用于平衡其他政府预算

二、多选题

1.根据劳动合同法律制度的规定，下列情形中，可导致劳动合同无效或部分无效的有（　　）。

A.劳动合同条款违反法律、行政法规强制性规定的

B.劳动合同欠缺必备条款的

C.一方当事人以胁迫的手段，使对方在违背真实意思的情况下订立的

D.劳动合同签订后，用人单位发生分立的

2.根据劳动合同法律制度的规定，用人单位进行经济性裁员时，应优先留用具有法定情形的人员。下列各项中，属于该法定情形的有（　　）。

A.家庭无其他就业人员，有需要扶养的未成年人的

B.与本单位订立较长期限的固定期限劳动合同的

C.家庭无其他就业人员，有需要扶养的老人的

D.与本单位订立无固定期限劳动合同的

3.根据劳动合同法律制度的规定，下列关于带薪年休假的表述中，不符合法律规定的有（　　）。

A.冯某在某机关连续工作6个月以上，可享受带薪年休假

B.陈某请事假累计20天，不能享受当年的带薪年休假

C.褚某自2001年首次就业就一直在甲公司工作，2023年累计请病假3个月，不能享受2023年当年的年休假

D.卫某在年休假期间享受与正常工作期间相同的工资收入

4.根据劳动合同法律制度的规定，下列关于最低工资的表述中正确的有（　　）。

A.国家实行最低工资保障制度，最低工资的具体标准由各省、自治区、直辖市人民政府规定

B.最低工资包括延长工作时间的工资报酬

C.最低工资包括中班、夜班、高温、低温、井下、有毒、有害等特殊工作环境和劳动条件下的津贴

D.最低工资不包括国家法律、法规、规章规定的社会保险福利待遇

5.根据社会保险法律制度的规定，下列情形中视同工伤的有（　　）。

A.张某在工作时间猝死在工作岗位上

B.周某在抢险救灾中受到伤害

C.吴某原在军队服役，因战致残，已取得革命伤残军人证，到用人单位旧伤复发

D.徐某在工作期间突然自残

6.根据《社会保险法》，失业人员从失业保险基金中领取失业保险金应符合的条件有（　　）。

A.本人应征服兵役的

B.非因本人意愿中断就业的

C.本人已经失业，有身份证明的

D.本人已经进行失业登记，并有求职要求的

E.失业前用人单位和本人已经缴纳失业保险费满1年的

7.下列医疗费用不纳入基本医疗保险基金支付范围的是（　　）。

A.职工患职业病的治疗费用

B.职工工作期间因第三人的原因导致的身体伤害，但无法确定第三人的

C.职工在旅游期间在境外就医的费用

D.职工急诊、抢救的医疗费用

8.关于社会保险费缴纳主体的说法，正确的有（　　）。

A.失业保险费，由用人单位缴纳，职工不缴纳

B.基本养老保险费，由用人单位和职工共同缴纳

C.工伤保险费，由用人单位缴纳，职工不缴纳

D.基本医疗保险费，由用人单位和职工共同缴纳

三、简答题

1.简述劳动关系及其特征。

2.试述劳动法律关系。

3.简述劳动中介服务机构可以提供的服务。

4.简述延长工作日。

5.劳动合同有哪些主要内容?

6.试述劳动者解除劳动合同的规定。

7.试述用人单位解除劳动合同的规定。

8.简述工资制度的主要内容。

9.试述基本养老保险的主要内容。

10.试述基本医疗保险的基本内容。

11.简述可以认定为工伤保险的情形。

12.试述失业保险的主要内容。

四、实务题

2022年6月，A司聘任小辉担任程序员，工作年限为3年，月基本工资为8 000元。2022年12月20日，小辉收到A公司发出的解聘通知书，以小辉违反员工手册的规定，严重违反公司的规章制度，以及团队意识差，未得到同事的认可为由，解除与小辉的劳动合同。A公司解除劳动合同所依据的是一封电子邮件。该邮件显示是从小辉的工作邮箱中发出的，称小辉曾在家办公。A公司据此认定小辉旷工，并解除了劳动合同，并坚称解除与小辉的劳动合同合法。

小辉申请劳动仲裁，请求：①确认A公司解除与自己的劳动关系属于违法解除，请求继续履行劳动合同。②支付2022年12月20日至2023年6月19日期间的工资报酬48 000元。

劳动争议仲裁委员会经过开庭审理，认为小辉虽然认可电子邮件是从小辉工作邮箱中发出的，但他否认是其本人所发。小辉主张A公司控制整个电子邮件系统，完全可以修改该系统中的电子邮件内容，因此，邮件内容不具备民事诉讼证据应有的客观性。A公司未能举证该电子邮件就是小辉所发。A公司也无法提供其他证据证明小辉存在旷工行为。

根据上述事实，回答以下问题：

（1）小辉请求确认解除劳动关系违法并继续履行劳动合同能否得到支持？为什么？

（2）A公司是否应该支付小辉工资48 000元？为什么？

（3）在哪些情况下小辉可以即时解除与A公司的劳动合同？为什么？

（4）A公司要怎样做才符合合法解除与小辉劳动合同的条件与程序？

（5）哪些情况下A公司可以行使过错解除权，单方面解除与小辉的劳动合同？

第十四章　经济仲裁与诉讼法律制度

学习目标

◆ 重点掌握仲裁协议的效力、仲裁的程序规则、仲裁裁决的执行、经济案件的管辖、一审普通程序的具体规定。

◆ 掌握经济仲裁的概念、特征及仲裁的原则，经济诉讼的含义，审判监督程序，督促程序，公示催告程序，执行程序的具体规定。

◆ 了解经济纠纷的解决方式、仲裁委员会的组成、涉外经济仲裁的相关规定、经济诉讼的基本原则。

根据我国相关法律、法规的规定及实践，解决经济纠纷的主要方式包括协商、调解、经济仲裁、经济诉讼。协商是指当事人在发生经济纠纷后，本着互谅互让的原则，就纠纷的实质问题，在分清是非、消除误解、明确责任的基础上，自愿达成和解协议而解决争议的一种方式。调解是由当事人以外的第三人对当事人之间所发生的纠纷从中调停，在明辨是非、分清责任的基础上，促使双方自愿就争议事项达成和解协议的一种方式。调解要遵循合法原则，不能损害国家、集体和他人的利益。调解主要有仲裁、诉讼外的调解，以及仲裁裁决、人民法院判决前的调解。民间调解、行政调解不具有强制执行效力；但仲裁机关和人民法院的调解书在送达当事人后，和生效的仲裁裁决书、人民法院判决书的效力一样，一方当事人不履行，另一方当事人可向人民法院申请强制执行。

第一节　经济仲裁法律制度

一、经济仲裁概述

（一）经济仲裁的概念

仲裁也称公断，是解决争议或纠纷的一种方式。《中国大百科全书（第29卷）》（第二版）将其定义为：“双方当事人在争议发生前或争议发生后，约定将争议提交由双方选定的仲裁机构处理，由仲裁员审理后作出对双方当事人具有法律约束力的裁决。”

经济仲裁也称商事仲裁，是指经济纠纷当事人在纠纷发生之前或者发生之后自愿达成书面的仲裁协议，将他们之间的纠纷提交给当事人选定的仲裁机构进行审理并作出有约束力的裁决，以解决纠纷的方式。

经济仲裁是对国内经济仲裁和涉外经济仲裁的一种概括性说法，是指通过仲裁方法解决各类合同纠纷、国际经济贸易纠纷、海事纠纷的裁决活动，有别于解决国家争端的国际仲裁、解决劳动争议的劳动仲裁、解决行政争议的行政仲裁。

有学者将经济仲裁的特征概括为自愿性或自治性、专业性、国际性、灵活性、秘密性、快捷性、经济性、独立性、终局性、民间性。[①]

（二）仲裁法的概念

仲裁法是指调整在仲裁过程中发生的各种关系的法律规范的总称。它是规定仲裁的范围和基本原则、仲裁机构的地位及设立、仲裁庭的组成和仲裁程序的进行、当事人和仲裁机构在仲裁中的权利与义务、仲裁裁决的效力及执行等内容，以及由此而引起的其他仲裁法律关系的法律规范的总称。为保证公正、及时地仲裁经济纠纷，保护当事人的合法权益，保障社会主义市场经济健康发展，1994年8月31日第八届全国人民代表大会常务委员会第九次会议通过了《中华人民共和国仲裁法》（以下简称《仲裁法》），自1995年9月1日起施行，并分别于2009年、2017年进行了修正。

（三）经济仲裁的基本原则

经济仲裁的基本原则是指贯穿经济仲裁组织解决经济纠纷案件的整个过程，对经济仲裁活动起指导作用，或在仲裁活动进行的各阶段起主导作用的行为准则。仲裁有以下几项基本原则：

1. 自愿原则

自愿原则是仲裁制度最基本的原则，是仲裁制度赖以存在和发展的基础。仲裁之所以被发生经济纠纷的当事人所普遍接受，正是由于它有别于诉讼的自愿特征。自愿原则主要体现在以下几方面：①当事人是否将他们之间发生的纠纷提交仲裁，由其自愿协商决定，即当事人采用仲裁方式解决纠纷，必须双方自愿达成协议。没有仲裁协议，一方申请仲裁的，仲裁委员会不予受理；当事人达成仲裁协议，一方向人民法院起诉的，人民法院不予受理。②当事人双方协商选定仲裁机构，仲裁不实行级别管辖和地域管辖。③仲裁庭的组成形式可以由当事人约定。④当事人可约定交由仲裁解决的争议事项，即当事人将哪些纠纷提交仲裁，可以由当事人自主协商确定。⑤当事人还可以约定审理方式、开庭形式等有关的程序事项。例如，仲裁一般应当开庭进行，但如果当事人协议不开庭，仲裁庭也可以进行书面审理；仲裁一般不公开进行，除涉及国家秘密的外，当事人协议公开的，也可以公开进行等。

2. 依据事实、符合法律规定、公平合理解决纠纷的原则

这是对“以事实为根据，以法律为准绳”原则的肯定。《仲裁法》第七条规定：“仲裁应当根据事实，符合法律规定，公平合理地解决纠纷。”事实和法律是这一原则不可分割、不可偏废的两个方面。以事实为根据，意味着仲裁庭在仲裁的过程中，必须全面、客观、深入、细致地查明案件当事人的主体资格，查明案件的全部经过、现状及双方争议的焦点，核实当事人为证明自己的观点、主张而向仲裁庭提供的证据；以法律为准绳，意味着仲裁庭在查明事实的基础上，必须准确地适用法律，公平合理地确认当事人的权利与义务关系。

---

① 李广辉，王翰．仲裁法［M］．北京：对外经济贸易大学出版社，2011：4-10.

3. 仲裁独立的原则

《仲裁法》第八条规定：“仲裁依法独立进行，不受行政机关、社会团体和个人的干涉。”为了保证这一原则的实施，《仲裁法》第十四条进一步规定：“仲裁委员会独立于行政机关，与行政机关没有隶属关系。仲裁委员会之间也没有隶属关系。”这是实现独立仲裁的组织保证。仲裁独立还包括仲裁员办案的独立性。仲裁员组成仲裁庭办理案件时，不仅不受行政机关、社会团体和个人的干涉，也不受仲裁委员会本身的干涉。

4. 一裁终局原则

《仲裁法》第九条规定：“仲裁实行一裁终局的制度。裁决作出后，当事人就同一纠纷再申请仲裁或者向人民法院起诉的，仲裁委员会或人民法院不予受理。”其含义有二：仲裁程序本身实行一裁终局，当事人不得就同一纠纷再次提请仲裁；仲裁裁决作出后，当事人不得就该纠纷再向人民法院起诉。

但是，一裁终局原则也有例外，即如果仲裁裁决被人民法院撤销或不予以执行，当事人可以重新达成仲裁协议申请仲裁，也可以向人民法院起诉。

（四）经济仲裁的范围

我国经济仲裁的范围包括：平等主体的公民、法人和其他组织之间发生的合同纠纷和其他财产权益纠纷；婚姻、收养、监护、抚养、继承纠纷和依法应由行政机关处理的行政争议，不能仲裁。

二、仲裁机构和仲裁委员会

（一）仲裁机构概述

仲裁机构是当事人解决经济纠纷的场所，是指常设的备有较为完善的仲裁规则和仲裁员名册，并有完整的管理和服务，保证顺利完成仲裁事项的组织。国际上，仲裁机构通常都是民间组织，如美国、英国、瑞典等国的仲裁机构即如此。我国的仲裁机构是根据《仲裁法》设立于各地的仲裁委员会。

（二）仲裁委员会

仲裁委员会是组织进行仲裁工作，解决经济纠纷的独立于行政机关的事业单位法人。

1. 仲裁委员会的设立

（1）仲裁委员会的设立条件。仲裁委员会应具备下列条件：

①有自己的名称、住所和章程。仲裁委员会有了确定的名称，便于当事人协议选定；住所是仲裁委员会的管理机构和办事机构所在地，一般也是其仲裁活动的地点；仲裁委员会的章程是规定其组成、机构，规范其行为的准则。

②有必要的财产。这是仲裁委员会进行仲裁活动的物质基础。

③有该委员会的组成人员，即仲裁委员会主任、副主任和委员，组成为仲裁委员会的管理机构，以委员会的形式实施对仲裁机构的组织、领导和管理，制定仲裁委员会章程，聘任仲裁员，办理仲裁委员会登记手续，管理仲裁工作中的一些程序上的问题。

④有聘任的仲裁员。仲裁员是直接实施具体仲裁行为的人，是符合条件的自然人。没有仲裁员，仲裁委员会将不能开展正常工作。

（2）仲裁委员会的设立程序。《仲裁法》第十条规定："仲裁委员会可以在直辖市和省、自治区人民政府所在地的市设立，也可以根据需要在其他设区的市设立，不按行政区划层层设立。"由上述规定的市的人民政府组织有关部门和商会统一组建，到省、自治区、直辖市的司法行政部门办理设立登记；未经登记设立的，其仲裁裁决不具有法律效力。登记机关在收到申请登记文件之日起10日内，对符合设立条件的仲裁委员会予以设立登记，并发给登记证书；对不符合条件的，不予登记。

经登记的仲裁委员会变更其住所、组成人员的，应当在变更后10日内向登记机关备案。仲裁委员会决议终止的，也应当向登记机关办理注销登记。登记机关对仲裁委员会的设立登记和注销登记，自作出登记之日起生效，予以公告，并报国家司法行政部门备案。

2.仲裁委员会的组成

按《仲裁法》第十二条，仲裁委员会由主任1人、副主任2至4人和委员7至11人组成。仲裁委员会的主任、副主任和委员由法律、经济贸易专家和有实际工作经验的人员担任，法律、经济贸易专家不得少于2/3。这一规定保证了仲裁员具有较高的专业水平。

3.仲裁员的资格

根据《仲裁法》，仲裁委员会要设置自己的仲裁员名册，仲裁员资格的取得应符合相应条件：

（1）国籍条件。《仲裁法》没有明确规定国内仲裁员的国籍问题，但由国务院原法制局会同有关单位拟订的《重新组建仲裁机构方案》规定："仲裁委员会应当主要在本省、自治区、直辖市的范围内符合仲裁法条件的人中聘任仲裁员。"可以看出，仲裁员应为中国籍公民。而涉外仲裁方面，《仲裁法》第六十七条规定，涉外仲裁委员会可以从外籍人士中聘任仲裁员。

（2）品德条件。仲裁委员会应当从公道正派的人中聘任仲裁员，因此，仲裁员应该办事公道、作风正派。因为仲裁的本意就是公断，所以要求仲裁员秉公办事，尊重事实和法律，平等对待双方当事人，不偏不倚，公正裁决。

（3）业务条件。仲裁员应当符合下列条件之一：①通过国家统一法律职业资格考试取得法律职业资格，从事仲裁工作满8年的；②从事律师工作满8年的；③曾任法官满8年的；④从事法律研究、教学工作并具有高级职称的；⑤具有法律知识、从事经济贸易等专业工作并且具有高级职称或者具有同等专业水平的。

（三）仲裁协会

《仲裁法》规定中国仲裁协会是我国的仲裁管理机构。中国仲裁协会是社会团体法人。仲裁委员会是中国仲裁协会的成员。中国仲裁协会的章程由全国会员大会制定。中国仲裁协会是仲裁委员会的自律性组织，根据章程对仲裁委员会及其组成人员、仲裁员的违纪行为进行监督。中国仲裁协会依照《仲裁法》《民事诉讼法》的有关规定制定仲裁规则。

三、仲裁协议

（一）仲裁协议的概念和内容

仲裁协议指当事人一致同意将他们之间业已发生或将来可能发生的商事争议交付仲裁解决的一种协议。仲裁协议一般包括仲裁条款和仲裁协议书。仲裁条款是当事人在经济争议发生之前订立的把将来可能发生的经济争议提交仲裁的书面协议。仲裁协议书是指当事人之间就现在已经发生或将来可能发生的特定经济争议专门达成的一份单独的或专门的文件。此外，当事人可以在争议发生前或争议发生后，通过援引有关合同或者往来信函、电传、传真、双边条约或国际公约中有关仲裁的规定，约定将有关争议提交仲裁。①

仲裁协议包括下列内容：①请求仲裁的意思表示；②仲裁事项；③选定的仲裁委员会。

（二）仲裁协议的效力

1.仲裁协议的生效

仲裁协议一旦订立，就对当事人具有了法律约束力。仲裁协议生效必须具备以下条件：①仲裁协议的订立人必须是完全民事行为能力人；②双方自愿申请仲裁；③仲裁事项不超出法律规定的仲裁范围；④仲裁协议须为书面形式。

2.仲裁协议的无效

根据《仲裁法》第十七条，仲裁协议无效的原因有：①约定的仲裁事项超出法律规定的仲裁范围；②无民事行为能力人或限制民事行为能力人订立的仲裁协议；③一方采取胁迫手段，迫使对方订立仲裁协议的。

案例窗 14-1　　案例窗 14-2

四、仲裁程序

（一）申请和受理

1.申请

仲裁的申请是指平等主体的公民、法人和其他组织就他们之间发生的属于仲裁范围的纠纷，根据仲裁协议，请求仲裁委员会进行裁决的行为。

根据《仲裁法》第二十一条，经济纠纷当事人申请仲裁应当符合以下条件：

（1）有仲裁协议。仲裁协议对仲裁事项或者仲裁委员会没有约定或约定不明确的，当事人可以补充协议；达不成补充协议的，仲裁协议无效。有效的仲裁协议是申请仲裁的首要必备条件。

（2）有具体的仲裁请求和事实、理由。具体的仲裁请求是指仲裁申请人想通过仲裁解决什么问题；事实是有关纠纷发生的经过，申请人还需提供有关证据说明事实；理由是说明自己提出仲裁请求的合理性。

（3）属于仲裁委员会的受理范围。当事人提出仲裁申请的事项，必须属于《仲裁法》第二条规定的范围，并且不属于《仲裁法》第三条规定的不能仲裁事项。同时，接受仲裁申请的仲裁委员会应当是当事人在仲裁协议中选定的仲裁委员会；否则，也不能被受理。

当事人申请仲裁，除应向仲裁机构递交仲裁协议书及副本外，还应递交仲裁申请书及

① 张冬．仲裁法教程［M］．北京：对外经济贸易大学出版社，2007：76-77.

副本。仲裁申请书应载明下列事项：①当事人的基本情况；②仲裁请求和所根据的事实、理由；③证据和证据来源、证人姓名和住所。

另外，仲裁申请书应写明申请书送达的仲裁委员会的名称、提交申请书的日期，申请人还应签名、盖章。

2.受理

仲裁的受理是指仲裁委员会对仲裁申请进行审查后，认为符合法定条件，决定接受当事人申请并予以仲裁的行为。

《仲裁法》第二十四条规定：仲裁委员会收到仲裁申请书之日起5日内，认为符合受理条件的，应当受理，并通知当事人；认为不符合受理条件的，应当书面通知当事人不予受理，并说明理由。仲裁委员会受理仲裁申请后，应在仲裁规则规定的期限内将仲裁规则和仲裁员名册送达申请人，并将仲裁申请书副本和仲裁规则、仲裁员名册送达被申请人。被申请人应当在规定的期限内提交答辩书，并由仲裁委员会按规定将答辩书副本送达申请人。被申请人未提交答辩书的，不影响仲裁程序进行。

3.仲裁当事人的权利

根据《仲裁法》，仲裁当事人在仲裁中有以下几项重要权利：①申请人放弃或者变更仲裁请求的权利；②被申请人承认或者反驳仲裁请求的权利，提出反请求的权利；③当事人申请财产保全的权利；④委托代理人参加仲裁活动的权利。

（二）仲裁庭的组成和仲裁员的回避

1.仲裁庭的组成形式

仲裁庭是依仲裁规则的规定或双方当事人的约定而由仲裁员组成的审理案件、行使仲裁权的临时性组织。

仲裁庭有两种组织形式：独任制、合议庭。当事人约定由一名仲裁员成立仲裁庭的，应当由当事人共同选定或者共同委托仲裁委员会主任指定仲裁员。当事人约定由3名仲裁员组成仲裁庭的，应当各自选定或者各自委托仲裁委员会主任指定1名仲裁员，第3名仲裁员应当由当事人共同选定或者共同委托仲裁委员会主任指定，由第3名仲裁员担任首席仲裁员，首席仲裁员负责主持案件的仲裁。

2.仲裁员的回避

仲裁员的回避是指仲裁员在有可能影响案件的公正审理和裁决的情况下，依照法律的规定，自行向仲裁委员会请求退出仲裁或者根据当事人的申请退出仲裁。仲裁员有下列情形之一的，必须回避：①是本案的当事人或者当事人、代理人的近亲属；②与本案有利害关系；③与本案当事人、代理人有其他关系，可能影响公正仲裁的；④私自会见当事人、代理人，或者接受当事人、代理人的请客送礼的。

此外，当事人有权提出回避申请。当事人提出回避申请的，应当在首次开庭前提出，并说明理由。回避事由在首次开庭后知道的，可以在最后一次开庭终结前提出。仲裁员是否回避，由仲裁委员会主任决定；仲裁委员会主任担任仲裁员时，由仲裁委员会集体决定。

仲裁员因回避或者其他原因不能履行职责的，应当依照《仲裁法》重新选定或者指定仲裁员。因回避而重新选定或者指定仲裁员后，当事人可以请求已进行的仲裁程序重新进行，是否准许，由仲裁庭决定；仲裁庭也可以自行决定已进行的仲裁程序是否重新进行。

（三）开庭、调解和裁决

1.开庭

开庭是指在仲裁庭主持下，在当事人和其他仲裁参与人的参加下，对案件进行仲裁的活动。在经济仲裁中，以开庭审理为主，以书面审理为辅。

仲裁委员会应当在开庭10日前将开庭日期通知双方当事人。当事人有正当理由的，可以在仲裁规则规定的期限内请求延期开庭；是否延期，由仲裁庭决定。当事人委托了仲裁代理人的，此项通知也一并通知其仲裁代理人。申请人经书面通知，无正当理由不到庭或未经仲裁庭许可中途退庭的，可以缺席裁决。

在开庭审理案件时，通常应按照下列顺序进行：①当事人陈述。先由申请人陈述案情，然后由被申请人答辩，仲裁员针对案情可向双方当事人提问；当事人经仲裁庭许可，也可以向对方当事人提问。②告知证人的权利与义务，证人作证，宣读未到庭的证人证言。③出示书证、物证和视听资料，并经当事人质证。④宣读勘验笔录和鉴定结论。鉴定人出庭时，当事人经仲裁庭许可，可以向鉴定人提问。⑤申请人及其仲裁代理人发言。⑥被申请人及其仲裁代理人发言。⑦双方互相辩论。⑧按申请人、被申请人的顺序征询当事人的最后意见。

仲裁庭应当将开庭情况记入笔录，并由仲裁员、记录人、当事人和其他仲裁参与人签名或盖章。当事人申请仲裁后，可以自行和解。达成和解协议的，可以请求仲裁庭根据仲裁协议作出裁决书，也可以撤回仲裁申请。

2.调解

仲裁中的调解是指在仲裁庭的主持下，当事人在自愿协商和互谅互让的基础上达成一致意见以解决纠纷的一种结案方式。仲裁庭在作出裁决之前，可以先行调解。当事人自愿调解的，仲裁庭应当调解；调解不成的，应当及时作出裁决。调解达成协议的，仲裁庭应当制作调解书或根据协议的结果制作裁决书。调解书和裁决书具有同等法律效力。

调解书应当写明仲裁请求和当事人协议的结果。调解书由仲裁员签名，加盖仲裁委员会印章，送达双方当事人，经双方当事人签收后即发生法律效力；在签收前双方当事人反悔的，仲裁庭应及时作出裁决。

3.裁决

裁决是指仲裁庭在依法对提交仲裁的案件的审理过程中或进行审理后，根据已查明的事实和认定的证据，对当事人提出的仲裁请求或反请求或与之有关的其他事项作出书面决定的行为。裁决可分为中间裁决、部分裁决和最终裁决；但一般情况下，裁决是指最终裁决。

裁决应当按照多数仲裁员的意见作出，少数仲裁员的不同意见可以记入笔录。仲裁庭不能形成多数意见时，裁决应当按照首席仲裁员的意见作出。裁决书应当写明仲裁请求、争议事实、裁决理由、裁决结果、仲裁费用的负担和裁决日期。当事人协议不愿写明争议事实和裁决理由的可以不写。裁决书由仲裁员签名，加盖仲裁委员会印章。对裁决持不同意见的仲裁员，可以签名，也可以不签名。

仲裁庭仲裁纠纷时，其中一部分事实已经清楚，可以就该部分先行裁决。裁决书自作出之日起发生法律效力。对裁决书中的文字、计算错误或者仲裁庭已经裁决但在裁决书中遗漏的事项，仲裁庭应当补正；当事人自收到裁决书之日起30日内，可以请求仲裁庭补正。

（四）仲裁裁决的撤销

申请撤销裁决是指对不符合法律规定情况的仲裁裁决，经当事人提出申请，人民法院组成合议庭审查核实，裁定撤销仲裁裁决的行为。

《仲裁法》第五十八条规定，可以撤销仲裁裁决的情形有：①没有仲裁协议的；②裁决的事项不属于仲裁协议的范围或仲裁委员会无权仲裁的；③仲裁庭的组成或者仲裁的程序违反法定程序的；④裁决所根据的证据是伪造的；⑤对方当事人隐瞒了足以影响公正裁决的证据的；⑥仲裁员在仲裁该案时有索贿受贿、徇私舞弊、枉法裁决行为的。

申请撤销仲裁裁决应符合下列条件：①提出申请的必须是当事人。②必须在规定的期限内提出申请。当事人申请撤销仲裁裁决的，应当自收到裁决书之日起6个月内提出。③当事人申请撤销仲裁裁决的，必须向仲裁委员会所在地的中级人民法院提出。④必须有证据证明仲裁裁决有《仲裁法》第五十八条规定的情形。

人民法院受理撤销仲裁裁决的申请后，认为可以由仲裁庭重新仲裁的，通知仲裁庭在一定期限内重新仲裁，并裁定中止撤销程序。仲裁庭拒绝重新仲裁的，或者重新裁决后，当事人提出证据证明未能消除申请撤销仲裁裁决的理由的，人民法院应当裁定恢复撤销程序。对当事人撤销仲裁裁决的申请，人民法院应当组成合议庭审查核实，不能采取独任制，不适用简易程序。如果审查核实仲裁裁决确有《仲裁法》规定的可以撤销仲裁裁决的情形，应当裁定撤销仲裁裁决。人民法院认定仲裁裁决违背社会公共利益的，应当裁定撤销。人民法院应当在受理撤销仲裁裁决申请之日起2个月内作出撤销仲裁裁决或驳回申请的裁定。

（五）仲裁裁决的执行

《仲裁法》第六十二条规定：“当事人应当履行裁决。一方当事人不履行的，另一方当事人可以依照民事诉讼法的有关规定向人民法院申请强制执行。受申请的人民法院应当执行。”当事人申请人民法院执行时，应当提出申请。申请执行必须遵守《民事诉讼法》规定的申请期限；无正当理由逾期提出申请执行的，人民法院可以驳回申请，不予执行。人民法院在执行中的其他问题，按照《民事诉讼法》办理。

被申请人提出证据证明仲裁裁决有《民事诉讼法》第二百四十八条第二款规定情形之一的，经人民法院组成合议庭审查核实，裁定不予执行。一方当事人申请执行仲裁裁决，另一方当事人申请撤销仲裁裁决的，人民法院应当裁定中止执行。人民法院裁定撤销仲裁裁决的，应当裁定终结执行。撤销仲裁裁定的申请被裁定驳回的，人民法院应当恢复执行。

五、涉外经济仲裁

（一）涉外经济仲裁的概念和特征

涉外经济仲裁又称国际商事仲裁，是我国的涉外仲裁机构对涉外经济贸易、运输和海事中所发生的争议，依照仲裁程序进行仲裁的活动。

涉外经济仲裁具有如下特征：①涉外性。这是涉外仲裁同国内经济仲裁的主要区别所在。②自治性。涉外经济仲裁是以当事人的自愿和协议为基础的。③民间性。涉外经济仲裁者，特别是仲裁机构，一般是非国家机关或非官方机构，具有民间性。④中立性。国际上的一些仲裁机构并不隶属于任何国家，仲裁案件可以中立于当事人所属国之间，不受任何一方当事人所属国司法制度和公共政策的影响。⑤专业性。涉外仲裁会涉及一些专门性或技术性问题，需要具备专门知识的人去解决。⑥保密性。涉外经济仲裁案件是不公开的，有利于争议当事人双方不将其商业秘密和分歧公布于众。⑦准司法性。经济仲裁的准司法性保证了经济仲裁的法律效力和严肃性。⑧终局性。经济仲裁裁决是终局的，有利于迅速解决争议，节省时间和费用。

（二）涉外经济仲裁的法律适用

涉外经济贸易、运输和海事中发生的纠纷的仲裁，适用《仲裁法》第七章“涉外仲裁的特别规定”的规定；如第七章未作规定的，适用《仲裁法》其他有关规定。我国涉外经济仲裁一贯以事实为根据，以法律为准绳，并遵循独立自主、平等互利和参照国际惯例的原则。也就是说，仲裁涉外经济纠纷案件，既要遵守中国的法律，也要尊重双方签订的合同条款，还要参考国际上通行的一些合理的贸易习惯和做法。按照这些原则审理和裁决案件，能做到公正合理、实事求是，有利于维护当事人的合法权益。

（三）涉外仲裁机构

《仲裁法》第六十六条规定：“涉外仲裁委员会可以由中国国际商会组织设立。涉外仲裁委员会由主任一人、副主任若干人和委员若干人组成。涉外仲裁委员会的主任、副主任和委员可以由中国国际商会聘任。”第六十七条规定：“涉外仲裁委员会可以从具有法律、经济贸易、科学技术等专门知识的外籍人士中聘请仲裁员。”

中国现有两个常设涉外仲裁机构：一是中国国际经济贸易仲裁委员会；二是中国海事仲裁委员会。两者均附属于中国国际贸易促进委员会（中国国际商会）。

1.中国国际经济贸易仲裁委员会

中国国际经济贸易仲裁委员会由主任一人、副主任若干人和委员若干人组成，总部设在北京。该仲裁委员会设秘书局，在仲裁委员会秘书长的领导下负责处理仲裁委员会的日常事务。该仲裁委员会分别在深圳和上海设立了分会，分会成为仲裁委员会的重要组成部分。中国国际经济贸易仲裁委员会已成为世界上主要的国际商事仲裁机构之一。

2.中国海事仲裁委员会

中国海事仲裁委员会是唯一以解决海事海商、交通物流争议为特色并涵盖其他所有商事争议的全国性、国际化仲裁机构。该仲裁委员会位于北京，设有上海总部，在天津、重庆、深圳、舟山、海口、大连、青岛、厦门设有分会/仲裁中心，在香港特别行政区设有香港仲裁中心，在宁波、广州、南宁等主要港口城市设有办事处。为满足行业仲裁和多元化服务需要，中国海事仲裁委员会下设航空争议仲裁中心、计量争议仲裁中心、建设工程争议仲裁中心、海事调解中心、航空争议调解中心、救助打捞争议调解中心、物流争议解决中心、渔业争议解决中心等业务中心。

（四）涉外经济仲裁的特别规定

《仲裁法》对涉外经济仲裁的特别规定主要有以下几项：

（1）涉外经济仲裁的当事人申请证据保全的，涉外仲裁委员会应当将当事人的申请提交证据所在地的中级人民法院。

（2）涉外经济仲裁的仲裁庭可以将开庭情况记入笔录，或者作出笔录要点，笔录要点可以由当事人和其他仲裁参与人签名或盖章。

（3）被申请人提出证据证明涉外经济仲裁裁决有《民事诉讼法》第二百九十一条第一款规定的情形之一的，经人民法院组成合议庭审查核实，裁定不予执行：①当事人在合同中没有订有仲裁条款或者事后没有达成书面仲裁协议的；②被申请人没有得到指定仲裁员或者进行仲裁程序的通知，或者由于其他不属于被申请人负责的原因未能陈述意见的；③仲裁庭的组成或者仲裁的程序与仲裁规则不符的；④裁决的事项不属于仲裁协议的范围或者仲裁机构无权仲裁的。此外，人民法院认定执行该仲裁裁决违背社会公共利益的，裁定不予执行。

（4）涉外仲裁委员会作出的发生法律效力的仲裁裁决，当事人请求执行的，如果被执行人或者其财产不在中华人民共和国领域内，应当由当事人直接向有管辖权的外国法院申请承认和执行。

（5）涉外经济仲裁规则可以由中国国际商会依照《仲裁法》《民事诉讼法》制定。

第二节　经济诉讼法律制度

诉讼俗称“打官司”，是指在人民法院主持下，由诉讼参加人参加，依法解决各类矛盾而进行的活动。经济诉讼是指人民法院在双方当事人和其他诉讼参与人参加下，审理和解决经济纠纷的活动。经济诉讼就其本质而言，是国家强制解决经济纠纷的一种方式，是权利主体凭借国家强制力实现法定或约定权利的司法程序。由于我国没有关于经济诉讼的立法，因此在经济纠纷的诉讼中是依照《民事诉讼法》来解决经济争议的。《民事诉讼法》于1991年颁布实施，并于2007年、2012年、2017年、2021年、2023年进行了修正。

一、经济诉讼的基本原则

经济诉讼的基本原则是法律规定的在整个民事诉讼过程中起指导作用的基本准则。其主要包括：

（1）当事人诉讼权利平等原则。《民事诉讼法》规定，诉讼当事人有平等的诉讼权利，人民法院审理经济纠纷案件，应当保障和便利当事人行使诉讼权利；但当事人诉讼权利平等，不等于诉讼权利相同。民事诉讼中的诉讼权利和诉讼义务是对等的。

（2）法院调解原则。这是指人民法院审理经济纠纷案件时，对于能够调解解决的案件，在双方当事人自愿的条件下，查明事实、分清是非，依法说服和指导双方当事人达成调解协议并结案。

（3）辩论原则。这是指在人民法院主持下，当事人有权就案件事实和争议的问题，各自陈述其主张和根据，互相进行反驳和答辩。辩论权是当事人的一项重要诉讼权利，贯穿审判程序的全过程。

（4）检察监督原则。人民检察院是国家的法律监督机关，对经济审判活动进行监督，是法律赋予它的一项重要职权。此类监督的方式主要有：其一，通过提起刑事公诉的形式，追究在经济审判活动中有贪赃枉法、徇私舞弊等违法犯罪行为的审判人员的刑事责任。其二，通过经济抗诉的形式，引起对经济案件的再审，纠正人民法院已生效的错误裁判。

(5) 诚信原则。经济诉讼应当遵循诚信原则，但诉讼当事人在法律规定的范围内可以自由支配自己依法享有的民事权利和诉讼权利。

(6) 支持起诉原则。机关、社会团体、企事业单位对损害国家、集体或者个人民事权益的行为，可以支持受损害的单位或者个人向人民法院起诉。这通常是对受害人负有保护责任的组织如妇联、共青团或社区居委会对弱势群体履行的职责。

二、经济纠纷审理机构收案范围及案件管辖

当事人之间产生的纠纷应该由哪个人民法院来审理，在《民事诉讼法》中是通过案件管辖的规定来解决的。

(一) 经济纠纷审判机构收案范围

经济纠纷案件多由民事审判庭第二庭受理，该庭受理的案件主要包括合同纠纷案件、涉外或涉中国港澳台经济纠纷案件、农村土地承包合同纠纷案件、经济损害赔偿纠纷案件、企业破产案件、企业承包合同和企业租赁经营合同纠纷案件等，但并无全国统一规定，由各地法院自定。

我国还分别在大连、天津、青岛、上海、宁波、厦门、广州、海口、北海、武汉等设立了海事法院，它们与普通中级人民法院同级，二审法院为各海事法院所在地的高级人民法院。海事法院内设海事审判庭和海商审判庭。海事法院受理的案件包括海事侵权纠纷案件、海商合同纠纷案件、共同海损纠纷案件、海事执行案件和海事请求保全案件等。

(二) 案件管辖

管辖是指确定各级人民法院之间和同级人民法院之间受理第一审经济纠纷案件的分工和权限。就当事人而言，管辖实际上是经济纠纷发生后，当事人应当向哪一级、哪一个人民法院起诉的问题；就人民法院而言，是对具体经济案件该由哪个法院行使审判权的问题。经济纠纷案件的管辖完全适用《民事诉讼法》的规定。

1.级别管辖

级别管辖是指按照一定的标准划分上下级人民法院之间受理第一审经济案件的分工和权限。确定各级人民法院的级别管辖可依据被诉主体的隶属关系、诉讼标的金额、案件疑难复杂程度、社会影响大小等因素。

我国的人民法院分为最高、高级、中级、基层四级人民法院。基层人民法院管辖除法律规定必须由上级人民法院直接管辖之外的所有第一审案件。中级人民法院管辖下列第一审案件：①重大涉外经济纠纷案件；②在本辖区内有重大影响的经济纠纷案件；③最高人民法院确定由中级人民法院管辖的经济纠纷案件。高级人民法院管辖在本辖区内有重大影响的第一审经济纠纷案件。最高人民法院管辖在全国有重大影响的，以及认为应当由其审理的第一审经济纠纷案件。

2.地域管辖

地域管辖是指同级人民法院之间受理第一审民事经济案件的分工和权限，它分为一般地域管辖、特殊地域管辖、专属管辖、协议管辖等。

（1）一般地域管辖是指以当事人住所地与人民法院的隶属关系确定的管辖，主要由被告住所地人民法院管辖，即以“原告就被告”为主；以由原告住所地人民法院管辖为辅，即以“被告就原告”为辅。被告住所地与经常居住地不一致的，由其经常居住地人民法院管辖。对被采取强制性教育措施或被监禁的人提起的诉讼，由原告住所地人民法院管辖；原告住所地与经常居住地不一致的，由原告经常居住地法院管辖。

拓展阅读 14-1

（2）特殊地域管辖又称特别管辖，通常是指不仅以被告住所地，还以引起诉讼的法律事实的所在地、诉讼标的所在地为标准确定诉讼的管辖人民法院。有关特殊地域管辖的内容参见《民事诉讼法》第二十四至三十三条的十类具体规定。

（3）专属管辖是指法律规定某些案件只能由特定的人民法院管辖，它具有强制性和排他性。对专属管辖的案件，其他任何法院均无管辖权，当事人也不得协议变更管辖法院。属于我国人民法院专属管辖的案件，外国法院无权管辖。我国的专属管辖的诉讼分为：①因不动产纠纷提起的诉讼，由不动产所在地人民法院管辖；②因港口作业发生的纠纷提起的诉讼，由港口所在地人民法院管辖；③因继承遗产纠纷提起的诉讼，由被继承人死亡时住所地或主要遗产所在地人民法院管辖。

（4）协议管辖是指双方当事人以书面协议自愿达成选择解决其民事、经济纠纷的管辖人民法院。协议管辖应符合以下条件：①必须是第一审合同纠纷案件；②只能在被告住所地、合同履行地、合同签订地、原告住所地、标的物所在地的人民法院中选择一个人民法院，且不得违反《民事诉讼法》关于级别管辖、专属管辖的规定；③必须采用书面形式。

3.裁定管辖

裁定管辖是指根据人民法院的裁定确定诉讼的管辖法院。《民事诉讼法》规定的裁定管辖有：①移送管辖，是指人民法院发现已受理的案件不属于本法院管辖，依法将案件移送有管辖权的人民法院受理。②指定管辖，是指上级人民法院因发生特殊情况而指定辖区内的某一下级人民法院行使管辖权。③管辖权转移，是指经上级人民法院决定或同意，将某个案件的管辖权由上级人民法院转交给下级人民法院，或由下级人民法院报请后转交给上级人民法院，是对级别管辖的一种变通和补充。

4.管辖权异议

管辖权异议是指当事人认为受诉人民法院对该案无管辖权，而向该法院提供的不服该法院管辖的意见或主张，是当事人行使诉讼权利的表现。提出管辖权异议的条件是：①提出管辖权异议的主体必须是案件的当事人；②管辖权异议的客体是第一审民事案件的管辖权；③提出管辖权异议的时间须在提交答辩状期间。

案例窗 14-3

三、经济案件审理的具体程序规则

我国人民法院在审理经济案件时采用的是两审终审制，即经过一审的案件，当事人不服判决的，可以向上级人民法院提起上诉；上诉审理的案件的判决为终审判决，不管当事人服不服判决，都应该执行。当事人对终审判决享有申请再审、申诉、申请检察机构抗诉等权利，但不影响案件判决的生效和执行。

（一）第一审程序

第一审程序是指人民法院审理民事、经济案件时普遍适用的基础程序。第一审程序是经济审判程序中体系最完整、内容最完备的一种程序，包括普通程序和简易程序。第一审普通程序具有程序的完整性、广泛的适用性特点，简易程序是普通程序的简化。

1.起诉和受理

起诉是公民、法人或其他组织，认为自己的民事、经济权利受到侵犯或与他人争议，以自己的名义，请求人民法院依法审判，给予司法保护的诉讼行为。受理是指人民法院通过审查当事人的起诉，认为符合起诉条件，而决定立案审理的诉讼行为。普通程序的开始是起诉与受理两个诉讼行为的结合。

起诉必须符合下列条件：①原告是与本案有直接利害关系的公民、法人和其他组织；②有明确的被告；③有具体的诉讼请求和事实、理由；④在人民法院受理民事、经济案件的范围内，属于受诉人民法院管辖。

起诉应向人民法院递交起诉状，并按照被告人数提出副本；书写确实有困难的，可以口头起诉。

人民法院审查后，认为符合起诉条件的，应当在7日内立案，并通知当事人；认为不符合起诉条件的，应当在7日内裁定不予受理；原告对裁定不服的，可以在10日内提起上诉。

2.审理前的准备

审理前的准备是指人民法院受理案件后，在开庭审理前，为保证案件顺利开庭审判，依法所做的各项准备工作。例如，人民法院将起诉状的副本在立案之日起5日内送达被告，被告在收到起诉状副本之日起15日内提出答辩状；被告不提出答辩状的，不影响人民法院审理。又如，人民法院在合议庭确定后3日内告知当事人，决定是否采取财产保全和先予执行等；对于案情比较复杂或者证据数量较多的案件，人民法院可以组织当事人在开庭前向对方出示或者交换证据，并将交换证据的情况记录在案卷中。

3.开庭审理

开庭审理是指人民法院在当事人和其他诉讼参与人的参加下，全面审查，认定案件事实，并依法作出判决、裁定或调解的活动。它是普通程序中最重要的阶段和中心环节，由庭审准备、宣布开庭、法庭调查、法庭辩论、评议和判决等几个阶段组成。

法庭调查按照下列顺序进行：①当事人陈述；②告知证人的权利与义务，证人作证，宣读未到庭的证人证言；③出示书证、物证、视听资料和电子数据；④宣读鉴定意见；⑤宣读勘验笔录。

法庭辩论按照下列顺序进行：①原告及其诉讼代理人发言；②被告及其诉讼代理人答辩；③第三人及其诉讼代理人发言或者答辩；④互相辩论。法庭辩论终结，由审判长按照原告、被告、第三人的先后顺序征询各方最后意见。

经济纠纷案件的审理一般应公开进行，但涉及国家秘密或商业秘密，经当事人申请不公开审理的除外。开庭时，当事人可以辩护；经法庭许可，当事人可以向证人、鉴定人、勘验人发问；当事人还可要求重新进行调查鉴定或勘验。当事人经人民法院传票传唤，无正当理由拒不到庭或未经法庭许可中途退庭的，若是原告，可按撤诉处理，被告反诉的，可以缺席判决；若是被告，可缺席判决。在判决前如当事人愿意，人民法院可主持调解。

人民法院宣告判决，不论案件是否公开审理，一律公开进行。宣告判决分为当庭宣判和定期宣判两种。当庭宣判的，人民法院应当在10日内送达判决书；定期宣判的，宣判后立即送达判决书。送达判决书时还应告知当事人上诉权利、上诉期限和上诉的人民法院。当事人在判决书送达之日起15日内不上诉的，判决即发生法律效力。

简易程序是指基层人民法院和它派出的法庭审理简单案件所运用的既独立又简便易行的诉讼程序。简易程序适用于事实清楚、权利与义务关系明确、争议不大的简单案件。原告可以口头起诉，当事人双方可以同时到基层人民法院或其派出的法庭请求解决纠纷。适用简易程序审理的案件，实行独任制审理，可随时传唤当事人、证人，不受普通程序中的法庭调查、法庭辩论等程序的限制。

4.诉讼中的证据

诉讼中的证据很复杂，也很重要，是权利人的权利能否得到法律保护的关键。通常认为证据是能够证明案件真实情况的一切客观事实。

证据包括以下类型：

（1）当事人的陈述，是指原告、被告或第三人等就案件事实向法庭所作的陈述。只有当事人关于案件事实的陈述才可能归属于诉讼证据的范畴。法定诉讼代理人就案情所作的陈述视为当事人陈述。

（2）书证，是指用文字、符号、图案等所记载和表达的思想内容来证明案件事实的证据，如合同、借据、不动产权证书、建筑图纸等。

（3）物证，是指以自己存在的外形、重量、质量、规格、损坏程度等标志和特征来证明待证事实的物品和痕迹，如买卖合同中的标的物、所有权存在争议的物品、受到损坏的物品或受到伤害的身体等。

（4）视听资料，是指采用先进科学技术，利用图像、音像以及电脑储存的资料等来证明案件待证事实的证据。常见的视听资料有录像、录音、电影胶片、微型胶卷等。

（5）电子数据，是指通过电子邮件、电子数据交换、网上聊天记录、博客、微博、微信、QQ、手机短信、电子签名、域名等形成或者存储在电子介质中的信息。数据电文不得仅因为其是以电子、光学、磁或者类似手段生成、发送、接收或者储存的而被拒绝作为证据使用。存储在电子介质中的录音资料和影像资料，适用电子数据的规定。

（6）证人证言，是指证人就其所了解的案件情况，以口头或书面形式向人民法院所作的陈述。证人是指知晓案件事实并向人民法院作证的人。证人的范围既可以是个人，也可以是单位。《民事诉讼法》第七十五条规定，“凡是知道案件情况的单位和个人，都有义务出庭作证”，但“不能正确表达意思的人，不能作证”。

（7）鉴定意见，是指鉴定人运用自己的专门知识和技能，对民事案件的某些专门性问题进行分析、鉴别后所作出的结论性意见，如医学鉴定、产品质量鉴定、技术鉴定、文书鉴定、工程质量鉴定、会计鉴定等。

（8）勘验笔录，是指为了查明案件事实，人民法院对与案件有关的现场或物品进行勘查、检验后制作的笔录。勘验记录既是一种独立的证据，也是一种固定和保全证据的方法。①

---

① 江伟．民事诉讼法［M］．5版．北京：中国人民大学出版社，2011：152-159.

在开庭审理前，双方当事人应当在审判人员的主持下交换彼此所持证据。当事人向人民法院提交证据是有时间限制的，具体期限由人民法院规定或当事人协商确定，但第一审普通程序案件不得少于15日，当事人提供新的证据的第二审案件不得少于10日。举证期限届满后，当事人对已经提供的证据，申请提供反驳证据或者对证据来源、形式等方面的瑕疵进行补正的，人民法院可以酌情再次确定举证期限，该期限不受上述期限规定的限制。当事人还可以书面形式向人民法院申请延长举证期限。

案例窗 14-4

（二）第二审程序

第二审程序是指当事人不服第一审人民法院作出的判决或裁定，依法请求上一级人民法院对案件进行审理所适用的程序。第二审程序因当事人上诉引起，上诉是当事人的诉讼行为，上诉权是当事人的重要诉讼权利。

第二审程序又称上诉审程序，上诉审判决为终审判决，生效后必须执行，不能再上诉。根据《民事诉讼法》，有些案件的裁判不允许上诉，实行的是一审终审，包括：①最高人民法院直接受理和审判的一审民事案件；②依照特别程序审理的案件；③依照督促程序和公示催告程序审理的案件；④依照《民事诉讼法》第一百六十五条所审理的小额诉讼案件。另外，根据《企业破产法》，在企业破产程序中，除了对不予受理破产申请的裁定和驳回破产申请的裁定可以提起上诉外，对于其他裁定不允许提起上诉。

上诉必须在法定期限内提出，即判决的上诉期限是判决书送达之日起15日内，裁定的上诉期限是裁定书送达之日起10日内。上诉必须递交上诉状，不允许以口头形式上诉。上诉状应当通过原审人民法院提出，并按照对方当事人或者代理人的人数提供副本。

审理上诉案件，应由审判员组成合议庭进行。合议庭认为不需要开庭审理的，可直接判决或裁定。上诉审人民法院只对上诉请求的有关事实和适用的法律问题进行审查。

上诉审的几种裁判方式是：①认为原判决认定事实清楚、适用法律正确的，判决驳回上诉、维持原判；②认为原判决适用法律错误的，依法改判；③认为原判决认定事实错误，或认定事实不清，证据不足的，裁定撤销原判决，发回原审人民法院重审，或查清事实后改判；④认为原判决违反法定程序，可能影响案件正确判决的，裁定撤销原判决，发回原审人民法院重审。

（三）审判监督程序

审判监督程序是人民法院发现已发生法律效力的判决、裁定和调解书确有错误，依法决定对案件进行再审的程序。它是纠正人民法院已发生法律效力的判决、裁定错误的补救程序。

各级人民法院院长对本院已生效的判决、裁定、调解书，发现确有错误，认为需要再审的，应当提交审判委员会讨论决定。最高人民法院对地方各级人民法院已生效的判决、裁定、调解书，上级人民法院对下级人民法院已生效的判决、裁定、调解书，发现确有错误的，有权提审或指令下级人民法院再审。最高人民检察院对各级人民法院已生效的判决、裁定，上级人民检察院对下级人民法院已生效的判决、裁定，发现确有错误的，或者发现调解书损害国家利益、社会公共利益的，应当提出抗诉。对于人民检察院提出抗诉的案件，接受抗诉的人民法院应当自收到抗诉书之日起30日内作出再审的裁定。

当事人对已生效的判决、裁定，认为有错误的，可依法向上一级人民法院申请再审，但不停止原判决、裁定的执行。当事人的申请符合下列情形之一的，人民法院应当再审：①有新的证据，足以推翻原判决、裁定的；②原判决、裁定认定的基本事实缺乏证据证明的；③原判决、裁定认定事实的主要证据是伪造的；④原判决、裁定认定事实的主要证据未经质证的；⑤对审理案件需要的证据，当事人因客观原因不能自行收集，书面申请人民法院调查收集，人民法院未调查收集的；⑥原判决、裁定适用法律确有错误的；⑦审判组织的组成不合法或者依法应当回避的审判人员没有回避的；⑧无诉讼行为能力人未经法定代理人代为诉讼或者应当参加诉讼的当事人，因不能归责于本人或者其诉讼代理人的事由，未参加诉讼的；⑨违反法律规定，剥夺当事人辩论权利的；⑩未经传票传唤，缺席判决的；⑪原判决、裁定遗漏或者超出诉讼请求的；⑫据以作出原判决、裁定的法律文书被撤销或者变更的；⑬审判人员在审理该案件时有贪污受贿、徇私舞弊、枉法裁判行为的。

当事人申请再审，应当在判决、裁定发生法律效力后6个月内提出。对于有新的证据，足以推翻原判决、裁定的，原判决、裁定认定事实的主要证据是伪造的，据以作出原判决、裁定的法律文书被撤销或者变更的，或者审判人员审理该案件时有贪污受贿、徇私舞弊、枉法裁判行为的，应当自知道或者应当知道之日起6个月内提出。

（四）督促程序

督促程序是指人民法院根据债权人给付金钱和有价证券的申请，以支付令的形式，催促债务人限期履行义务的特殊程序。它的特点是简便、快捷，非常适合市场经济对快速流转的需要。

督促程序的适用必须符合以下条件：①督促程序的标的必须是具有给付内容的金钱和有价证券；②申请人的请求必须没有对待给付的义务，即债权人与债务人无其他债务纠纷；③支付令能够送达债务人；④必须向有管辖权的基层人民法院申请支付令。

债权人提出申请后，人民法院应当在5日内通知债权人是否受理。人民法院受理申请后，经审查债权人提供的事实、证据，对债权和债务关系明确、合法的，应当在受理之日起15日内向债务人发出支付令；申请不成立的，裁定予以驳回。债务人自收到支付令之日起15日内清偿债务，或向人民法院提出书面异议。若债务人在法定期限内提出书面异议并成立的，人民法院应裁定终结督促程序，支付令自动失效。若债务人逾期不提异议又不履行支付，债权人可向人民法院申请强制执行。

（五）公示催告程序

公示催告程序是指人民法院根据申请人的申请，以公示方式催告不明的利害关系人在一定期间内申请权利；否则，产生票据无效或失权后果的程序。

公示催告程序只适用于可以背书转让的票据或法律规定的其他事项，当事人一方必须处于不明的状态。申请公示催告的条件是：①必须是可以背书转让的票据或其他事项；②必须是基于票据遗失、灭失或被盗；③申请人是票据丧失前的最后持有人；④必须向票据支付地的基层人民法院申请。

人民法院受理申请后，应当通知支付人停止支付，并在3日内发出公告，催促利害关系人申请权利；公示催告的期间不得少于60日。受公示催告的利害关系人，在公示催告期间可向人民法院申报；人民法院收到申报后，应裁定终结公示催告程序，并通知申请人和支付人。此时，申请人或申报人可向人民法院起诉。若无人申报或申报被驳回，人民法院应根据申请人的再次申请作出判决，宣告票据无效。自判决公告之日起，申请人有权向支付人请求支付。如果利害关系人因正当理由不能在判决前向人民法院申报，自知道或应当知道判决公告之日起1年内，可向作出判决的人民法院起诉。

（六）执行程序

执行程序是指人民法院执行组织进行执行活动和申请执行人、被执行人以及协助执行人进行执行活动必须遵守的程序。执行程序是审判程序完成之后的一个独立的程序，但不是审判程序完成之后的必经程序。

人民法院实行审执分离。人民法院设立执行局专门负责生效判决的执行，执行工作由执行员负责。执行依据是人民法院执行所依据的具有给付内容的生效法律文书，具体有人民法院制作的判决书、裁定书、调解书、支付令，仲裁机构制作的裁决书，公证机关制作的具有强制执行效力的债权文书。该类文书须符合权利和义务主体明确、给付内容明确的条件。执行对象只能是被执行人的财产和行为，不能是被执行人的人身。执行主要由当事人申请执行，申请执行的期间为2年。申请执行时效的中止、中断，适用法律有关诉讼时效中止、中断的规定。

根据《民事诉讼法》，执行措施有以下几种：①查询、冻结、划拨被执行人的存款；②扣留、提取被执行人的收入；③查封、扣押、冻结、拍卖、变卖被执行人的财产；④搜查被执行人隐匿的财产；⑤强制被执行人迁出房屋或退出土地；⑥强制被执行人交付法律文书指定的财物或票证；⑦强制转移有关财产证照；⑧强制被执行人完成法律文书指定的行为；⑨强制被执行人支付迟延履行期间的利息或迟延履行金。

案例窗14-5

四、经济案件的在线诉讼规则

《民事诉讼法》第十六条规定，经当事人同意，民事诉讼活动可以通过信息网络平台在线进行，且与线下诉讼活动具有同等法律效力。2021年5月18日，最高人民法院颁布《人民法院在线诉讼规则》，自2021年8月1日起施行。人民法院、当事人及其他诉讼参与人等可以依托电子诉讼平台，通过互联网或者专用网络在线完成立案、调解、证据交换、询问、庭审、送达等全部或者部分诉讼环节。

人民法院开展在线诉讼应当遵循如下原则：①公正高效原则；②合法自愿原则；③权利保障原则；④便民利民原则；⑤安全可靠原则。

适用在线诉讼的涉及经济纠纷的案件，由人民法院综合考虑案件情况、当事人意愿和技术条件等因素决定。该类案件主要包括：①民事、行政诉讼案件；②民事特别程序、督促程序、破产程序和非诉执行审查案件；③民事、行政执行案件和刑事附带民事诉讼执行案件；④其他适宜采取在线方式审理的案件。

人民法院开展在线诉讼，应当征得当事人同意，并告知适用在线诉讼的具体环节、主要形式、权利和义务、法律后果以及操作方法等。在诉讼过程中，如存在当事人欠缺在线诉讼能力、不具备在线诉讼条件或者相应诉讼环节不宜在线办理等情形之一的，人民法院应当将相应诉讼环节转为线下进行。

《人民法院在线诉讼规则》还对在线诉讼的其他程序规则作了具体规定，在此不再详述。

学思践悟

党的二十大报告解读之“公正司法”（节选）

2022年12月11日晚，北京电视台纪实科教频道《民法典通解通读》党的二十大报告解读特别节目——“弘扬宪法精神 践行法治力量”开播。本期节目邀请到北京市高级人民法院审判委员会委员、民一庭庭长宋毅，中央财经大学法学院副教授、博士生导师刘权共同解读党的二十大报告中的“公正司法”。

主持人：党的二十大报告首次把“坚持全面依法治国，推进法治中国建设”作为一部分单独进行阐述，并强调“公正司法是维护社会公平正义的最后一道防线”。人民法院作为国家审判机关，是公正司法的主要践行者，坚守着维护社会公平正义的最后一道防线。宋庭长，您如何解读党的二十大报告中的“公正司法”？

宋毅：党的二十大报告首次单独把依法治国和法治建设作为专章论述、专门部署，这充分体现了以习近平同志为核心的党中央对全面依法治国的高度重视。全面依法治国，必须紧紧围绕保障和促进社会公平正义来进行。公正司法作为维护社会公平正义的最后一道防线，是全面依法治国的重要保障。人民法院作为审判机构，通过司法活动，保障宪法规定的权利得到实现，《宪法》规定的义务得到遵守和履行，对于违反法律的行为予以制裁和惩罚，对于因违法犯罪行为而受到损害的权利进行保护和救济，通过公正司法，“惩恶扬善”“治病救人”，实现和维护社会公平正义。

主持人：刘教授，您认为司法机关应如何做到公正司法呢？

刘权：公正司法作为全面推进依法治国的灵魂，事关人民切身利益，事关社会公平正义，事关全面推进依法治国战略的顺利实施。人民法院要从三个方面做到公正司法：一是严格以事实为依据、以法律为准绳进行裁判。如果法院歪曲事实、徇私枉法，必然会产生不公正的判决。二是平等对待当事人。不论是弱者还是强者，不论是小企业还是大企业，不论是民营企业还是国有企业，法院都应当平等对待。三是合理考量各方利益作出均衡判决。

主持人：在推进“公正司法”方面，北京法院都做了哪些工作呢？

宋毅：实现公正司法，首先必须坚持党对司法工作的绝对领导。我们的所有司法工作都要从政治上考量，在大局下行事，确保党中央各项决策部署在人民法院不折不扣地贯彻落实，这是我们开展司法工作的根本前提。在这个前提下，我们重点做的工作可以概括为三大方面：一是贯彻以人民为中心的发展理念，坚持司法为民；二是持续深化司法体制改革；三是深入推进司法作风建设。

从2022年9月1日开始，北京法院降低适用小额诉讼程序审理的案件的诉讼费，每件只收10元。如果以调解方式结案，或者当事人撤诉的，不再收取诉讼费，这是北京法院推出小额诉讼改革、践行司法为民的又一项重要举措。党的十八大以来，北京法院积极开展多项惠民便民举措，推行立案登记制改革，解决群众打官司难的问题。大力开展基本解决执行难工作，持续深化切实解决执行难工作。2020年年初，北京法院搭建完成北京"云法庭"系统，解决人民群众在疫情下出庭应诉难的问题。狠抓群众反映突出的联系法官难问题，充分发挥12368热线联系法官主渠道作用，确保联系法官到位率100%，办结率100%。一系列举措为公正司法的实现提供了强有力的保障，让当事人通过司法案件拥有了实实在在的获得感。

主持人：党的二十大给我们指明了前进的方向，为我们描绘了美好未来。那么，在未来，人民群众在公正司法方面可以有哪些期待？我们请两位嘉宾来谈一谈。

宋毅：人民法院办理的大多数案件，往往并不是什么惊天大案，我们审理民事纠纷的目的，也不仅仅是化解矛盾纠纷，而是通过案件的公正办理，践行和弘扬社会主义核心价值观，建立以社会主义核心价值观为主流的社会主义道德体系，传递法治正能量，用法治力量引导人民群众向上、向善。

刘权：人民的切身利益问题能够得到更加公正高效的解决。近年来人民法院深入推进司法改革，取得了很多成就，审理的很多案件都有标志性意义，大力推进了司法的公正性。另外，在线诉讼让群众参与诉讼更加便捷、高效，司法效率得到了很大的提升。

资料来源　京法网事．党的二十大报告解读之"公正司法"［EB/OL］．［2023-12-18］．https://mp.weixin.qq.com/s?__biz=MzA3MTk1OTI1NA==&mid=2247600504&idx=1&sn=4457c5ade5a0819db8abcfacaf10807d&chksm=9f269ec1a85117d75f0e4453d9ff52aa1639da4347bced9e929a0f743bff851f7440958169d7&scene=27.

问题思考：在维护"公正司法"中，《仲裁法》与《民事诉讼法》能起到什么作用？

关键术语

经济仲裁（economic arbitration）　诉讼（lawsuit）　当事人（party）　原告（plaintiff）　被告（defendant）　证据（evidence）

基础训练

一、单选题

1.仲裁庭应由仲裁员组成，具体人数为（　　）。

A.3名或1名　　B.5名或3名　　C.7名或3名　　D.5名或7名

2.下列选项中，不属于《仲裁法》适用范围的是（　　）。

A.房地产转让纠纷　　B.财产继承纠纷

C.财产租赁纠纷　　D.财产保险合同纠纷

3.当事人一方申请执行仲裁裁决，另一方申请撤销仲裁裁决的，人民法院应当裁定（　　）。

A.执行仲裁裁决　　B.终止执行仲裁裁决

C.不执行仲裁裁决　　D.中止执行仲裁裁决

4.在我国，第一审程序包括简易程序和（　　）。

A.特殊程序　　B.一般程序　　C.主要程序　　D.普通程序

5.当事人不服人民法院第一审判决的，有权在判决书送达之后向上级人民法院提起上诉的期限是（　　）。

A.5日　　B.10日　　C.15日　　D.20日

6.在审理上诉案件时，若合议庭认为原判决适用法律错误的，应（　　）。

A.依法改判　　B.裁定原审人民法院收回重审

C.撤销原判决　　D.与原审人民法院进行合议

7.对发生法律效力的判决、裁定，一方拒绝履行的，对方当事人可以向人民法院申请执行。申请执行的期限从法律文书规定履行期间的最后一日起开始计算，具体为（　　）。

A.3个月　　B.6个月　　C.1年　　D.2年

二、多选题

1.仲裁协议的主要内容一般包括（　　）。

A.提交仲裁的事项　　B.仲裁地点　　C.仲裁机构　　D.仲裁规则

2.根据《仲裁法》《民事诉讼法》，下列各项说法正确的是（　　）。

A.仲裁必须由双方当事人自愿达成仲裁协议方可进行，而诉讼只要有一方当事人起诉即可进行

B.仲裁实行一裁终局制度，而诉讼实行两审终审制度

C.仲裁不公开进行，诉讼一般公开进行

D.仲裁不实行回避制度，诉讼实行回避制度

3.在下列情形中，属于仲裁协议无效的是（　　）。

A.约定的仲裁事项超出了法律规定的仲裁范围

B.无民事行为能力人订立的仲裁协议

C.限制民事行为能力人订立的仲裁协议

D.一方采取胁迫手段，迫使对方订立的仲裁协议

4.甲公司与乙公司发生买卖合同纠纷，根据《民事诉讼法》，甲公司在起诉乙公司时，可以选择的人民法院有（　　）。

A.合同履行地人民法院　　B.合同标的物所在地人民法院

C.被告住所地人民法院　　D.合同签订地人民法院

5.下列各项中，符合《仲裁法》规定的有（　　）。

A.仲裁实行自愿原则　　B.仲裁一律公开进行

C.仲裁不实行级别管辖和地域管辖

D. 当事人不服仲裁裁决可以向人民法院起诉

6. 协议管辖不能违背（　　）。

A. 指定管辖　　B. 移送管辖　　C. 级别管辖　　D. 专属管辖

7. 下列属于我国法律规定的终审判决和裁定的是（　　）。

A. 第二审人民法院的判决和裁定

B. 中级人民法院的判决和裁定

C. 已经超过上诉期仍未上诉的第一审人民法院的判决和裁定

D. 最高人民法院的判决和裁定

三、简答题

1. 简述经济仲裁的范围。

2. 什么是仲裁协议？它包括哪些内容？

3. 试述经济纠纷案件的管辖。

4. 简述第一审程序。

5. 简述诉讼时效期间的中止、中断和延长。

四、实务题

2023年10月，A县水果农场（甲）与B县副食品企业（乙）签订了一份水果购销合同。合同规定：由甲供应乙水果40吨，单价为每吨3 800元，质量要每只200克以上，完好率为96%；交货时间为2023年11月10日；交货地点在A县某仓库，由需方自提，并规定如一方违约，按价款的8%向对方支付违约金。

2023年11月10日上午8时，甲派人到A县某仓库将40吨水果从冰库提出，等待乙提货。同日下午，乙因本公司汽车外出未归，发电报给甲，要求延迟8天提货。甲因派人到A县某仓库将水果提出，等待乙提货，如运回冰库会加速变质，故接电后即回电答复乙，不同意延迟提货。乙接到回电后，未予置理。8天后，乙派车前往提货，发现已有35%左右的水果产生了不同程度的变质情况，向甲提出削价处理要求，否则拒绝提货。双方发生纠纷，经有关部门调解未成。在乙拒绝提货的情况下，甲为防止水果继续变质，对这批水果作了合理处理，但由此造成的实际损失为5万元，于是甲在B县人民法院提起诉讼。7日后，B县人民法院通知其同意受理，并让其交了诉讼费。一星期后甲担心在B县打官司会吃亏，又向A县人民法院提出诉讼。

问题：

（1）对于本案，哪些人民法院有管辖权？为什么？

（2）本案应由哪个人民法院审理？为什么？

主要参考文献

[1] 吕忠梅，刘大洪．经济法的法学与法经济学分析［M］．北京：中国检察出版社，1998.

[2] 张国轩．经济法原理［M］．北京：中国财政经济出版社，1999.

[3] 李昌麒．论市场经济、政府干预和经济法之间的内在联系［M］//杨紫烜．经济法研究（第1卷）．北京：北京大学出版社，2000.

[4] 漆多俊．经济法基础理论［M］．武汉：武汉大学出版社，2000.

[5] 史际春．经济法总论（教学参考书）［M］．北京：法律出版社，2000.

[6] 钱弘道．经济分析法学［M］．北京：法律出版社，2003.

[7] 吴弘．新编经济法学［M］．上海：立信会计出版社，2004.

[8] 顾功耘．经济法教程［M］．2版．上海：上海人民出版社，北京大学出版社，2006.

[9] 曹平，高桂林，侯佳儒．中国经济法基础理论新探索［M］．北京：中国法制出版社，2005.

[10] 白永秀，任保平．中国市场经济理论与实践［M］．北京：高等教育出版社，2007.

[11] 赵国运．经济法［M］．郑州：河南人民出版社，2008.

[12] 曹胜亮．经济法［M］．武汉：华中科技大学出版社，2009.

[13] 程宝山．经济法学［M］．郑州：郑州大学出版社，2009.

[14] 崔建远，等．民法总论［M］．北京：清华大学出版社，2010.

[15] 朱力宇．法理学原理与案例教程［M］．2版．北京：中国人民大学出版社，2010.

[16] 吕彦．物权法学［M］．成都：四川大学出版社，2011.

[17] 彭万林．民法学［M］．7版．北京：中国政法大学出版社，2011.

[18] 谭华霖．民法分论教程［M］．北京：对外经济贸易大学出版社，2011.

[19] 姚开建．经济学说史［M］．2版．北京：中国人民大学出版社，2011.

[20] 王方玉．法理学导论［M］．北京：知识产权出版社，2013.

[21] 程宝山．中国经济法基本理论［M］．郑州：郑州大学出版社，2013.

[22] 刘少军，王一鹤．经济法学总论［M］．北京：中国政法大学出版社，2015.

[23] 张守文．分配危机与经济法规制［M］．北京：北京大学出版社，2015.

[24] 王利明．合同法研究（第1卷）［M］．3版．北京：中国人民大学出版社，2015.

［25］王利明．合同法研究（第2卷）［M］．3版．北京：中国人民大学出版社，2015.

［26］李昌麒．经济法学［M］．3版．北京：法律出版社，2016.

［27］崔建远．合同法［M］．6版．北京：法律出版社，2016.

［28］卢代富．经济法学［M］．厦门：厦门大学出版社，2016.

［29］冯果．公司法［M］．3版．武汉：武汉大学出版社，2017.

［30］李昌麒．经济法学［M］．5版．北京：中国政法大学出版社，2017.

［31］李永军，王欣新，邹海林，等．破产法［M］．北京：中国政法大学出版社，2017.

［32］林嘉．劳动法和社会保障法［M］．4版．北京：中国人民大学出版社，2016.

［33］谢怀栻．票据法概论［M］．2版．北京：法律出版社，2017.

［34］张玉敏．专利法［M］．厦门：厦门大学出版社，2017.

［35］江伟，肖建国．民事诉讼法［M］．8版．北京：中国人民大学出版社，2018.

［36］刘心稳．票据法［M］．4版．北京：中国政法大学出版社，2018.

［37］宋旭平，林志辉．合同法学［M］．成都：四川大学出版社，2018.

［38］周黎明．经济法理论与实务［M］．杭州：浙江大学出版社，2018.

［39］张守文．经济法学［M］．7版．北京：北京大学出版社，2018.

［40］《民事诉讼法学》编写组．民事诉讼法学［M］．2版．北京：高等教育出版社，2018.

［41］郭建．中国经济立法史［M］．北京：新华出版社，2019.

［42］韩喜平．中国理念［M］．沈阳：辽宁人民出版社，2019.

［43］黄晖．商标法［M］．2版．北京：法律出版社，2019.

［44］江帆．竞争法［M］．北京：法律出版社，2019.

［45］金善明．反垄断法解释［M］．北京：中国社会科学出版社，2019.

［46］李广辉，林泰松．仲裁法学［M］．北京：中国法制出版社，2019.

［47］林红珍．经济法［M］．3版．上海：立信会计出版社，2019.

［48］刘文华．经济法［M］．6版．北京：中国人民大学出版社，2019.

［49］赵威．经济法［M］．7版．北京：中国人民大学出版社，2019.

［50］黄辉．现代公司法比较研究［M］．北京：清华大学出版社，2020.

［51］王瑞贺．中华人民共和国证券法释义［M］．北京：法律出版社，2020.

［52］杨立新．物权法［M］．7版．北京：中国人民大学出版社，2020.

［53］中国注册会计师协会．经济法［M］．北京：中国财政经济出版社，2020.

［54］杨立新．《中华人民共和国民法典》条文精释与实案全析（全三册）［M］．北京：中国人民大学出版社，2020.

［55］申建平．中国民法典物权编释论［M］．北京：法律出版社，2022.

［56］《经济法学》编写组．经济法学［M］．3版．北京：高等教育出版社，2022.

［57］最高人民法院民事审判第二庭研究室．最高人民法院民法典合同编通则司法解释理解与适用［M］．北京：人民法院出版社，2023.

［58］胡兴东．中华人民共和国民法典合同编释义［M］．北京：人民出版社，2023.

［59］王利明．民法典新规则解读与适用（总则编）［M］．北京：法律出版社，2023.